札幌第一高等学校

〈収録内容〉

■ 2024年度入試の問題・解答解説・解答用紙・「合否の鍵はこの問題だ!!」、2025年度入試受験用の「出題傾向の分析と合格への対策」は、弊社HP の商品ページにて公開いたします。
■ 2018年度は、弊社ホームページで公開しております。
本ページの下方に掲載しておりますQRコードよりアクセスし、データをダウンロードしてご利用ください。

2024 年度 ……………………2024 年 10 月 弊社 HP にて公開予定
※著作権上の都合により、掲載できない内容が生じることがあります。

2023 年度 …………………… 一般（数・英・理・社・国）

2022 年度 …………………… 一般（数・英・理・社・国）

2021 年度 …………………… 一般（数・英・理・社・国）

2020 年度 …………………… 一般（数・英・理・社・国）

2019 年度 …………………… 一般（数・英・理・社・国）

2018 年度 …………………… 一般（数・英・理・社）

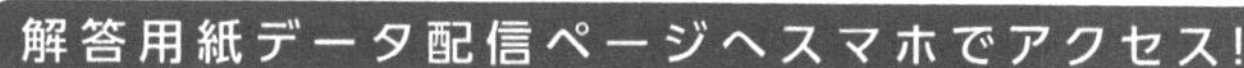

⇒ 

※データのダウンロードは 2025 年 3 月末日まで。
※データへのアクセスには、右記のパスワードの入力が必要となります。 ⇒ 675489

本書の特長

実戦力がつく入試過去問題集

▶ 問題 ……………… 実際の入試問題を見やすく再編集。

▶ 解答用紙 …… 実戦対応仕様で収録。

▶ 解答解説 …… 詳しくわかりやすい解説には、難易度の目安がわかる「基本・重要・やや難」の分類マークつき（下記参照）。各科末尾には合格へと導く「ワンポイントアドバイス」を配置。採点に便利な配点つき。

入試に役立つ分類マーク 

基本 確実な得点源！
受験生の90%以上が正解できるような基礎的、かつ平易な問題。
何度もくり返して学習し、ケアレスミスも防げるようにしておこう。

重要 受験生なら何としても正解したい！
入試では典型的な問題で、長年にわたり、多くの学校でよく出題される問題。
各単元の内容理解を深めるのにも役立てよう。

やや難 これが解ければ合格に近づく！
受験生にとっては、かなり手ごたえのある問題。
合格者の正解率が低い場合もあるので、あきらめずにじっくりと取り組んでみよう。

合格への対策、実力錬成のための内容が充実

▶ 各科目の出題傾向の分析、合否を分けた問題の確認で、入試対策を強化！

▶ その他、学校紹介、過去問の効果的な使い方など、学習意欲を高める要素が満載！

解答用紙ダウンロード 解答用紙はプリントアウトしてご利用いただけます。弊社ＨＰの商品詳細ページよりダウンロードしてください。トビラのＱＲコードからアクセス可。

UD FONT 見やすく読みまちがえにくいユニバーサルデザインフォントを採用しています。

札幌第一高等学校

▶交通　地下鉄月寒中央駅　徒歩約３分,
中央バス月寒中央通10丁目　徒歩約２分

〒062-0021　札幌市豊平区月寒西１条９丁目10-15
☎011-851-9361
https://www.kibou.ac.jp/daiichi

沿　革

1958年３月、学校法人希望学園設立許可。札幌第一高等学校(普通科)として発足。1961年普通科に併設して航空工学科を新設。1964年航空工学科を航空機械科に改編。1966年自動車工学科を新設。1973年航空機械科を機械科に、自動車工学科を自動車科に改編。1976年工業科(機械科・自動車科)を普通科に学科変更。1998年普通コースを総合進学コースに改編。2009年文理コース内に選抜クラスを開設。2014年文理コースを文理北進コースと文理選抜コースに改編。2023年度一般入試は、札幌１会場と道内８会場の計９会場で実施。

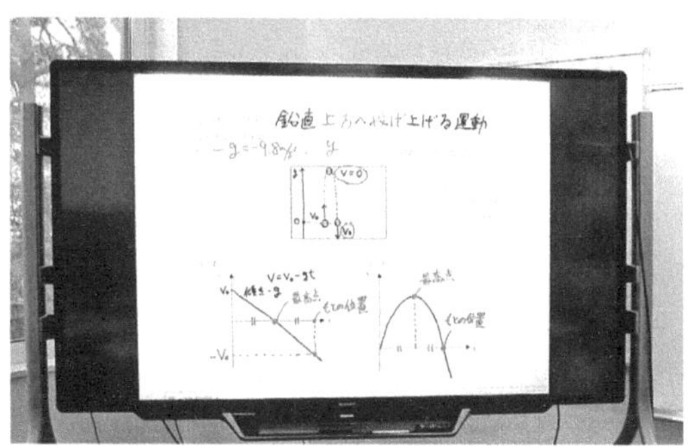

建学の精神

「知」　知性と慧眼を磨き
　　　高い教養を養う
「情」　互いに敬愛しあう
　　　豊かな心を育てる
「意」　未来を開拓する
　　　勤勉な意欲を培う
「体」　心身を鍛え円満な
　　　人格を育てる

校　訓

目は高く 足は大地に
―高い理想を持ち、着実な実践を―

教育体制

●最新情報機器の活用

朝課題・週末課題の配信、通常授業、オンラインスピーキング等でタブレットPCを使用。また、ビッグパッド(電子黒板)とタブレットを連動させることにより、自分の考えを発信し、他の考えに触れることができるなどの参加型授業を可能にしている。

●チューター制度

北海道大学に在学中の卒業生が来校し、在校生の学習アドバイスや相談にのる制度で、年齢の近い先輩との交流は好評である。

● HUP プロジェクト

HUPプロジェクトは、北海道大学をはじめとする全国の難関大学への進学を目標とした学力向上のための取り組み。よりレベルの高い学習を通して意識を高める「HUPセミナー」、一人ひとりの力を把握した指導「HUP添削」、学習意欲を高めるさまざまなプログラム「HUP合宿」「アカデミックツアー」「英語語学研修」と、夢を実現のものへ変えることができる教育環境が整っている。

●英語教育

授業内外で英語を実際に使う機会を提供し実践的な教育を行っている。生徒は３年間の英語学習のなかで４技能をバランスよく伸ばし、国際社会で通用する英語力やコミュニケーション能力を自然と身に付けることができる。

●３つのコンパス

1. 学びの本質にふれる「探究コンパス」
～答えのない問いに挑む～
2. 未来を見据える「進路コンパス」
～大学合格がゴールじゃない～

3. 確かな学力を育む「学習コンパス」
～想像して、創造する～

●**コース**

▸文理北進コース

北海道大学をはじめとする道内外の国公立大学進学と部活動で活躍することを目指す

▸文理選抜コース

東京大学、京都大学などの難関国公立大学や医学部医学科といった高い進路志望に対応

▸総合進学コース

自分の得意分野の力を伸ばして希望の進路につなげる

進　路

2023年度大学入試合格実績は国公立大学等(準大学も含む)の北海道大学、大阪大学、一橋大学をはじめ189名(現役138名)、また早稲田大学、慶應義塾大学、東京理科大学の難関私立大学を含めた私立大学にも648名が合格している。

●**主な進学先**

(国公立大)北海道大32（現役15)、大阪大１、東北大３、名古屋大１、一橋大１、お茶の水女子大１、札幌医科大(医学科３)、旭川医科大(医学科３)、名古屋市立大(医学科１)、他143名

(私立大)早稲田大12、慶應義塾大１、東京理科大10、明治・立教・中央・法政をはじめ難関私立86名、北海学園大110、北星学園大32、天使大８、北海道医療大54、他

部活動

体育系クラブは、野球、サッカーをはじめ全国大会や全道大会で好成績をあげる実力の高さを誇る。文化系クラブでも、各種コンクール等で表彰され、多彩な活動をしている。

●**体育系**

野球、サッカー、柔道、テニス、空手道、スキー、バドミントン、チアリーダー、剣道、バレーボール、バスケットボール、弓道、卓球、山岳、陸上

●**文化系**

理学、茶道、演劇、美術、華道、合唱、家庭科、書道、写真

●**同好会**

インターアクト、漫画研究、英語研究、弁論、資格、水泳、モーグルスキー、ゴルフ、文芸、体操、邦楽研究、囲碁将棋、郷土研究

年間行事

学校祭は７月に開催され、模擬店、ステージ発表、クラス取り組み等で盛大に行われ一般公開もある。ほかにも伝統行事を含め充実した行事内容となっている。

修学旅行先はシンガポールで、歴史や都市開発、水資源などの社会問題に向き合う豊富な学習素材に恵まれた地で、国際社会を肌で感じ取ることができる内容になっている。

●**主な年間行事　※今年度若干変更があります**

４月／部活紹介新入生歓迎会、宿泊研修（１年)
６月／弁論大会(予選)、耐久遠足
７月／職業講話、弁論大会(決勝)、一高祭(学校祭)
９月／全校ボランティア、芸術鑑賞、英語語学研修、アカデミックツアー
10月／校内進学相談会
11月／修学旅行(２年)
３月／クラス対抗競技大会入れ替え

◎2023年度入試状況◎

学　　科	文理選抜	文理北進	総合進学
募 集 数	80	280	40
出願者数	714	1339	103
受験者数	706	1319	96
合格者数	563	1227	251

過去問の効果的な使い方

① **はじめに**　入学試験対策に的を絞った学習をする場合に効果的に活用したいのが「過去問」です。なぜならば，志望校別の出題傾向や出題構成，出題数などを知ることによって学習計画が立てやすくなるからです。入学試験に合格するという目的を達成するためには，各教科ともに「何を」「いつまでに」やるかを決めて計画的に学習することが必要です。目標を定めて効率よく学習を進めるために過去問を大いに活用してください。また，塾に通われていたり，家庭教師のもとで学習されていたりする場合は，それぞれのカリキュラムによって，どの段階で，どのように過去問を活用するのかが異なるので，その先生方の指示にしたがって「過去問」を活用してください。

② **目的**　過去問学習の目的は，言うまでもなく，志望校に合格することです。どのような分野の問題が出題されているか，どのレベルか，出題の数は多めか，といった概要をまず把握し，それを基に学習計画を立ててください。また，近年の出題傾向を把握することによって，入学試験に対する自分なりの感触をつかむこともできます。

過去問に取り組むことで，実際の試験をイメージすることもできます。制限時間内にどの程度までできるか，今の段階でどのくらいの得点を得られるかということも確かめられます。それによって必要な学習量も見えてきますし，過去問に取り組む体験は試験当日の緊張を和らげることにも役立つでしょう。

③ **開始時期**　過去問への取り組みは，全分野の学習に目安のつく時期，つまり，9月以降に始めるのが一般的です。しかし，全体的な傾向をつかみたい場合や，学習進度が早くて，夏前におおよその学習を終えている場合には，7月，8月頃から始めてもかまいません。もちろん，受験間際に模擬テストのつもりでやってみるのもよいでしょう。ただ，どの時期に行うにせよ，取り組むときには，集中的に徹底して取り組むようにしましょう。

④ **活用法**　各年度の入試問題を全問マスターしようと思う必要はありません。できる限り多くの問題にあたって自信をつけることは必要ですが，重要なのは，志望校に合格するためには，どの問題が解けなければいけないのかを知ることです。問題を制限時間内にやってみる。解答で答え合わせをしてみる。間違えたりできなかったりしたところについては，解説をじっくり読んでみる。そうすることによって，本校の入試問題に取り組むことが今の自分にとって適当かどうかが，はっきりします。出題傾向を研究し，合否のポイントとなる重要な部分を見極めて，入学試験に必要な力を効率よく身につけてください。

数学

各都道府県の公立高校の入学試験問題は，中学数学のすべての分野から幅広く出題されます。内容的にも，基本的・典型的なものから思考力・応用力を必要とするものまでバランスよく構成されています。私立・国立高校では，中学数学のすべての分野から出題されることには変わりはありませんが，出題形式，難易度などに差があり，また，年度によっての出題分野の偏りもあります。公立高校を含め，ほとんどの学校で，前半は広い範囲からの基本的な小問群，後半はあるテーマに沿っての数問の小問を集めた大問という形での出題となっています。

まずは，単年度の問題を制限時間内にやってみてください。その後で，解答の答え合わせ，解説での研究に時間をかけて取り組んでください。前半の小問群，後半の大問の一部を合わせて50%以上の正解が得られそうなら多年度のものにも順次挑戦してみるとよいでしょう。

英語

英語の志望校対策としては，まず志望校の出題形式をしっかり把握しておくことが重要です。英語の問題は，大きく分けて，リスニング，発音・アクセント，文法，読解，英作文の5種類に分けられます。リスニング問題の有無(出題されるならば，どのような形式で出題されるか)，発音・アクセント問題の形式，文法問題の形式(語句補充，語句整序，正誤問題など)，英作文の有無(出題されるならば，和文英訳か，条件作文か，自由作文か）など，細かく具体的につかみましょう。読解問題では，物語文，エッセイ，論理的な文章，会話文などのジャンルのほかに，文章の長さも知っておきましょう。また，読解問題でも，文法を問う問題が多いか，内容を問う問題が多く出題されるか，といった傾向をおさえておくことも重要です。志望校で出題される問題の形式に慣れておけば，本番ですんなり問題に対応することができますし，読解問題で出題される文章の内容や量をつかんでおけば，読解問題対策の勉強として，どのような読解問題を多くこなせばよいかの指針になります。

最後に，英語の入試問題では，なんと言っても読解問題でどれだけ得点できるかが最大のポイントとなります。初めて見る長い文章をすらすらと読み解くのはたいへんなことですが，そのような力を身につけるには，リスニングも含めて，総合的に英語に慣れていくことが必要です。「急がば回れ」ということわざの通り，志望校対策を進める一方で，英語という言語の基本的な学習を地道に続けることも忘れないでください。

国語

国語は，出題文の種類，解答形式をまず確認しましょう。論理的な文章と文学的な文章のどちらが中心となっているか，あるいは，どちらも同じ比重で出題されているか，韻文(和歌・短歌・俳句・詩・漢詩)は出題されているか，独立問題として古文の出題はあるか，といった，文章の種類を確認し，学習の方向性を決めましょう。また，解答形式は，記号選択のみか，記述解答はどの程度あるか，記述は書き抜き程度か，要約や説明はあるか，といった点を確認し，記述力重視の傾向にある場合は，文章力に磨きをかけることを意識するとよいでしょう。さらに，知識問題はどの程度出題されているか，語句(ことわざ・慣用句など)，文法，文学史など，特に出題頻度の高い分野はないか，といったことを確認しましょう。出題頻度の高い分野については，集中的に学習することが必要です。読解問題の出題傾向については，脱語補充問題が多い，書き抜きで解答する言い換えの問題が多い，自分の言葉で説明する問題が多い，選択肢がよく練られている，といった傾向を把握したうえで，これらを意識して取り組むと解答力を高めることができます。「漢字」「語句・文法」「文学史」「現代文の読解問題」「古文」「韻文」と，出題ジャンルを分類して取り組むとよいでしょう。毎年出題されているジャンルがあるとわかった場合は，必ず正解できる力をつけられるよう意識して取り組み，得点力を高めましょう。

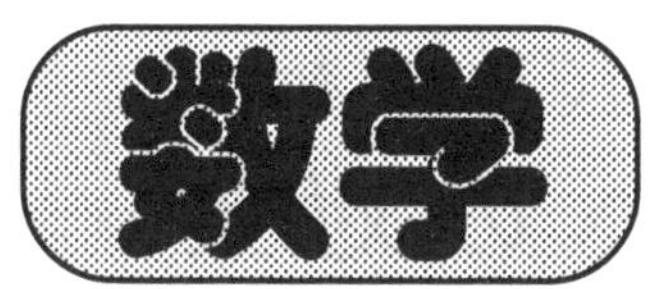

出題傾向の分析と合格への対策

●出題傾向と内容

本年度の出題は，大問で5題，小問数にして18題と，ほぼ例年通りである。

出題内容は，1が二次方程式，連立方程式，平方根，数の性質，平面図形からなる独立小問が6題，2が方程式の利用で2題，3が図形と関数・グラフの融合問題で4題，4が空間図形の計量で3題，5が確率で3題であった。

年度によってばらつきがあるが，あらゆる分野から標準レベルの問題がバランスよく出題されている。応用力や思考力を試される問題も出題されているので，確実に解けるものからこなしていきたい。

学習のポイント

教科書の例題や練習問題を確実に解ける実力を養って，弱点分野をつくらないようにしておこう。

●2024年度の予想と対策

来年度も本年度とほぼ同じレベルの問題が，小問数にして，20問前後出題されるだろう。

どの問題も，中学数学の基本的な知識や考え方が身についているか，そして，それを応用していく力があるかが確かめられるように工夫されて出題されると思われる。

あらゆる分野の基礎を固めておくことが大切である。数量分野では確実な計算力が要求される。関数分野では図形との融合問題が出題されるので，図形の定理や公式を正しく使いこなせるようにしておくことが大切である。確率もいろいろなタイプの問題を解いておこう。

▼年度別出題内容分類表 ……

出題内容			2019年	2020年	2021年	2022年	2023年
数と式		数の性質	○			○	○
		数・式の計算	○	○	○		
		因数分解					
		平方根	○	○	○	○	○
方程式・不等式		一次方程式	○	○	○	○	○
		二次方程式	○	○	○	○	○
		不等式					
		方程式・不等式の応用	○	○	○	○	○
関数		一次関数			○	○	○
		二乗に比例する関数	○	○	○	○	○
		比例関数	○				
		関数とグラフ	○	○	○	○	○
		グラフの作成					
図形	平面図形	角度		○	○		○
		合同・相似			○	○	○
		三平方の定理	○			○	○
		円の性質	○			○	
	空間図形	合同・相似		○			
		三平方の定理					○
		切断		○			
	計量	長さ	○	○		○	○
		面積			○	○	○
		体積		○			
	証明				○		
	作図						
	動点						
統計		場合の数					
		確率	○	○	○	○	○
		統計・標本調査		○			
融合問題		図形と関数・グラフ		○	○	○	○
		図形と確率		○	○	○	
		関数・グラフと確率					
		その他					
その他							

札幌第一高等学校

英語

出題傾向の分析と合格への対策

●出題傾向と内容

本年度は，語句補充問題，正誤問題，強勢，語句整序問題，読解問題3題の合計7題が出題された。

語句整序問題は基本的な文法内容であり，今回は日本文もついている。ただし，不要語が含まれているので，要注意。

長文読解は3題とも共通して長い英文ではないものの，内容を正しく理解しているかを問う問題が多く出題された。

✔学習のポイント

基本的な英文法や会話表現をしっかりと身に着け，語句補充の形式のみならず，正誤問題で対応できるように様々な形式の文法問題を解いておこう。

●2024年度の予想と対策

出題形式や内容に変化が生じる可能性はあるが，長文の文章量や難易度の変化は大きくはないだろうと思われる。文法問題は語句補充，語句整序問題，正誤問題と様々な形式で出題されているので，基本的な熟語や構文を正確に理解しておくことが重要だ。

様々なスタイルの長文読解問題の出題なので，バラエティに富んだ多くの読解問題を解き，より正確に速く読めるように繰り返し練習を行おう。

▼年度別出題内容分類表 ……

	出題内容	2019年	2020年	2021年	2022年	2023年
話し方・聞き方	単語の発音	○	○	○		
	アクセント	○	○	○		
	くぎり・強勢・抑揚				○	○
	聞き取り・書き取り					
語い	単語・熟語・慣用句		○			
	同意語・反意語					
	同音異義語					
読解	英文和訳(記述・選択)					
	内容吟味	○	○	○	○	○
	要旨把握				○	○
	語句解釈		○		○	○
	語句補充・選択	○		○	○	○
	段落・文整序			○		
	指示語					
	会話文	○	○		○	○
文法・作文	和文英訳					
	語句補充・選択	○	○	○	○	○
	語句整序	○	○	○	○	○
	正誤問題	○		○	○	○
	言い換え・書き換え					
	英問英答		○			
	自由・条件英作文					
文法事項	間接疑問文	○		○		○
	進行形				○	○
	助動詞		○	○	○	○
	付加疑問文				○	
	感嘆文				○	○
	不定詞	○		○	○	○
	分詞・動名詞	○	○	○	○	○
	比較		○	○	○	○
	受動態			○	○	○
	現在完了	○			○	○
	前置詞	○	○	○	○	○
	接続詞	○			○	○
	関係代名詞	○	○		○	○

札幌第一高等学校

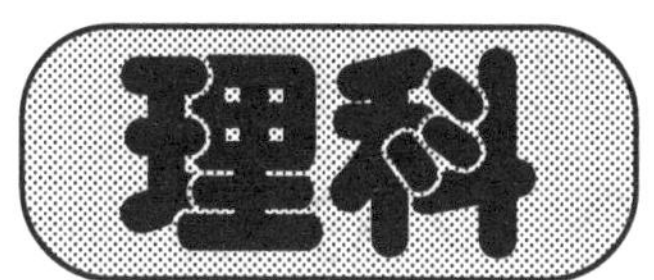

出題傾向の分析と 合格への対策

●出題傾向と内容

例年，大問数が8問程度，小問数は35～40問であり，すべてマークシート式である。選択肢は，語句だけでなく，数値，文，図などさまざまであり，覚えたことを選ぶだけでは合格点に到達しない。分量は試験時間に対して適量であり，極端に時間が不足することはない。

物理，化学，生物，地学の各領域から幅広く出題されている。多くは基礎的な問題だが，いくつかの基本事項を組み合わせた総合的な問題や，実験をもとにした考察問題も出題される。計算問題は，どの分野でもある程度出題されるが，特に物理領域で，比較的難しめの設問が出題されることがある。

✔学習のポイント

分野の偏りなく，図表や数量を利用した問題を数多く練習しておこう。

●2024年度の予想と対策

難問は決して多くなく，基礎学力を身につけていれば困ることはない。ただし，広範囲から出題されるため，特定の分野だけの偏った学習は対応できない。また，読むだけ見るだけの丸暗記学習では効果がない。本校や公立高校の過去の問題などを利用して，手と頭を動かし演習を積んでおく必要がある。

知識事項は，語句の記憶にとどまらず，図表などを利用して総合的な理解を広げておきたい。

計算問題は，典型的なものを繰り返し練習し，身につけておく必要がある。問題の意味や，出てきた答えの意味をよく理解する習慣をつけておきたい。

▼年度別出題内容分類表 ……

	出題内容	2019年	2020年	2021年	2022年	2023年
第一分野	物質とその変化	○	○	○		
	気体の発生とその性質		○	○		
	光と音の性質					○
	熱と温度					
	力・圧力	○		○		
	化学変化と質量		○	○	○	○
	原子と分子			○		
	電流と電圧		○	○	○	
	電力と熱		○			
	溶液とその性質			○		
	電気分解とイオン		○		○	○
	酸とアルカリ・中和	○				
	仕事					○
	磁界とその変化	○				
	運動とエネルギー		○		○	
	その他					
第二分野	植物の種類とその生活	○		○		
	動物の種類とその生活					
	植物の体のしくみ	○	○		○	○
	動物の体のしくみ			○	○	
	ヒトの体のしくみ	○		○		○
	生殖と遺伝		○			
	生物の類縁関係と進化					
	生物どうしのつながり				○	
	地球と太陽系		○		○	○
	天気の変化	○	○	○	○	
	地層と岩石	○		○		○
	大地の動き・地震			○		
	その他					

札幌第一高等学校

出題傾向の分析と 合格への対策

●出題傾向と内容

例年，大問は7から10題前後，解答数は45問であり，全問が選択形式でマークシートに記入する形式となっている。出題分野は地理分野，歴史分野，公民分野がバランスよく出題されている。

本年度は地理分野では世界地理は地理の基礎知識，アフリカとアメリカに関するもの，日本地理は気候，地形，貿易に関するものが出された。

歴史分野ではイスラム教，大航海時代，20世紀の世界の歴史，自由民権運動，鎌倉時代，室町時代，明治時代に関するものが出された。

公民分野では日本の安全保障，憲法，選挙制度，司法，労働，経済全般，国際社会に関するものが出された。

✔学習のポイント

地理　教科書の重要語句を覚えよう。
歴史　各時代の特徴をおさえよう。
公民　政治や経済の基本をおさえよう。

●2024年度の予想と対策

問題の形式は例年と大きくは変わらないと思われる。出題形式も記号選択式であり，正確な知識がないと答えを絞り込めない問題が多く，正誤を判断させる問題も多い。教科書の基本事項や重要事項について正確に背景や因果関係も含め理解し覚えるようにしたい。

地理分野では，世界・日本ともに諸地域の特色を地図や資料も用いておさえるようにしておこう。

歴史分野では，日本史・世界史それぞれに各時代の特徴や日本と世界との関係，史料などをおさえるようにしておこう。

公民分野では，政治分野・経済分野について幅広く基本的な事項を正確におさえるようにしておこう。

▼年度別出題内容分類表 ……

出題内容			2019年	2020年	2021年	2022年	2023年
地理的分野	(日本)	地形図	○		○		
		地形・気候・人口	○	○	○	○	○
		諸地域の特色			○	○	
		産業	○		○	○	
		交通・貿易	○				○
	(世界)	人々の生活と環境		○		○	○
		地形・気候・人口		○		○	○
		諸地域の特色	○	○	○	○	○
		産業			○	○	○
		交通・貿易					○
	地理総合						
歴史的分野	(日本史)	各時代の特色	○	○	○	○	○
		政治・外交史	○	○	○	○	○
		社会・経済史	○	○	○	○	○
		文化史	○	○	○	○	○
		日本史総合					
	(世界史)	政治・社会・経済史	○	○	○	○	○
		文化史	○	○	○	○	○
		世界史総合					
	日本史と世界史の関連		○	○	○	○	○
	歴史総合						
公民的分野	家族と社会生活					○	
	経済生活		○	○		○	○
	日本経済		○	○		○	○
	憲法(日本)		○	○	○	○	
	政治のしくみ		○	○	○	○	○
	国際経済		○	○			
	国際政治			○	○	○	○
	その他						
	公民総合						
各分野総合問題							

札幌第一高等学校

出題傾向の分析と 合格への対策

●出題傾向と内容

本年度は，論理的文章と文学的文章の長文問題が各1題ずつ，古文1題の大問3題構成であった。

論理的文章は，長さは標準的だが，難易度はやや高い。本文の要旨を捉えた，的確な読解力が求められている。

文学的文章も，登場人物の心情を中心に本文の描写について問われているので，深い読み取りが必要だ。

いずれの文章でも，漢字など知識問題が本文に組み込まれる形で出題されている。

古文では，内容読解の他，漢詩の知識も問われた。例年は文学史も出題されており，総合的な国語力を試される内容である。

✔学習のポイント

読解問題では本文と選択肢を丁寧に照らし合わせていこう！　知識分野，古文の基礎知識をしっかりたくわえておこう！

●2024年度の予想と対策

現代文2題に，古文1題の構成は今後も続くと見られる。

論理的文章，文学的文章，いずれも内容を的確に読み取る力をつけておきたい。新聞の社説や短編小説の要約などで，本文の流れと要旨をつかむ練習をしておこう。

古文は，基本的な古語や文法をおさえて，全体の内容をおおまかに捉えられるようにしておきたい。さまざまなジャンルの古文を数多く読んで，基礎力をたくわえておこう。

漢字など知識問題は，標準的なレベルなので，しっかり身につけておきたい。

▼年度別出題内容分類表 ……

		出題内容	2019年	2020年	2021年	2022年	2023年
内容の分類	読解	主題・表題					○
		大意・要旨	○	○	○	○	○
		情景・心情	○		○	○	○
		内容吟味	○	○	○	○	○
		文脈把握	○	○		○	○
		段落・文章構成					
		指示語の問題	○				○
		接続語の問題	○	○		○	○
		脱文・脱語補充	○	○	○	○	○
	漢字・語句	漢字の読み書き	○	○	○	○	○
		筆順・画数・部首					
		語句の意味	○		○	○	○
		同義語・対義語					
		熟語			○		
		ことわざ・慣用句				○	○
	表現	短文作成					
		作文(自由・課題)					
		その他					
	文法	文と文節	○		○		
		品詞・用法	○		○		
		仮名遣い			○		
		敬語・その他					
	古文の口語訳		○	○			○
	表現技法						
	文学史		○	○	○	○	
問題文の種類	散文	論説文・説明文	○	○	○	○	○
		記録文・報告文			○		
		小説・物語・伝記	○	○		○	○
		随筆・紀行・日記					
	韻文	詩					
		和歌(短歌)					
		俳句・川柳					
	古文		○	○	○	○	○
	漢文・漢詩						○

札幌第一高等学校

2023年度 合否の鍵はこの問題だ!!

数学 3(3)(4)，5(2)

3 (3) 一般に，平行四辺形の面積は対角線の交点を通る直線で2等分される。また，A$(a,\ b)$，B$(c,\ d)$のとき，線分ABの中点の座標は，$\left(\dfrac{a+c}{2},\ \dfrac{b+d}{2}\right)$である。

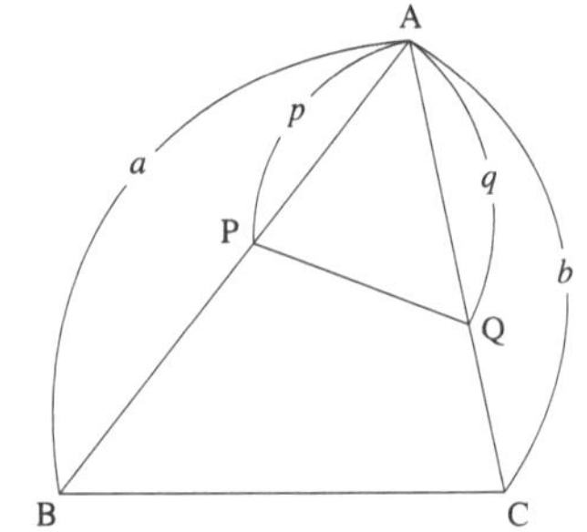

(4) 右の図で，△APQ：△ABC＝pq：abである。

5 (2) (1)をヒントに考える。

◎ 図形の定理や公式は正しく理解し，使いこなせるようにしておこう。

英語 Ⅵ，Ⅶ

Ⅵと Ⅶを取り上げる。この2つの大問は，長文の内容を問う12の選択式英問英答から構成されており，配点は合計43点を占めている。したがって，当設問の出来が，本校の合否の鍵を握っていると言っても過言ではないだろう。

いとも簡単に正答がわかる設問がある一方で，複数の段落を参照したり，行間を読み取ったりする作業が要求されるような難易度の高い設問も一部含まれているので，ある程度の精読力が必要であると言えよう。

内容吟味や要旨把握を問う問題等を含む，様々なジャンルの長文読解問題に広く取り組むことで，精読力を身につけるように努めることが，当設問に対する最大の対策になるだろう。

理科 4, 6

典型的な実験を扱っているにもかかわらず，表面的な知識の暗記だけでは対応できない問題が多い。1つ1つの現象について，理屈を含めた理解が必要である。問題の条件をていねいに読み込み，問題文の意図を正確に読み取る練習を，普段の学習においても気にしてほしい。

4は比較的基本の問題で構成されている。問1～問3は確実に得点してほしい。問4も計算問題とはいえ，ただ，割合の計算をすればよいのだから難しいという先入観を持たないでほしい。しかし，問5は難問である。これは飛ばして次の問題を解いた方がよい。6も比較的簡単な問題である問1～問3は確実に得点したい。基本知識と，簡単な平均の問題である。問4は難問である。表の平均から考えればできないこともないが，ここも飛ばして次の問題を解いた方がよい。

本校の入試問題は試験時間が短いにもかかわらず，問題の意味を読み取るのに時間がかかったり，複雑な条件から計算を行う問題が多い傾向にある。また，入試内容もさまざまな分野から幅広く標準的～高難度の問題を出題する傾向にある。そのため，難度の高い問題とやさしい問題の見極めが重要となる。普段から時間配分を気にした学習をすることを心がけよう。例えば，問題文を素早く正確に読み取る訓練をし，やさしい問題をまず解いてからできそうな難度の高い問題に挑戦するなどの工夫をしてみよう。

社会 1～3

1から3は世界地理分野の問題。1は世界地理全般，2はアフリカ，3はアメリカの地理に関する内容が問われている。1，3はさほど難しい問題ではなく，ここは受験生なら全問正解しておきたいところ。3のアメリカに関するものは典型的なものばかりである。

2のアフリカに関する問題で，やや悩んだ受験生もいたのではないだろうか。小問3問で，まずボツワナの主要な輸出品が求められている。ボツワナという国がどこにあるのか，その主要な輸出品が何であるのかを知っていて正解できる受験生は少ないであろう。ここは目くらましのような問題と思えばよい。問2では茶の輸出量の世界一の国を選ばせている。ケニアが元イギリス領で，植民地時代に茶の栽培が広められていることを知っていれば答えられるが，残りの選択肢が茶とはあまり縁がなさそうな国とわかれば答えを絞れるかもしれない。問3のモノカルチャーを選ぶものはできてほしいところ。

国語 二 問三，三 問六(1)

★合否を分けるポイント(この設問がなぜ合否を分けるのか？)

文章読解の問題だけでなく，慣用句や漢文などの知識問題も得点に結びつける必要があるため。

二 問三

★こう答えると「合格できない」！

(×) 2

→ 「肩を並べる」は，対等の地位で張り合う，という意味。文章中の A は「人件費不足」で「契約の更新」ができなくなってしまったことを話すプレアさんの様子なので，合わない。

(×) 3

→ 「肩を落とす」は，力が抜け両肩が下がった姿になること。ひどく落胆している様子を表す。文章中の A は「人件費不足」で「契約の更新」ができなくなってしまったことを話すプレアさんの様子であり，プレアさんは残念な気持ちではいるものの，「これまた，よくあること」「無職です」とあっさり言うなど，ひどく落胆している様子はない。よって，合わない。

(×) 4

→ 「肩を持つ」は，味方になって援助する，という意味。文章中の A は「人件費不足」で「契約の更新」ができなくなってしまったことを話すプレアさんの様子なので，合わない。

(×) 5

→ 「肩をいからせる」は，肩を高く張って人を威圧する態度をする，という意味。文章中の A は「人件費不足」で「契約の更新」ができなくなってしまったことを話すプレアさんの様子なので，合わない。

★これで「合格」！

(○) 1

→ 「肩をすくめる」は，肩をちぢませること。やれやれという気持ちや落胆した気持ちを表す。文章中の A は「人件費不足」で「契約の更新」ができなくなってしまったことを話すプレアさんの様子なので，合っている。

三 問六(1)

★こう答えると「合格できない」！

(×) 2

→ この詩は，一句の字数が七字なので「七言」だが，八句から成っているので「絶句」ではない。「絶句」は四句から成る漢詩。

★これで「合格」！

(○) 4

→ この詩は，一句の字数が七字なので「七言」。八句から成っているので「律詩」。合わせて「七言律詩」という。

大切なことはメモしておこうネ！

ダウンロードコンテンツのご利用方法

※弊社 HP 内の各書籍ページより，解答用紙などのデータダウンロードが可能です。

※巻頭「収録内容」ページの下部 QR コードを読み取ると，書籍ページにアクセスが出来ます。（Step 4 からスタート）

Step 1 東京学参 HP（https://www.gakusan.co.jp/）にアクセス

Step 2 下へスクロール『フリーワード検索』に書籍名を入力

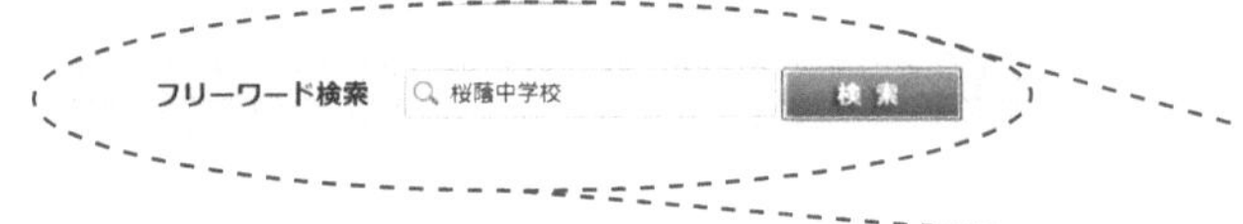

Step 3 検索結果から購入された書籍の表紙画像をクリックし，書籍ページにアクセス

Step 4 書籍ページ内の表紙画像下にある『ダウンロードページ』をクリックし，ダウンロードページにアクセス

Step 5 巻頭「収録内容」ページの下部に記載されているパスワードを入力し，『送信』をクリック

解答用紙・+αデータ配信ページへスマホでアクセス！ ⇒ 

＊データのダウンロードは 2024 年 3 月末日まで。

＊データへのアクセスには，右記のパスワードの入力が必要となります。 ⇒ ●●●●●●

Step 6 使用したいコンテンツをクリック

※ PC ではマウス操作で保存が可能です。

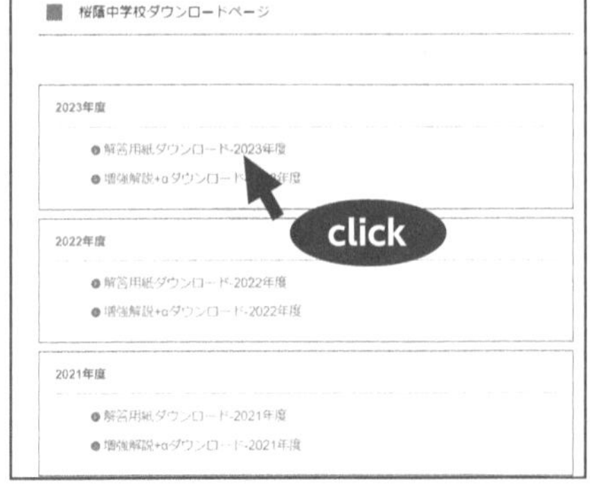

2023年度

★★★★★★★★★★★★★★★★★★★★★★★

入　試　問　題

2023年度

札幌第一高等学校入試問題

【数　学】（50分）　＜満点：100点＞

【注意】 ※　答えが分数で表されるときは，それ以上約分できない形で答えなさい。

※　答えが比で表されるときは，最も簡単な整数比で答えなさい。

1　次の□に当てはまる数字を答えなさい。

(1)　$2x^2-8x-10=0$ の解は $x=-$1，2である。

(2)　$\begin{cases} 12x+8y=16 \\ 5x+7y=14 \end{cases}$ の解は $x=$3，$y=$4である。

(3)　$\sqrt{2023}=$56$\sqrt{7}$

(4)　3以上の素数は全て8の倍数ではない。□に当てはまる最も小さい自然数を答えなさい。

(5)　1辺の長さが2㎝の正方形ABCDの点Aを中心とする半径2㎝の円と点Cを中心とする半径2㎝の円によって囲まれる図の斜線部分の面積は9$\pi-$10である。

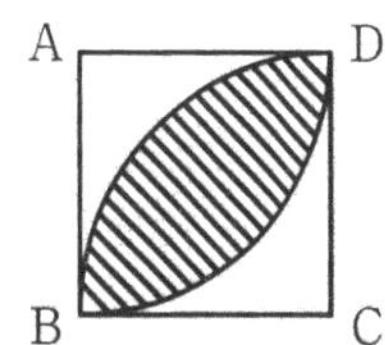

(6)　図の印の付いた角度の和は111213°である。

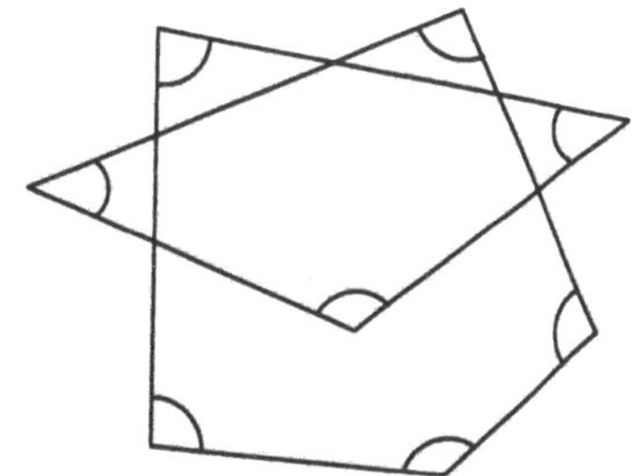

2　たて10m，よこ20mの長方形の土地がある。

(1)　図1の斜線部分のように幅が一定の堀を作ることを考える。堀を作ったあとの残りの土地の面積が元の土地の面積の72%となるとき，残りの土地の面積は141516m^2である。このとき，堀の幅は17mである。

図1

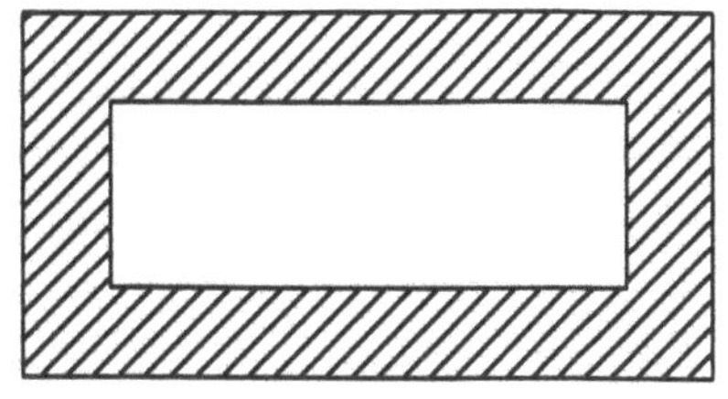

⑵　図2の斜線部分のように道の一方の辺が長方形の土地の対角線と一致する幅が一定の道を作ることを考える。道を作ったあとの残りの土地の面積が元の土地の面積の82%となるとき，CDの長さは $\boxed{18}$ mである。道幅は $\dfrac{\boxed{19}\sqrt{\boxed{20}}}{\boxed{21}}$ mである。

図 2

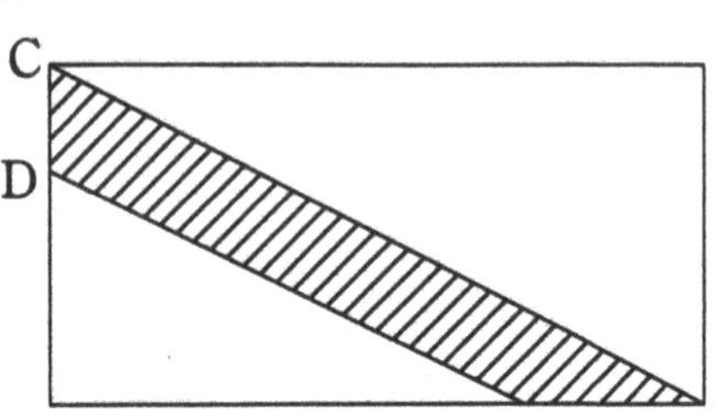

3　図のように関数 $y=8x^2$ のグラフと長方形ABCDと長方形EFGHがある。点Aと点Eは $y=8x^2$ 上にあり，x 座標はそれぞれ2，－1である。また，点Cと点Gは x 軸上にあり，x 座標はそれぞれ3，－2である。

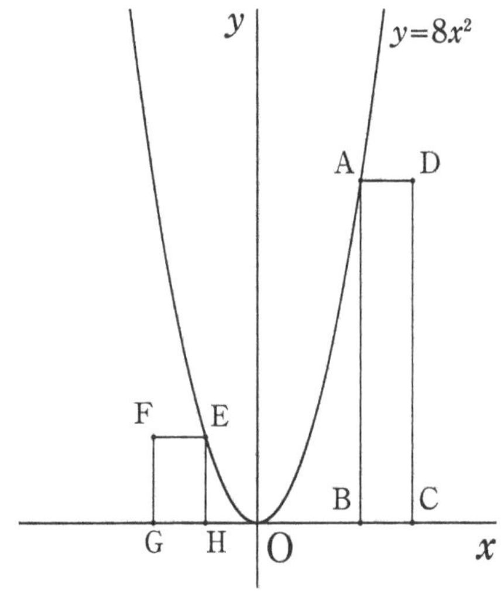

⑴　点Fの座標は（$-\boxed{22}$，$\boxed{23}$）である。

⑵　直線EGと直線ACとの交点は（$\boxed{24}$，$\boxed{25}\boxed{26}$）である。

⑶　長方形ABCDと長方形EFGHの面積を同時に2等分する直線の式は $y=\boxed{27}x+\dfrac{\boxed{28}\boxed{29}}{\boxed{30}}$ である。

⑷　⑶の直線と直線EGおよび直線ACとの交点をそれぞれ点P，点Qとすると，三角形PQAと四角形PGCQの面積比は $\boxed{31}:\boxed{32}$ である。

4　次の□に当てはまる数字を答えなさい。

⑴　半径3㎝の球の表面積と，底面の半径が3㎝，高さが6㎝の円柱の表面積の比は $\boxed{33}:\boxed{34}$ である。

⑵　底面の半径が3㎝，高さが4㎝の円すいの表面積は $\boxed{35}\boxed{36}\,\pi$ ㎠である。

⑶　底面の半径が3㎝，高さが6㎝の円柱状の容器を水平な所に置いて水を一杯に入れる。その中に半径2㎝の球を水があふれなくなるまで沈める。このときあふれた水の体積と⑵の円すいの体積比は $\boxed{37}:\boxed{38}$ である。

5 1～9の数字が書かれたカードがそれぞれ1枚ずつ袋の中に入っている。その中から無作為に1枚のカードを引き，それを袋に戻さずに，もう1枚のカードを引く。1回目に引いたカードの数字を a，2回目に引いたカードの数字を b とする。

⑴ x についての方程式 $ax-b=0$ の解が整数となる確率は $\frac{\boxed{39}}{\boxed{40}\boxed{41}}$ である。

⑵ x についての方程式 $ax-b=0$ の解が整数以外の有理数となり，2より大きくなる確率は $\frac{\boxed{42}}{\boxed{43}\boxed{44}}$ である。

⑶ x についての方程式 $ax-b=0$ の解の中で，$x=\boxed{45}$，$\frac{\boxed{46}}{\boxed{47}}$ となる確率が最大で，その確率はともに $\frac{\boxed{48}}{\boxed{49}\boxed{50}}$ である。

【英　語】（50分）　＜満点：100点＞

I　[1] ～ [12] に当てはまる最も適切なものをそれぞれ１つずつ選びなさい。

(1) He was very much [1] by the news.　解答番号 [1]
1 excited　2 excite　3 exciting　4 excites

(2) Keiko [2] him to study harder.　解答番号 [2]
1 spoke to　2 told to　3 advised　4 talked

(3) You have to finish [3] your homework as soon as possible.　解答番号 [3]
1 do　2 to do　3 doing　4 done

(4) Sapporo is one of [4] in Japan.　解答番号 [4]
1 big city　2 the biggest city　3 big cities　4 the biggest cities

(5) The man [5] into our classroom was very tall.　解答番号 [5]
1 who came　2 that comes　3 came　4 comes

(6) Turn off the light [6] you go to bed.　解答番号 [6]
1 until　2 by　3 before　4 after

(7) I don't like this watch.　Please show me [7].　解答番号 [7]
1 it　2 another　3 one　4 other

(8) [8] you can play the piano!　解答番号 [8]
1 How good　2 What a good pianist　3 How well　4 What a well

(9) A：Excuse me, where is the bank?　解答番号 [9]
B：[9]
1 All right.　I'm a volunteer.　2 All right.　I have much money.
3 Sorry, over there.　4 Sorry, I'm a stranger here.

(10) A：Hi Yumi!　Have you ever been to Osaka?　解答番号 [10]
B：No, but I've been to Kyoto and Nara.
A：Which city do you like better?
B：[10]
1 Kyoto is my favorite city.
2 Nara has a lot of temples.
3 I like better than Nara.
4 I like Kyoto better.

(11) A：You look pale.　Are you cold?　解答番号 [11]
B：Yes.　I feel a little cold.
A：[11]
B：Yes, please.
1 Will you open the window?
2 Do you want me to close the window?
3 Can you open the window?
4 Would you close the window?

⑿ A：Please tell me your favorite sport. 解答番号 12
B：I like soccer.
A：Really? 12
B：I like Consadole-Sapporo.
1 What is your favorite team now? 2 What do you like team?
3 How about it? 4 How do you become to like it?

Ⅱ 下線部に誤りがある箇所をそれぞれ1つずつ選びなさい。

(1) You won't find(1) many news(2) in today's(3) paper(4). 解答番号 13

(2) Everybody know(1) the sun(2) rises(3) in(4) the east(5). 解答番号 14

(3) When my father(1) came(2) home(3), I watched(4) TV(5) in my room(6). 解答番号 15

Ⅲ 次の対話において最も強く発音されるものをそれぞれ1つずつ選びなさい。

(1) A：Who took you home? 解答番号 16
B：I met(1) John on my way(2) home(3), and(4) he(5) gave(6) me(7) a ride(8).

(2) A：If you find a smartphone on the street, what will you do? 解答番号 17
B：Of(1) course(2), I'll(3) take(4) it(5) to the police(6).

(3) A：Do you have any plans for the weekend? 解答番号 18
B：Yes(1), we(2) do(3). We(4) will(5) go skiing(6) in Asahikawa(7).

Ⅳ 次の［ ］内の語を日本語の意味に合うように並べかえた時，19 ～ 24 に当てはまる語をそれぞれ選びなさい。但し，文頭にくる語も小文字で表されています。また1つ不要な語が含まれています。

(1) 私は今までそんなに美しい湖を見たことがない。 解答番号 19 20
I ＿＿ 19 ＿＿ ＿＿ 20 ＿＿ ＿＿.
I ［ 1 a / 2 now / 3 have / 4 such / 5 seen / 6 lake / 7 never / 8 beautiful ］.

(2) だれが彼とテニスをしたか知っていますか。 解答番号 21 22
＿＿ ＿＿ ＿＿ 21 ＿＿ ＿＿ 22 ＿＿?
［ 1 you / 2 him / 3 tennis / 4 who / 5 do / 6 played / 7 that / 8 know / 9 with ］?

(3) 私たちは来週京都を訪れることを楽しみにしています。 解答番号 23 24
We ＿＿ 23 ＿＿ ＿＿ 24 ＿＿ ＿＿ week.
We ［ 1 to / 2 are / 3 next / 4 Kyoto / 5 forward / 6 visiting / 7 enjoying / 8 looking ］ week.

V あなたはピアノのレッスンを受けたいと考えています。広告文を読み，下の表の空欄 25 ～ 28 に入れるのに最も適当なものを選択肢（1～6）のうちから１つずつ選びなさい。

This list shows you piano lesson prices. A 30-minute lesson is ¥3,000. Each additional 10 minutes will add ¥500. We give special discounts for 50-minute lessons! Also, if you introduce a beginner to us, you will get a lesson at half the price. Finally, if you choose three lessons at the beginning, you will only have to pay for the price of two.

The price you have to pay when…	you take a 30-minute lesson	¥3,000
	you take a 40-minute lesson	解答番号 25
	you take a 50-minute lesson	解答番号 26
	you introduce a beginner and take a 50-minute lesson	解答番号 27
	you decide to take three 50-minute lessons first	解答番号 28

注 additional 追加の discounts 割引

1 ¥2,000 2 ¥3,500 3 ¥4,000 4 ¥6,000 5 ¥8,000 6 ¥12,000

VI 次の英文を読み，あとの(1)～(5)の設問に答えなさい。

We know that going to bed early is good for our health. Scientists say they have found the healthiest time to go to bed. Researchers from the U.K. Biobank say a bedtime of between 10 p.m. and 11 p.m. is best. They say people who go to sleep between these times have a lower risk of heart disease. Six years ago, the researchers collected data on the sleep patterns of 80,000 volunteers. The volunteers had to wear a special watch for seven days and the researchers collected data on their sleeping and waking times. The scientists then checked the health of the volunteers. About 3,000 volunteers got heart problems. They went to bed earlier or later than the "healthy" 10 p.m. to 11 p.m. timeframe.

One of the doctors of the study, Dr. David Plans, commented on his research and the effects of sleeping times on the health of our heart. He said, "The results suggest that early or late bedtimes may disrupt the body clock, and it may be bad for heart." He said, "It is important for our body to wake up to the morning light. The worst time to go to bed is after midnight because it may reduce the chance of seeing morning light, which resets the body clock." He also said, "We will get a heart disease if our body clock is not reset right."

注 heart disease 心臓病 timeframe 時間枠 disrupt 乱す・狂わす

(1) When is the healthiest sleeping time? 解答番号 29

1 8 p.m. 2 Lunchtime 3 Between 10 p.m. and 11 p.m. 4 After dinner

(2) How many volunteers were part of the research? 解答番号 30

1 Three thousand 2 Eighty thousand
3 Eighteen thousand 4 Thirteen thousand

(3) What did the volunteers have to do? 解答番号 31

1 They had to go to sleep between 10 p.m. and 11 p.m.
2 They had to see morning light after they got up.
3 They had to tell the researcher about their health condition every morning.
4 They had to have a small clock that you wear.

(4) What does the researcher sav we need to see? 解答番号 32

1 The stars in the sky 2 An alarm clock
3 A doctor 4 The morning light

(5) What should we reset to lower the risk of heart disease? 解答番号 33

1 Bedtime 2 Our inner clock
3 Waking times 4 Our alarm clock

VII 次の英文を読み，次のページの(1)～(5)の設問に答えなさい。(6)と(7)は本文の内容に合うように文を完成させなさい。

My name is Sara, and I love shopping online. I prefer mobile phone apps, but sometimes I use my computer. The smartphone is more convenient for me, because I can even do my shopping from bed!

I love shopping so much that I buy everything I need at home. I get food, electronics, books, and large pieces of furniture like my sofa and bookshelves all online! But I still prefer getting clothes from a store because I want to try them on before I buy them.

Yesterday, I bought a birthday present for my mother, and ①it arrived today! That saves me a lot of time. I am a very busy person, and I am a little forgetful too. If I think of something that I need, then it is wonderful that I can buy it at that moment.

My friends aren't so happy with buying things online as I am because they think that it can be dangerous. Of course, bad things sometimes happen, but I am very careful with all of my personal information. I think the biggest fear is that someone will ②steal their number when people shop with their credit cards online.

It is important to be sure that the web page is secure. You can see this if the web address has got an "s" in it, like https://. That "s" means it is safe. People should not be afraid of shopping online. I think it will be the only way we will do our shopping in the future!

注 apps アプリ electronics 電子機器 furniture 家具 try ～ on ～を試着する
forgetful 忘れっぽい fear 恐れ，不安 secure 安全な

(1) What is Sara's favorite way of shopping? 解答番号 34

1 On her computer
2 On her phone
3 In a shop
4 At a department store

(2) What doesn't Sara buy online? 解答番号 35

1 Food
2 Furniture
3 Clothes
4 Electronics

(3) What does the word ①it show? 解答番号 36

1 Shopping online
2 A present
3 Her mother's birthday
4 Sofa

(4) Why does Sara think online shopping is very convenient? 解答番号 37

1 It's fast.
2 It's cheap.
3 It's good quality.
4 It's safe.

(5) What does ②steal mean? 解答番号 38

1 To say something back to them.
2 To take away without permission.
3 To use something that is not yours.
4 To pay money for something.

(6) Sara thinks that shopping online __________ 解答番号 39

1 is often dangerous.
2 is always safe.
3 is safe if you are careful.
4 is not a good way when children buy something.

(7) Sara thinks that in the future __________ 解答番号 40

1 online shopping will be safer.
2 a lot of people will not shop online.
3 everybody will only shop online.
4 online shopping will not be popular.

【理　科】（40分）　＜満点：100点＞

1　次の文章を読み，あとの各問に答えなさい。

音の速さを調べるために，以下の**実験１**と**実験２**を行いました。

実験１

図１のように，一直線上にある地点①，②，③を決め，Ａさんと B さんは直線上のある場所で２人同時にそれぞれストップウォッチを押しました。その後，Ａさんと B さんは100m離れた地点①と地点②にそれぞれ移動し，Ｃさんは B さんとは逆方向にＡさんから10m離れた地点③に立ちました。そして，Ｃさんが地点③で音を鳴らし，その音が聞こえた瞬間にＡさんと B さんはストップウォッチを止め，ストップウォッチに表示された時間をそれぞれ記録しました。表１はこの実験を４回繰り返した結果をまとめたものです。

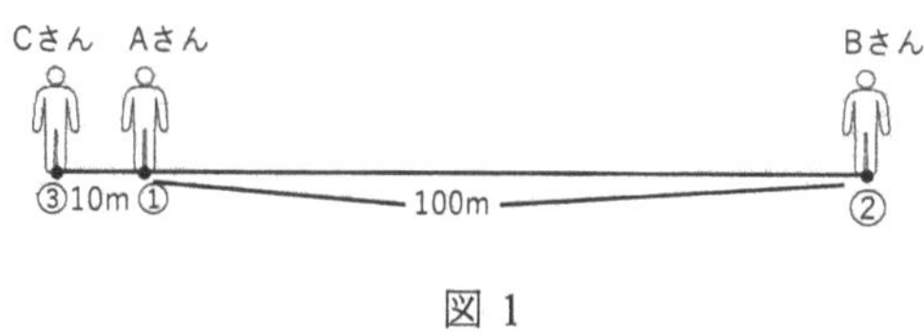

図１

表１

	Aさんのストップウォッチ	Bさんのストップウォッチ
１回目	100.30秒	100.59秒
２回目	101.25秒	101.56秒
３回目	102.40秒	102.66秒
４回目	101.40秒	101.70秒

問１　大きな音が伝わる場合，空気の振動のようすは，小さな音の場合と比べてどのようになっているか，最も適当なものを次の1～6より一つ選びなさい。ただし，音の高さは変わらないものとします。　解答番号　1

1　振動数が大きくなっている。　2　振動数が小さくなっている。

3　振幅が大きくなっている。　4　振幅が小さくなっている。

5　音色が変わる。　6　何も変わらない。

問２　**実験１**から求めることができる音の速さとして最も適当なものを次の1～8より一つ選びなさい。ただし，表１から得られた時間差の平均値を用いて計算しなさい。解答番号　2

1　320m/秒　2　325m/秒　3　330m/秒　4　335m/秒

5　340m/秒　6　345m/秒　7　350m/秒　8　355m/秒

実験２

図２（次のページ）のように，壁からＤ［m］離れた地点にＡさんが立ち，Ａさんから壁側に向かってｄ［m］離れた地点に B さんが立ちました。Ａさんが１回目の音を鳴らし，Ｔ秒後に２回目の音を発したところ，B さんには，Ａさんから１回目に発せられて壁で反射した音と，Ａさんから２回目に発せられて直接 B さんに届いた音が同時に聞こえました。ただし，Ｄ＞ｄとします。

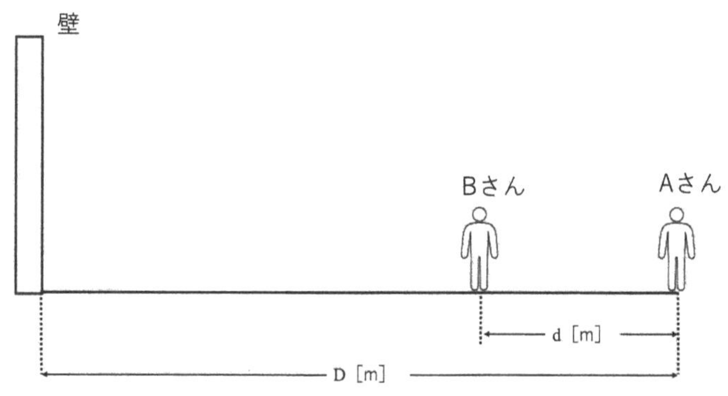

図 2

問3　**実験2**において音の速さをV [m/秒] としたとき，Aさんから1回目に音が発せられたときからその音が壁を反射して音の反射音がBさんに届くまでの時間として最も適当なものを次の1～9より一つ選びなさい。　解答番号 3

1 $\dfrac{V}{d}$　2 $\dfrac{d}{V}$　3 $\dfrac{2d}{V}$　4 $\dfrac{2D}{V}$　5 $\dfrac{D-d}{V}$

6 $\dfrac{2(D-d)}{V}$　7 $\dfrac{2(D-d)}{D}$　8 $\dfrac{2D-d}{V}$　9 $\dfrac{D-2d}{V}$

問4　**実験2**から求めることができる音の速さとして最も適当なものを次の1～8より一つ選びなさい。　解答番号 4

1 $\dfrac{D}{T}$　2 $\dfrac{d}{T}$　3 $\dfrac{D-d}{T}$　4 $\dfrac{d-D}{T}$

5 $\dfrac{2(D-d)}{T}$　6 $\dfrac{T}{D}$　7 $\dfrac{T}{d}$　8 $\dfrac{2T}{D-d}$

問5　Bさんの位置を**実験2**の位置よりも壁側に移動させました。**実験2**と同様の実験を行い，Bさんには，Aさんから1回目に発せられて壁で反射した音と，Aさんから2回目に発せられて直接Bさんに届いた音が同時に聞こえた場合，Tの値は**実験2**の場合と比べてどのように変化するか，最も適当なものを次の1～3より一つ選びなさい。　解答番号 5

1 大きくなる。　2 小さくなる。　3 変わらない。

2　次の実験に関する文章を読み，あとの各問に答えなさい。ただし，文中に出てくる滑車，棒，ロープ，糸の質量は無視できるものとし，100gの物体にはたらく重力の大きさを1Nとします。

実験1

図1（次のページ）のように，定滑車と動滑車にロープを通した装置を天井に取りつけた。動滑車Yと動滑車Zは棒で接続されており，棒の中心に取りつけられた糸におもりBをつり下げた。図1に示したおもりA～Cの質量を変え，棒が水平になって装置全体が静止する条件を調べた。

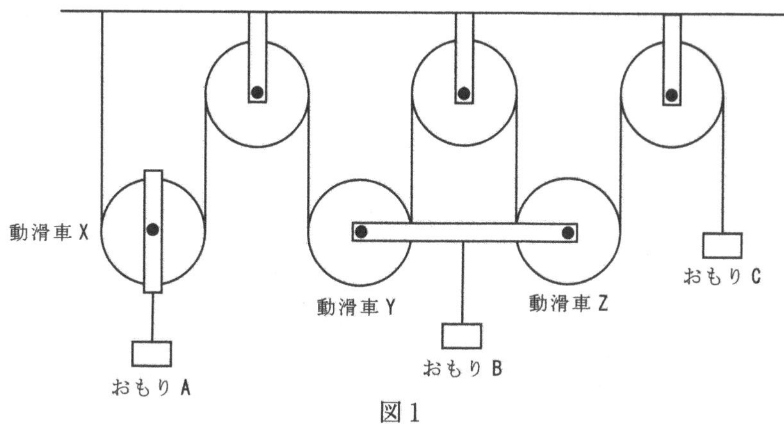

図１

実験２

図２のように，定滑車と動滑車を組み合わせた装置とロープを用いて，床に置かれていた質量40kgの物体を床から高さ2.0mの所までゆっくり持ち上げた。

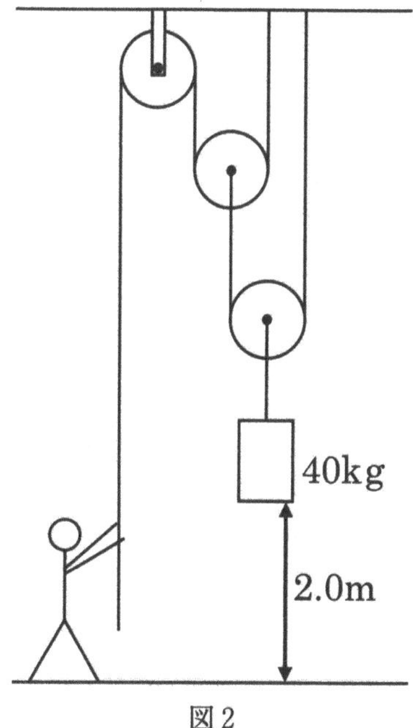

図２

実験３

図３のように，質量10kgの板にロープを取り付け，定滑車を用いて板の昇降が可能な装置を作成した。体重50kgの一郎さんは板の上に乗り，ロープを床に対して垂直で下向きに引いた。

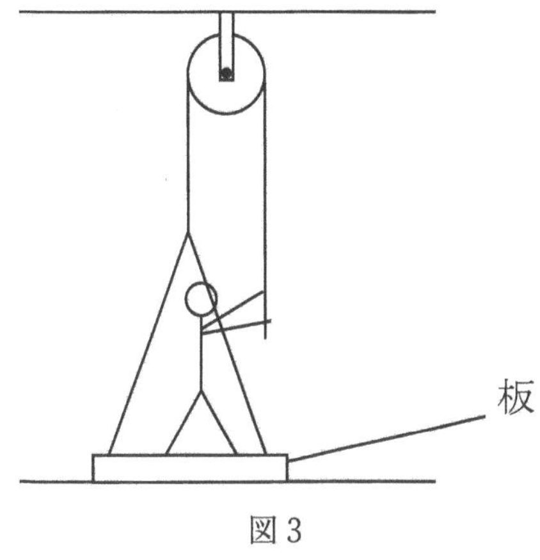

図３

問1　**実験1**において，装置全体が静止するときのおもりの質量の組み合わせとして最も適当なものを次の1～8より一つ選びなさい。ただし，定滑車と動滑車に通したロープが引く力の大きさはすべて等しいものとします。

解答番号 6

	おもりA	おもりB	おもりC
1	5 kg	5 kg	5 kg
2	10kg	20kg	10kg
3	4 kg	4 kg	2 kg
4	4 kg	8 kg	1 kg
5	10kg	20kg	5 kg
6	3 kg	2 kg	1 kg
7	1 kg	2 kg	3 kg
8	4 kg	16kg	1 kg

問2　**実験2**に関する文章のうち，**誤っているもの**を次の1～4より一つ選びなさい。

解答番号 7

1　おもりを床からゆっくり持ち上げるためには，ロープを100Nの力で引く必要がある。

2　おもりを床から2.0m持ち上げるためには，ロープを4.0m引く必要がある。

3　おもりを床からゆっくり2.0m持ち上げたときに一郎さんがロープを引く力がした仕事は800 Jである。

4　おもりを床からゆっくり2.0m持ち上げるのに4秒かかった場合の一郎さんがロープを引く力がした仕事の仕事率は200Wである。

問3　**実験3**において，一郎さんが受ける力の組み合わせとして最も適当なものを次の1～8より一つ選びなさい。

解答番号 8

1　重力

2　重力，板からの垂直抗力

3　重力，ロープから下向きに引かれる力

4　重力，ロープから上向きに引かれる力

5　重力，板からの垂直抗力，ロープから下向きに引かれる力

6　重力，板からの垂直抗力，ロープから上向きに引かれる力

7　重力，板からの垂直抗力，床からの垂直抗力，ロープから下向きに引かれる力

8　重力，板からの垂直抗力，床からの垂直抗力，ロープから上向きに引かれる力

問4　**実験3**において，板が床から離れるためには，一郎さんがロープを引く力の大きさがある値を超えなければなりません。ある値として最も適当なものを次の1～9より一つ選びなさい。

解答番号 9

1　100N　　2　200N　　3　300N　　4　400N　　5　500N

6　600N　　7　700N　　8　800N　　9　900N

3 次の実験に関する文章を読み，以下の各問に答えなさい。ただし，実験の間，ペットボトルの外側に水滴はついていなかったものとします。

実験

操作1 体積500mLの乾いたペットボトルを用意した。そのふたをはずし，質量をはかったところ，W_1［g］であった。

操作2 **操作1**の後，ペットボトルのふたをはずしたまま，ペットボトルにドライアイスのかけらを入れて再び質量をはかったところ，W_2［g］であった。

操作3 **操作2**の後，ドライアイスの入ったペットボトルのふたをはずしたまま室温で放置したところ，ドライアイスは徐々に気体となり減っていった。ドライアイスが全くなくなったときに質量をはかったところ，W_3［g］であった。

操作4 **操作3**の後，ペットボトルに少量の水を入れてふたを閉め，激しく振った。

問1 ドライアイスはある気体**A**が固体になったものです。この気体**A**の性質として，**誤りを含むもの**を次の1～5より一つ選びなさい。 解答番号 10

1 石灰石に希塩酸を加えると発生する。

2 火のついた線香を入れると消える。

3 水に少し溶け，水溶液は弱い酸性を示す。

4 石灰水を白く濁らせる。

5 上方置換で捕集する。

問2 W_1，W_2，W_3の大小関係として最も適当なものを次の1～6より一つ選びなさい。

解答番号 11

1 $W_1>W_2>W_3$　2 $W_1>W_3>W_2$　3 $W_2>W_1>W_3$

4 $W_2>W_3>W_1$　5 $W_3>W_1>W_2$　6 $W_3>W_2>W_1$

問3 **操作4**の結果として最も適当なものを次の1～4より一つ選びなさい。 解答番号 12

1 ペットボトルがふくらむ

2 ペットボトル内の水が赤紫色に変化する

3 ペットボトルがつぶれる

4 変化はない

問4 次のa～cは気体の発生方法を，ア～ウは気体の性質を表しています。発生方法と性質の組み合わせとして最も適当なものを次のページの1～6より一つ選びなさい。 解答番号 13

発生方法

a 二酸化マンガンに過酸化水素水を加えると発生する。

b 亜鉛にうすい硫酸を加えると発生する。

c 固体の塩化アンモニウムと水酸化カルシウムを混ぜ合わせて加熱すると発生する。

性質

ア 水に溶けてアルカリ性を示す。

イ 集めた気体が入った試験管にマッチの火を近づけると音を立てて燃える。

ウ 集めた気体が入った試験管に火のついた線香を入れると激しく燃える。

	a	b	c
1	ア	イ	ウ
2	ア	ウ	イ
3	イ	ア	ウ
4	イ	ウ	ア
5	ウ	ア	イ
6	ウ	イ	ア

問５　次の文章の中で状態変化を**表していないもの**として最も適当なものを1～5より一つ選びなさい。　解答番号 14

1　寒い日には，外気に触れている窓の内側がくもる。

2　鍋に水を入れて加熱すると，鍋の中の水が次第に減少していく。

3　氷を手で温めると，氷が小さくなった。

4　炭素の黒い粉末に火をつけると，炭素が次第に減少していく。

5　冷凍庫の中の氷を放置すると，次第に体積が減少していく。

4　次の文章を読み，以下の各問に答えなさい。

実験

図のようにH管を用いて実験装置を組み立て，H管(Ⅰ)にはうすい水酸化ナトリウム水溶液を，H管(Ⅱ)には塩化銅水溶液を入れ，一定の電流を流して電気分解を行った。

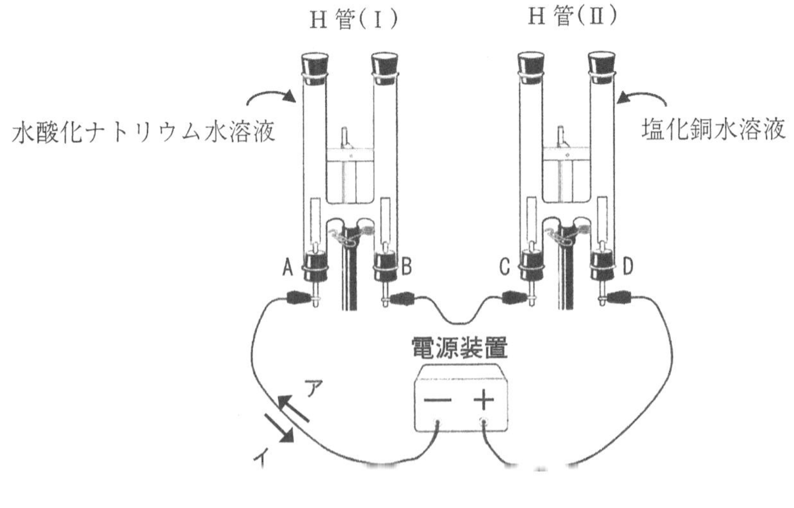

図

問１　電極**A**と**D**は何極ですか。また，電流の流れる向きは**ア・イ**どちらですか。それらの組み合わせとして最も適当なものを次のページの1～4より一つ選びなさい。　解答番号 15

	電極A	電極D	電流の向き
1	陽極	陰極	ア
2	陽極	陰極	イ
3	陰極	陽極	ア
4	陰極	陽極	イ

問2　電極AとBで発生する気体とその体積比の組み合わせとして最も適当なものを次の1~6より一つ選びなさい。

解答番号 16

	A	B	体積比（A：B）
1	水素	酸素	1：1
2	水素	酸素	1：2
3	水素	酸素	2：1
4	酸素	水素	1：1
5	酸素	水素	1：2
6	酸素	水素	2：1

問3　電極CかDには銅が析出します。銅が析出する仕組みを以下の文章にまとめました。空欄に当てはまる語句の組み合わせとして最も適当なものを表の1~8より一つ選びなさい。

解答番号 17

> 塩化銅水溶液は電離して塩化物イオン（Cl^-）と銅イオン（　ア　）を生じる。銅イオンは電極　イ　に引き寄せられ，電子を　ウ　て，銅となる。

	ア	イ	ウ
1	Cu^{2+}	C	失っ
2	Cu^{2+}	D	失っ
3	Cu^{2+}	C	受け取っ
4	Cu^{2+}	D	受け取っ
5	Zn^{2+}	C	失っ
6	Zn^{2+}	D	失っ
7	Zn^{2+}	C	受け取っ
8	Zn^{2+}	D	受け取っ

次に，H管(Ⅱ)には濃度が20％の塩化銅水溶液を150 g 入れました。一定時間電気分解をしたところ，銅が8.1 g 析出しました。

問4　電気分解前の塩化銅水溶液に含まれる塩化銅の質量として最も適当なものを次のページの1

～6より一つ選びなさい。 解答番号 18

1 0.30 g　2 0.75 g　3 3.0 g　4 7.5 g　5 30 g　6 75 g

問５　電気分解後の塩化銅水溶液の質量として最も適当なものを次の1～6より一つ選びなさい。ただし，塩化銅中の銅と塩素の質量比は9：10であり，質量保存の法則が成り立つものとし，発生した塩素は水に溶けないものとします。 解答番号 19

1 8.1 g　2 9.0 g　3 17.1 g　4 132.9 g　5 141.0 g　6 141.9 g

5　次の文章を読み，あとの各問に答えなさい。

太郎：ひゃぁー！！！

花子：どうしたの？急に大きな声を出して…

太郎：ベランダでトカゲを見つけたんだ。

花子：①暖かくなってきたから活発に動き出したのね。

太郎：かわいかったからちょっと触ってみたんだけど，なんだか表面がぬめぬめしていてびっくりしちゃって…

花子：ぬめぬめ？だとしたらそれ，たぶんトカゲじゃなくて（　ア　）よ。

太郎：えっ，だって見た目はトカゲそっくりだったよ。

花子：でも，トカゲや（　イ　）の仲間は，体の表面が（　ウ　）におおわれているからぬめぬめしていることはないもの。体の表面が粘液でおおわれているのは，両生類の特徴ね。

太郎：じゃあ，さっきのはトカゲよりも（　エ　）に近い生き物だったんだ。

花子：ほかにも粘液におおわれている生物にはイカやナマコがいるけれど，トカゲや両生類と違って②背骨がないわね。

太郎：なるほど。ほかにも似たような特徴の生物がいそうだね。調べてみよう。

花子：そうね。あと言い忘れていたけれど，③日本在来種※の（ア）の中にも，毒をもっているものがいるから気を付けてね。

太郎：ひゃぁー！！！

※　日本在来種…日本にもともと生息していた生物

問１　下線部①について述べた次の文章の空欄に当てはまる語句の組み合わせとして最も適当なものを次のページの1～8より一つ選びなさい。 解答番号 20

トカゲのような（　A　）動物は体温が（　B　）ため，気温が高いほど動きが（　C　）になる。

	A	B	C
1	恒温	常に一定である	活発
2	恒温	常に一定である	ゆっくり
3	恒温	気温によって変化する	活発
4	恒温	気温によって変化する	ゆっくり
5	変温	常に一定である	活発
6	変温	常に一定である	ゆっくり
7	変温	気温によって変化する	活発
8	変温	気温によって変化する	ゆっくり

問2　文章中の**ア**～**エ**の空欄に入る語句の組み合わせとして最も適当なものを1～8より一つ選びなさい。　解答番号 21

	ア	イ	ウ	エ
1	イモリ	ヤモリ	うろこ	サンショウウオ
2	イモリ	ヤモリ	うろこ	ウナギ
3	イモリ	ヤモリ	羽毛	サンショウウオ
4	イモリ	ヤモリ	羽毛	ウナギ
5	ヤモリ	イモリ	うろこ	サンショウウオ
6	ヤモリ	イモリ	うろこ	ウナギ
7	ヤモリ	イモリ	羽毛	サンショウウオ
8	ヤモリ	イモリ	羽毛	ウナギ

問3　下線部②について，生物の背骨について述べた以下の文章のうち，正しいものとして最も適当なものを1～4より一つ選びなさい。　解答番号 22

1　水中よりも重力を受ける陸上では，背骨があるほうが有利なため，すべての陸上生物には背骨がある。

2　恒温動物の一部には，背骨を持たない生物がいる。

3　変温動物はすべて，背骨を持たない生物である。

4　昆虫は体が固い殻でおおわれているため，背骨を持たない生物である。

問4　下線部③について，以下の生物の中で日本在来種の組み合わせとして最も適当なものを1～8より一つ選びなさい。　解答番号 23

A　オオスズメバチ　　B　セアカゴケグモ　　C　アライグマ　　D　マムシ
E　ニホンカモシカ　　F　アカヒアリ　　G　キタキツネ　　H　セイヨウミツバチ

1　A　B　D　F　　2　A　D　E　G　　3　A　D　G　　4　B　C　H
5　B　F　H　　6　C　E　G　　7　A　D　　8　E　G

6 次の文章を読み，あとの各問に答えなさい。

Dさんと I さんは，理科の授業中に刺激と反応について次のような実験を行いました。

実験

手順１　図１の左側のように，Dさんはものさしの上端を持ち，I さんはものさしにふれないように０㎝の目盛りの位置に指をそえた。

手順２　図１の右側のように，合図なしにDさんが静かに手を放してものさしを落としたとき，I さんが落ち始めたものさしをどの位置でつかめるかを調べた。

手順３　手順１と手順２を合計５回繰り返し，ものさしが落ちた距離を表にまとめた。

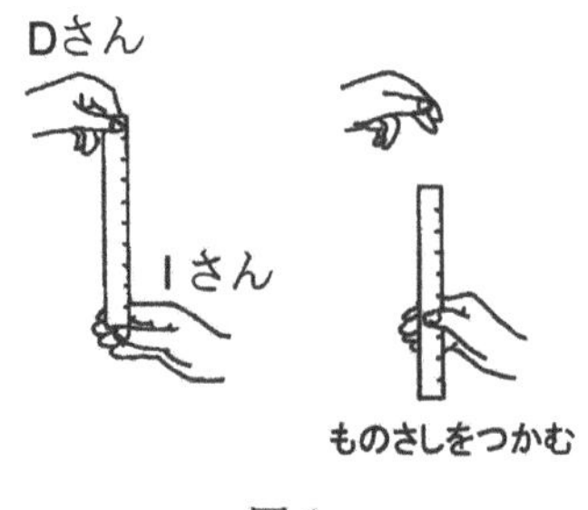

図１

表

	１回目	２回目	３回目	４回目	５回目	平均値
ものさしが落ちた距離[cm]	17.7	15.7	（　A　）	16.2	16.1	16.0

問１　次の文中の（ア）～（ウ）に当てはまる語句の組み合わせとして最も適当なものを次の1～8より一つ選びなさい。　解答番号 24

動物はさまざまな感覚器官で（　ア　）を受け取っている。感覚器官につながる感覚神経は（　イ　）神経の一つである。ヒトでは，光の（　ア　）を受け取る器官は目であり，最後に（　ウ　）で感覚が生じる。

	（　ア　）	（　イ　）	（　ウ　）
1	感覚	中枢	網膜
2	感覚	中枢	脳
3	感覚	末しょう	網膜
4	感覚	末しょう	脳
5	刺激	中枢	網膜
6	刺激	中枢	脳
7	刺激	末しょう	網膜
8	刺激	末しょう	脳

問２　I さんの反応について，目で受け取った信号が伝わる経路を次のページの図中の経路ａ～ｆを用いて表す場合，最も適当なものを次のページの1～6より一つ選びなさい。解答番号 25

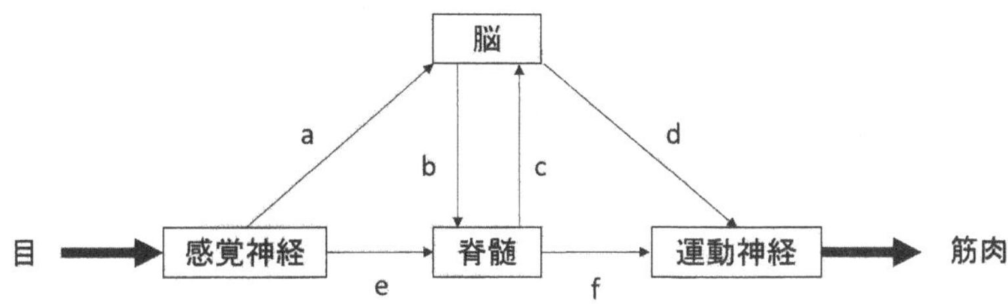

1 a→b→f　　2 a→b→c→d　　3 a→d
4 e→c→b→f　　5 e→c→d　　6 e→f

問3　実験結果の表中（A）の値として最も適当なものを次の1~5より一つ選びなさい。
解答番号 26

1 11.6　2 13.5　3 14.3　4 17.8　5 21.0

問4　図2は「ものさしが落ちた距離」と「ものさしが落ちるのに要する時間」の関係を表したものです。Iさんが刺激を受け取ってから反応するまでのおよその時間の範囲として最も適当なものを1~5より一つ選びなさい。
解答番号 27

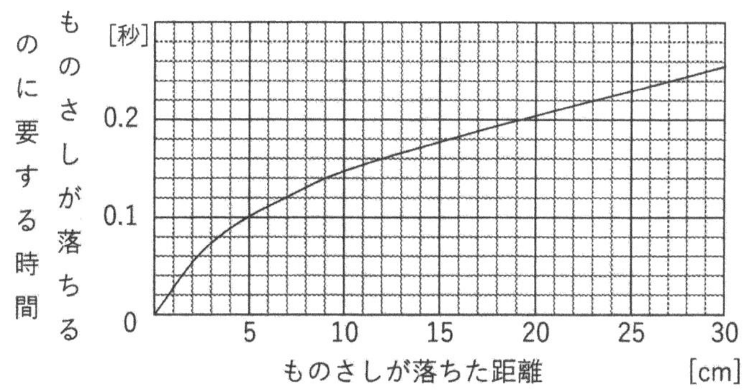

図2

1 0.15～0.17秒
2 0.16～0.18秒
3 0.17～0.19秒
4 0.18～0.20秒
5 0.19～0.21秒

7　次の文章を読み，次のページの各問に答えなさい。

天文部のホシコさんが星の動きを調べようと2月20日の午前0時に南の空をながめたところ，しし座（図1）が見えて，その1等星レグルスが真南の空（北と観測者の真上と南を結ぶ半円上）に来ていました。図2は，地球，太陽，黄道付近にある星座の位置を模式的に表したもので，Aは春分の日の地球の位置を示しています。ただし，地球は図2のA，B，C，Dの順に太陽のまわりを公転します。

（図1，図2は次のページにあります。）

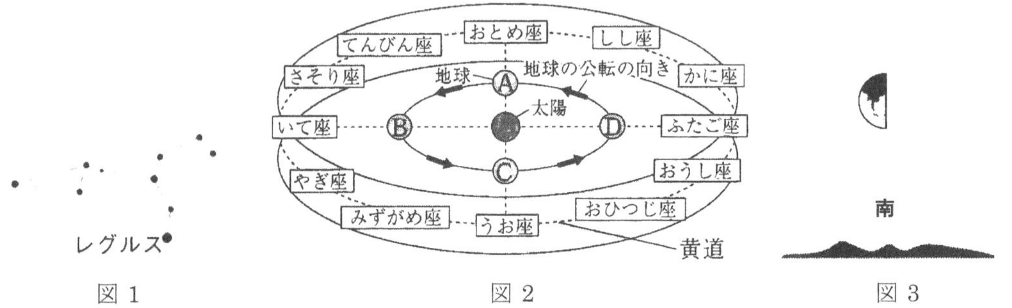

図1　　図2　　図3

問1　しし座が南の方角に見えたとき，西の地平線近くに見える星座は何か，最も適当なものを次の1～5より一つ選びなさい。　解答番号 28

1 おうし座　2 かに座　3 さそり座　4 おとめ座　5 みずがめ座

問2　2週間後の3月5日の夜から3月6日の朝にかけて，ホシコさんが観察したしし座の1等星レグルスが真南の空に来るのは何時ごろか，最も適当なものを次の1～5より一つ選びなさい。　解答番号 29

1 3月5日の22時
2 3月5日の23時
3 3月6日の0時
4 3月6日の1時
5 3月6日の2時

問3　しし座は8月や9月には，ほとんど見ることができません。その理由として最も適当なものを次の1～5より一つ選びなさい。　解答番号 30

1 月から見ると，しし座が地球と同じ方向にあるから。
2 地球から見ると，月がしし座と同じ方向にあるから。
3 地球から見ると，しし座が太陽と同じ方向にあるから。
4 太陽から見ると，地球がしし座と同じ方向にあるから。
5 しし座が太陽のまわりを公転し始めるから。

問4　地球が夏至の位置にあるとき，南の空に図3のような形の半月が見えました。このとき，月は地球から見て，どの星座の方向にあるか，最も適当なものを次の1～4より一つ選びなさい。　解答番号 31

1 いて座　2 うお座　3 ふたご座　4 おとめ座

問5　日本のある地点で，ふたご座を観察しました。午前0時に南中しているふたご座が，午前6時に南中するのは何ヶ月後か，最も適当なものを次の1～4より一つ選びなさい。　解答番号 32

1 3ヶ月後　2 4ヶ月後　3 6ヶ月後　4 9ヶ月後

8 次の文章を読み，あとの各問に答えなさい。

地質学研究室のイワオ君は，3種類の火成岩A，B，Cを採集し，ルーペを使って観察しました。そのときに記録したスケッチも含め，観察結果を表（次のページ）にまとめました。

表　火成岩の観察結果

	スケッチ	特徴
火成岩A	ア エ イ ウ 5 mm	形がわからないほど小さな粒の間に比較的大きな鉱物が散らばっている。色は全体的に白っぽい。
火成岩B	5 mm	火成岩Aと同じようなつくりをしていた。色は全体的に黒っぽい。
火成岩C	5 mm	ひとつひとつの鉱物が大きく，ほぼ同じ大きさのものが多い。色は全体的に白っぽい。

問１　この観察で，ルーペの使い方の正しい説明として最も適当なものを次の1～4より一つ選びなさい。　解答番号 33

1　ルーペを火成岩に近づけて持ち，頭だけを前後に動かす。
2　ルーペを火成岩に近づけて持ち，ルーペだけを前後に動かす。
3　ルーペを目に近づけて持ち，火成岩だけを前後に動かす。
4　ルーペを目から離して持ち，ルーペと火成岩を同時に前後に動かす。

問２　火成岩Aのスケッチ内にある**ア～エ**のうちで，マグマだまりでゆっくりと冷えて固まったものの組み合わせとして最も適当なものを次の1～8より一つ選びなさい。　解答番号 34

1　ア　　2　ア，イ　　3　イ，エ　　4　ア，イ，ウ
5　ア，イ，エ　　6　ウ，エ　　7　イ　　8　ウ

問３　火成岩Bの結晶のでき方として最も適当なものをあとの1～5より一つ選びなさい。　解答番号 35

1　大きい結晶と小さい結晶は，地下でマグマが冷えるときほぼ同時にできた。
2　はじめに小さい結晶ができ，あとから大きい結晶ができた。

3 はじめに小さい結晶ができ，その一部は大きい結晶に成長した。

4 はじめに大きい結晶ができ，あとで急冷して小さい結晶ができた。

5 岩石のつくりだけでは何ともいえない。

問４　火成岩Cは，そのつくりから地下深くでゆっくり冷えてできたと考えられるが，地表で採集することができました。火成岩Cを地表で採集できた理由として最も適当なものを次の1～4より一つ選びなさい。　解答番号 36

1 土地が隆起するなどして地層が露出し，表面がけずられたため。

2 マグマとともに上昇し，火山の火口から地表にあらわれたため。

3 プレートの動きとともに，地面深くまで沈んだため。

4 地下水の流れとともに地表に出て，川の水などでけずられたため。

問５　火山の形と噴出物の特徴について調べたところ，以下の内容がわかりました。

> 模式図 a の火山は，マグマのねばりけが最も大きく，激しい爆発をともなう噴火を起こすことが多い。そのマグマが冷えてできた溶岩は， b やクロウンモなどの黒っぽい有色鉱物が少ないため白っぽく見える。

この文中の模式図 a と，空欄 b の組み合わせとして最も適当なものをあとの1～6より一つ選びなさい。　解答番号 37

解答番号	模式図 a	b
1	円すい形	セキエイ
2	円すい形	キ石
3	おわんをふせた形	チョウ石
4	おわんをふせた形	カクセン石
5	平たい形	セキエイ

6	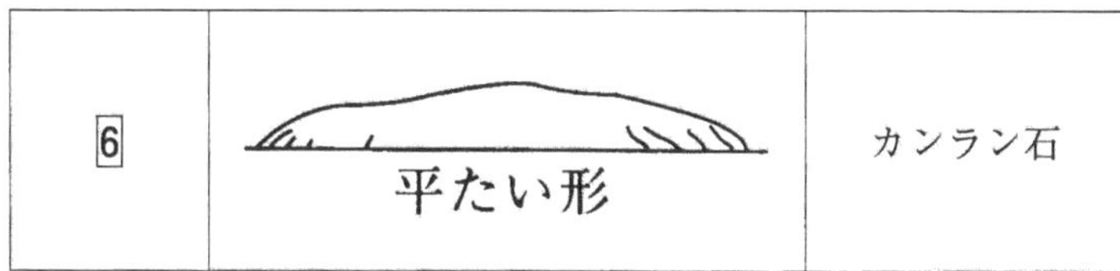	カンラン石

【社　会】（50分）　＜満点：100点＞

1　地理に関する各問いに答えなさい。

問１　下の写真はある地域の民族衣装である。写真が示している地域（国）を，下図の中から一つ選びなさい。　解答番号 1

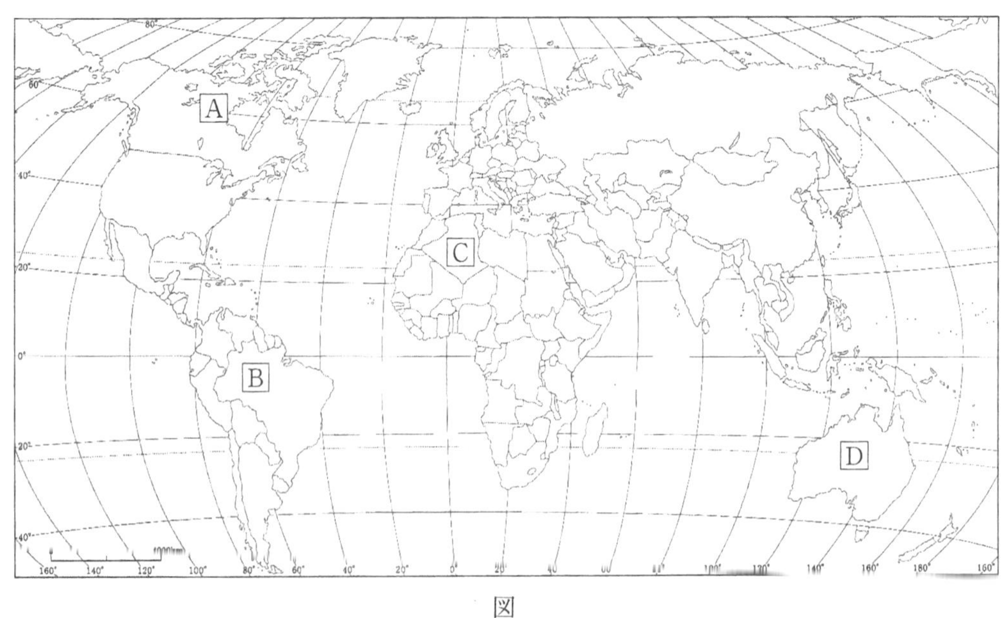

図

1 A　2 B　3 C　4 D

問２　次のページの写真はギリシャのある島の街並みを写したものである。この島の住居にみられる特徴について述べた文として，正しいものを一つ選びなさい。　解答番号 2

1 湿度が高いので，大きな窓によって風通しを良くしている住居が多い。

2 強い日差しを避けるために，石造りの白い住居が多く建てられている。

3 屋根は台風で飛ばされないようにするため，平らなものが多い。

4 寒さをしのぐため壁を厚く，窓を小さくした住居が建てられている。

問3 地球温暖化が引き起こすと考えられる現象として，**誤っているもの**を一つ選びなさい。

解答番号 3

1 オゾンホールの拡大

2 海面の上昇

3 生態系の変化

4 氷河の融解

問4 サハラ砂漠の南縁に沿って帯状に広がる地域では，1960年代後半から降水量が極端に少ない年が発生，さらに1980年代には大規模な干ばつが続いた。この地域の名称として，正しいものを一つ選びなさい。

解答番号 4

1 リビア　2 ゴビ　3 ナミブ　4 サヘル

問5 次の文章は，図中のA～Dのいずれかの都市周辺の気候の特徴と景観について述べたものである。このうち都市D周辺にあたるものとして，正しいものを一つ答えなさい。

解答番号 5

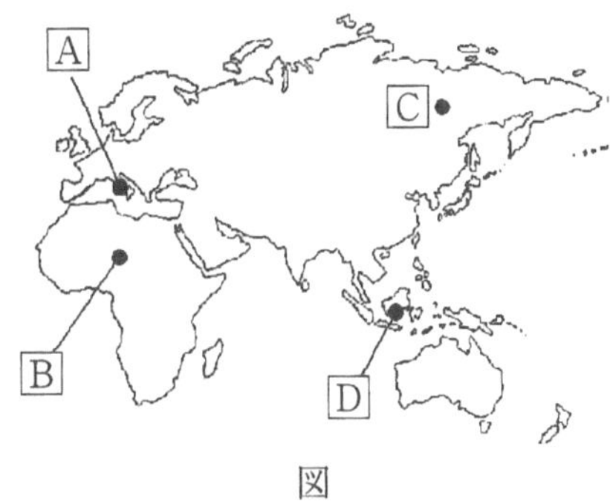

図

1 一年を通して降水量が少なく，植物はほとんどみられない砂漠が広がる。

2 一年を通して高温多湿であり，油やしや天然ゴムなどのプランテーションがみられる。

3 冬季は気温が－30℃を下まわる日もあり，タイガとよばれる針葉樹林が広がる。

4 夏季は冬季と比べ降水量が少なく，乾燥に強いオリーブやぶどうの栽培地がみられる。

2 アフリカに関する文章を読み，以下の設問に答えなさい。

アフリカには，一次産品の輸出に占める割合が極めて高い諸国が見られる。ナイジェリア，ザンビア，㋐ボツワナなどの国々は，地下資源の開発が主要産業となっている。また，現在も㋑植民地時代のプランテーション農業からの特定商品作物に依存している国々が多い。特定の一次産品を中心とした［　　］経済は，気候や国際市場の変化に影響されやすいという問題を抱えている。

問1　下線部㋐について，次の表1はボツワナの輸出額上位品目とその割合を示している。表中のAに当てはまる語句として，正しいものを一つ選びなさい。　解答番号 6

ボツワナ（2017年）

A（88.7%）	その他（11.3%）

表1

1 金　2 石　油　3 ダイヤモンド　4 銅

問2　下線部㋑について，次の表2は，茶の輸出量の上位5か国を示している。表中のBに該当する国名として，正しいものを一つ選びなさい。　解答番号 7

1位	B
2位	中国
3位	スリランカ
4位	インド
5位	ベトナム

表2（地理統計2021年度版 帝国書院）

1 エチオピア　2 ガーナ　3 ケニア　4 タンザニア

問3　空欄［　　］について，この中に当てはまる語句として，正しいものを一つ選びなさい。　解答番号 8

1 モノカルチャー　2 コンビナート　3 フェアトレード　4 資源ナショナリズム

3 アメリカ合衆国についてA・Bの文章を読み，各問いに答えなさい。

A　アメリカ合衆国にはさまざまな民族が移り住んだ。近年では［　①　］とよばれるスペイン語を話すメキシコやカリブ海諸国，南アメリカ州からの移民が増えている。

B　アメリカ合衆国の先端技術産業は，おもに北緯37度より南側の［　②　］とよばれる地域で発達した。この地域は温暖であるだけでなく，土地が安く手に入り，労働力が豊富であるという長所があった。なかでもサンフランシスコ郊外にある［　③　］には，先端技術産業にかかわる大学や研究機関が集まり，ソフトウェアの開発やバイオテクノロジーなどで世界をリードしている。

問1　空欄［①］について，この中に当てはまる語句として，正しいものを一つ選びなさい。　解答番号 9

1 ヒスパニック　2 マオリ　3 ワスプ　4 アボリジニー

問2　空欄 ② について，この中に当てはまる語句として，正しいものを一つ選びなさい。

解答番号 10

1 サンベルト　2 エレクトロニクスハイウェイ
3 スノーベルト　4 リサーチトライアングル

問3　空欄 ③ について，この中に当てはまる語句として，正しいものを一つ選びなさい。

解答番号 11

1 シリコンプレーン　2 シリコンバレー
3 シリコンコースト　4 シリコンマウンテン

問4　アメリカの農業について述べた文として，**誤っているもの**を一つ選びなさい。

解答番号 12

1 多くの農場がアグリビジネスの会社と契約を結び，その影響力が強い。
2 気候や土壌などの自然条件にあわせて，その土地に最も適する農作物を栽培している。
3 乾燥地域では，360度回転するアームで地下水を散水している。
4 農業機械の大型化が進み，無農薬で自給的な農業経営が経営の主流になっている。

4 日本に関する次の問いに答えなさい。

問1　日本の気候の特徴について述べた次の文AとBの正誤の組み合わせとして，正しいものを一つ選びなさい。

解答番号 13

A　東北地方では，夏は太平洋側から「やませ」とよばれる，湿った暖かい南東季節風が吹く。
B　関東地方では，冬は日本海側から「からっ風」とよばれる，南西季節風が吹き，降雪量が多くなる。

1 A－正・B－正　2 A－正・B－誤
3 A－誤・B－正　4 A－誤・B－誤

問2　日本の地形の特徴について述べた次の文AとBの正誤の組み合わせとして，正しいものを一つ選びなさい。

解答番号 14

A　国土は山がちでアルプス・ヒマラヤ造山帯にあり，地震や火山活動が活発である。
B　日本の本州の中央部にあるフォッサマグナは，日本列島を東北日本と西南日本に分けている。

1 A－正・B－正　2 A－正・B－誤
3 A－誤・B－正　4 A－誤・B－誤

問3　下記の表は，日本の輸入品A～C及び輸入相手国の順位を示したものである。A～Cの組み合わせとして，正しいものを次のページから一つ選びなさい。

解答番号 15

	A	B	C
第1位	オーストラリア	オーストラリア	ドイツ
第2位	ブラジル	インドネシア	アメリカ合衆国
第3位	カナダ	ロシア	イギリス

表　　（地理統計2021年版　帝国書院）

	A	B	C
1	石炭	自動車	鉄鉱石
2	石炭	鉄鉱石	自動車
3	鉄鉱石	石炭	自動車
4	鉄鉱石	自動車	石炭
5	自動車	鉄鉱石	石炭
6	自動車	石炭	鉄鉱石

5 世界の歴史に関して，各問いに答えなさい。

問１　イスラーム教について述べた文として，**誤っているもの**を一つ選びなさい。解答番号 16

1 イスラーム教は７世紀，アラビア半島から始まり広まった。

2 イスラーム世界では，ギリシャやインドの影響を受けて，数学・天文学・哲学などが発展した。

3 イスラーム教は，15世紀には遠くインドにまで広まった。

4 イスラーム教は，コーランを教典とし，偶像の崇拝を強制するところに特徴がある。

問２　大航海時代に関して述べた文として，正しいものを一つ選びなさい。　解答番号 17

1 スペインの援助を受けたコロンブスは，西へと航路を進め，1492年に西インド諸島に到着した。

2 スペインのバスコ＝ダ＝ガマは，1498年にアフリカ南端の喜望峰をまわってインドに到達し，アジアへの航路が開かれた。

3 スペインは世界遺産である「マチュピチュ」で有名なアステカ王国などを征服し，先住民を大農園などで酷使した。

4 スペインはマレー半島のマラッカに拠点を置き，アジア貿易にのりだした。

問３　第一次世界大戦に関して述べた文として，正しいものを一つ選びなさい。　解答番号 18

1 19世紀末，ドイツはオーストリア・フランスとともに三国同盟を結んだ。

2 オスマン帝国の支配下にあったイベリア半島は，「ヨーロッパの火薬庫」と呼ばれた。

3 1914年，オーストリアの皇太子夫妻が，サラエボでセルビア人の青年に暗殺される事件が起こった。

4 三国協商の一員であったイタリアは，1915年連合国側にたって参戦した。

問４　第一次世界大戦後に成立した「国際連盟」に関する次の文章ア・イを読み，ア・イとも正しければ1を，アが正しくイが誤っていれば2を，アが誤っていてイが正しければ3を，ア・イとも誤っていれば4を選びなさい。　解答番号 19

ア．国際連盟では，イギリス・フランス・アメリカ・日本が常任理事国となった。

イ．社会主義国のソ連や敗戦国のドイツは，最後まで国際連盟の加盟は認められなかった。

問５　1929年アメリカから始まった「世界恐慌」に関する次のページの文章ア・イを読み，ア・イとも正しければ1を，アが正しくイが誤っていれば2を，アが誤っていてイが正しければ3を，ア・イとも誤っていれば4を選びなさい。　解答番号 20

ア．ソ連では，自国と関係の深い国や地域との貿易をさかんにしようと，高い税をかけて外国の商品をしめだす「ブロック経済」が行われた。
イ．アメリカでは，ローズベルト大統領が，「ニューディール政策」を実施し，経済の回復をはかった。

6 以下の自由民権運動に関する文章を読んで，各問いに答えなさい。

征韓論をめぐる分裂で西郷隆盛や板垣退助が政府を去った後，大久保利通を中心に近代化政策を進める明治政府に対して政府に不満を持つ士族たちの抵抗が行われたが，それには異なる二つの道があった。一つは1877年に西郷隆盛らが起こした［①］戦争に代表される㋐政府に対して武力で抵抗する道である。しかしこれは，政府が徴兵令をもって組織した国民軍に士族の反乱軍が敗れることで，もはやこうしたやり方が通用しないことが明らかとなると行われなくなった。

もう一つの道が㋑土佐の板垣退助らに代表される，言論による議会開設の要求である。当時の日本が近代化のモデルとしていた欧米各国には議会が存在し，それが国家を強化することに役立っているということは江戸時代から広く知られていた。士族たちはこの議会という制度に目をつけ，議会を開くことで自分たちの意見を政治に反映させることを目指した。

1874年に板垣らが政府に提出した文書には以下のような一文があった。

「㋒それ人民，政府に対して租税を払う義務のある者は，すなわちその政府のことを与知可否する（良い悪いと判断する）の権利を有す。」

この一文の存在によって議会の開設を求める運動が国民規模に拡大し盛り上がっていくのである。

これに対し明治政府はこうした運動を厳しく取り締まった。しかし，徐々に政府の中でも，㋓イギリスのような議会政治を目指すべきではないかという意見が出るようになってきた。そうした意見を代表したのがのちに立憲改進党を作った肥前出身の［②］である。そして1881年に㋔政府の官営工場に関わる事件が起きたことで自由民権運動を進める人々による政府に対する非難が一気に高まり，ついに明治政府は10年後の議会の開設を国民に約束せざるを得なくなったのである。

問1 空欄［①］について，この中に当てはまる語句として，正しいものを一つ選びなさい。

解答番号［21］

1 戊辰　2 日清　3 日露　4 西南

問2 下線部㋐について，次の表は1870年代に起こった主な士族の反乱である。この表から読みとれることとして，正しいものを一つ選びなさい。

解答番号［22］

事件名	年号	起こった場所
佐賀の乱	1874年	佐賀県
神風連の乱	1876年	熊本県
秋月の乱	1876年	福岡県
萩の乱	1876年	山口県

1 士族の反乱はすべて江戸時代の譜代大名の領国で起こっている。
2 士族の反乱はすべて江戸幕府の打倒に協力した大名の領地で起こっている。
3 士族の反乱はすべて廃藩置県の前に起こっている。
4 士族の反乱はすべて廃刀令が出される前に起こっている。

問３　下線部㋑について，この場所の歴史について述べたものとして，正しいものを一つ選びなさい。　解答番号 23

1 奈良時代には，遣唐使船が中国に向けて出港していた。

2 平安時代には，日宋貿易の拠点として大きな港が建設された。

3 江戸時代には，捕鯨やかつお漁が行われていた。

4 大正時代には，海軍の大規模な造船所が建設された。

問４　下線部㋒について，この一文が自由民権運動に与えた影響として，正しいものを一つ選びなさい。　解答番号 24

1 政府に対し高額の地租を支払う豪農が運動に参加するきっかけとなった。

2 地主に対し高額の小作料を支払う農民が待遇改善を求めるきっかけとなった。

3 政府から高額の収入を保証された華族が運動に参加するきっかけとなった。

4 政府から高額の関税を課された外国人商人が運動に参加するきっかけとなった。

問５　下線部㋓について，日本とこの国との関わりについて述べた文として，**誤っているもの**を一つ選びなさい。　解答番号 25

1 安土桃山時代に豊臣秀吉に使者を送り，日本と貿易を行った。

2 江戸時代に薩摩藩と戦争となり，鹿児島を攻撃した。

3 明治時代に日本と同盟を結び，日露戦争で日本を支援した。

4 昭和時代に東南アジアの拠点シンガポールを日本軍に占領された。

問６　空欄 ② について，この中に当てはまる人物として，正しいものを一つ選びなさい。　解答番号 26

1 内村鑑三　2 伊藤博文　3 犬養毅　4 大隈重信

問７　下線部㋔について，この官営工場は現在の道府県ではどこにあったか，正しいものを一つ選びなさい。　解答番号 27

1 北海道　2 大阪府　3 広島県　4 群馬県

7 あとの各問いに答えなさい。

問１　下の絵は，鎌倉時代に活躍した法然が信者に説法をする場面を描いたものである。この絵から分かることとして，正しいものを後から一つ選びなさい。　解答番号 28

1 法然は身分の高い貴族以外の人々に対しても説法をしていた。

2 法然は身分の低い武士に対しては説法を拒否していた。

問2 下の文章は室町時代の正長の土一揆の直後に，奈良県柳生町の石碑に刻まれたものである。文章の内容から分かることとして正しいものを一つ選びなさい。 解答番号 29

> 正長元年ヨリサキ者(は)カンへ(神戸)四カンカウ(郷)ニヲヰメ(負い目)アルヘカラス
> ※負い目とは借金のこと。

1 一揆の結果，この村では借金の返済は不要となった。

2 一揆の結果，この村に対して借金の返済がせまられた。

問3 下の絵は，明治時代の横浜港の様子を描いたものである。この絵から分かることとして，正しいものを一つ選びなさい。 解答番号 30

1 貿易はすべて外国人商人の手で行われていた。

2 貿易は日本人商人も関わって行われていた。

8 日本と世界の政治について，各問いに答えなさい。

問1 日本の安全保障政策に関する記述として，**誤っているもの**を一つ選びなさい。

解答番号 31

1 唯一の被爆国である日本は，核兵器を「持たず，作らず，持ち込ませず」という非核三原則を掲げている。

2 日米安全保障条約に基づく在日米軍基地（専用施設）の総面積の約70%が沖縄県に集中している。

3 政府は，自国に対する武力攻撃を阻止するための個別的自衛権の行使はできるが，集団的自衛権の行使は自衛権の範囲を超えるので憲法上できないとしている。

4 自衛隊は国際貢献として，国連の平和維持活動（ＰＫＯ）やイラク復興支援，ソマリア沖海賊対策など，さまざまな形で海外に派遣されている。

問2 日本国憲法における精神の自由に関する記述として，**誤っているもの**を一つ選びなさい。

解答番号 32

1 宗教を信仰するかどうかや，どの宗教を信仰するかを自分で決める自由が保障されている。

2 人々が集まったり，団体を作ったり，意見を発表したりする自由が保障されている。

3 自由に職業を選び営業する自由が保障されている。

4 ものごとのよしあしを自分で判断する自由が保障されている。

問３　日本の裁判員制度についての記述として，正しいものを一つ選びなさい。　解答番号 33

1　９人の裁判員で有罪か無罪かを決め，有罪の場合にどのような刑罰にするかは法律の専門家である裁判官が決めることになっている。

2　裁判員は，満18歳以上の国民から，くじなどによって選ばれる。

3　裁判員裁判は，刑事裁判と民事裁判の両方で行われている。

4　検察官が事件を起訴しなかったことについて，そのよしあしを判断する。

問４　日本の国政選挙についての記述として，**誤っているもの**を一つ選びなさい。解答番号 34

1　日本の選挙権年齢は，2016年から満20歳に引き下げられた。

2　衆議院議員の選挙は，小選挙区制と，全国を11ブロックに分けて行う拘束名簿式比例代表制を組み合わせた選挙制度が採られている。

3　参議院議員の選挙は，全国45区の選挙区制と全国１区の非拘束名簿式比例代表制で行われ，３年ごとに定数の半分ずつを改選している。

4　票の格差の問題を是正するために最高裁判所は，これまでの衆参両院の選挙に「法の下の平等」に反する状態（違憲状態）であるという判決をたびたび下している。

問５　国連の安全保障理事会についての記述として，**誤っているもの**を一つ選びなさい。

解答番号 35

1　安全保障理事会は，５か国の常任理事国と，総会で選出された任期２年の10か国の非常任理事国によって構成されている。

2　安全保障理事会では，世界の平和と安全の維持に関わる重要事項については，15か国の過半数の賛成により決議される。

3　国連加盟国は，総会の決定に従う義務はないが，安全保障理事会の決定には従う義務がある。

4　安全保障理事会が機能停止に陥った場合には，総会が「平和のための結集決議」に基づき緊急特別総会を招集し，武力行使を含む集団的措置を加盟国に勧告できる。

問６　日本の領域に関する問題の記述として**誤っているもの**を，一つ選びなさい。

解答番号 36

1　竹島は，島根県に属する日本固有の領土であるが，韓国が不法に占拠していることから，日本は韓国に対して抗議を続けている。

2　尖閣諸島は，沖縄県に属する日本固有の領土であるが，中国がその領有権を主張している。

3　北方領土は，第二次世界大戦後に日本が放棄した千島列島に含まれない日本固有の領土であるが，ソ連が不法に占拠したので，日本は現在ロシアに返還を求めている。

4　台湾は，日清戦争の講和条約である下関条約により1895～1945年まで日本領であったので，日本は現在中国に返還を求めている。

問７　現在の国際社会において一つの国，あるいは複数の国家にまたがった特定の地域で起こる地域紛争が後を絶たない。次のａ～ｃの国・地域のうち紛争が終結していないものの組み合わせとして，正しいものを一つ選びなさい（2023年１月末時点で）。　解答番号 37

ａ　シリア　　ｂ　パレスチナ　　ｃ　ウクライナ

1　ａ　2　ｂ　3　ｃ　4　ａとｂ　5　ａとｃ　6　ｂとｃ　7　ａとｂとｃ

9 以下の各問いに答えなさい。

問1 以下の文のうち，労働基準法の内容として，**誤っているもの**はいくつありますか。一つ選びなさい。 解答番号 38

○ 労働者と使用者は，労働者が優位の関係にある。

○ 性別により賃金を差別してはいけない。

○ 労働時間は原則週40時間だが，1日の労働時間に制限の規定はない。

○ 労働者には少なくとも，週2日の休日を与えなければならない。

1 1つ　2 2つ　3 3つ　4 4つ

問2「金本位制の兌換紙幣」の説明として，正しいものを一つ選びなさい。 解答番号 39

1 現在，日本銀行が発行している紙幣である。

2 現在，日本政府が発行している紙幣である。

3 金と交換することができない紙幣である。

4 金と交換することができる紙幣である。

問3 2022年度の日本の一般会計予算で，一番多い歳出項目として正しいものを，一つ選びなさい。 解答番号 40

1 国債費　2 地方交付税交付金　3 防衛関係費　4 社会保障関係費

問4 以下の国民経済に関する関係図において，「労働力」が当てはまるものを**二つ**選びなさい。 解答番号 41

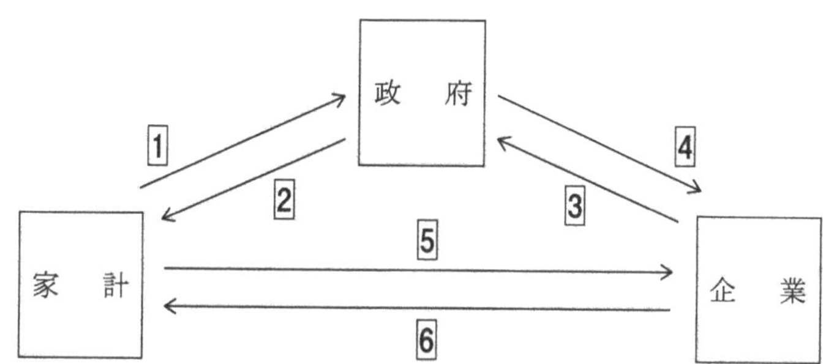

10 ある地域で売り買いされるまんじゅうの価格と消費者の買いたい量，生産者の売りたい量との関係について，下表の通りとなったと仮定します。なお，この市場において消費者，生産者は多数存在し，まんじゅうはどの生産者も同質のものを提供すること，情報について片寄りがなく，市場への参入，脱退は自由なものとする。

まんじゅう1個の価格	200円	800円
買いたい量（地域の合計）	40個	10個
売りたい量（地域の合計）	10個	40個

なお，まんじゅう1個の価格と買いたい量（売りたい量）については一次関数の関係にあるとして考えること。

問１　この場合，まんじゅうの均衡価格はいくらになりますか。正しいものを一つ選びなさい。

解答番号 42

1 300円　2 400円　3 500円　4 600円　5 700円

問２　前問の均衡価格が上昇する可能性がある状況として，正しいものはいくつありますか。一つ選びなさい。

解答番号 43

○　買いたい人たちの収入が増えた場合。

○　売りたい人たちが機械を導入し生産量を増やした場合。

○　別の新しいまんじゅう店が開店し，販売競争が生じた場合。

○　まんじゅうがおいしいと評判がひろまった場合。

1　１つ　2　２つ　3　３つ　4　４つ

11　以下の各問いに答えなさい。

問１　1992年に国連環境開発会議が開かれ，気候変動枠組み条約が採択されました。この会議が開かれた都市名とこの条約の第３回締約国会議が開催された都市名の組み合わせとして，正しいものを一つ選びなさい。

解答番号 44

	国連環境開発会議が開かれた都市	第３回締約国会議が開かれた都市
1	リオデジャネイロ	東　京
2	東　京	リオデジャネイロ
3	モントリオール	京　都
4	京　都	モントリオール
5	リオデジャネイロ	京　都
6	京　都	リオデジャネイロ
7	モントリオール	東　京
8	東　京	モントリオール

問２　不特定多数の人々から，インターネットなどを通じて，ベンチャー企業の開発や，社会運動などの資金を集める方法を何と言いますか。正しいものを一つ選びなさい。

解答番号 45

1　マイクロファイナンス　2　マイクロクレジット

3　フェアトレード　4　クラウドファンディング

ウ　一つの物事にいつまでもこだわる頑固さ
エ　どのような身分でも隔たりなく声をかける親しみやすさ
オ　身分の低い者まで気遣う優しさ

1　ア・イ　2　ア・エ　3　ア・オ　4　イ・ウ
5　イ・エ　6　ウ・エ　7　ウ・オ

寄‐下題ス送リ二王十八ノ帰ルヲ一レ山ニ仙遊寺ニ上

白居易

曾テ於太白峰前ニ住ミ
数シバ到リテ二仙遊寺裏ニ一来ル
黒水澄ム時潭底出デ
白雲破ルル処洞門開ク
林間ニ暖メテレ酒ヲ焼キ二紅葉ヲ一
石上ニ題シテレ詩ヲ掃ク二緑苔ヲ一
惆悵ス旧遊復タ無キレ到ルコト
菊花ノ時節羨ム二君ガ廻ルヲ一

王十八の山に帰るを送り仙遊寺に寄題す

白居易

曾て太白峰前に住み
数しば仙遊寺裏に到りて来る
黒水澄む時潭底出で
白雲破るる処洞門開く
林間に酒を暖めて紅葉を焼き
石上に詩を題して緑苔を掃く
惆悵す旧遊復た到ること無き
菊花の時節君が廻るを羨む

> 王十八…白居易の友人　仙遊寺…唐の都であった長安の南西にあった寺　白居易…唐代の詩人　太白峰…長安から少し離れたところにある山
> 黒水…仙遊寺のそばを流れる川　潭底…川の淵の底　洞門…洞窟の入口　惆悵…嘆き悲しむ

問(1)　この詩の形式として最も適当なものを次の選択肢から選びなさい。解答番号は28。

1　五言絶句　2　七言絶句　3　五言律詩
4　七言律詩　5　八言絶句　6　八言律詩

問(2)　この詩の五句目、六句目は対句と呼ばれるものであり、この二句で一つのまとまりとして情景が強調して述べられている。この表現から読み取ることができる心情として最も適当なものを次の選択肢の中から選びなさい。解答番号は29。

1　貧しさのために、酒を温めるにも、詩を書くにも道具がなかった昔を思い出し、裕福な現在の状況に安堵している。

2　粗暴な行いを繰り返していたが志も高く持っていた昔に対し、落ち着いてはいるが、志を失った現在の自分を嘆いている。

3　互いが仲良く切磋琢磨しあった昔に対し、出世に目がくらみ変わってしまった友人を非難している。

4　世間と離れて暮らしながら、それぞれの季節に合った楽しみ方をして暮らしていた昔のことを懐かしんでいる。

5　自然豊かな田舎の暮らしに対し、物質は満ち足りているが精神的な豊かさのない都の生活を選んだことを悔やんでいる。

問七　本文からうかがえる高倉天皇の人柄の組み合わせとして最も適当なものを次のページの選択肢の中から選びなさい。解答番号は30。

ア　状況に合う文学をすぐに引用できる聡明さ

イ　他の天皇よりも優れた能力を持つことへのプライドの高さ

④ 紅葉を管理する蔵人も、他の下級役人も高倉天皇が大事にしている紅葉だと知りながらも、空腹のため焼いて食べてしまったこと。

⑤ 高倉天皇が愛でていた紅葉の葉を激しい風が吹き散らし、掃除をした役人がその散った葉や残った枝を集めて燃やし、酒を温めたこと。

問三 傍線部ウ「あなあさまし」とあるが、この時の蔵人の気持ちとして最も適当なものを次の選択肢の中から選びなさい。解答番号は㉕。

① 大事にしていた紅葉が一夜ですべて散ってしまい、嘆くであろう高倉天皇をかわいそうに思う気持ち。

② 高倉天皇の大切な紅葉を燃やしたことに驚きあきれるとともに、そのことで高倉天皇の怒りを買い、罰を受けることを恐れる気持ち。

③ 高倉天皇の大切にしている紅葉だと知りながらも、暖を取るために仕方がなくそれを燃やした役人たちを哀れに思う気持ち。

④ 高倉天皇の大切な紅葉を切ってしまったことに対し、どのように言い訳するかを考えあぐね、困惑する気持ち。

⑤ 下級役人が粗末に扱った紅葉は、高倉天皇が大切にしているものであることを伝えなかった自分の失態を恥じる気持ち。

問四 傍線部エ「蔵人奏すべき方はなし」の口語訳として最も適当なものを次の選択肢の中から選びなさい。解答番号は㉖。

① 蔵人は高倉天皇がどのようなことを言ってほしいか見当もつかなかった。

② 蔵人は高倉天皇に対してどのような音楽を演奏するべきかわからなかった。

③ 蔵人は何と高倉天皇に申し上げたらよいかわからなかった。

④ 蔵人には誰とともに高倉天皇に申し上げるべきかわからなかった。

⑤ 蔵人は高倉天皇からどのようなことを言われるか想像がつかなかった。

問五 傍線部オ「ことに御こころよげにうち笑ませ給ひ」とは高倉天皇の心情であるが、その説明として最も適当なものを次の選択肢の中から選びなさい。解答番号は㉗。

① 散ってはしまったが、美しい紅葉が自分の脳裏に焼き付いていることで満足したということ。

② 紅葉がなくなったことは悲しいけれども、蔵人の気持ちを察し、叱るのではなく、逆に漢詩の表現を引用しほめたということ。

③ 美しかった紅葉を愛でることができなくなり、悲しい思いをしている蔵人たちを元気づけようとしたということ。

④ 汚く散ってしまった紅葉を見たくないという、自分の気持ちを察してくれた蔵人に感謝したということ。

⑤ 本当は自分が大切にしている紅葉を散らしてしまったことに腹を立てたが、自身の名声を気にして笑って許すふりをしたということ。

問六 傍線部カ「『林間ニ暖メテレ酒ヲ焼ク二紅葉ヲ一』といふ詩」は次のページの漢詩を踏まえた表現である。これを読んであとの**問**(1)(2)に答えなさい。

○延喜・天暦の御門…醍醐天皇（在位897～930年）、村上天皇（在位946～967年）の御治世
○仁徳の孝をほどこさせまします事も、君御成人の後、清濁を分かたせ給ひての上のことにてこそあるに…仁徳のある行いをなさる天皇でも、それは天皇が成人され、物事の分別がつきなさってからのことなのに
○無下に幼主の時より、性を柔和に受けさせ給へり…まったく幼少の時から、性格は柔和で賢明であられた
○去んぬる承安の比ほひ…以前、承安（1171～75年）のころ
○北の陣…内裏（天皇の住居）の北の門
○はじ、かへで…落葉樹の名前
○叡覧…天皇がご覧になる
○然るを…そうであるのに
○はしたなう…激しく
○狼藉…ものが散らかされていること
○殿守のとものみやづこ…宮中の清掃などをする下級役人
○縫殿の陣…「北の陣」と同じ。内裏の北の門のこと
○奉行の蔵人…宮中の清掃をする役人を取り仕切る上役の役人
○行幸…天皇の外出
○主上いとどしく夜のおとどを出させ給ひもあへず…天皇はいつもより早めに御寝所をお出ましになるとすぐに
○天気…天皇のご機嫌
○優しうも仕けるものかな…優雅なことをいたしたものだなあ
○かへつて…逆に
○勅勘…天皇のお叱り

問一 傍線部ア「いかでかこれに勝るべき」とあるが、それはどういうことか。その説明として最も適当なものを次の選択肢の中から選びなさい。解答番号は23。

1 高倉天皇の高貴さ、心の優美さには、醍醐天皇、村上天皇といえども勝ることはないということ。
2 村上天皇の聡明さには、高倉天皇はもちろん、醍醐天皇といえども劣っているということ。
3 高倉天皇の姿の美しさに匹敵する帝は、村上天皇、醍醐天皇以外には存在するか疑わしいということ。
4 村上天皇、醍醐天皇の政治手腕に幼少の高倉天皇が勝っていることがあるわけがないということ。
5 醍醐天皇、村上天皇であっても、高倉天皇の治世よりも平和な世を実現できなかったということ。

問二 傍線部イ「しかしか」とは指示語であるが、その具体的な内容はどのようなものか。その説明として最も適当なものをあとの選択肢の中から選びなさい。解答番号は24。

1 高倉天皇が十歳になったころ、北の陣に様々な紅葉を植えて、そこを紅葉の山と名付け、一日中ご覧になっていたこと。
2 下級役人が高倉天皇が大事にしている紅葉を嵐の仕業に見せかけて、粗雑に扱い、葉をすべて散り落してしまったこと。
3 紅葉のことを管理する蔵人が高倉天皇よりも早くに紅葉のもとに行ってみたところ、紅葉の木が跡形もなくなってしまっていたこと。

問十　本文に関する説明として最も適当なものを次の選択肢の中から選びなさい。解答番号は22。

1　視点人物をさまざまに変えることにより、一つの出来事であってもその捉え方が登場人物によって異なることを描き、互いに想い合いながらも微妙なすれ違いが生まれていたことを伝えている。

2　登場人物たちがいずれも不条理な運命に苦しむ姿を描きつつも、一方で宇宙という壮大でロマンのある話を描くことにより、今後に希望を見出す人々の様子を鮮やかに浮かび上がらせている。

3　「エイリアン」とは聡子のことだけではなく、亡き妻の故郷で暮らす謙介や娘の鈴花のことでもあり、謙介の食堂とは、そのような孤独な者たちが集まる食堂であると言える。

4　元素の名前や実在する素粒子観測装置の名前を出すことによって全体が科学的根拠に裏打ちされた内容となり、聡子の話に説得力が生まれることで鈴花が聡子に心酔していくさまをリアルに描き出している。

5　説明的な文章を極力少なくし、会話文を多用することにより、読者にもその場にいるかのような臨場感を与えて物語に引き込み、読者の現実世界と物語世界との境が感じられないように工夫されている。

三

次の文章は高倉天皇の幼いころのことを書いたものである。この文章を読んで、あとの問いに答えなさい。

「優にやさしう人の思ひつきまゐらするかたも、おそらくは延喜・天暦の御門と申すとも、アいかでかこれに勝るべき」とぞ人申しける。「大かたは賢王の名をあげ、仁徳の孝をほどこさせましますも、君御成人の後、清濁を分かたせ給ひての上のことにてこそあるに、この君は無下に幼主の時より、性を柔和に受けさせ給へり。

去んぬる承安の比ほひ、御在位の初めつ方、御年十歳ばかりにも成らせ給ひけん、あまりに紅葉を愛せさせ給ひて、北の陣に小山を築かせ、はじ、かへでの色美しう紅葉たるを植ゑさせて、紅葉の山と名付けて、終日に叡覧あるになほ飽き足らせ給はず。然るをある夜、野分はしたなう吹いて、紅葉みな吹散らし、落葉すこぶる狼籍なり。殿守のとものみやづこ朝清めすとて、これをことごとく掃き捨ててんげり。残れる枝、散れる木葉をかき集めて、風すさまじかりけるあしたなれば、縫殿の陣にて、酒温めて食べける薪にこそしてんげれ。奉行の蔵人、行幸より先にと急ぎ行きて見るに跡かたなし。「いかに」と問へば「イしかしか」と言ふ。蔵人大におどろき、「ウあなあさまし、君のさしも執し思し召されつる紅葉を、かやうにしけるあさましさよ。知らず、なんぢ等、ただいま禁獄・流罪にも及び、我が身もいかなる逆鱗にかあづからんずらん。」と嘆くところに、主上いとどしく夜のおとどを出させ給ひもあへず、彼処へ行幸成つて紅葉を叡覧なるに、無かりければ、「いかに」と御尋ねあるに、エ蔵人奏すべき方はなし、ありのままに奏聞す。天気オことに御こころよげにうち笑ませ給ひて、カ「『林間ニ暖メテレ酒ヲ焼ク二紅葉ヲ一』といふ詩の心をば、それらには誰が教へけるぞや。優しうも仕けるものかな」とて、かへつて叡感に預りし上は、あへて勅勘なかりけり。

（『平家物語』巻六　紅葉）

○人の思ひつきまゐらするかたも…人が信頼をお寄せ申し上げることも

ように見える不思議な聡子は、得体の知れないエイリアンのようだから。

4 方々を渡り歩きながら孤独に宇宙を研究する聡子の姿は異邦人そのものであり、聡子の姿が宇宙を漂流し続ける存在を想起させるから。

5 聡子が自らを一三八億年前に生まれた宇宙人だと確信しており、そのことを鈴花や謙介に対して理路整然と説明することができるから。

問七 傍線部エ「ずっとあなたに言いたかったこと」とあるが、この後に続く聡子の台詞の中で、最も「言いたかったこと」を本文中の波線部ⓐ~ⓔから選びなさい。解答番号は19。

1 ⓐ「実はわたし、一三八億年前に生まれたんだ」

2 ⓑ「宇宙誕生直後のたった三分間で、素粒子が集まって陽子や中性子になり、ヘリウムや水素の原子核ができた。水素ってわかる?」

3 ⓒ「一番小さくて軽い元素。人間の体は、原子の個数でいうと、六割ぐらいが水素でできているの。宇宙と一緒に生まれた水素で」

4 ⓓ「体の原子のほとんどは、長くて数年で入れ替わる。死んだら土や空気に還っていく。今わたしの中にある水素は、昔、他の誰かが使っていた水素かもしれない。わたしが使っていた水素は、きっといつか他の生き物が使う。わたしが死んだあとも、繰り返し繰り返し、ずっと」

5 ⓔ「だから、そういう生き物は、みんなわたしの子どもみたいなもんだよ。たとえそれがミドリムシでもゾウアザラシでも」

問八 傍線部オ「それを聞いた鈴花は、安心したようにうなずいた」とあるが、その理由として最も適当なものを次の選択肢の中から選びなさい。解答番号は20。

1 自分が思っていたとおり、聡子はやはり遠い宇宙からやってきたエイリアンであったことがわかり、自分が正しかったと父の謙介に証明することができたから。

2 聡子の話す宇宙に関するさまざまな難しい話を小学生なりに理解することができ、人間の体を構成する水素がたしかに空気中にあることを確信できたから。

3 自分に優しい聡子が母親であったら良いのにと感じていたが、聡子の話から、ミドリムシと同じように自分も聡子の子どもであると考えることができたから。

4 聡子がきっかけで宇宙に興味を持ち、宇宙人にも親近感を持っていたが、自分も宇宙人も同じ水素からできていることを知り、より親近感を持つことができたから。

5 聡子の話から、大気中にはこれまで生きた人々が使った原子がさまざまに存在することがわかり、自分のまわりに母の存在を感じることができたから。

問九 空欄 C に入る語として最も適当なものを次の選択肢の中から選びなさい。解答番号は21。

1 楽しげに　2 愛(いと)おしげに

3 名残惜しげに　4 ものほしげに

5 狂おしげに

研究所の素粒子観測装置。

注2　ルーペ…拡大鏡。子どもの頃、小っちゃいものオタクであった聡子に父がプレゼントしたもので、聡子はそれを使って何でも観察していた。

問一　二重傍線部ａ「トウトツ」のカタカナを漢字に直したとき、同じ漢字を用いるものを次の選択肢の中から選びなさい。解答番号は13。

ａ　トウトツ

1　ホンマツテントウ　2　コウトウムケイ
3　トウホンセイソウ　4　イキトウゴウ
5　コグンフントウ

問二　傍線部ア「顔も売っておけば」の本文中での意味として最も適当なものを次の選択肢の中から選びなさい。解答番号は14。

1　名声を得ておけば
2　誰もが知る有名人になっておけば
3　仕事もできると思わせておけば
4　お世辞を言っておけば
5　名前や顔を覚えてもらっておけば

問三　空欄［A］に入る語として最も適当なものを次の選択肢の中から選びなさい。解答番号は15。

1　すくめた　2　並べた　3　落とした　4　持った
5　いからせた

問四　空欄［B］に入る語として最も適当なものを次の選択肢の中から選びなさい。解答番号は16。

1　ずけずけと　2　しらじらと　3　おずおずと
4　たんたんと　5　ぬけぬけと

問五　傍線部イ「鈴花が不服そうに口をとがらせる」とあるがなぜか。その理由として最も適当なものを次の選択肢の中から選びなさい。解答番号は17。

1　聡子の努力が足りなかったせいで、つくばを離れなければならなくなり、これまでのようには会えなくなってしまうから。
2　聡子がっくばで研究ができなくなり、職が見つかるかどうかもわからない東京に行かなければならなくなったから。
3　聡子のがんばりが研究所の予算削減のためとはいえ認められず、好きな研究が継続できないかもしれないから。
4　聡子が私生活のすべてを犠牲にしてまで打ち込んできた研究の価値が、研究所にまったく理解されないから。
5　聡子が住まいも定めず根無し草のような生活を続けてきたために、職を失うという自業自得の結果を招いてしまったから。

問六　傍線部ウ「この人は、やっぱりエイリアンだった」とあるが、謙介が聡子のことをこのように感じている理由として最も適当なものをあとの選択肢の中から選びなさい。解答番号は18。

1　突然彼らの前に現れたかと思えば突然去っていこうとする聡子の姿が、滅多（めった）に見ることのできない謎に包まれた宇宙人と重なるから。
2　聡明な聡子は、自らが望むものを何でも手に入れられるはずだが、質素な生活を送っていることが宇宙人のように理解不能であるから。
3　異常なほど星を愛し、宇宙のことを何でも知り尽くしているかの人差し指を立てたプレアさんを、鈴花が「何？」と見上げる。

「前にわたし、宇宙人だって言ったの、覚えてる？」

「うん。覚えてる」

「まだ秘密があるの」プレアさんは真顔で言った。ⓐ「実はわたし、一三八億年前に生まれたんだ」

「一三八億年!?」鈴花は声を裏返し、「ウソだ」と笑う。

「嘘じゃない。一三八億年前に何があったか、知ってる？」

「知らない」

「この宇宙が生まれたんだよ」プレアさんは夜空を見上げた。

「宇宙——」鈴花もそれを真似る。

ⓑ「宇宙誕生直後のたった三分間で、素粒子が集まって陽子や中性子になり、ヘリウムや水素の原子核ができた。水素ってわかる？」

「聞いたことはある」

ⓒ「一番小さくて軽い元素。人間の体は、原子の個数でいうと、六割ぐらいが水素でできているの。宇宙と一緒に生まれた水素で」

「一三八億年前に？」

「そう」

「——すごい」

「体には水分が多いでしょ。水は、酸素の原子に水素の原子が二個くっついたもの。水素は、海になり、雲になり、雨になり、生き物の体もつくりながら、地球を巡っている。あなたもわたしも、一三八億年前の水素でできている。だから、わたしたちはみんな、宇宙人」

「すごい」鈴花はもう一度つぶやき、自分の腕を撫でた。

ⓓ「体の原子のほとんどは、長くて数年で入れ替わる。死んだら土や空気に還っていく。今わたしの中にある水素は、昔、他の誰かが使っていた水素かもしれない。わたしが使っていた水素は、きっといつか他の生き物が使う。わたしが死んだあとも、繰り返し繰り返し、ずっと」

「ずっと——」

ⓔ「だから、そういう生き物は、みんなわたしの子どもみたいなもんだよ。たとえそれがミドリムシでもゾウアザラシでも」

背伸びをした鈴花が、柵の向こうに手をのばした。空気をつかむようにして確かめる。

「水素、ここにもある？」

「あるよ。水蒸気としてそこらじゅうにある」

オそれを聞いた鈴花は、安心したようにうなずいた。まだほんの幼い頃、謙介と望美によく見せてくれていた、そんな表情に見えた。鈴花は両手をのばしたまま、［ C ］空気を撫で続けている。

その横顔を見つめているうちに、謙介の目に涙があふれてきた。さりげなく背を向け、こぼれ落ちないよう歯をくいしばる。

鈴花は、ないものねだりなどしていなかった。

鈴花の中で、望美は今も生きている。鈴花はただ、その存在をいつも感じていたいだけなのだ。神秘の世界に誘われ、眠れなくなるほどそこに思いを巡らせていたのは、母親の感触を確かめる術を探し求めていたからなのだ。

謙介は違った。望美の死を、その不在を、ひたすら嘆いていた。望美さえいてくれたら——そんな空虚な願いにとらわれ続けていた。

そう。ないものねだりをしていたのは、むしろ自分のほうだ——。

注1　スーパーカミオカンデ…岐阜県の神岡鉱山地下にある、東京大学宇宙線

な話をした、その次の日。上司と今後のことを相談して、すぐ岐阜に行ったの」

「何しに?」鈴花が言った。

「神岡にあるスーパーカミオカンデ[注1]という施設で、つくばの研究所と共同でやっている実験を手伝ってた。ニュートリノという素粒子の実験」

「にゅーとりの」

「実験を手伝いながら勉強して、ア顔も売っておけば、この四月から神岡で任期付きのポストに就ける可能性があると聞いてたんだけど――」

プレアさんは肩を［A］。

「その話も、人件費不足でさらっと流れてしまった。これまた、よくあること」

「じゃあ、今は……」謙介が［B］口をはさむ。

「無職です」プレアさんはあっさりと言った。「今日は、ずっと借りっぱなしだったこっちのアパートを引き払いに戻ってきたんです。引き払うといっても、荷物は車のトランクに積めるぐらいしかありませんけど」

謙介は、殺風景なその部屋を想像した。うすいマットレスと掛け布団しかない、寝るためだけの部屋。テレビもテーブルもなく、物理学の本と論文の束が床に積み上げられている。服や生活用品は、大きなトランク一つに入る分だけ。

これが当たっているかどうかはわからない。ただ彼女が、身のまわりをできるだけ軽くして、大学や研究機関を転々とする生活を続けてきたことは確かだろう。流れ者。根なし草。彼女がいつか口にした言葉の意味が、やっと本当にわかった気がした。

「研究、もうできないの?」イ鈴花が不服そうに口をとがらせる。「あんなに好きなことで、あんなに頑張ってたのに」

「やるよ、もちろん」

「何かあてはあるんですか。この先の」謙介は言った。

「東京の親戚が、一部屋間貸ししてもいいと言ってくれているので、とりあえずお世話になろうかと。何かアルバイトをしながら、研究職の口を探します」

プレアさんは心配顔の鈴花を見下ろした。かける言葉を探してか、しきりに目を瞬（しばたた）かせる。

「大丈夫。一時的に研究ができなくなったのは、初めてじゃないから。今回も、きっと何とかなるよ。だってほら」プレアさんは胸のポケットからルーペ[注2]を取り出してみせた。「わたしには、これがある」

鈴花は小さく「うん」とうなずき、訊いた。

「もうここには戻ってこないの?」

「戻ってきたい。何年後になるかわからないけれど」プレアさんは顔を上げ、視線を夜の街に戻した。「しばらくは、このツクバ星の景色ともお別れ」

その横顔をそっと見つめながら、謙介は思った。

ウこの人は、やっぱりエイリアンだった。遠く宇宙を想（おも）いながら、苦労もいとわず流浪（るろう）の旅を続けるエイリアン。もしかしたら、自分や鈴花よりもずっと孤独な。

どこかで救急車のサイレンが鳴っている。それが遠ざかるのを待って、プレアさんがまた口を開く。

「お別れの前に、一ついいことを教えてあげる。エずっとあなたに言いたかったこと」

く理解しているものを一つ選びなさい。解答番号は12。

先　生…本文中に「消しゴムだって机という名前にすれば、どっちも机です。パソコンも机と呼ぶことにすれば、同じになります」という部分があるけれども、これはどういう意味だと思ったかな？

1　Aさん…僕は「哲学の場合、特に概念を再定義」すると書かれていることと関連があると思います。つまり、消しゴムを机との関連で考え直すということだと思います。勉強するときには消しゴムも机もパソコンも必要だということで同じなのだと思います。

2　Bさん…私は「フランスでは蝶も蛾もパピヨンという同じ名前ですから、両者を区別することはありません」という部分と関連があると思うな。消しゴムやパソコンを机という名前にすると消しゴムと机やパソコンの区別が付かなくなるってことじゃないかな。

3　Cさん…私は文章の最初の方の「結局物事を捉え直すということは、また別の見方をすることにすぎないのです」と関連があると思います。机という名前になった消しゴムやパソコンをどんな言葉で表現できるのかを考えてみるといいと思います。

4　Dさん…Cさんの意見は、Aさんと一緒だよね。僕は「どんな言葉で表現するかはすごく重要になってきます。ある意味で言葉のセンスみたいなものが要求されてくるのです」ってところが問題だと思う。大切なのは消しゴムやパソコンを机と呼ぶ言葉のセンスだよ。

5　Eさん…僕は「外見も中身も整っている」という点がポイントだと思います。机やパソコンを消しゴムという名前にすると、机やパソコンの外見と中身が別のものになってしまってよくないということなんじゃないかと思います。

二　次の文章は伊与原新の短編小説「エイリアンの食堂」の一節である。謙介は小学三年生になる娘の鈴花を男手一つで育てながら、亡き妻（望美）の故郷で定食屋を営んでいる。鈴花はその店に通ってくる研究員の本庄聡子を、ひょんなことから「プレアさん」と名付け、密かにエイリアンなのではないかと考えている。謙介は、一年ほど前から不眠症状を抱えて魔法や心霊、怪奇現象に興味を持つようになった鈴花のことを心配していたが、打つ手を見いだせず一人悩んでいた。続く場面は、しばらく店に現れなかったプレアさんが久しぶりに店を訪れた場面であり、食事後に鈴花に外へ連れ出された聡子と、鈴花、謙介との会話から始まる。以下の文章を読んで、あとの問いに答えなさい。

「研究所、やめちゃったの？」鈴花がaトウトツに訊いた。

「やめたというか、契約が切れた」プレアさんは淡々と答える。「わたし、任期付きの研究員だったから。一年ごとに契約を更新して、二年か三年はいられるって話だったんだけど、予算がけずられちゃってね。更新ができなくなった。まあ、よくあること」

すべてを理解したとは思えないが、鈴花は黙って聞いている。

「それを知らされたのが、去年の十一月、さかえ食堂であなたといろん

エ　それ⑧

1 ペンを使うたびに、新しい世界を生きている実感を手にするようになっていったこと。

2 ペンを使うたびに、心を形にするという錯覚をいつも感じるようになっていったこと。

3 以前、小学生たちと一緒にペンを別の新しいものに取り替えてしまおうと思ったこと。

4 ペンの意味を捉え直すことで、ペンを使うたびに創造的だと感じるようになったこと。

5 ペンを使って文章を書くときに、常に文学的な表現を使おうとするようになったこと。

問六　傍線部オ「人生や世界を善くするために哲学をしてきた」とはどういうことか。その説明として最も適当なものを次の選択肢の中から選びなさい。解答番号は⑨。

1 人生や世の中をほんの少しでも善くするために、人間が進化し続けるように考えてきたこと。

2 個人や世界に素晴らしい変化をもたらすために、物事を新しく捉え直し続けてきたこと。

3 ソクラテスが世界を善くするために考えていたことが、現代になってから実現し始めたこと。

4 哲学者たちが、より善く生きるための方法を二〇〇〇年以上に渡って実践し続けてきたこと。

5 人類一人ひとりの人生がほんの少し善くなるために、世界中が素晴らしい変化を続けること。

問七　傍線部カ「概念の再定義」をすることと同じ内容を表しているものを本文中の波線部の中から一つ選びなさい。解答番号は⑩。

1 自分が面白いなと思ったものや、こんな要素があるといいなと思うものだけを選ぶ

2 捉え直した新しい世界を、新しい言葉で表現する

3 名前がないものでさえ、それを表現するには言葉をもってする

4 形や種類じゃなくて、名前で物を区別している

5 元の言葉に似たパロディのようなものにできる

問八　傍線部キ「自分の中に佇(たたず)んでくれるようになります」とあるが、言葉が「自分の中に佇(たたず)んでくれるようになる」とはどういうことか。その説明として最も適当なものを次の選択肢の中から選びなさい。解答番号は⑪。

1 何かの概念を再定義するときに、物事をよりよく捉える言葉として、ベースとなる語彙力に加わってくれるということ。

2 元の言葉をパロディにかえる練習としてダジャレを作るときに、必要となるベースの語彙力がますます増えるということ。

3 新聞や資料の中の知らない言葉や、面白いと思う言葉を、書き留めたり調べたりしなくても、意識が変化するということ。

4 物事を言葉で表現するときに必要な言葉のセンスみたいなものを磨くことの難しさに、呆然(ぼうぜん)としてしまうということ。

5 ダジャレがすぐ出てくるような練習をするときに、ベースとなる語彙力を増やそうとしなくてもすむようになるということ。

問九　次のページに示すのは、本文を読んだあとに五人の生徒が話し合っている場面です。生徒それぞれの発言の中で、本文の内容を正し

b　気ヅカって2

1 大臣をコウテツする　2 イセキを発掘する
3 ケンズイシの歴史　4 任務をスイコウする
5 事件にソウグウする

c　アげた3

1 キョジツを取り混ぜる　2 キョシュウが気になる
3 キョガクの富を手にする　4 好意をキョゼツする
5 キョシュする

問二　空欄 A ～ C に入る語の組み合わせとして最も適当なものを次の選択肢の中から選びなさい。解答番号は4。

1 A そして　B ですから　C ただし
2 A そして　B しかし　C ですから
3 A しかし　B ですから　C なぜなら
4 A しかし　B ところが　C やがて
5 A ですから　B そして　C ただし

問三　傍線部ア「そこがまた人間社会のいいところでもあります」とあるが、筆者がそう思うのはなぜか。その理由として最も適当なものを次の選択肢の中から選びなさい。解答番号は5。

1 人間が神になろうと努力をいろいろと積み重ねた上で、広い視野を得て物事を見ることが大事だと思うから。
2 物事の本当の姿は神にしか分からないのに、あれこれと考え悩み続ける人間の存在が滑稽であると思うから。
3 物事の本当の意味をどんなに考えても答えが出せない人間にとって、開き直る以外には方法がないと思うから。
4 人間は神そのものにはなれず、物事の本質を捉えようとしていろいろと考えることに価値があると思うから。
5 人間は神そのものにはなれないので、どんなに考えても真実にはたどり着けない愚かさを面白いと思うから。

問四　傍線部イ「世界を新しい言葉で捉え直す」とはどういうことか。その説明として最も適当なものを次の選択肢の中から選びなさい。解答番号は6。

1 自分の身の回りにある事物を今までより広い視野から見直して、別の意味合いとして理解し直すこと。
2 世界の仕組みを日本語だけで考えることをやめて、英語やフランス語も使って考え直そうとすること。
3 物事の本質をとらえるために、今までになかった新しい言葉をつくり出さなければならないということ。
4 世界とは何かという古くさい問題を扱うのをやめ、新しい問題をつくり出して新たに考え始めること。
5 物事の本質をとらえようとする今までの考え方をすべて否定して、新しい考え方だけに集中すること。

問五　傍線部ウ「それ」エ「それ」が指す内容として最も適当なものをあとの選択肢の中からそれぞれ選びなさい。解答番号はウが7、エが8。

ウ　それ7

1 どんな小さなもの　2 まだ名前がないもの
3 何か一つのもの　4 新たな言葉
5 捉え直した瞬間

です。パソコンも机と呼ぶことにすれば、同じになります。

実際、フランスでは蝶（ちょう）も蛾（が）もパピヨンという同じ名前ですから、両者を区別することはありません。私たちは形や種類じゃなくて、名前で物を区別しているのです。どうですか？　言葉の重要性がわかってもらえましたでしょうか。

B 、哲学した結果、その物事をどんな言葉で表現するかはすごく重要になってきます。ある意味で言葉のセンスみたいなものが要求されてくるのです。いい言葉というのは、外見も中身も整っているということです。なんだかモテる人の話をしているようですが、言葉も同じなのです。

C 、言葉の場合外見が整っているというのは、ゴロがよかったり、覚えやすかったりということです。中身が整っているというのは、その物事の本質をきちんと反映しているということです。

たとえば、電動機付き自転車という言葉は、自分で転がす車であり、かつそこに電動機、つまり電気で動く機械が付いているという内容をきちんと表現できています。しかも、それを最小限の言葉で表現することで、覚えやすい名前になっていますよね。

最近の言葉でいうと、朝活なんていうのも面白いですよね。朝の時間を有効活用して勉強や趣味の時間に当てるということですが、就職活動などを略して就活といったりするのをうまく応用しているわけです。

「〇活」といえばなんらかの活動をすることというパターンができあがっているので、それをうまく使ったものです。

哲学の場合、特にカ概念の再定義をしますから、元の言葉に似たパロディのようなものにできるとなおいいと思います。「名は体を表す」というように、そこに再定義の意味合いが込められるからです。それは文字面でも音でもいいでしょう。

《中略》

私は言葉のセンスはいくらでも磨けると思っています。

一番手軽でかつ有効なのは、日ごろからダジャレを作るようにすることです。いちいち口に出さなくていいので、そうやって頭の中で練習をしていると、いざ言葉を作る時にすぐ出てくるようになります。

そしてそのためにも、ベースとなる語彙力を増やすことです。これは文章を読むときに少し意識しておくだけでだいぶ変わってきます。新聞でも本でも、資料でもいいでしょう。とにかく知らない言葉、面白いと思った表現はどこかに書き留めておいたり、最低その場で調べるなどして、自分のボキャブラリーに加えていくことが大事です。

私たちは日常たくさんの言葉に触れているはずですから、少し意識するだけでそれらがただ目の前を通り過ぎるのではなく、キ自分の中に佇（たたず）んでくれるようになります。そして必要な時に、大いに活躍してもらえばいいのです。

（小川仁志『中高生のための哲学入門――「大人」になる君へ――』による）

問一　二重傍線部a「カタヨ」b「ヅカ」c「ア」のカタカナを漢字に直したとき、同じ漢字を用いるものをあとの選択肢の中からそれぞれ選びなさい。解答番号はaが1、bが2、cが3。

a　カタヨって 1

1 フヘン的な問題　　2 ヘンサチが上がる

3 雑誌をヘンシュウする　　4 ヘンキョウの土地

5 計画をヘンコウする

【国　語】（五〇分）〈満点：一〇〇点〉

一　次の文章を読んで、あとの問いに答えなさい。

複数の視点でとらえた時、自分が面白いなと思ったものや、こんな要素があるといいなと思うものだけを選ぶのです。そんな大胆なことをしたら、本質がaカタヨってしまうのではないかと思われるかもしれませんが、結局物事を捉え直すということは、また別の見方をすることにすぎないのです。

物事の本当の姿は、神様にしかわかりません。私たちがいくら神レベルに近づいたとしても、人間である以上は神そのものにはなれないのです。アそこがまた人間社会のいいところでもあります。神様になってしまったら、もうすべてはお見通しですから、人生も面白くなくなるのではないでしょうか。

ですから、物事の本質をとらえるといっても、それはこれまでよりかは広い視野から眺めたうえで、また改めて別の切り取り方をするのだと思えばいいでしょう。だから好きなように切り取ればいいのです。

そうして捉え直した新しい世界を、新しい言葉で表現する。それが哲学だと思うのです。考え抜いて、イ世界を新しい言葉で捉え直す。そう考えると、もっと気楽に哲学を楽しんでもらえるのではないでしょうか。

もっとも、心理的には気楽でも、結果的にはこれは大変なことをしたといえます。なぜなら、世界を新しい言葉で捉え直すということは、違う世界に住むことを意味するわけですから。世界は言葉でできています。どんな小さなものにも名前がついているはずです。

まだ名前がないものでさえ、それを表現するには言葉をもってするよりほかありません。だから何か一つのものでも新たな言葉で捉え直した瞬間から、ウそれをめぐる世界は別の世界に変わるのです。たとえばペンでもいいでしょう。ペンなんて些細（ささい）なものだと思うかもしれませんが、割と使います。

そのペンの意味が変われば、私たちはペンを使うごとにこれまでとは違う世界を生きることになるのです。以前私は小学生たちと一緒にペンの本質を哲学し、彼らとともにそれを単に文字を書く道具から、「心を形にするもの」と捉え直しました。

以来、ペンを使うたびに私は自分の心を形にしているようで、その営みを創造的に感じるようになったのです。ちょっとした文章でも文学のように気bヅカって表現するようになったのは、エそれがきっかけでした。

A　それは、私にとっては素晴らしい変化でもありました。人生がほんの少し善くなったような、そんな感覚を覚えました。そう、哲学するとより善く生きることができるようになるのです。これは哲学の父ソクラテスがいったことでもあります。人類は二〇〇〇年以上にわたって、オ人生や世界を善くするために哲学をしてきたのです。

先ほど、世界は言葉でできているといいました。周りを見渡してみてください。何が見えますか？　机、ペン立て、消しゴム、パソコン、カバン、ドア、窓、本……。これらは全部言葉ですよね。物でもあるけど、それぞれに名前がある。だから私たちはそれぞれの物を区別できるのです。

変に思うかもしれませんが、名前が同じなら、今cアげた物はすべて同じ物になります。消しゴムだって机という名前にすれば、どっちも机

2023年度

解　答　と　解　説

《2023年度の配点は解答欄に掲載してあります。》

＜数学解答＞

1　(1)　**1**　1　**2**　5　(2)　**3**　0　**4**　2　(3)　**5**　1　**6**　7　**7**　7
(4)　**8**　2　(5)　**9**　2　**10**　4　(6)　**11**　7　**12**　2　**13**　0

2　(1)　**14**　1　**15**　4　**16**　4　**17**　1　(2)　**18**　2　**19**　4　**20**　5
21　5

3　(1)　**22**　2　**23**　8　(2)　**24**　2　**25**　3　**26**　2
(3)　**27**　3　**28**　1　**29**　7　**30**　2　(4)　**31**　7　**32**　9

4　(1)　**33**　2　**34**　3　(2)　**35**　2　**36**　4　(3)　**37**　8　**38**　9

5　(1)　**39**　7　**40**　3　**41**　6　(2)　**42**　1　**43**　1　**44**　2
(3)　**45**　2　**46**　1　**47**　2　**48**　1　**49**　1　**50**　8

○配点○

1　(1)・(2)　各3点×2　(3)・(5)・(6)　各5点×3　(4)　4点　2　各5点×4
3　(1)・(2)　各4点×2　(3)　5点　(4)　7点　4　各5点×3　5　各5点×4
計100点

＜数学解説＞

基本　1　(二次方程式，連立方程式，平方根，数の性質，平面図形，角度)

(1)　$2x^2-8x-10=0$　$x^2-4x-5=0$　$(x+1)(x-5)=0$　$x=-1,\ 5$

(2)　$12x+8y=16$より，$3x+2y=4$…①，$5x+7y=14$…②　①×7－②×2より，$11x=0$　$x=0$
これを①に代入して，$2y=4$　$y=2$

(3)　$\sqrt{2023}=\sqrt{7\times17^2}=17\sqrt{7}$

(4)　3以上の素数は全て奇数であるから，2の倍数ではない。

(5)　求める図形の面積は，$\pi\times2^2\times\dfrac{90}{360}\times2-2^2=2\pi-4(\text{cm}^2)$

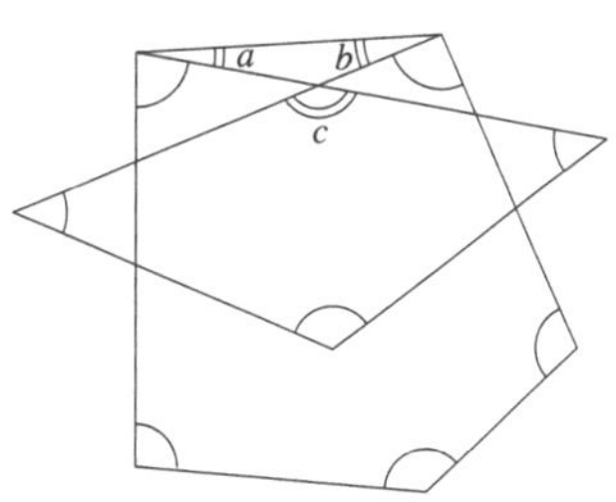

(6)　右の図で，五角形の内角の和は，$180^\circ\times(5-2)=540^\circ$，四角形の内角の和は$360^\circ$だから，印の付いた角度の和は，$540^\circ-(\angle a+\angle b)+360^\circ-\angle c=900^\circ-(\angle a+\angle b+\angle c)=900^\circ-180^\circ=720^\circ$

2　(方程式の利用，平面図形)

(1)　残りの土地の面積は，$10\times20\times0.72=144(\text{m}^2)$　堀の幅をxmとすると，$(10-2x)(20-2x)=144$　$200-60x+4x^2=144$　$x^2-15x+14=0$　$(x-1)(x-14)=0$　$x=1,\ 14$　$x<5$より，$x=1$　よって，堀の幅は1m

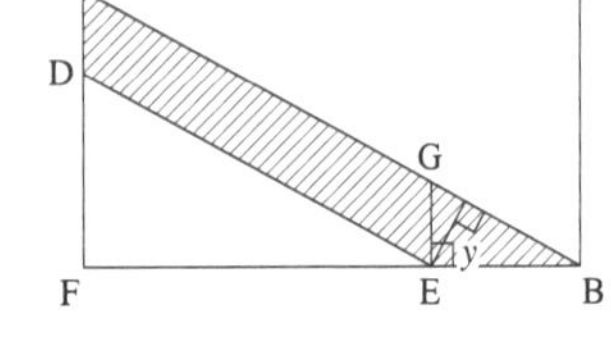

重要 (2) 右の図で，$\triangle ABC=\triangle FCB=\frac{1}{2}\times10\times20=100$より，$\triangle DEF=200\times0.82-100=64$　CB // DEより，$\triangle DEF\backsim\triangle CBF$　面積比は$64:100=16:25=4^2:5^2$だから，相似比は4：5　よって，$CD=\frac{5-4}{5}\times10=2$(m)，$BE=\frac{5-4}{5}\times20=4$　線分BC上にGE⊥BEとなる点Gをとると，$BG=\sqrt{2^2+4^2}=2\sqrt{5}$　EからBGにひいた垂線をymとすると，$y=\frac{GE\times BE}{BG}=\frac{2\times4}{2\sqrt{5}}=\frac{4\sqrt{5}}{5}$(m)

3 (図形と関数・グラフの融合問題)

基本 (1) $y=8x^2$に$x=-1$を代入して，$y=8$　よって，F$(-2,\ 8)$

基本 (2) 直線EGの傾きは$\frac{8-0}{-1-(-2)}=8$より，直線EGの式を$y=8x+b$とすると，点Gを通るから，$0=8\times(-2)+b$　$b=16$　よって，$y=8x+16$…①　$y=8x^2$に$x=2$を代入して，$y=32$　よって，A$(2,\ 32)$　直線ACの傾きは$\frac{0-32}{3-2}=-32$より，直線ACの式を$y=-32x+c$とすると，点Cを通るから，$0=-32\times3+c$　$c=96$　よって，$y=-32x+96$…②　①，②を連立方程式として解くと，$x=2$，$y=32$　よって，$(2,\ 32)$

重要 (3) 求める直線は線分EGの中点$\left(-\frac{3}{2},\ 4\right)$と線分ACの中点$\left(\frac{5}{2},\ 16\right)$を通る。直線の式を$y=mx+n$とすると，2つの中点を通るから，$4=-\frac{3}{2}m+n$，$16=\frac{5}{2}m+n$　この連立方程式を解いて，$m=3$，$n=\frac{17}{2}$　よって，$y=3x+\frac{17}{2}$

重要 (4) $P\left(-\frac{3}{2},\ 4\right)$，$Q\left(\frac{5}{2},\ 16\right)$だから，$AP:AG=(32-4):32=7:8$　$AQ:AC=1:2$　よって，$\triangle APQ:\triangle AGC=(AP\times AQ):(AG\times AC)=(7\times1):(8\times2)=7:16$　△PQAと四角形PGCQの面積比は，$7:(16-7)=7:9$

基本 4 (空間図形の計量)

(1) 球の表面積は，$4\pi\times3^2=36\pi$　円柱の表面積は，$\pi\times3^2\times2+2\pi\times3\times6=54\pi$　よって，求める表面積の比は，$36\pi:54\pi=2:3$

(2) 円すいの母線の長さは，$\sqrt{3^2+4^2}=5$　よって，円すいの表面積は，$\pi\times3^2+\pi\times5\times3=24\pi$(cm²)

(3) 沈めることのできる球は1個で，あふれる水の体積はその球の体積に等しいから，$\frac{4}{3}\pi\times2^3=\frac{32}{3}\pi$　(2)の円すいの体積は，$\frac{1}{3}\pi\times3^2\times4=12\pi$　よって，求める体積の比は，$\frac{32}{3}\pi:12\pi=8:9$

5 (確率)

基本 (1) カードの取り出し方の総数は，$9\times8=72$(通り)　このうち，$x=\frac{b}{a}$が整数となるのは，$(a,\ b)=(1,\ 2)$，$(1,\ 3)$，…，$(1,\ 9)$，$(2,\ 4)$，$(2,\ 6)$，$(2,\ 8)$，$(3,\ 6)$，$(3,\ 9)$，$(4,\ 8)$の14通りだから，求める確率は，$\frac{14}{72}=\frac{7}{36}$

基本 (2) 題意を満たすのは，$(a,\ b)=(2,\ 5)$，$(2,\ 7)$，$(2,\ 9)$，$(3,\ 7)$，$(3,\ 8)$，$(4,\ 9)$の6通りだか

ら，求める確率は，$\frac{6}{72}=\frac{1}{12}$

(3)　$x=2$を満たすのは，$(a,\ b)=(1,\ 2)，(2,\ 4)，(3,\ 6)，(4,\ 8)$の4通り。$x=\frac{1}{2}$を満たすのは，$(a,\ b)=(2,\ 1)，(4,\ 2)，(6,\ 3)，(8,\ 4)$の4通り。いずれもその確率は，$\frac{4}{72}=\frac{1}{18}$

★ワンポイントアドバイス★

出題構成や難易度に大きな変化はない。関数や図形の大問では，前問を手がかりにして次の小問を考えていくとよい。あらゆる分野の基礎をしっかり固めておこう。

<英語解答>

Ⅰ	1　1	2　3	3　3	4　4	5　1	6　3	7　2	8　3	9　4	10　4
	11　2	12　1								
Ⅱ	13　2	14　1	15　4							
Ⅲ	16　5	17　6	18　1							
Ⅳ	19　7	20　1	21　4	22　9	23　8	24　6				
Ⅴ	25　2	26　3	27　1	28　5						
Ⅵ	29　3	30　2	31　4	32　4	33　2					
Ⅶ	34　2	35　3	36　2	37　1	38　2	39　3	40　3			

○配点○

Ⅰ　各2点×12　Ⅱ　各2点×3　Ⅲ　各2点×3　Ⅳ　各3点×3(各完答)

Ⅴ　各3点×4　Ⅵ　各3点×5　Ⅶ　各4点×7　計100点

<英語解説>

重要　Ⅰ　(語句補充・選択，会話文：受動態，不定詞，動名詞，比較，関係代名詞，接続詞，前置詞，感嘆文，現在完了，助動詞)

(1)　「彼はそのニュースによってとても興奮した」<人 + be動詞 + excited>「人が興奮している，わくわく[うきうき]している」← excite「<物・事が><人>を興奮させる，わくわくさせる」

(2)　「ケイコは彼に，より熱心に勉強するように助言した」<advise + 人 + 不定詞[to + 原形]>「人に～ [不定詞]するように助言する」

(3)　「できるだけ早く宿題をやり終えなければならない」<finish + 動名詞[原形 + -ing]>「～することを終える」　as + 原級 + as possible「できるだけ～」

(4)　「札幌は日本で最も大きな都市の1つである」biggest ← big「大きな」の最上級 <one of the + 最上級 + 複数名詞>「最も～な名詞のうちの1つ[人]」

(5)　「私達の教室に入って来た男性はとても背が高かった」the man who came ← <先行詞(人) + 主格の関係代名詞 who + 動詞>「動詞する先行詞」　3・4は主格の関係代名詞がないので，不可。　2の that comes は，文全体の動詞 was に時制が一致していないので，不可。that came ならOK。

(6) 「寝る前に電気を消しなさい」正解は，「～する前に」before。 turn off「(電気・ガス・エアコンなど)を止める，消す」 you go to bed と<主語 + 動詞>の前に空所はあるので，前置詞のby「～までには」は不可。 1 until「～するまで」 4 after「～の後には」

(7) 「私はこの時計が好きではありません。別のものを私に見せてください」正解は，代名詞として使われている 2 another「別の人[物]」。 1 it「それ」= <the + 単数名詞>あるもの自体を指すので，ここでは不可。 3 one「～なもの[人]」前に使われた単数名詞の代用。文脈上，ここでは単独で空所には当てはまらないので，不可。another one なら可。 4 other「ほかの」単独での代名詞の用法はないので(the other という形は存在する)，不可。

(8) 「あなたは何と上手くピアノを弾くことができるのだろうか」正解は，3 How well。感嘆文「何と～なのだろう」<How + 形容詞[副詞]+ 主語 + 動詞 ！>／<What + 形容詞 + 名詞 + 主語 + 動詞 ！> You can play the piano good. とは言わないので，1のHow good は不可。2は，What a good pianist you are ！ ならば，文として成立する。4は，副詞の well の前に<What + 不定冠詞の a> はつかないので，不可。

(9) A：「すみませんが，銀行はどこですか」／B：$_4$「すみません，ここは初めてなのです」 4 Sorry, I'm a stranger here. 道を尋ねられて，不案内でわからない場合の応答表現。Excuse me.「失礼ですが，あの」 1 「良いですよ。私はボランティアです」 2 「良いですよ。私は沢山お金を持っています」 3 「すみません，向こうです」 over there「向こう」

(10) A：「こんにちは，ユミ。あなたは以前大阪へ行ったことがありますか」／B「いいえ，でも，京都と奈良には行ったことがあります」／B：「どちらの都市がより好きですか」／A：$_4$「京都の方がより好きです」「2都市のどちらが好きか」と尋ねられているので，それに応じた4が正解。have been to「～へ行ったことがある，へ行ってきたところだ」 better「より良い[良く]」← good／well の比較級 1 「京都は私の好きな都市だ」 2 「奈良には多くの寺がある」 a lot of「多くの～」 3 「私は奈良より好きだ」

(11) A：「顔色が悪いですね。風邪ですか」／B：「はい。少し悪寒を感じます」／A：$_2$「窓を閉めて欲しいですか」／B：「はい，お願いします」空所の前後に当てはまる2が正解。 1 「窓を開けていただけませんか」<Will you + 原形 ～ ?>「～してくれませんか」(依頼) 3 「窓を開けることはできますか」 4 「窓を閉めていただけますか」<Would you + 原形 ～ ?>「～してくださいませんか」

(12) A：「あなたの好きなスポーツについて私に話してください」／B：「私はサッカーが好きです」／A：「本当ですか。$_1$現在，あなたの好きなチームは何ですか」／B：「私はコンサドーレ札幌が好きです」正解は，1。 2・4は，文法的に誤った意味をなさない英文なので，不適。 3 「それはどうですか」は文脈に適さない。How about ～ ?「～ (して)はどうか」(提案・勧誘／意見・情報を求めて)

重要 **Ⅱ** (文法・正誤問題，進行形)

(1) 「今日の新聞には，多くのニュースが見当たらないだろう」 news「知らせ，ニュース」は数えられない名詞なので，many news は誤り。「1つの知らせ」は a piece[bit]of news で表す。

(2) 「太陽が東から昇ることは誰でも知っている」 everybody = everyone「だれでも(みな)」は単数扱いなので，3人称現在の -s をつけて，knows にしなければならない。

(3) 「私の父が帰宅した時に，私は自分の部屋でテレビを見ていた」父の帰宅と私がテレビを見ていたのは，同時進行なので，watched を was watching(過去進行形)にするのが，正しい。

基本 **Ⅲ** (話し方・聞き方：強勢)

(1) A：「誰があなたを家まで連れてきてくれたのですか」／B：「帰宅途中に私はジョンと会い，

彼が私を車に乗せてくれました」「誰が？」と尋ねられているので，返答の中心である主語の 5 he が最も強く発音される。

(2) A：「通りでスマートフォンを見つけたら，あなたならどうしますか」／B：「もちろん，私はそれを警察へ持って行きます」「どうする」と尋ねられているので，「警察へ持って行く」の 6 police を最も強く発音する。

(3) A：「週末に，あなた達は何か計画はありますか」／B：「はい，あります。旭川にスキーへ行く予定です」yes／no question に対して，肯定で答えているので，1 yes に強勢が置かれる。

重要 **Ⅳ （文法・作文：語句整序，現在完了，間接疑問文，進行形，動名詞）**

(1) (I)have never seen such a beautiful lake(.)不要語 2 now。現在完了の否定<have[has] + never[not]+ 過去分詞><such + a[an]+ 形容詞 + 名詞>の語順になるので，注意。

(2) Do you know who played tennis with him(?)不要語 7 that。疑問文(Who played tennis with him ?)が他の文に組み込まれる[間接疑問文]と，<疑問詞 + 主語 + 動詞>の語順になる。ここでは主語の位置に疑問詞 whoがある疑問文なので，<疑問詞 + 動詞>の語順のまま，組み込まれている。

(3) (We)are looking forward to visiting Kyoto next(week.)不要語 7 enjoying。are looing ← <be動詞 + 現在分詞[原形 + -ing]>進行形 <look forward to + 名詞／動名詞[原形 + -ing]>「(～すること)を楽しみに待つ，期待[予期]する」

やや難 **Ⅴ （長文読解問題・資料読解：語句補充・選択，内容吟味，要旨把握）**

（全訳） この表はピアノレッスンの値段を表しています。30分のレッスンは3000円です。各追加の10分は500円加わります。50分レッスンには特別割引があります。また，私達に初心者を紹介した際には，価格の半分で，1レッスンが受けられます。最後に，もし最初に3つのレッスンを選んだならば，2つのレッスンの金額を払わなければならないだけとなります。

支払わなければならない金額	30分のレッスンを受講	￥3000
	40分のレッスンを受講	25 2 ￥3500
	50分のレッスンを受講	26 3 ￥4000
	初心者を紹介して，50分のレッスンを1回受講	27 1 ￥2000
	最初に，50分のレッスンを3回受講することを決断	28 5 ￥8000

25 40分のレッスン代は，30分のレッスン代￥3000に10分の追加代￥500を加えた￥3500。

26 50分のレッスン代は，30分のレッスン代￥3000に20分の追加代￥1000(10分￥500×2)を加えた￥4000。

27 初心者を紹介した場合には，1回分のレッスンが半額になるので，50分のレッスン代￥4000÷2＝￥2000。

28 最初に3回のレッスンの受講を決断すると，2回分のレッスン代ですむので，50分のレッスン代￥4000×2＝￥8000。

Ⅵ （長文読解問題・論説文：内容吟味，要旨把握，比較，助動詞，関係代名詞，不定詞，前置詞，動名詞，受動態）

（全訳） 早く就寝することは，私達の健康に良い，ということを私達は知っている。就寝するのに最も健全な時間を発見した，と科学者達は述べている。午後10時から午後11時までの就寝時間が最も良い，と英国のバイオバンクの研究者達は述べている。これらの時間に寝る人々は，心臓病の危険がより低い，と彼らは言っている。6年前，研究者達は，80,000人の有志の睡眠パターンに関するデーターを収集した。有志は7日間特別の時計を身につけなければならなくて，彼らの睡眠時と起床時のデーターを研究者達は集めた。そして，科学者達は，有志の健康を確認した。約3,000人の有志は，心臓に問題を抱えていた。彼らは“健全な”午後10時から午後11時の時間枠より，早く，あるいは，遅く，寝ていた。

その研究の医師達の1人であるデヴィッド・プランズ博士は，彼の研究や我々の心臓の健康に及ぼす睡眠時間の影響について，見解を述べた。「結果は，早い，あるいは，遅い就寝時間は体内時計を乱すかもしれず，それは心臓にとって悪いかもしれないことを示しています」と彼は述べた。彼は以下のようにも語った。「朝日に向かって起きることは，私達の体にとって重要です。体内時計を再設定することになる朝日を見る機会が減るかもしれないので，最悪の就寝時間は，深夜過ぎです」彼はまた「仮に我々の体内時計がきちんと再設定されないと，私達は心臓を患うかもしれません」とも述べた。

基本 (1) 「最も健全な睡眠時間はいつか」第1段落第3文では，Researchers from the U.K. Biobank say a bedtime of between 10 p.m. and 11 p.m. is best. と述べられている。正解は，3 「午後10時から午後11時」。 healthiest ← healthy の最上級　best「最も良い[良く]」← good／well の最上級　1 「午後8時」 2 「昼食時」 4 「夕食後」

基本 (2) 「何名の有志がその研究に参加したか」Six years ago, the researchers collected data on the sleep patterns of 80,000 volunteers.(第1段落第5文)と書かれているので，正解は，2 Eighty thousand「8万」。 1 「3千人」 3 「1万8千人」 4 「1万3千人」

やや難 (3) 「有志は何をしなければならなかったか」第1段落第6文で，The volunteers had to wear a special watch for seven days ~ と述べられている。正解は，4 「彼らは身につけるための小さな時計を持っていなければならなかった」。<have + 不定詞[to + 原形]>「~しなければならない，であるに違いない」→ <had + 不定詞[to + 原形]>「~しなければならなかった」a small clock that you wear ← <先行詞 + 目的格の関係代名詞 that + 主語 + 動詞>「主語が動詞する先行詞」 1 「午後10時から午後11時の間に寝なければならなかった」 2 「起きた後に，朝日を見なければならなかった」 3 「毎朝，彼らの健康状況に関して，研究者に告げなければならなかった」

基本 (4) 「何を私達は見る必要があると研究者は述べているか」It is important for our body to wake up to the morning light. The worst time to go to bed is after midnight because it may reduce the chance of seeing morning light, which resets the body clock.(第2段落第3・4文)と研究者は述べていることから考えること。正解は，4 「朝日」。It is important for our body to wake up to the morning light.「我々の体が朝日に対して目覚めるのことが重要だ」← <It is + 形容詞 + for + S + 不定詞[to + 原形]>「Sにとって~［不定詞］することは…［形容詞］である」 worst「最も悪い，ひどい[悪く，ひどく]」← bad／ill の比較級　may「~かもしれない，してもよい」 the chance of seeing morning light「朝日を見ることの機会」← <前置詞 + 動名詞[原形 + -ing]> seeing morning light, which rests ~ ← 非制限用法の関係代名詞　1 「空の星」 2 「目覚まし時計」 3 「医師」

やや難 (5) 「心臓の病気の危機を低減するために，私達は何を再設定するべきか」最終文で，We will get a heart disease if our body clock is not reset right. と記されているので，正解は，2 「我々の体内時計」。should「~すべきである，するはずだ」 is reset ← <be動詞 + 過去分詞> 受動態　1 「就寝時間」 3 「起床時間」 4 「我々の目覚まし時計」

Ⅶ **(長文読解問題・エッセイ：内容吟味，語句解釈，要旨把握，比較，動名詞，関係代名詞，前置詞，不定詞)**

(全訳) 私の名前はサラで，オンラインで買い物をすることが大好きです。携帯電話のアプリが好きですが，時には自分のコンピューターを使います。スマートフォンは私にとってはより好都合です。というのは，ベッドから買い物をすることさえできるからです。

私は買い物がとても好きなので，自宅で必要なものを全て買います。私は，食べ物，電子機器，ソファーや本棚のような大型の家具を全てオンラインで買います。でも，買う前に試着したいので，未だに服は店で買うことを好みます。

昨日，私の母のために誕生日の贈り物を買い，①それが本日届きました。それで多くの時間を節約できます。私はとても忙しい人物で，少しだけ忘れっぽくもあります。必要なものを思いつき，それをその瞬間に買うことができるのは，素晴らしいことです。

危険でもありうる，と私の友人たちは考えているので，彼らは私ほど，喜んでオンラインで商品を買うことはありません。もちろん，時には悪い事態も起きますが，私の全ての個人情報に関しては，私は非常に慎重です。最大の恐れは，オンライン上でクレジットカードを用いて買い物をする際に，誰かがその数字を②盗むことだ，と私は思っています。

必ずウェブページが安全であるように確認することは，重要です。https:// のように，ウェブアドレスの中に“s”が含まれていれば，このことが確認できます。その“s”は安全であることを意味します。人々はオンラインで買い物をすることをおそれるべきではありません。それは将来私達が買い物をする唯一の方法になるであろう，と私は考えています。

基本 (1) 「サラの好きな買い物の方法は何か」第1段落の冒頭に，I love shopping online. I prefer mobile phone apps. but sometimes I use my computer. The smartphone is more convenient for me, because I can even do my shopping from bed ！ と書かれているので，正解は，2 「彼女の電話で」。more convenient ← convenient「便利な」の比較級 1 「彼女のコンピューターで」 3 「店で」 4 「デパートで」

基本 (2) 「サラは何をオンラインで買わないか」第2段落最終文に，But I still prefer getting clothes from a store because I want to try them on before I buy them. とあるので，正解は，3 「服」。prefer getting clothes ← 動名詞[原形 + -ing]「～すること」 1 「食品」 2 「家具」 4 「電子機器」

基本 (3) 「単語① it は何を指すか」Yesterday, I bought a birthday present for my mother, and ① it arrived today！なので，it が指すのは，2 「贈り物」。 1 「オンラインでの買い物」 3 「彼女の母の誕生日」 4 「ソファー」

やや難 (4) 「なぜサラはオンラインでの買い物が非常に便利だと思っているのか」オンラインでの買い物のことをサラは，That saves me a lot of time.／If I think of something that I need, then it is wonderful that I can buy it at that moment.(第3段落)と述べられていることから考えること。よって，正解は，1 「速い」。 a lot of「多くの～」 something that I need「私が必要なもの」←<先行詞 + 目的格の関係代名詞 that + 主語 + 動詞>「主語が動詞する先行詞」 2 「安い」 3 「高品質」 4 「安全」

やや難 (5) 「② stealは何を意味するのか」下線部②を含む文は，「最大の恐れは，オンライン上でクレジットカードを用いて買い物をする際に，誰かがその数字を②盗むことである，と私は思っている」の意。② steal「盗む」は，2 「許可なくして，奪うこと」を意味する。take away「～を持って行く，を奪う，連れていく」 without「～なしで」 1 「彼らに何かを言い返すこと」 3 「あなたのものではないものを使うこと」something that is not yours ← 主格の関係代名詞

that　4 「何かに対してお金を払うこと」

やや難 (6) 「サラはオンラインでの買い物は＿＿＿＿と考えている」My friends aren't so happy with buying things online as I am because they think that it can be dangerous. Of course, bad things sometimes happen, but I am very careful with all of my personal information.(第4段落第1・2文) ／It is important to be sure that the web page is secure. ／People should not be afraid of shopping online.(第5段落第1・4文)以上より，サラは，オンラインショッピングの危険性を認識しているものの，自身はその危険を回避するために用心していることが読み取れる。よって，正解は，3 「注意すれば安全だ」。aren't so happy with buying things online as I am「私ほど，商品をオンラインで買うことに喜びを感じていない」<as + 原級 + as>の否定形「～ほど…でない」with buying ← <前置詞 + 動名詞> It is important to be sure that ～「確実に～するのは重要だ」← <It is + 形容詞 + 不定詞[to + 原形]>「～［不定詞］するのは…［形容詞］だ」 1 「しばしば危険だ」 2 「常に安全だ」 4 「子供達が何かを買う際には，良い方法ではない」

基本 (7) 「サラは将来＿＿＿＿であると考えている」最終文に，I think it[shopping online] will be the only way we will do our shopping in the future. とあるので，正解は，3「皆がオンラインでのみ買い物をするだろう」。the only way we will do ～「我々がするだろう唯一の方法」← <the way + 主語 + 動詞>「主語が動詞する方法」 1 「オンラインショッピングはより安全になるだろう」 safer ← safe「安全な」の比較級 2 「多くの人々はオンラインで買い物をしないだろう」 a lot of「多くの～」 4 「オンラインショッピングは人気がなくなるだろう」

★ワンポイントアドバイス★

Ⅲのアクセント問題を取り上げる。いずれも質問に対する応答文内で，どの語句が最も強く発音されるかが問われている。相手の疑問に応じるうえで，その重要度が高いと目される語が一番強く発音されるという規則を覚えておくこと。

＜理科解答＞

1	問1 3	問2 6	問3 8	問4 5	問5 2
2	問1 5	問2 2	問3 6	問4 3	
3	問1 5	問2 4	問3 3	問4 6	問5 4
4	問1 4	問2 3	問3 3	問4 5	問5 4
5	問1 7	問2 1	問3 4	問4 2	
6	問1 8	問2 1	問3 3	問4 3	
7	問1 1	問2 2	問3 3	問4 2	問5 4
8	問1 3	問2 5	問3 4	問4 1	問5 4

○配点○

1 問1・問2 各2点×2　他 各3点×3　2 各3点×4
3 問2・問4 各3点×2　他 各2点×3　4 問1・問2 各2点×2　他 各3点×3
5 各3点×4　6 問4 4点　他 各3点×3　7 問1・問3 各2点×2　他 各3点×3
8 問4・問5 各3点×2　他 各2点×3　計100点

<理科解説>

基本 **1** （音の性質）

重要 問1　大きな音は振幅が大きくなっている。

問2　時間差の平均値は0.29秒なので，100(m)÷0.29(秒)＝344.8…(m/秒)より，6である。

問3　AさんからBさんまでの距離は2D－dなので，$\frac{2D-d}{v}$であらわせる。

問4　実験2から求めることのできる音の速さは$\frac{2(D-d)}{T}$であらわされる。

問5　反射音が聞こえる距離(D)が短くなり，直接音が聞こえる距離(d)が長くなるので，Tの値は小さくなる。

2 （仕事）

基本 問1　おもりBを1の力とすると，おもりAは$\frac{1}{2}$，おもりCは$\frac{1}{4}$となる。(図1)よって，5が正解である。

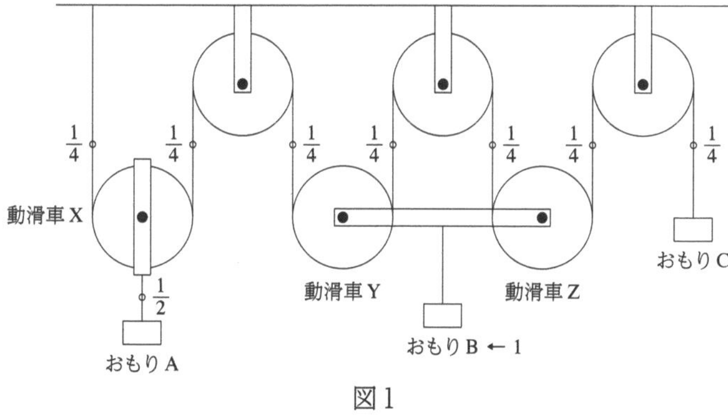

図1

重要 問2　おもりを床から2.0m持ち上げるためにはロープを8.0mひかなくてはいけないので，2は間違いである。

基本 問3　実験3において一郎さんには重力と板からの垂直抗力，ロープから上向きに引かれる力がはたらいている。

やや難 問4　ロープが一郎さんを引く力をT，板が一郎さんを押す力をNとすると，T＋N＝500N…①となる。ロープが板を引く力をT，一郎さんが板を押す力をNとすると，T＝N＋100N…②となる。①を変形すると，N＝500N－Tとなるので，②に代入すると，T＝500N－T＋100Nとなり，2T＝600Nから，ロープを引く力はT＝300Nの値をこえると，板が床から離れる。

重要 **3** （化学変化と質量）

問1　二酸化炭素は空気より重いので，上方置換で集めることはできない。

問2　$W_2 > W_3 > W_1$の順で重くなっている。

問3　ペットボトル内の二酸化炭素が水に溶けるため，ペットボトルはつぶれる。

問4　aは酸素，bは水素，cはアンモニアが発生する。よって，6が正解である。

基本 問5　4は炭素が二酸化炭素に変化していくものであり，状態変化を表す文章ではない。

重要 **4** （電気分解とイオン）

問1　電極Aは電源装置の－極とつながっているので陰極，電極Dは電源装置の＋極とつながっているので陽極，電流は＋極から－極に流れるので，イの向きに流れる。

問2　水酸化ナトリウム水溶液を電気分解すると，陰極に水素が，陽極に酸素が発生し，その体積比は，水素：酸素＝2：1となる。

問3　塩化銅水溶液は電離して塩化物イオン(Cl^-)と銅イオン(Cu^{2+})を生じる。銅イオンは陰極(電極C)に引き寄せられ，電子を受け取って銅となる。

問4　150(g)×0.2＝30(g)

やや難　問5　塩化銅中の銅と塩素の質量比は9：10なので，塩化銅の質量比を19とする。銅が8.1g析出する塩化銅の質量をxgとすると，8.1(g)：x(g)＝9：19より，x＝17.1gとなる。よって，電気分解後の塩化銅水溶液の質量は，150(g)－17.1(g)＝132.9(g)となる。

重要　**5**　(動物の体のしくみ)

問1　トカゲのような変温動物は，体温が気温によって変化するため，気温が高いほど動きが活発になる。

問2　アはイモリ，イはヤモリ，ウはうろこ，エはサンショウウオである。

問3　昆虫は背骨を持たない無脊椎動物である。

問4　オオスズメバチ，マムシ，ニホンカモシカ，キタキツネは日本在来種である。

重要　**6**　(ヒトの体のしくみ)

問1　感覚器官ではさまざまな刺激を受け取っている。感覚神経は末しょう神経の一つである。感覚器官で受け取った刺激は，脳で感覚が生じる。

問2　目で受け取った刺激は，感覚神経から脳を経由し，脊髄を通り，運動神経に伝わる。

問3　16.0×5－(17.7＋15.7＋16.2＋16.1)＝14.3

基本　問4　ものさしが落ちた距離の平均が16.0cmなので，グラフから刺激を受け取ってから反応するまでの時間の平均は0.18秒となる。よって，3が最も適当であると考えられる。

7　(地球と太陽系)

基本　問1　しし座が真南にみえる地球の位置はDとAの真ん中である。その地点から西の地平線に見える星座は，おうし座である。

基本　問2　星は同じ時刻場所で観察すると1日約1度東から西に移動するので，2週間後だと約15度西に移動している。また，星は1日の中で，東から西に1時間で15度移動する。よって，レグルスが南中するのは，3月5日の23時頃となる。

重要　問3　しし座は夏に太陽と同じ方向に位置するので，夜に見ることができない。

基本　問4　夏至の日はBの位置である。Bの位置で下弦の月が見える方向にはうお座がある。

やや難　問5　問2より，2週間時間が経つと1時間南中時刻が早くなるので，1か月では2時間南中時刻が早くなる。午前0時から午前6時まで18時間あるので，18(時間)÷2(時間/月)＝9(ヵ月後)となる。

8　(岩石)

重要　問1　ルーペは目に近づけて持ち，見たいものを前後に動かして観察する。

問2　大きい結晶であるほど，マグマだまりでゆっくり冷えて固まったと考えられる。

問3　火成岩Bは初めに大きな結晶ができた後急速に固まったと考えられる。

問4　土地が隆起し，地層が露出し，その表面が削られたと考えられる。

重要　問5　マグマのねばりけが最も大きい火山はお椀を伏せたような形をしており，そのマグマが冷えてできた溶岩はカクセン石などの有色鉱物が少ないため白っぽく見える。

★ワンポイントアドバイス★

時間配分を気にした学習を心がけよう。

＜社会解答＞

1	問1 1	問2 2	問3 1	問4 4	問5 2		
2	問1 3	問2 3	問3 1				
3	問1 1	問2 1	問3 2	問4 4			
4	問1 4	問2 3	問3 3				
5	問1 4	問2 1	問3 3	問4 4	問5 3		
6	問1 4	問2 2	問3 3	問4 1	問5 1	問6 4	問7 1
7	問1 1	問2 1	問3 2				
8	問1 3	問2 3	問3 2	問4 1	問5 2	問6 4	問7 7
9	問1 3	問2 4	問3 4	問4 1・5			
10	問1 3	問2 2					
11	問1 5	問2 4					

○配点○

1 問1・問5 各3点×2 他 各2点×3　2 問3 3点 他 各2点×2　3 各2点×4
4 問1 3点 他 各2点×2　5 問4 3点 他 各2点×4
6 問6 3点 他 各2点×6　7 問2 3点 他 各2点×2
8 問2・問7 各3点×2 他 各2点×5　9 各2点×4(問4完答)　10 各2点×2
11 問1 2点 問2 3点 計100点

＜社会解説＞

1 (地理—基礎的知識の問題)

問1 写真はイヌイットの民族衣装のもの。イヌイットは北米大陸北部に住む先住民。

問2 地中海周辺は日差しが強いので，写真のような白い石を積んだ住居がよく見られる。白い石の方が家の中の温度は上がりにくい。

重要 問3 オゾンホールの原因とされるのはフロンガスの使用。

問4 サハラ砂漠の南側の地域がサヘルと呼ばれ，砂漠化がひどい場所として有名。

重要 問5 Dはインドネシアのあたりで，植民地時代につくられたプランテーションでの油やしや天然ゴムの栽培が盛ん。1はB，3はC，4はAにそれぞれ当てはまる。

2 (地理—アフリカに関連する問題)

やや難 問1 ボツワナはアフリカ大陸南部の内陸国で，南アフリカの北に位置し，ダイヤモンドの産地として有名。19世紀にイギリスが植民地化し，1966年に独立。アフリカの中では政情が安定した国で，ダイヤモンドの他にも銅やニッケルなどの鉱産資源があり，現在ではダイヤモンドの加工による収入もかなりある。

重要 問2 ケニアはかつてイギリスが植民地支配していた場所で，イギリスが植民地支配をしていた時代に茶の栽培が広められた。

問3 モノカルチャーは単一耕作とも言い，特定の一次産品や鉱産資源などの輸出に経済が依存している状態を指す。

3 (地理—アメリカ合衆国に関連する問題)

問1 ヒスパニックはアメリカ合衆国に流入してくるスペイン語を母語とする人々のこと。カリブ海の地域やメキシコなどから入ってくる者が多い。マオリはニュージーランドの先住民，ワスプはかつてアメリカ合衆国で出世できる条件とされたもので白人で，アングロ・サクソン(イギリス系移民)でプロテスタントという者。アボリジニ―はオーストラリアの先住民。

重要 問2　かつてはアメリカ合衆国の工業は五大湖周辺を中心とする北部で発達していたが，アメリカ合衆国の北の方は寒冷な土地で，低所得者にとっては光熱費がかさみ生活しづらい場所で，そのためそういう人々がアメリカ合衆国の中では比較的温暖なサンベルトの地域に移り，サンベルトは労働力が豊富な場所となった。

基本 問3　シリコンバレーはサンフランシスコ近郊のサンノゼのあたり。シリコンはケイ素のことで，電子部品に必要な半導体のトランジスターの材料。

問4　アメリカ合衆国の農業は大型の機械を使い，少ない人数で広大な土地を耕作するもので，効率化を図るために，多くの農薬や化学肥料を投入し，自給よりも売ることを目的とする企業的な経営が行われている。

4　(日本の地理―日本に関連するさまざまな問題)

重要 問1　A　やませは湿った冷涼な北東風。 B　からっ風は北西季節風でユーラシア大陸から吹き込んだ季節風が日本海側に雪を降らせた後，北関東に乾いた冷涼な風として吹くもの。

問2　A　日本列島はアルプスヒマラヤ造山帯ではなく環太平洋造山帯の中にある。 B　正しい。フォッサは溝の意味で，マグナは巨大なの意味。

重要 問3　AとBでは，インドネシアには鉄鉱石はあまりない。ブラジルは南東部に鉄鉱石がある。オーストラリアの鉄鉱石は西部，石炭は東部に分布している。

5　(世界の歴史―世界史に関連するさまざまな問題)

やや難 問1　イスラム教は唯一神アラーへの信仰を絶対的なものとし，偶像崇拝を否定している。

問2　2　バスコ＝ダ＝ガマはポルトガルの人。 3　マチュピチュがあるのはインカ帝国があったペルー。アステカ王国は現在のメキシコのあたり。 4　マラッカに拠点をおいたのはスペインではなくまずポルトガルで，その後，オランダ，イギリスと変化する。

重要 問3　1　三国同盟はドイツ，オーストリア，イタリアの三国。 2　ヨーロッパの火薬庫と呼ばれたのはバルカン半島。 4　イタリアは当初は三国同盟側だったが，オーストリアと領土の問題で対立し三国協商側に寝返った。

問4　ア　国際連盟の常任理事国はイギリス，フランス，日本，イタリア。アメリカは最後まで国際連盟には未加盟。 イ　ソ連，ドイツはともに国際連盟にはあとから加盟するが，ドイツは1933年に脱退し，ソ連は1939年にフィンランドを侵攻したことで国際連盟から除名される。

問5　ア　ブロック経済を行ったのはイギリスやフランス。ソ連は社会主義国で自由な生産活動は行われず共産党が主導する計画経済が行われていた。 イ　正しい。

6　(日本の歴史―自由民権運動に関連する問題)

基本 問1　1877年に薩摩藩の不平士族と西郷隆盛によって起こされた士族の反乱が西南戦争。日本の南西部の九州の熊本県，鹿児島県で起こったからこの名称。この頃はまだ南西とは言わずに西南とよんでいた。

重要 問2　佐賀県はかつての国の名では肥前で肥前藩(佐賀藩)はいわゆる藩閥の一つ。熊本県は肥後で，肥後藩(熊本藩)は江戸末期には藩の中で幕府側，朝廷側の両方に分かれてはいたが，明治維新の際に新政府側についた。福岡県はかつての国では筑前，筑後，豊前で福岡藩，秋月藩，久留米藩，中津藩などがあり，戊辰戦争の際には新政府側にたっていた。山口県は長門，周防の国で，長州藩，岩国藩，徳山藩，清末藩などがあったが長州を中心に新政府側に立っていた。

問3　土佐は今の高知県。かつお漁は今でも有名。

問4　租税を払ったものが，国に対していろいろと発言できるという趣旨の文なので，租税を支払う内容のものは1のみ。他は違う。

問5　イギリスは1588年のスペインとのアルマダ海戦で勝ち，各地に進出をするようになる。その中で1600年にほぼ国策会社の東インド会社を設立し，アジア地域に進出していく。1600年に豊後水道で難破したオランダ船のリーフデ号に乗っていたウィリアム・アダムズが初めて日本に来たイギリス人であり，秀吉の時代にはまだイギリスとの接点はない。

問6　1882年に立憲改進党を結成したのは大隈重信。

やや難　問7　1880年に板垣退助らが国会期成同盟を結成したが，政府がこれに対して集会条例を出したことで，自由民権運動は大々的な活動を行うことはできなくなった。ところがこのような中で政府の黒田清隆が北海道開拓使の運営していた官営工場を無償で払い下げようとしていたことが発覚し，この点を民権派に突かれたことで，政府の側が10年後に国会を開設する約束をせざるを得なくなった。

7　(日本の歴史―さまざまな時代に関する問題)

問1　かつては仏教は大事な宗教であり，高貴な身分の人々に独占されているものであったが，平安半ばに浄土信仰が広がった頃から少しずつ貴族たちだけではなくもっと下位の身分の人々の間にも広がり始めた。法然が浄土宗を開いたのは1175年で平安時代の末期。

基本　問2「負い目あるへからす」とは借金はあってはならないということ。

問3　明治期になってからの貿易は当初は外国人が独占していたが，日本政府を通じて外国のものを輸入したり，日本のものを海外に輸出することをやって利益を上げるのが岩嵜弥太郎の三菱商事であった。

8　(公民―日本と世界の公民分野に関連する問題)

問1　安倍晋三内閣の時代の2015年に，従来の個別的自衛権から集団的自衛権へ日本の防衛の在り方を切り替えている。

基本　問2　職業選択の自由は経済活動の自由の中に含まれる。

重要　問3　裁判員は成人年齢が引き下げられたことで2023年からは18歳以上が対象となっている。

問4　日本の選挙権年齢は1945年以後満20歳以上であったが，2015年6月から満18歳以上に引き下げられている。

問5　国連の安全保障理事会の採決は15カ国中，五大国すべてを含む9カ国の賛成で成立する。

問6　台湾の返還を求めてはいない。

問7　3つの地域はいずれもいまだに紛争が続いている。シリアは2010年に始まったいわゆるアラブの春の中で，独裁政権のアサド大統領の一派と反政府側の間で紛争が起こり継続している。パレスチナは現在のイスラエルの一地域で，1948年にかつてイスラエルの地域に住んでいたユダヤ人の子孫が帰り，イスラエルを建国した際に，ユダヤ人がいなかった間にこの地域に住みついていたアラブ人が追い出されることになり，周辺のアラブ諸国に逃れた者もいたが，イスラエルの中に残ったアラブ人たちは，現在ではヨルダン川西岸地区とガザ地区の二つの地域に押し込められ，ここがパレスチナ自治区となっている。このパレスチナ自治区の人々とイスラエル政府の間では現在でも武力衝突が繰り返されている。ウクライナではロシアが2022年の2月に軍事侵攻を行い，2023年7月の段階でもウクライナとロシアの間の戦争は続いている。

9　(公民―経済に関連する問題)

やや難　問1　項目の中で，賃金を性別で差別してはいけないという項目だけは労働基準法にあるが，最初の項目に関する規定はなく，労働時間は1日8時間の上限もあり，週休に関しては最低1日以上の規定がある。

基本　問2　金本位制は国が保有する金の価値と同じ額の通貨を発行するもの。そのため，金本位制の下で発行される紙幣は兌換紙幣というもので，この兌換紙幣を持つ人は，しかるべき金融機関でこの兌換紙幣の額面に相当する価値の国が保有する金とを交換することができる。こうすることで，市場に出回る兌換紙幣の総額と国が保有する金の総額が同じになる。現在の日本銀行券は不換紙幣といい，これは政府の保有する金との交換はできない。

問3　2022年度の一般会計予算は総額が107兆円ほどで，そのうちの33.7％が社会保障関係費で，それに国債費の22.6％，地方交付税交付金の14.8％，防衛費の5％と続く。

重要 問4　図の1と5が労働力。家計が政府や企業に提供。その見返りに2や6には賃金が来る。また1は政府へ出す租税もあり，その場合には2は公共サービスになる。5は企業への代金と考えれば6は商品となる。

10　（公民ー経済に関連する問題）

問1　均衡価格は需要と供給の両方が釣り合う価格のこと。この場合，まんじゅうの価格が500円だと買いたい量が25個で，売りたい量も25個になり釣り合いがとれる。

重要 問2　均衡価格が上昇する場合は供給に対して需要が増えた場合であり，1番目の買う人の収入が増えてまんじゅうに割ける資金が増えれば需要が増えると考えられ，また4番目のまんじゅうの評判が広まることでまんじゅうを買いたい人が増えれば需要が増えると考えられる。逆に2番目，3番目はいずれも普通は価格が下がることにつながる。

11　（公民ー国際問題，経済に関連する問題）

問1　1992年のリオデジャネイロで開催された国連環境開発会議で地球温暖化が問題となり，気候変動枠組み条約が採択され，その締約国の間の国際会議が開催されるようになり3回目の会議が1997年に京都で開かれ，ここで京都議定書が採択された。

やや難 問2　クラウドファンディングは資金を集める方法の一つとして，近年増えているもので，インターネットなどを通じて呼びかけて集めるもの。金額や期日を設定して，その期日までに目標額が集まらない場合には，その資金をすべて出資者に返還するものと，そうでないものとがある。

★ワンポイントアドバイス★

全てマークシート方式の記号選択の問題だが時間に対して，小問数がやや多く，読む量も多いので，要領よく解くことが必要。知識的にもやや難しいものもあるので，悩むものはとりあえず飛ばしながら一通りやるのが鉄則。

＜国語解答＞

一　問一　a 2　b 3　c 5　問二　1　問三　4　問四　1
問五　ウ 3　エ 4　問六　2　問七　2　問八　1　問九　2

二　問一　2　問二　5　問三　1　問四　3　問五　3　問六　4　問七　4
問八　5　問九　2　問十　3

三　問一　1　問二　5　問三　2　問四　3　問五　2　問六　(1)　4　(2)　4
問七　3

○配点○

一　問一・問二　各2点×4　問八・問九　各5点×2　他　各4点×6
二　問五～問七　各4点×3　問八・問十　各5点×2　問九　3点　他　各2点×4
三　問六(1)　2点　問六(2)・問七　各4点×2　他　各3点×5　計100点

＜国語解説＞

一 （論説文―漢字，空欄補充，接続語，内容理解，指示語，要旨）

問一 a 「偏って」が正しい。1 「普遍」，2 「偏差値」，3 「編集」，4 「辺境」，5 「変更」。

b 「気遣って」が正しい。1 「更迭」，2 「遺跡」，3 「遣隋使」，4 「遂行」，5 「遭遇」。

c 「挙げた」が正しい。1 「虚実」，2 「去就」，3 「巨額」，4 「拒絶」，5 「挙手」。

基本 問二 A 空欄の前の事柄にあとの事柄を付け加えているので，累加の接続語が入る。

B 空欄の前が原因，あとが結果になっているので，順接の接続語が入る。

C 空欄の前の内容の説明や補足を空欄のあとでしているので，説明・補足の接続語が入る。

問三 前後に注目。「人間である以上は神そのものにはなれないのです」「物事の本質をとらえるといっても，……広い視野から眺めたうえで，また改めて別の切り取り方をするのだと思えばいいでしょう」などの内容が，4に合致する。

重要 問四 前の「広い視野から眺めたうえで，また改めて別の切り取り方をする」「そうして捉え直した新しい世界を，新しい言葉で表現する」などに注目。

問五 ウ 何を「めぐる世界は別の世界に変わる」のか，前からとらえる。 エ 何が「きっかけ」なのか，前からとらえる。

問六 「世界を新しい言葉で捉え直すということ」が，「素晴らしい変化」をもたらし，「より善く生きることができるようになる」という筆者の考えを読み取る。

問七 「哲学」は「概念の再定義」をする，ということをふまえて考える。第四段落に「捉え直した新しい世界を，新しい言葉で表現する，それが哲学だ」とあることに注目。

問八 「概念の再定義」をするための「ベースとなる語彙力」の中に，自分の意識した言葉が加わっていくということ。

やや難 問九 「消しゴムだって机という名前にすれば，どっちも机です」というのは，単純に言葉の話をしているのであって，「蝶も蛾もパピヨンという同じ名前」だということと同じである。よってBさんが正しい。Aさんのように，「消しゴムと机との関連で考え直す」ということではない。

二 （小説―漢字，語句の意味，空欄補充，慣用句，内容理解，表現理解，心情理解，主題）

問一 「唐突」が正しい。1 「本末転倒」，2 「荒唐無稽」，3 「東奔西走」，4 「意気投合」，5 「孤軍奮闘」。

問二 「顔を売る」は，広く知られるようにする，という意味。

基本 問三 「肩をすくめる」は，肩をちぢませること。やれやれという気持ちや落胆した気持ちを表す。

問四 「おずおず」は，おそるおそる，という意味。

問五 前後に注目。鈴花は，「あんなに好きなことで，あんなに頑張ってた」プレアさんが「無職」になってしまったことが，悔しいのである。

重要 問六 直後の二つの文の内容が4に合致する。

問七 ⓐ・ⓑ・ⓒは，ⓓの前提となる内容であり，言いたいことの中心はⓓである。また，ⓔはⓓに対する補足的な内容である。

やや難 問八 直後に「まだほんの幼い頃，健介と望美によく見せてくれていた，そんな表情に見えた」とあることに注目。プレアさんの「水素」の話から，鈴花は，自分のまわりに母(望美)の存在を感じることができたのである。

問九 鈴花は，母の存在を感じる空気をいつくしんでいる。

問十 小説のタイトル「エイリアンの食堂」が暗示していえる内容をとらえる。

三 （古文・漢詩－内容理解，口語訳，漢詩の知識）

〈口語訳〉「すばらしく人が信頼をお寄せ申し上げることも，おそらく醍醐天皇，村上天皇の御治世と申しても，これ(高倉上皇)には勝っておられなかっただろう」と人々は申した。「賢王との評判が高く，仁徳のある行いをなさる天皇でも，それは天皇が成人され，物事の分別がつきなさってからのことなのに，この君(高倉上皇)はまったく幼少の時から，性格は柔和で賢明であられた。

以前，承安のころ，即位されたばかりで，御年十歳ほどになられたであろうか，紅葉をとてもめでられ，内裏の北の門に小山を築かせられ，はじやかえでの色鮮やかに紅葉したのを植えさせ，紅葉の山と名づけて一日中ご覧になっていたが，お飽きにならなかった。そうであるのに，ある夜，野分の風が激しく吹いて，紅葉をすべて吹き散らし，すっかり葉が散らかってしまった。宮中の清掃などをする身分の低い役人が，朝の掃除をしようと，これをすっかり掃き捨てた。残った枝や，散った木の葉をかき集めて，風のすさまじい朝だったので，縫殿の陣で，酒を温めるための薪にした。奉行の蔵人が，行幸の前にと急いで行ってみると，もう跡形もない。「どうした」と問うと「しかじか」と答える。蔵人は大いに驚いて，「なんということだ，天皇があれほどご執心であった紅葉を，このようにした嘆かわしさよ。知らないぞ，おまえたち，投獄・流罪にされ，私もどんな逆鱗に触れることか。」と嘆息していたところに，(高倉)天皇はいつもより早めに御寝所をお出ましになるとすぐに，そこへ行幸されて紅葉をご覧になると，(紅葉が)なくなっていたので，「どうした」とお尋ねになった。蔵人は何と(高倉天皇に)申し上げたらよいかわからなかった。ありのままに奏聞した。天皇のご機嫌はたいそうご気分よさげに微笑まれて，「『林間に酒を暖めて紅葉を焼く』という詩の心を，誰が(この者たちに)教えたのか。優雅なことをいたしたものだなあ」といって，逆に感心され，お叱りにならなかった。

問一 「どうしてこれに勝るだろうか(いや，勝らない)」という反語の表現である。

問二 「然るをある夜，野分はしたなう吹いて，……酒温めて食べける薪にこそしてんげれ」までのいきさつが，「しかしか」の内容である。

問三 直後の「君のさしも執し思し召されつる紅葉を，……いかなる逆鱗にかあづからんずらん」という蔵人の言葉に注目。

問四 「奏す」は「言う」の謙譲語で，(天皇や院に)申し上げる，という意味。

やや難 問五 直後に漢詩を引用して，叱らなかったといういきさつをとらえる。

基本 問六 (1) 一句の字数が七字なので「七言」。八句から成っているので「律詩」。

(2) 五句目・六句目は「林の中で紅葉をたいて酒を暖めたり，石の上に緑のこけをはらって詩を書いたりした」という意味。

重要 問七 高倉天皇は，紅葉を掃き捨ててしまったいきさつについて，漢詩を引用してほめた。また，紅葉を掃き捨ててしまったのは「殿守のとものみやづこ」という下級役人であるが，これに対しても叱らなかった。

★ワンポイントアドバイス★

読解問題として現代文が二題と古文が出題され，読み取りのほかに漢字，語句の意味，漢詩の知識を問う問題などが出題されている。ふだんから，長文を読むことに慣れ，国語辞典・漢和辞典を活用しながら基礎力を保持しよう！

2022年度

★★★★★★★★★★★★★★★★★★★★★★★★

入　試　問　題

2022年度

札幌第一高等学校入試問題

【数　学】（50分）〈満点：100点〉

【注意】※　答えが分数で表されるときは，それ以上約分できない形で答えなさい。

※　答えが比で表されるときは，最も簡単な整数比で答えなさい。

[1] 次の□に当てはまる数値を求めなさい。

(1) 方程式$x^2+6x+2=0$ を解くと，$x=-$[1]$\pm\sqrt{[2]}$である。

(2) $a+b=1$，$b+c=3$，$c+a=12$のとき，$a=$[3]，$c=$[4]である。

(3) $x=\sqrt{3}+\sqrt{2}$，$y=\sqrt{3}-\sqrt{2}$ のとき，$2x^2-2y^2=$[5]$\sqrt{[6]}$である。

(4) 84にできるだけ小さい自然数を掛けて，ある自然数の2乗にしたいと思う。
このとき，$x=$[7][8]を掛ければよい。

(5) 半径が6 cmの円Oの中心から10 cmの距離に点Aがある。点Aからこの円に接線を引くとき，接線の長さは[9] cmである。

(6) 底辺が24 cm，高さが16 cmの三角形がある。この三角形と面積が等しくなるような正方形の一辺の長さは[10]$\sqrt{[11]}$ cmである。

[2] 「16 km離れた目的地に地下鉄と徒歩で行くと，目的地まで48分かかりました。地下鉄には何分乗っていたのでしょうか。地下鉄の平均時速は時速35 km，徒歩の平均時速は時速5 kmとします。」という問題をSさんとDさんとHさんが一緒に考えていたときの会話が以下の文章である。三人の会話を読み，次の問いに答えなさい。

Sさん「これは地下鉄に乗っていた時間をx分，徒歩にかかった時間をy分と置くと，方程式が立てられるよ。」

Dさん「そうすると式は$x+y=48$と[12]になるね。」

Hさん「地下鉄に乗っていたx分と置くなら，徒歩にかかった時間をy分と置かずに，方程式を立てて[13]でいいのでは？」

Sさん「それでもいいけど，連立方程式を作りたい。地下鉄に乗っていた時間をx時間，徒歩にかかった時間をy時間と置いて，方程式を立てて$x+y=\frac{4}{5}$と[14]でもいいか。」

Dさん「そもそも文字で置かずにできないかな。48分を全て徒歩で移動したとすると，[15] km移動したことになり，目的地まで足りない距離を時速[16][17] kmで割り，出てきた数値の時間の単位を変換すると答えがでるよ。」

Hさん「他の考え方をすると，16 km離れた目的地まで48分かかっているので，平均時速は時速20 kmと計算できる。これより，徒歩と地下鉄の時間の比は[18]：[19]となるので答えを求めることもできるよ。」

(1) $\boxed{12}$と$\boxed{13}$と$\boxed{14}$に当てはまる式として最も適当なものを，それぞれ$\boxed{1}$～$\boxed{9}$から選びなさい。

$\boxed{1}$ $35x+5y=48$ $\boxed{2}$ $\frac{7}{12}x+\frac{1}{12}y=16$

$\boxed{3}$ $2100x+300y=16$ $\boxed{4}$ $\frac{7}{12}x+\frac{1}{12}y=48$

$\boxed{5}$ $35x+5y=16$ $\boxed{6}$ $\frac{7}{12}x+\frac{1}{12}(48-x)=16$

$\boxed{7}$ $35x+5(48-x)=16$ $\boxed{8}$ $35x+5\left(\frac{4}{5}-x\right)=16$

$\boxed{9}$ $\frac{7}{12}x+\frac{1}{12}\left(\frac{4}{5}-x\right)=16$

(2) $\boxed{15}$～$\boxed{19}$に当てはまる数値を求めなさい。

$\boxed{3}$ 関数$y=ax^2$を考える。xの変域が$-3 \leqq x \leqq 4$のとき，yの変域は$\boxed{20} \leqq y \leqq 4$となる。直線$\ell$の式を$y=-x+k$（$k$は定数）とし，これと$y=ax^2$のグラフの交点を図のようにA，B，$y$軸との交点をCとする。

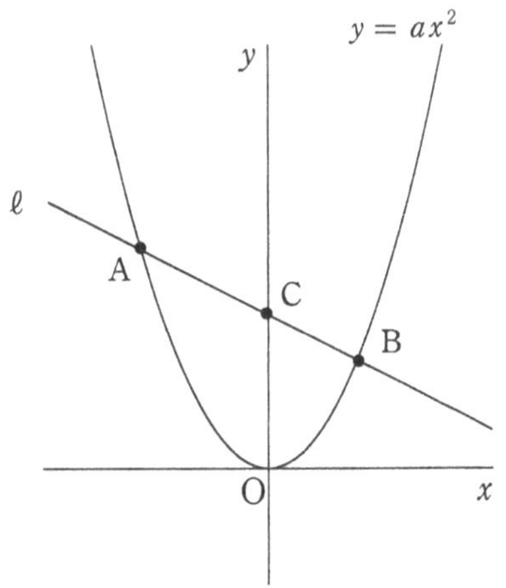

(1) aの値は$\frac{\boxed{21}}{\boxed{22}}$である。

(2) △OACと△OBCの面積の比が3：1であるとき，
$k=\boxed{23}$である。
また，このとき点Aの座標は（$-\boxed{24}$，$\boxed{25}$）である。

(3) (2)のとき，点Aを通り直線ℓと垂直な直線mと関数$y=ax^2$のグラフとの交点でAと異なるものをDとすると，△ODAの面積は$\boxed{26}\boxed{27}\boxed{28}$である。
また，直線ODと直線ℓの交点をEとするとき，線分の長さの比についてAE：EB＝$\boxed{29}$：$\boxed{30}$が成り立つ。

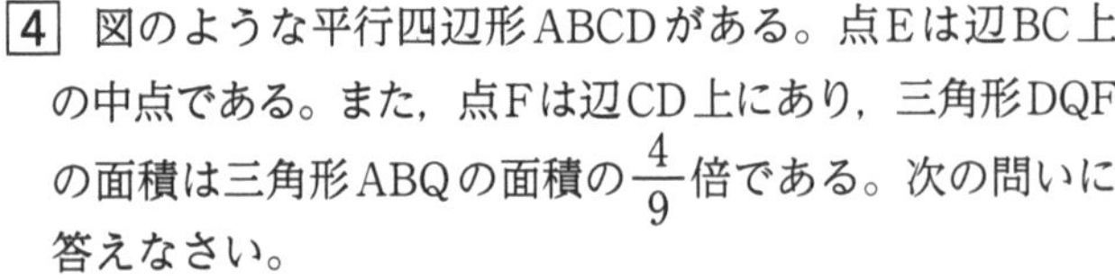
$\boxed{4}$ 図のような平行四辺形ABCDがある。点Eは辺BC上の中点である。また，点Fは辺CD上にあり，三角形DQFの面積は三角形ABQの面積の$\frac{4}{9}$倍である。次の問いに答えなさい。

(1) DF：FC＝$\boxed{31}$：$\boxed{32}$である。

(2) 三角形BPEの面積は平行四辺形ABCDの面積の

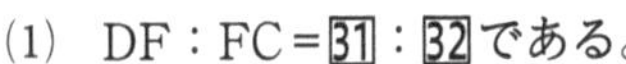
$\frac{1}{\boxed{33}\boxed{34}}$倍である。

(3) BP：PQ：QD＝$\boxed{35}$：$\boxed{36}$：$\boxed{37}$である。

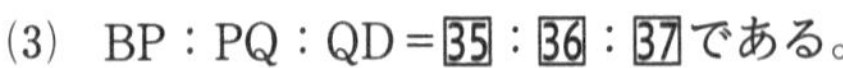
(4) 三角形APQの面積は平行四辺形ABCDの面積の$\frac{2}{\boxed{38}\boxed{39}}$倍である。

5 大小2つのさいころを1回投げる。大きいさいころの目をa，小さいさいころの目をbとし，a cm，b cm，4 cmを3辺とする三角形を作ることを考える。次の問いに答えなさい。

(1) 正三角形になる確率は，$\frac{\boxed{40}}{\boxed{41}\boxed{42}}$である。

(2) 直角三角形になる確率は，$\frac{\boxed{43}}{\boxed{44}\boxed{45}}$である。

(3) 二等辺三角形となる確率は，$\frac{\boxed{46}}{\boxed{47}\boxed{48}}$である。ただし，正三角形も二等辺三角形のうちに含めるものとする。

【英　語】（50分）〈満点：100点〉

Ⅰ　[1]～[12]に当てはまる最も適切なものをそれぞれ1つずつ選びなさい。

（1）Practice hard, [1] you will lose the next game.　解答番号[1]

1 and　2 so　3 however　4 or

（2）Keiko lost her pen, so she is [2] it.　解答番号[2]

1 looking　2 looking at　3 looking for　4 looking on

（3）When I called Jim, he [3] a bath.　解答番号[3]

1 took　2 is taking　3 takes　4 was taking

（4）Mike is very angry. You [4] better run away.　解答番号[4]

1 had　2 should　3 must　4 may

（5）The US President has just [5] Narita airport.　解答番号[5]

1 arrived　2 arrived at　3 arrived to　4 arrived on

（6）Don't forget [6] the window before you leave.　解答番号[6]

1 closing　2 closed　3 to close　4 close

（7）Nobody saw the boy [7] over by a car.　解答番号[7]

1 running　2 run　3 ran　4 to run

（8）[8] this house is!　解答番号[8]

1 How beautiful　2 What a beautiful house
3 What beautiful　4 How beautiful a house

（9）A：Thank you very much!　解答番号[9]
B：[9] Is there anything else I can do?

1 Not like that.　2 That's all.
3 Not at all.　4 So long.

（10）A：Hello, sir. [10]　解答番号[10]
B：No, thank you. I'm just looking.
A：Sure. Please tell me when you need help.

1 Can you help me?　2 May I help you?
3 Can you call me back?　4 You look fine today.

（11）A：Have you ever travelled abroad?　解答番号[11]
B：[11]
A：Please tell me more about it!
B：Well, I have seen the Eiffel Tower. It was beautiful.

1 Yes. I have gone to France.　2 No. I haven't travelled abroad before.
3 Yes. I have been to France.　4 No. I have travelled only once.

（12）A：Hey, have you finished your homework?　解答番号[12]
B：[12]
A：Really?　You're the best! Thanks a lot!
B：That's OK. Please give it back to me when you finish.

1 Yes. I think you should too.
2 No. Do you want to study together?
3 Yes. This book helped me. Do you want to use it?
4 No. It was boring, so I stopped doing it.

Ⅱ 下線部に誤りがある箇所をそれぞれ1つずつ選びなさい。

（1）My watch is broken, so I have to buy it. 解答番号 13
1 is broken / 2 so / 3 I have to / 4 it

（2）I was very exciting at the news. 解答番号 14
1 was / 2 exciting / 3 at / 4 the news

（3）Ken has about twice as book as I do. 解答番号 15
1 about twice / 2 as book / 3 as / 4 I do

Ⅲ 次の［　　］内の語（句）を日本語の意味に合うように並べかえた時，16 〜 21 に当てはまる語（句）をそれぞれ選びなさい。但し，1つ不要な語（句）が含まれています。

（1）私は今忙しすぎて買い物に行けません。 解答番号 16 17
I 16 ＿＿ ＿＿ ＿＿ 17 ＿＿ now.
［1 shopping / 2 cannot / 3 busy / 4 to / 5 go / 6 too / 7 am］

（2）子どもの頃はよくお父さんとチェスをした。 解答番号 18 19
When I was a boy, ＿＿ ＿＿ 18 ＿＿ ＿＿ 19 ＿＿.
［1 would / 2 like / 3 I / 4 with / 5 play / 6 often / 7 my dad / 8 chess］

（3）何か書くものを貸してくれますか。 解答番号 20 21
Can ＿＿ 20 ＿＿ ＿＿ ＿＿ ＿＿ 21?
［1 write / 2 me / 3 you / 4 something / 5 lend / 6 borrow / 7 to / 8 with］

Ⅳ 次の対話において最も強く発音されるものをそれぞれ1つずつ選びなさい。

（1）A：That man is Julia's brother, isn't he? 解答番号 22
B：No. He is Kate's brother.
1 He / 2 is / 3 Kate's / 4 brother

（2）A：Did you go anywhere this summer vacation? 解答番号 23
B：I went to the Disneyland with my friends.
1 I / 2 went / 3 Disneyland / 4 with / 5 my / 6 friends

（3）A：Why don't we watch this new movie? 解答番号 24
B：Sorry, but I don't like horror movies. How about this comedy one?
1 I / 2 don't / 3 like / 4 horror / 5 movies

V 次の文章は，修学旅行から帰ってきた女子生徒と，その友人の男子生徒との対話の一部です。文章を読み，以下の(1)～(3)の設問に答えなさい。

A：How was your school trip to the Kansai area?

B：It was great! We went to Kyoto on Tuesday.

A：Did you go to a lot of temples?

B：Yes. Among them, Kinkakuji Temple was the most impressive. I have never seen such a beautiful temple.

A：Was the temple the first place you visited on the first day?

B：No. We first visited Maruyama Park and had lunch there.

A：Didn't you also go to Nara Park during your trip?

B：We did. We went there the next day. But before that, we enjoyed walking around Toei Movie Land near Koryuji. After that, we went to Koryuji, then we visited Nara Park.

A：You got excited there, didn't you? Because you love movies.

B：Yes! And on the third day of the trip, we visited Osaka Castle by bus and learned a lot about the *sengoku* period.

A：Oh, did you go to the big aquarium in Osaka, too?

B：Yes, of course. We went there before going to the castle. At night, we had dinner at a famous restaurant. On the last day, we took a photo at Kansai Airport. After arriving in Tokyo, we went home.

A：You mean Narita Airport?

B：No, it was Haneda.

A：Oh, I see. Which place did you like the best?

B：Mmm ... It's difficult to say, but I think Nara Park was the best place. It was so beautiful!

(1) Bさんの行動をまとめた表の 25 ～ 28 に当てはまる場所として最も適切なものをそれぞれ1つ選びなさい。なお，同じ選択肢を二度以上用いてはならない。

	Day 1	Day 2	Day 3	Day 4
Morning	Arrived at Kansai Airport	Visited 26	Visited an aquarium	Took a photo
↓	Visited 25	Visited the fourth place	Visited 27	Arrived at 28
Night	Visited the second place	Visited the fifth place	Had dinner at a restaurant	Went home

1 Maruyama Park　2 A famous restaurant　3 Kinkakuji

4 Nara Park　5 Osaka Castle　6 Toei Movie Land

7 Koryuji　8 Haneda Airport　9 Narita Airport

(2) Bさんの帰宅した曜日を答えなさい。　解答番号 29

1 Monday　2 Tuesday　3 Wednesday　4 Thursday　5 Friday

(3) 対話の内容と合致するものを2つ選びなさい。解答は2つとも解答番号 30 にマークしなさい。　解答番号 30

1 The girl likes Nara Park more than Maruyama Park.
2 The boy likes movies.
3 The girl is a high school student.
4 The girl visited Toei Movie Land near Kinkakuji.
5 The girl visited only two prefectures during the school trip.
6 You can learn about *sengoku* period at Osaka Castle.

Ⅵ 次の英文を読んで，以下の（1）～（4）の設問に答えなさい。

Many birds are killed every year in cities when they fly into (1)illuminated buildings, *especially ones covered with a lot of glass. Many people say artificial lights at night are dangerous to *migratory birds. They often fly into glass buildings – and they don't know the light is on the other side.

In order to stop this, a lot of actions to save birds have been taking place in cities across the United States. Lisbeth Fuisz is the leader of an action called *Lights Out DC*. Volunteers travel six kilometers in downtown Washington, D.C. every day before sunrise. Many of the volunteers are *amateur bird-watchers. They walk around the sides of buildings and collect fallen birds before they are eaten by predators like cats and foxes.

Fuisz says the area has many buildings that are dangerous to migratory birds. "Glass of large sizes is lit at night, and there are plants inside the building. Birds see them, but not the glass, and they run into the windows. And birds often fly to the lights. There is another problem. Some people say that birds fly using the stars at night. But it is hard for them to see the stars because the lights hide them.

The Lights Out DC movement says that people should turn off lights of the buildings at night in the biggest *migration periods, which are the spring and fall. "Most of them are small birds. There are (2)a lot of advantages of flying at night for birds. There is less risk of being attacked by predators and less *thermal upheaval. At night, there are not many things in the sky, so they can fly more easily."

It has been 10 years since the Lights Out DC movement started. Fuisz says her group is having some *success. She also says that one of many office buildings has agreed to (3)their request. "Since they've done that, the number of bird deaths at this area has been decreasing so much."

注
*especially　特に　*migratory birds　渡り鳥　*amateur bird-watchers　アマチュアの野鳥観察家
*migration　渡り　*thermal upheaval　気温の上昇　*success　成功

（1）下線部(1)の意味として最も適切なものを選びなさい。　解答番号 31

1 ガラス張りの　2 背の高い　3 都会の　4 明かりのついた

（2）下線部(2)の具体例として挙げられているメリットのうち適切でないものを選びなさい。

解答番号 32

1 気温があまり上昇しないこと。　2 星を頼りに飛べること。
3 上空に障害物が全くないこと。　4 他の動物に襲われるリスクが減ること。

（3）下線部(3)の具体的な内容として最も適切なものを選びなさい。　解答番号 33

1 夜には年間を通して建物の電気を消すようにすること。

2 ガラス張りの建物を減らすこと。

3 ガラス張りの建物の中には植物を置かないこと。

4 鳥の渡りの季節は夜間，建物の電気を消すようにすること。

（4）本文の内容と一致するものを2つ選びなさい。解答は2つとも解答番号 34 にマークしなさい。　解答番号 34

1 Lights Out DCのメンバーは全員，野鳥観察家である。

2 渡り鳥の大半は小さな鳥である。

3 様々な地域で鳥の死亡事故が減っている。

4 多くの鳥はガラスが見えると向かっていき，激突してしまう。

5 鳥は光に引き寄せられる傾向がある。

6 Lights Out DCのメンバーは毎晩6キロの道を歩いている。

Ⅶ 次の英文を読んで，以下の（1）～（4）の設問に答えなさい。

Sherlock Holmes is a famous *private detective who has an amazing ability. He is able to tell a person's history by looking at him or her. By looking at a man's *sunburnt neck and shining shoes, he can say, "You have worked in India, haven't you sir?" Just by seeing a smiling lady's eyes, he can tell her, "You are smiling madam, but you *are deeply worried. May I help you?"

Those exciting stories about the famous detective were written by a British writer Sir Arthur Conan Doyle. He created Sherlock Holmes.

One day Sir Arthur was riding in a taxi from the station in Paris. He was going to a hotel. When he arrived at the hotel, he got out of the taxi and paid the driver. When he was paid, the driver said, "Thank you very much, Sir Arthur Conan Doyle."

Sir Arthur was surprised and asked, "How do you know me? I have not told you my name."

"It was very simple," the smiling driver said. "I read in yesterday's newspaper that you were in the south of France. Your train has just come from the south of France. I realized, too, that your hair has been cut by a barber in the south of France. Your clothes, and *especially your hat and black umbrella, tell me that you are British. So I was able to tell that you are the writer of those exciting detective stories."

"You yourself are an amazing detective," said Sir Arthur. "Were you really able to know me with so few hints?"

"Well," replied the taxi driver, "I saw your name on your bag. That was a good hint."

注

*private detective　探偵　*sunburnt　日焼けした

*be deeply worried　ひどく心配している　*especially　特に

（1）Which is the true statement about the story? 解答番号 35

1 Sherlock Holmes is from London.

2 Sherlock Holmes is not a real person.

3 Sir Arthur worked in France.

4 Sir Arthur took a taxi at the hotel.

（2）What can Sherlock Holmes do? 解答番号 36

1 He can tell a person's name just by looking at them.

2 He is able to tell a person's feelings by looking at them.

3 If he listens to someone's history, he can tell his or her name.

4 By seeing their clothes, he can find killers.

（3）How did the taxi driver know that the man was Sir Arthur? 解答番号 37

1 The driver was a detective.

2 The driver noticed that Sir Arthur's hair was cut in France.

3 Conan Doyle had a hat and a black umbrella.

4 The driver saw the name on Doyle's bag.

（4）Which is the best title for this story? 解答番号 38

1 Sir Arthur Conan Doyle's Experience in Britain

2 The Amazing Ability of Sherlock Holmes

3 The Amazing Detective in Paris

4 Exciting Stories by Sir Arthur

【理　科】（50分）〈満点：100点〉

1　次の文章を読み，以下の各問に答えなさい。

斜辺の長さが50 cm，高さが30 cmの直角三角形の**台A**，底辺と斜辺のなす角度が45°で高さ15 cmの**台B**，斜辺の長さが100 cm，高さが30 cmの直角三角形の**台C**を用いて，小球の運動について次に示す**実験1**および**実験2**を行いました。

ただし，100 gの物体にはたらく重力の大きさを1 N，30 cmの高さにある100 gの物体が持つ位置エネルギーを0.3 Jとし，空気抵抗や摩擦の影響は無視するものとします。

実験1

図1のように水平な床の上の同一直線上に**台A**と**台B**を100 cmはなして固定し，**台A**の斜面の頂点**P**から質量100 gの小球を静かにはなした。小球は**台A**の斜面を転がり，水平な床の上を通過し，**台B**の斜面を上って，その後**台B**の頂点から飛び出した。

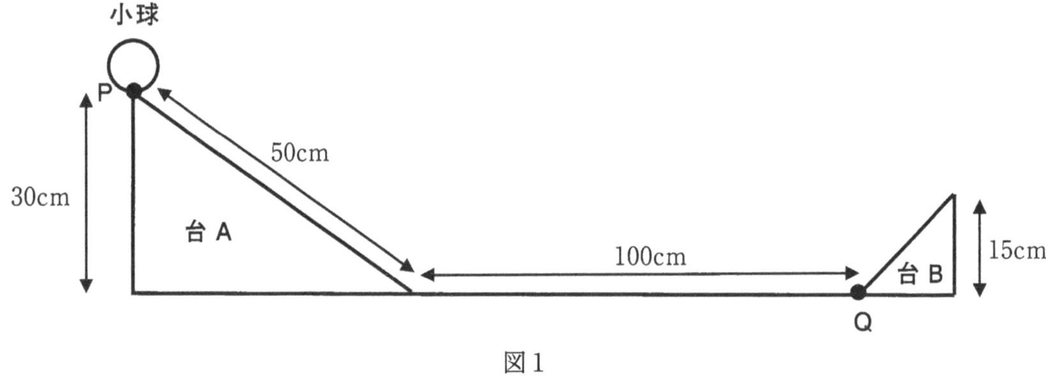

図1

実験2

図2のように，水平な床の上の同一直線上に**台B**と**台C**を50 cmはなして固定し，**台C**の斜面の頂点**R**から質量100 gの小球を静かにはなした。小球は**台C**の斜面を転がり，水平な床の上を通過し，**台B**の斜面を上って，その後**台B**の頂点から飛び出した。

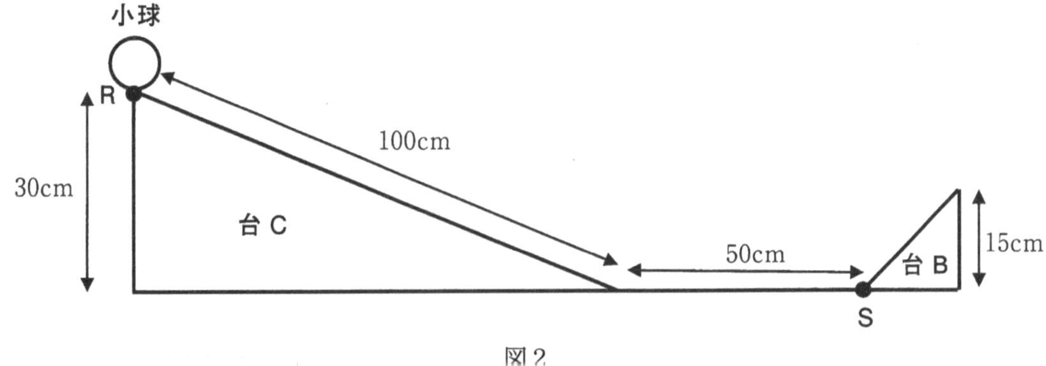

図2

問１　**実験１**において小球が**台Ａ**の斜面を転がるときに受ける重力の大きさを W_0，重力を斜面に水平な向きに分解した分力の大きさを W_1，**実験２**において小球が**台Ｃ**の斜面を転がるときに受ける重力を斜面に水平な向きに分解した分力の大きさを W_2 とする。W_0，W_1，W_2 の大小関係として最も適当なものを次の1～6より一つ選びなさい。　解答番号 1

1　$W_0 < W_1 < W_2$　　2　$W_0 < W_2 < W_1$　　3　$W_1 < W_0 < W_2$

4　$W_1 < W_2 < W_0$　　5　$W_2 < W_0 < W_1$　　6　$W_2 < W_1 < W_0$

問２　**実験１**で小球が**台Ａ**の頂点**Ｐ**から**台Ｂ**の最下点に位置する**点Ｑ**まで移動する間において，小球の速さと時間の関係を表したグラフとして最も適当なものを次の1～6より一つ選びなさい。ただし，グラフの縦軸は速さ，横軸は時間を表します。　解答番号 2

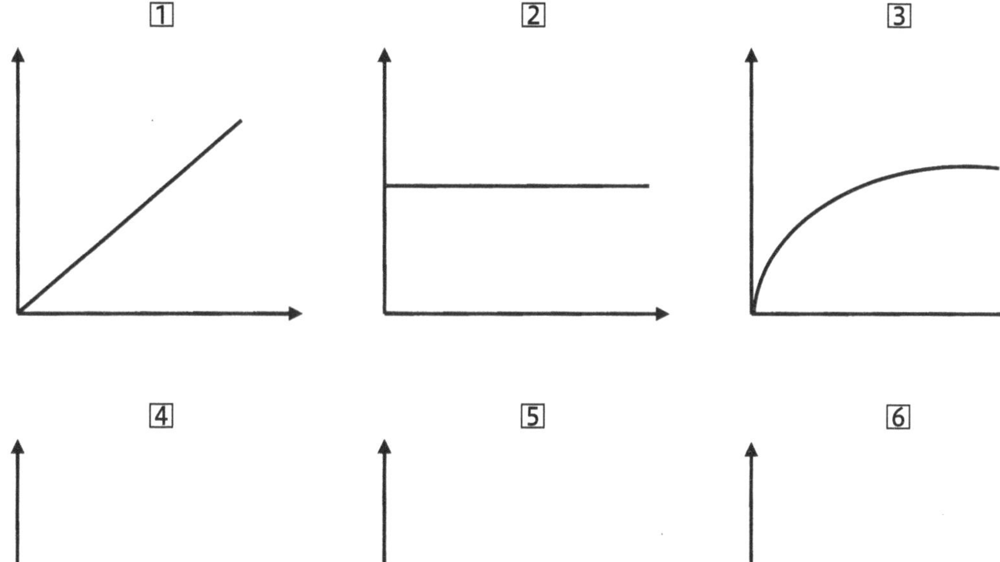

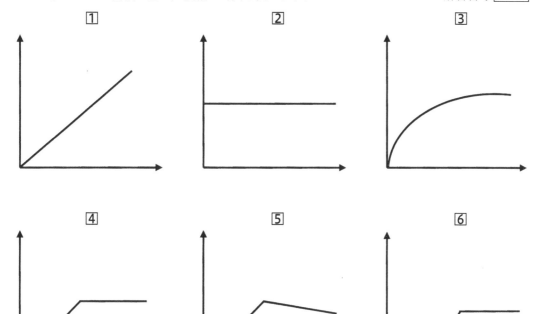

問３　**実験１**に関する**説明文ア～オ**のうち，**誤っているもの**の組み合わせとして最も適当なものを次の1～8より一つ選びなさい。　解答番号 3

説明文

ア：**台Ａ**上を転がる小球の速さと小球にはたらく重力の大きさは比例している。

イ：小球が斜面を転がっている間，小球が斜面を押す力の大きさは変わらない。

ウ：小球が**台Ｂ**の頂点に到達したときに持つ運動エネルギーは 0.3 J よりも小さい。

エ：**台Ｂ**から飛び出した小球が，最高点に達したときに持つ位置エネルギーは 0.3 J である。

オ：**台Ａ**の最下点から水平な床の上を通過し**台Ｂ**の最下点に位置する**点Ｑ**に向かう間，小球は等速直線運動をする。

1　アとイ　　2　アとウ　　3　アとエ　　4　イとウ

5　イとエ　　6　イとオ　　7　ウとエ　　8　ウとオ

問4　**実験1**および**実験2**に関する以下の文章の空欄［ア］と［イ］に当てはまる語句の組み合わせとして最も適当なものを次の［1］～［9］より一つ選びなさい。　　解答番号［4］

実験1と**実験2**を比べて，小球が水平な床の上を通過する速さは［ア］。また，**実験1**で小球が点Pから点Qまで移動するのに要した時間をt_1，**実験2**で小球が点Rから点Sまで移動するのに要する時間をt_2とすると，これらの値の関係は［イ］となる。

	ア	イ
1	**実験1**の方が大きい	$t_1 < t_2$
2	**実験2**の方が大きい	$t_1 < t_2$
3	**実験1**と**実験2**で等しい	$t_1 < t_2$
4	**実験1**の方が大きい	$t_1 > t_2$
5	**実験2**の方が大きい	$t_1 > t_2$
6	**実験1**と**実験2**で等しい	$t_1 > t_2$
7	**実験1**の方が大きい	$t_1 = t_2$
8	**実験2**の方が大きい	$t_1 = t_2$
9	**実験1**と**実験2**で等しい	$t_1 = t_2$

問5　図3は**実験2**で小球が**台B**から飛び出して最高点に達したときの様子を表しています。図中の矢印のうち，最高点で小球にはたらいている力の向きとして最も適当なものを次の［1］～［8］より一つ選びなさい。　　解答番号［5］

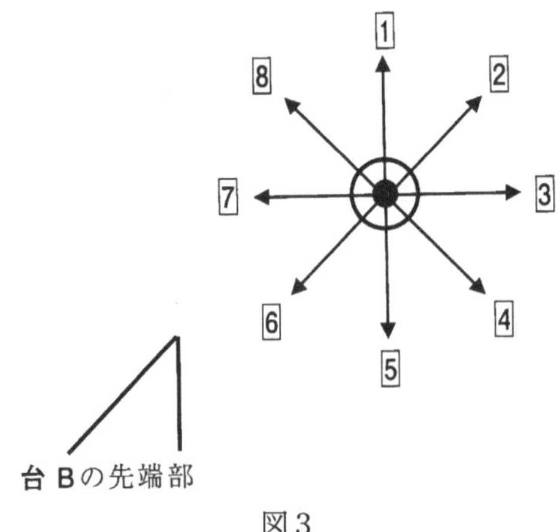

図3

［2］　次の文章を読み，以下の各問に答えなさい。

回路に流れる電流と各電熱線に加わる電圧の関係について調べるために，次の実験を行いました。

実験1

抵抗が同じ大きさの**電熱線A**，**B**と**電源装置**を用いて，次のページの図1のような回路を作成した。**ac**間の電圧が3.0 Vになるように**電源装置**の電圧を調整し，**a**，**b**，**c**各点に流れる電流の大きさを測定した。

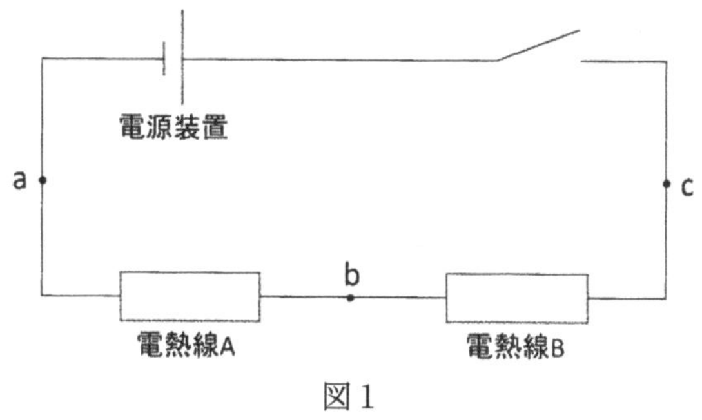

図1

問1　図1で**電熱線A，B**の両端の電圧の大きさと，a，b，c各点に流れる電流の大きさの関係として最も適当なものを次の[1]～[4]より一つ選びなさい。　解答番号[6]

	電熱線A，Bの両端の電圧	a，b，c各点に流れる電流
[1]	同じ	同じ
[2]	同じ	異なる
[3]	異なる	同じ
[4]	異なる	異なる

[実験2]

実験1と同じ**電熱線A，B**を用いて，図2のような回路を作成した。dg間の電圧が3.0 Vになるように**電源装置**の電圧を調整し，d，e，f，g各点に流れる電流の大きさを測定した。このとき，e点に流れる電流の大きさは0.20 Aであった。

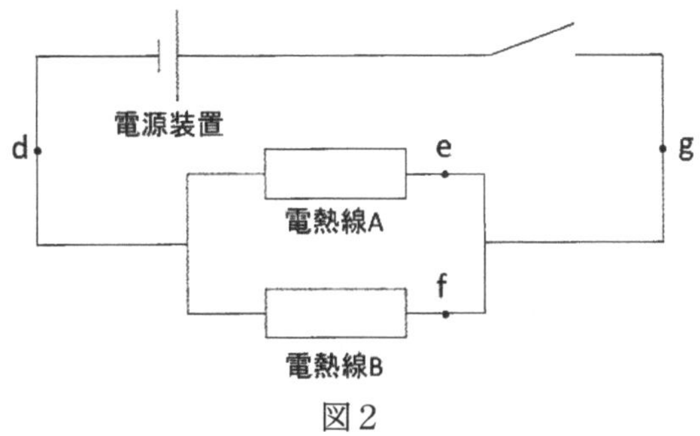

図2

問2　**電熱線A**の抵抗の大きさとして最も適当なものを次の[1]～[9]より一つ選びなさい。

解答番号[7]

[1]　0.60 Ω　[2]　1.2 Ω　[3]　1.5 Ω　[4]　3.0 Ω　[5]　6.0 Ω
[6]　9.0 Ω　[7]　12 Ω　[8]　15 Ω　[9]　30 Ω

問3　**実験1**および**実験2**でac間の電圧，dg間の電圧がそれぞれ3.0 Vのとき，a～g各点を流れる電流の大きさについて正しく述べている文の組み合わせとして最も適当なものを次のページの[1]～[6]より一つ選びなさい。　解答番号[8]

ア：b点を流れる電流はa点を流れる電流より大きい。
イ：c点を流れる電流はd点を流れる電流より大きい。
ウ：g点を流れる電流はf点を流れる電流より大きい。
エ：e点を流れる電流はa点を流れる電流より大きい。

[1] ア，イ　[2] ア，ウ　[3] ア，エ
[4] イ，ウ　[5] イ，エ　[6] ウ，エ

実験3

抵抗の大きさが未知の**電熱線C**と，**電熱線A**と抵抗が同じ大きさの**電熱線D，E**を用いて，図3のような回路を作成した。**hj**間の電圧が7.5 Vになるように**電源装置**の電圧を調整し，**i**点に流れる電流の大きさを測定したところ，0.20 Aであった。

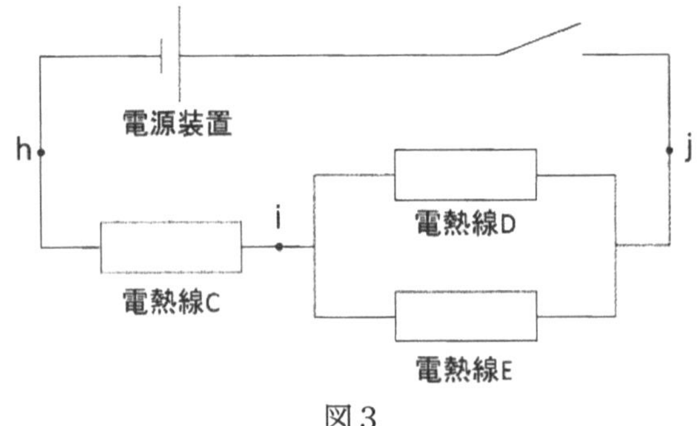

図3

問4　**電熱線C**の抵抗の大きさとして最も適当なものを次の[1]～[6]より一つ選びなさい。

解答番号 [9]

[1] 10 Ω　[2] 15 Ω　[3] 20 Ω　[4] 25 Ω　[5] 30 Ω　[6] 60 Ω

問5　**電熱線C，D，E**が消費する電力の大きさをそれぞれ x [W]，y [W]，z [W]とすると，その大きさの関係として最も適当なものを次の[1]～[4]より一つ選びなさい。　解答番号 [10]

[1] $x > y > z$　[2] $x < y < z$　[3] $x > y = z$　[4] $x < y = z$

[3] 次の文章を読み，以下の各問に答えなさい。

実験1

図1のように水道水をしみこませたろ紙の上にBTB溶液を含んだ寒天をのせ，その上に塩酸をしみこませたタコ糸を静かに置く。次に，ろ紙の両端に**クリップA，B**を付け，**クリップA**は電源装置の**－端子**，**クリップB**は電源装置の**＋端子**に接続し，電圧を加えた。その後，BTB溶液を含んだ寒天の色の変化を調べた。

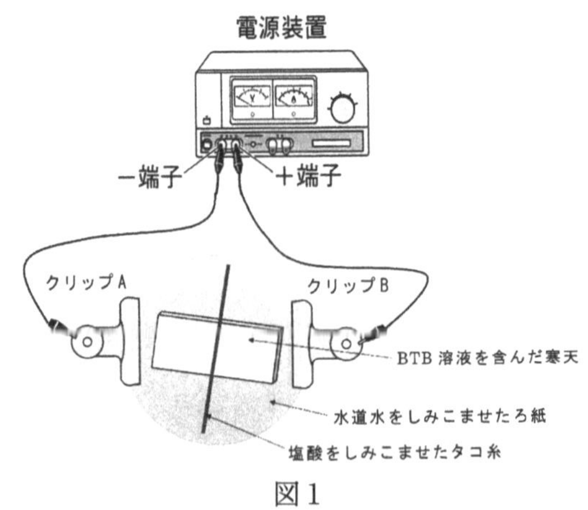

図1

問1　この実験の結果とイオンの移動の様子の組み合わせとして最も適当なものを次の1～8より一つ選びなさい。　解答番号 11

	実験の結果	イオンの移動の様子
1	クリップA側が青色になった	A側に水素イオンが移動した
2	クリップA側が青色になった	A側に水酸化物イオンが移動した
3	クリップA側が黄色になった	A側に塩化物イオンが移動した
4	クリップA側が黄色になった	A側に水素イオンが移動した
5	クリップB側が青色になった	B側に水酸化物イオンが移動した
6	クリップB側が青色になった	B側に水素イオンが移動した
7	クリップB側が黄色になった	B側に水素イオンが移動した
8	クリップB側が黄色になった	B側に塩化物イオンが移動した

問2　この実験に用いたBTB溶液のほかにも，リトマス試験紙，フェノールフタレイン溶液，pHメーターも水溶液の酸性やアルカリ性を調べることができます。身の回りの物質をリトマス試験紙，フェノールフタレイン溶液，pHメーターで調べたときの結果として**誤っているもの**を次の1～5より一つ選びなさい。　解答番号 12

1　レモン汁を青色のリトマス試験紙に触れさせると赤色になった。
2　アンモニア水にフェノールフタレイン溶液を入れたら赤色になった。
3　セッケン水を赤色リトマス試験紙に触れさせると青色になった。
4　石灰水を赤色のリトマス試験紙に触れさせると青色になった。
5　薄い硫酸水溶液のpHをpHメーターではかると，7より大きくなった。

問3　酸が電離している様子をあらわした化学反応式として最も適当なものを次の1～4より一つ選びなさい。　解答番号 13

1　$NaCl \rightarrow Na^{+} + Cl^{-}$
2　$KOH \rightarrow K^{+} + OH^{-}$
3　$H_2SO_4 \rightarrow H_2 + SO_4$
4　$HNO_3 \rightarrow H^{+} + NO_3^{-}$

実験2

濃度のわからない**塩酸A**と濃度のわからない**水酸化ナトリウム水溶液B**をいろいろな体積で混ぜ，そこにBTB溶液を加えたときの溶液の色の変化を調べ，表1の結果が得られた。

表1

塩酸Aの体積〔cm^3〕	80	60	50	40	30	5	15	25	30	40
水酸化ナトリウム水溶液Bの体積〔cm^3〕	20	40	50	60	70	10	15	75	45	20
溶液の色	黄	黄	黄	緑	青	ア	イ	ウ	エ	オ

問4　前のページの表1の**ア**～**オ**のうち，青色を示す組み合わせとして最も適当なものを次の[1]～[9]より一つ選びなさい。　解答番号 [14]

[1] **ア，イ**　[2] **ア，ウ**　[3] **ア，ウ，エ**　[4] **イ，オ**　[5] **イ，エ，オ**
[6] **ウ，エ**　[7] **ウ，エ，オ**　[8] **イ**　[9] **オ**

問5　体積 40 cm^3 の**塩酸A**に**水酸化ナトリウム水溶液B**を少しずつ加えていった。図2は，その間の水素イオンH^+，水酸化物イオンOH^-，塩化物イオンCl^-，ナトリウムイオンNa^+の数を表したグラフです。グラフ中の①～④は各イオンのどれかを示しています。イオンの組み合わせとして最も適当なものを次の[1]～[8]より一つ選びなさい。　解答番号 [15]

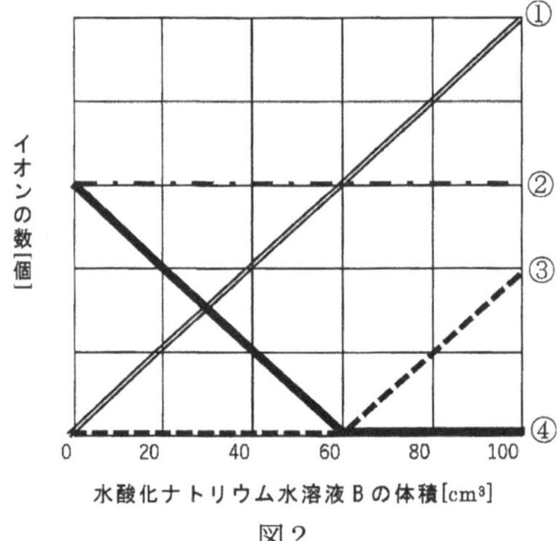

図2

	①	②	③	④
[1]	H^+	Na^+	Cl^-	OH^-
[2]	H^+	OH^-	Cl^-	Na^+
[3]	Cl^-	Na^+	H^+	OH^-
[4]	Cl^-	OH^-	H^+	Na^+
[5]	Na^+	H^+	OH^-	Cl^-
[6]	Na^+	Cl^-	OH^-	H^+
[7]	OH^-	H^+	Na^+	Cl^-
[8]	OH^-	Cl^-	Na^+	H^+

[4] 次の文章を読み，以下の各問に答えなさい。

A君は銅と炭素の粉末を用いて以下に示す手順で**実験1**および**実験2**を行いました。

実験1

手順1：図1のように，銅の粉末をステンレス皿に載せ，質量をはかる。

手順2：図1のように，ガスバーナーを用いて銅の粉末を加熱する。

手順3：銅の粉末の色の変化が無くなったところで加熱をやめる。

手順4：ステンレス皿が冷めたら，次のページの図1のように皿ごと質量をはかる。

手順5：銅の粉末の質量を変化させて手順1～4を行い，表1の結果を得た。

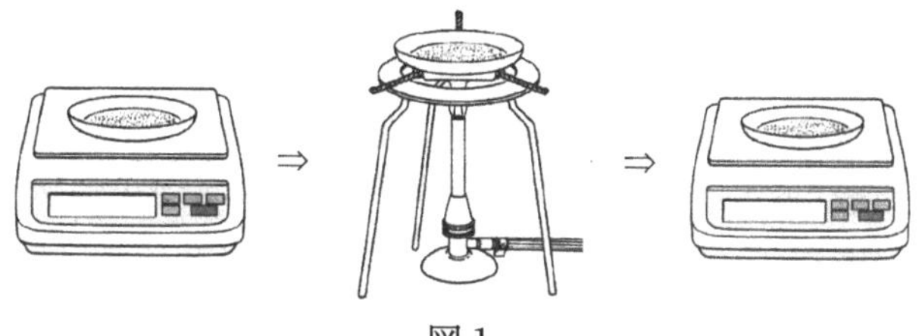

図1

表1　ステンレス皿の加熱前後における質量変化

	1 回目	2 回目	3 回目	4 回目	5 回目
加熱前〔g〕	24.00	23.60	23.40	23.80	24.20
加熱後〔g〕	24.20	23.70	23.45	23.95	24.45

実験2

手順1：**実験1**で得られた物質と，十分な量の炭素の粉末を乳鉢で混ぜ合わせる。

手順2：この混合物を試験管に入れて図2のように加熱する。

手順3：石灰水の色の変化を観察する。

実験１で得られた物質と炭素の粉末の混合物

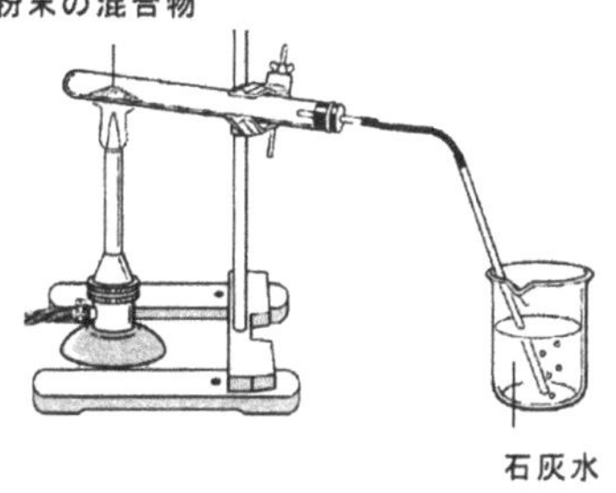

図2

問1　**実験1**で得られた物質の色として最も適当なものを次の1～4より一つ選びなさい。

解答番号 16

1 赤色　2 緑色　3 青色　4 黒色

問2　**実験1**で起こった化学変化のモデルとして最も適当なものを次の1～4より一つ選びなさい。ただし，△は銅原子，○は酸素原子を表しています。　解答番号 17

1 △ ＋ ○ → △○

2 △ △ ＋ ○ → △△○

3 △ △ ＋ ○○ → △○ △○

4 △ ＋ ○○ → △○○

問3　**実験1**において，1.20 gの銅の粉末を用いたとき，得られた物質の質量として最も適当なものを次の1～5より一つ選びなさい。ただし，ステンレス皿の質量は23.20 gとします。

解答番号 18

1 0.30 g　2 0.80 g　3 0.96 g　4 1.40 g　5 1.50 g

問4　**実験2**において，**実験1**で得られた物質に起こったことと，石灰水の色の変化の組み合わせとして最も適当なものを次の1～4より一つ選びなさい。　解答番号 19

	実験1で得られた物質に起こったこと	石灰水の色の変化
1	酸化	変化しない
2	酸化	白く濁った
3	還元	変化しない
4	還元	白く濁った

問5　酸化や還元ではない反応として最も適当なものを次の1～4より一つ選びなさい。

解答番号 20

1 酸化鉄とアルミニウムの混合物を加熱すると，鉄が得られた。
2 鉄鉱石にコークスなどを混ぜて高温で加熱すると，鉄が得られた。
3 炭酸水素ナトリウムを加熱すると，水と二酸化炭素と白い固体が得られた。
4 マグネシウムを二酸化炭素中で加熱すると，炭素が得られた。

5 次の文章を読み，以下の各問に答えなさい。

中学2年生のいち子さんは，理科の授業で顕微鏡を用いて植物と動物の細胞を観察しました。植物の細胞としてオオカナダモの葉とタマネギの根を用意し，動物の細胞としてヒトのほおの内側の粘膜をこすり取ったものを用意しました。これらの試料を顕微鏡で観察したところ，細胞のつくりについて様々なことが分かりました。

問1　顕微鏡で用いるレンズについて，図1は接眼レンズと対物レンズを真横から見た模式図です。接眼レンズは5倍，10倍，15倍の3種類，対物レンズは7倍，15倍，40倍の3種類があります。これら接眼レンズと対物レンズを組み合わせたとき，倍率が4番目に低くなる組み合わせとして最も適当なものを次の1～9より一つ選びなさい。

解答番号 21

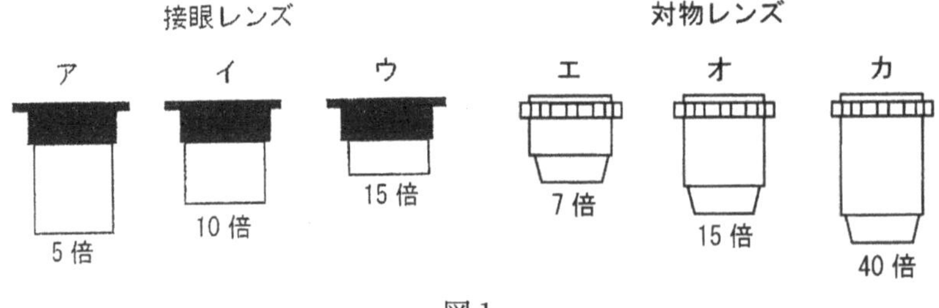

図1

1 アとエ　2 アとオ　3 アとカ　4 イとエ　5 イとオ
6 イとカ　7 ウとエ　8 ウとオ　9 ウとカ

問2　文中の下線部について，次の文章**ア～キ**は，顕微鏡で観察した3つの試料の細胞の違いを述べたものです。観察結果を表す文章の組み合わせとして最も適当なものを次のページの1～9より一つ選びなさい。

解答番号 22

ア：ヒトのほおの内側の細胞にもオオカナダモの葉の細胞にも，どちらも無色透明な構造が見られる。
イ：ヒトのほおの内側の細胞にもオオカナダモの葉の細胞にも，染色せずに色がついている構造がある。
ウ：オオカナダモの葉の細胞にもタマネギの根の細胞にも，染色せずに色がついている構造がある。
エ：ヒトのほおの内側の細胞には染色せずに色がついている構造があるが，オオカナダモの葉の細胞にはない。

オ：オオカナダモの葉の細胞には染色せずに色がついている構造があるが，ヒトのほおの内側の細胞にはない。

カ：ヒトのほおの内側の細胞にもタマネギの根の細胞にも，酢酸オルセイン溶液によって染色される共通の構造が存在する。

キ：ヒトのほおの内側の細胞やオオカナダモの葉の細胞には，酢酸オルセイン溶液によって染色される構造があるが，それらは別の構造である。

[1] ア，イ，カ　[2] ア，エ，キ　[3] ア，オ，カ　[4] イ，ウ，カ
[5] イ，エ，キ　[6] イ，オ，カ　[7] ウ，オ，カ　[8] ウ，オ，キ
[9] ア，ウ，エ，カ

問3　次の**説明文**は，オオカナダモの葉の細胞とヒトのほおの内側の細胞のつくりについて説明したものです。文中の空欄（　**ア**　）と（　**イ**　）に当てはまる数字や語句の組み合わせとして最も適当なものを次の[1]～[6]より一つ選びなさい。　解答番号 [23]

説明文

オオカナダモの葉の細胞とヒトのほおの内側の細胞を比べると，前者の細胞に特徴的な構造は3つあり，そのうち細胞質の一部であるものは（　**ア**　）個ある。また，オオカナダモの葉の細胞内の構造である核・葉緑体・液胞の大きさを比較すると，（　**イ**　）となる。

	ア	イ
[1]	1	液胞　＞　核　＞　葉緑体
[2]	2	液胞　＞　葉緑体　＞　核
[3]	3	核　＞　液胞　＞　葉緑体
[4]	1	核　＞　葉緑体　＞　液胞
[5]	2	液胞　＞　核　＞　葉緑体
[6]	3	葉緑体　＞　核　＞　液胞

問4　からだを構成する細胞の数で生物を分けるとき，単細胞生物だけの組み合わせとして最も適当なものを次の[1]～[5]より一つ選びなさい。　解答番号 [24]

[1] ゾウリムシ，ミジンコ
[2] オオカナダモ，ミジンコ
[3] ミカヅキモ，ゾウリムシ
[4] オオカナダモ，ゾウリムシ
[5] ミカヅキモ，オオカナダモ

[6] 次の文章を読み，以下の各問に答えなさい。

図は1800年代中頃，エゾオオカミが絶滅する前の北海道で生息する生物を食物連鎖の段階によって**A**～**C**に分け，その数量の関係を模式的に表したものです。

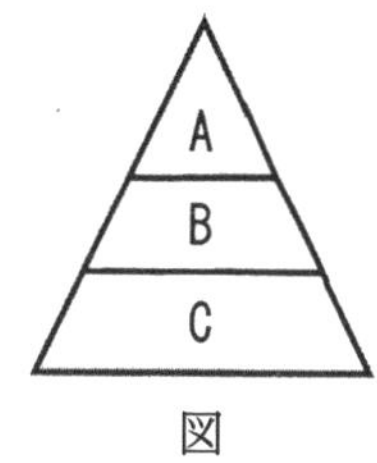

図

問1　A，B，Cに当てはまる生物の名称の組み合わせとして最も適当なものを次の1～6より一つ選びなさい。　解答番号 25

	A	B	C
1	笹の葉，樹皮	エゾシカ	エゾオオカミ
2	エゾシカ	ヒグマ	エゾオオカミ
3	エゾオオカミ	エゾシカ	笹の葉，樹皮
4	ヒグマ	笹の葉，樹皮	エゾシカ
5	エゾオオカミ	笹の葉，樹皮	ヒグマ
6	ヒグマ	エゾシカ	エゾオオカミ

問2　図のBに当てはまる生物が一時的に増えた後，A，Cに当てはまる生物の数量の変化を表したグラフとして最も適当なものを次の1～4より一つ選びなさい。ただし，グラフ中の点線はBの生物が増え始めた時期を表しています。　解答番号 26

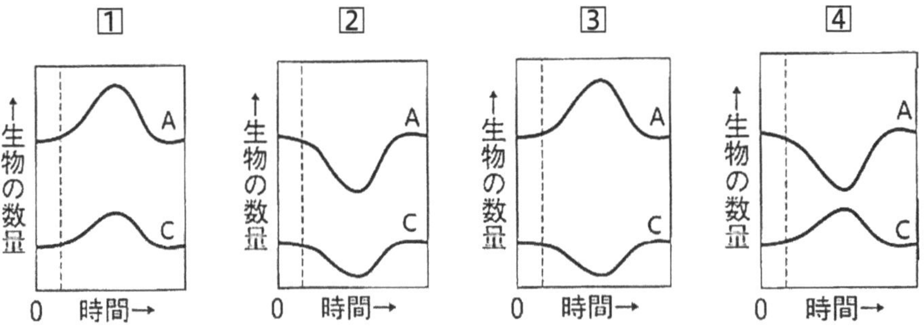

問3　1900年頃，エゾオオカミの絶滅が確認されました。次の**説明文**は，絶滅の要因と絶滅後について説明したものです。文中の文章の空欄（　ア　）～（　エ　）に当てはまる語句の組み合わせとして最も適当なものを次の1～6より一つ選びなさい。　解答番号 27

説明文

明治時代，北海道に入植した人々により（　ア　）が乱獲され，これにより（　イ　）の食料が減少した。そのため，（　イ　）が入植した人々の（　ウ　）を襲うようになり，（　イ　）を駆除した。その結果，北海道で（　イ　）が絶滅した。（　エ　）は雑食性（動物も植物も食べる性質）のため（　ア　）の主要な天敵にはならず，これにより（　ア　）は増加し，森林の生態系や農作物に被害を及ぼすようになった。

	ア	イ	ウ	エ
1	エゾオオカミ	ヒグマ	エゾシカ	家畜
2	エゾシカ	エゾオオカミ	家畜	ヒグマ
3	ヒグマ	エゾオオカミ	家畜	エゾシカ
4	エゾオオカミ	エゾシカ	家畜	ヒグマ
5	エゾシカ	ヒグマ	家畜	エゾオオカミ
6	エゾシカ	エゾオオカミ	ヒグマ	家畜

問４　問３の**説明文**にある生物どうしの食べる・食べられるの関係を表した図として最も適当なものを次の①～④より一つ選びなさい。ただし，図中の矢印は，食べられる生物から食べる生物に向かってつけてある。

解答番号［28］

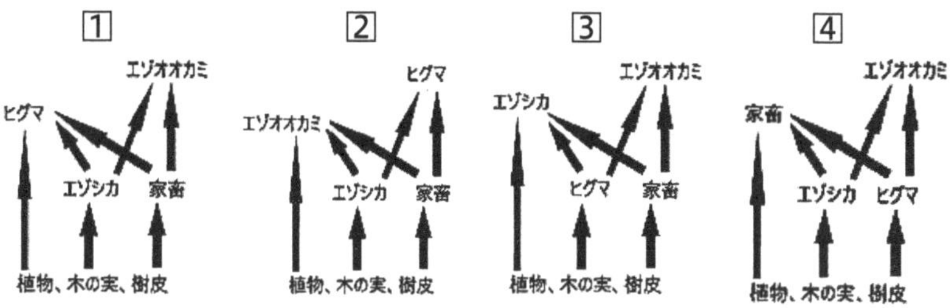

7　次の文章を読み，以下の各問に答えなさい。

雲のでき方を調べるために，風が山脈に吹き付けて，水蒸気を含んだ空気のかたまりが山を越えるときの様子を観測しました。

図１のように，風上側の**A**地点（標高０m）から風が山脈にぶつかって，山頂の**C**地点（標高1500 m）まで上昇し，そして，山を越えて風下側の**D**地点（標高０m）まで吹き抜けました。水蒸気を含んだ空気のかたまりが風にのって山を越えるとき，風上側の斜面の**B**地点（標高500 m）では雲が発生し，山頂まで雨を降らせました。そして，山頂を越えると雲は消え，雨も止みました。そこから風下側の斜面では雲は発生しませんでした。

図２は，図１で示した斜面に沿って山を越える空気のかたまりの気温変化を表しています。グラフ中の**A**～**D**は，図１と同じ場所を示しています。

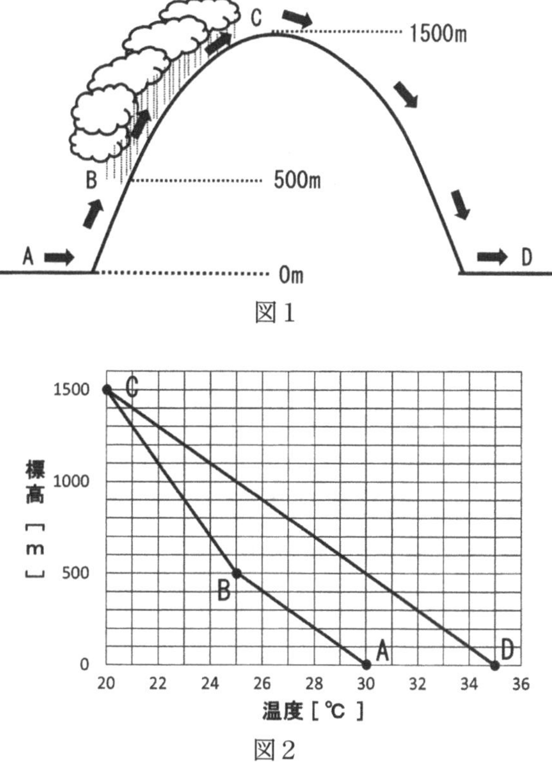

図１

図２

表１は，おもな気温における飽和水蒸気量を示しています。

表１

気温[℃]	0	5	10	15	20	25	30	35	40
飽和水蒸気量 [g/m^3]	4.85	6.79	9.39	12.8	17.2	23.0	30.3	39.6	51.1

問１　A地点での空気のかたまりの露点として最も適当なものを次の1～4より一つ選びなさい。

解答番号 29

1　0℃　　2　23℃　　3　25℃　　4　30℃

問２　A地点での空気のかたまりの湿度として最も適当なものを次の1～5より一つ選びなさい。

解答番号 30

1　30.3%　　2　56.8%　　3　62.3%　　4　75.9%　　5　100%

問３　風上側の斜面など，上昇気流が起こるところで雲が発生しやすい理由として最も適当なものを次の1～5より一つ選びなさい。

解答番号 31

1　上空へ上がるほど気圧が高くなり，空気のかたまりが膨張し，気温が下がって露点に達し，水蒸気が凝結して水滴になるから

2　上空へ上がるほど気圧が低くなり，空気のかたまりが凝縮し，気温が下がって露点に達し，水蒸気が蒸発して水滴になるから

3　上空へ上がるほど気圧が低くなり，空気のかたまりが膨張し，気温が下がって露点に達し，水蒸気が凝結して水滴になるから

4　上空へ上がるほど気圧が低くなり，空気のかたまりが膨張し，気温が下がって露点に達し，水蒸気が蒸発して水滴になるから

5　上空へ上がるほど気圧が高くなり，空気のかたまりが凝縮し，気温が下がって露点に達し，水蒸気が凝結して水滴になるから

問４　C地点での空気のかたまりの，1 m^{3}の空気にふくまれる水蒸気の質量として最も適当なものを次の1～4より一つ選びなさい。

解答番号 32

1　13.1 g/m^3　　2　17.2 g/m^3　　3　23.0 g/m^3　　4　30.3 g/m^3

問５　D地点での空気のかたまりの湿度として最も適当なものを次の1～5より一つ選びなさい。

解答番号 33

1　0％　　2　43.4%　　3　56.8%　　4　58.1%　　5　76.5%

8　次の文章を読み，以下の各問に答えなさい。

月は，地球のまわりを公転する衛星で，多くのクレーターがあります。また，太陽の光を反射して光っているので，太陽や地球の位置関係によって満ち欠けして見えます。なお，次のページの図は，地球とそのまわりを公転する月の位置関係を表したものです。

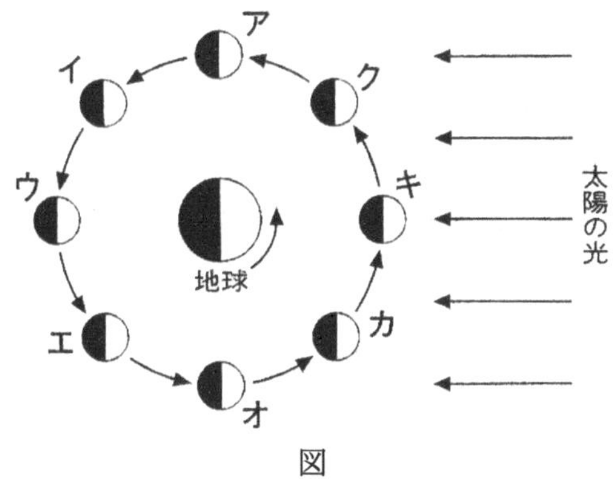

図

2021年5月26日，日本で皆既月食が観測できる予定でしたが，当日は悪天候の地域も多く，北日本の一部でしか見られませんでした。次回日本で皆既月食が見られるのは2022年11月8日です。

また，別の日に日本国内で月を観察し，そのときの観察レポートは次のとおりでした。

> 「観察レポート」
> 日付：●月●日　天気：晴れ
> 今日の月は「上弦の月」でした。[A]ごろに東から上り，[B]ごろにはほぼ真南を通り，[C]ごろに西に沈みました。

問1　月にクレーターがたくさんある理由として最も適当なものを次の[1]～[5]より一つ選びなさい。

解答番号 [34]

[1] 大きな地震が多発したから。
[2] 月には大気も水もないから。
[3] 太陽からの熱がたくさん伝わったから。
[4] 隕石がたくさん衝突したから。
[5] 月にいるうさぎが餅つきをしたから。

問2　2022年11月15日の月の位置は，図1の**ア～ク**のうちどれか，最も適当なものを次の[1]～[8]より一つ選びなさい。

解答番号 [35]

[1] ア　[2] イ　[3] ウ　[4] エ
[5] オ　[6] カ　[7] キ　[8] ク

問3　月食について述べた文章のうち正しいものを次の[1]～[7]より一つ選びなさい。

解答番号 [36]

[1] 皆既月食は，月と太陽の見かけの大きさが同じであるために起こる。
[2] 皆既月食は数十分間続くことはない。
[3] 皆既月食中に月が赤銅色に見えることから，月は赤い光を発していることがわかる。
[4] 月食は，月の東側（左側）から欠け始め，西側（右側）から明るくなる。
[5] 月食中に見える欠けた部分（暗い部分）は地球の影である。
[6] 日本で月食を観測できる機会が年に2回程度に限られているのは，それ以外のときは昼間で観測しにくいからである。
[7] 皆既月食のときの月・太陽・地球の位置関係は，新月のときとで同じである。

問4　月がいつも同じ面を地球に向けている理由として最も適当なものを次の1～5より一つ選びなさい。　解答番号 37

1　月が1回自転する間に，地球も1回公転するから。

2　月が1回自転する間に，地球も1回自転するから。

3　月が地球のまわりを1回まわる間に，月自身も1回自転するから。

4　地球は自転しているが，月は自転していないから。

5　月の表面はどの方向から見ても同じに見えるから。

問5　「観察レポート」の A ～ C に当てはまる時刻の組み合わせとして最も適当なものを次の1～4より一つ選びなさい。　解答番号 38

	A	B	C
1	午前6時	正午	午後6時
2	正午	午後6時	午前0時
3	午後6時	午前0時	午前6時
4	午前0時	午前6時	正午

【社　会】（50分）〈満点：100点〉

1 地理の基礎的知識について，各問いに答えなさい。

問1　以下の4つの国と首都名の組み合わせの中で，**誤っているもの**を一つ選びなさい。

解答番号 1

	国名	首都名
1	タイ	バンコク
2	インドネシア	ジャカルタ
3	フィリピン	ハノイ
4	マレーシア	クアラルンプール

問2　以下の文章について，内容が**誤っているもの**はいくつありますか。正しいものを一つ選びなさい。

解答番号 2

○　地球の表面積の海洋と陸地の比率は3：7である。

○　イギリスのロンドン付近を通る経線を本初子午線と呼んでいる。

○　距離，方位，面積がすべて正しく1枚の紙でゆがみや切れ目なく描ける世界全図は存在しない。

○　地形図上で計曲線が50mごとに引かれていれば，縮尺は，5万分の1である。

1　1つ　　2　2つ　　3　3つ　　4　4つ

問3　以下の写真のうち，サバナ気候の景観として最もふさわしいものを一つ選びなさい。

解答番号 3

1

2

3

4

問４　以下の４つの県と県庁所在地の組み合わせの中で，**誤っているもの**を一つ選びなさい。

解答番号 4

	県名	県庁所在地
1	宮城県	仙台市
2	茨城県	前橋市
3	栃木県	宇都宮市
4	兵庫県	神戸市

2 オセアニアに関する以下の文章を読み，各問いに答えなさい。

オセアニアは，オーストラリア大陸と太平洋に広がる島々で成り立っています。オーストラリアの国土の約３分の２は（ ① ）が広がっています。

オーストラリアの輸出品は大きく変わってきました。1960 年には，輸出品の約４割を（ ② ）が占めていました。現在では，石炭や鉄鉱石などの原料が上位を占めています。

問１　空欄（ ① ）に当てはまる語句として，最も適当なものを一つ選びなさい。　解答番号 5

1 氷河　2 サンゴ礁　3 砂漠　4 熱帯雨林

問２　空欄（ ② ）に当てはまる名称として，正しいものを一つ選びなさい。　解答番号 6

1 羊毛　2 小麦　3 牛肉　4 豚肉

問３　下線部の鉱産資源について，オーストラリアの生産量は世界第何位か。正しいものを一つ選びなさい。なお，石炭の生産量は 2017 年，鉄鉱石の生産量は 2019 年現在とする。

解答番号 7

	石炭	鉄鉱石
1	2位	1位
2	2位	2位
3	4位	1位
4	4位	2位

【帝国書院　地理統計 2021 年度版】

問４　この地域にかかわる以下の文章のうち，正しいものを一つ選びなさい。　解答番号 8

1 オーストラリアの先住民はマオリと呼ばれている。

2 オーストラリアでは，20 世紀初めから 1970 年代にかけて，白豪主義政策というヨーロッパ系以外の移民を優遇する政策を行っていた。

3 オーストラリアの貿易相手国は現在，輸出入ともに日本が第１位である。

4 この地域の島々は，メラネシア，ポリネシア，ミクロネシアに分けられており，そのうち，タヒチ島はポリネシアに分類される。

3 中国，四国地方に関する以下の文章を読んで，各問いに答えなさい。

この地域は，２つの大きな山地がありこれらを境にして大きく３つの地域に分けられます。ⓐ山陰地方では，北西から吹く（ ① ）の影響で，雨雪が多く降ります。２つの大きな山地に挟まれた地域は，ⓑ瀬戸内地方と呼ばれ，ほかの地域と比べて降水量が（ ② ），気温も（ ③ ）です。ⓒこの地域の中心として栄えている都市は，人口120万人を有しています。また太田川の河口の（ ④ ）上に都市が形成されています。

問１ 下線部ⓐについて，この地方に面している海として，正しいものを一つ選びなさい。

解答番号 9

1 太平洋　2 瀬戸内海　3 日本海

問２ 空欄（ ① ）に当てはまる語句として，正しいものを一つ選びなさい。 解答番号 10

1 夏の貿易風　2 冬の貿易風　3 夏の季節風　4 冬の季節風

問３ 以下の文章は，下線部ⓑの地域の説明が述べられています。内容が**誤っているもの**はいくつありますか。正しいものを一つ選びなさい。 解答番号 11

○ ため池が多い。
○ 本州と四国を結ぶ大きな橋が２ルート架かっている。
○ 石油化学コンビナートが集積している。
○ 現在も海岸では海水を濃縮して塩の生産をさかんに行なわれている。

1 １つ　2 ２つ　3 ３つ　4 ４つ

問４ 空欄（ ② ），（ ③ ）に当てはまる語句の組み合わせとして，正しいものを一つ選びなさい。

解答番号 12

	②	③
1	多く	温暖
2	少なく	温暖
3	多く	寒冷
4	少なく	寒冷

問５ 下線部ⓒ地域の説明が述べられた以下の文章のうち，**適当でないもの**を一つ選びなさい。

解答番号 13

1 昭和20年８月に原子爆弾が投下された。
2 自動車関連の企業が立地している。
3 みかんの収穫量が全国第２位（2019年）である。
4 牡蠣（かき）の養殖が行われている。

問６ 空欄（ ④ ）に当てはまる語句として，正しいものを一つ選びなさい。 解答番号 14

1 扇状地　2 氾濫原　3 エスチュアリー　4 三角州

問７ 次のページの表は，中国・四国地域の都市とおもな名産品の対応を示している。**誤っているものを**一つ選びなさい。 解答番号 15

	都市	名産品
1	鳥取	きゅうり
2	徳島	すだち
3	宇部	セメント
4	今治	タオル

4 近現代の世界の動きに関して，各問いに答えなさい。

問１　第二次世界大戦において枢軸国側として参戦した国で，正しいものを一つ選びなさい。

解答番号 16

1 ポーランド　2 イギリス　3 イタリア　4 フランス

問２　第二次世界大戦に関係する文を古い年代順に並べたものとして，正しいものを一つ選びなさい。

解答番号 17

ア　日ソ中立条約を締結した

イ　独ソ不可侵条約を締結した

ウ　ポッダム宣言が出された

1 ア→イ→ウ　2 ア→ウ→イ　3 イ→ア→ウ

4 イ→ウ→ア　5 ウ→ア→イ　6 ウ→イ→ア

問３　アとイが実施された時のアメリカ大統領の組み合わせとして，正しいものを一つ選びなさい。

解答番号 18

ア　大西洋憲章を発表し，戦後の平和構想を示した。

イ　マルタ会談を開催し，冷戦の終結を宣言した。

1 ア：ブッシュ　イ：ルーズベルト　2 ア：ブッシュ　イ：ウィルソン

3 ア：ルーズベルト　イ：ブッシュ　4 ア：ルーズベルト　イ：ウィルソン

5 ア：ウィルソン　イ：ブッシュ　6 ア：ウィルソン　イ：ルーズベルト

問４　1949年に中華人民共和国の建国を宣言した共産党の指導者として，正しいものを一つ選びなさい。

解答番号 19

1 蒋介石　2 毛沢東　3 袁世凱　4 孫文

問５　サンフランシスコ平和条約の内容として，**誤っているもの**を一つ選びなさい。

解答番号 20

1 日本国は，朝鮮の独立を承認し，すべての権利を放棄する。

2 日本国は，台湾と澎湖諸島に対するすべての権利を放棄する。

3 連合国は，日本国の旅順・大連の租借権と南樺太に対するすべての権利を承認する。

4 連合国は，日本国およびその領海に対する日本国民の完全な主権を承認する。

5 以下の平清盛に関する文章を読んで，各問いに答えなさい。

平氏は瀬戸内海の海賊の鎮圧で功績を立てた一族でした。㋐源氏が関東地方の騎馬武者を主力にしていたのに対し，平氏は伝統的に海の武士，つまり船を操る武士たちを配下においていたのです。平氏が持つ荘園も海沿いに多かったため，平氏は海の武士たちを使って商売を行い，富を得ていました。中でも中国の[①]との貿易は莫大な利益を生み出すことを平清盛はよく知っていました。そこで彼はまず九州の㋑博多を拠点に[①]との交易を盛んにし，次に瀬戸内海を通って都の近くまで貿易の船が入って来られるようにするため，瀬戸内海の航路を整備し，今の[②]にあたる場所にあった大輪田泊という港を修築してここに中国からの貿易船を入港させるようにしました。

平清盛が中国との貿易を通じて日本にもたらしたのは銅銭でした。日本でも㋒天武天皇の時代に富本銭という銭が発行され，その後も奈良時代の初めに和同開珎という銭が発行されましたが㋓都の周辺以外では使われず，結局朝廷は銭の発行をやめてしまいました。銭が広く使われるには，人々が銭を使って買いたいと思う品物が世の中にあふれていなければなりません。しかし奈良時代の日本はまだそんな状況ではなく，人々は物々交換でほしいものを手に入れていました。ところが平清盛の時代，つまり平安時代の末期の日本は㋔様々な品物が世の中に出回るようになっており，彼がもたらした中国の銅銭はすぐに広まって人々の物の売り買いをスムーズにしました。このように㋕平清盛の政治はそれまでの朝廷の政治とは異なり，商業にも重きを置いたものでした。

問1 下線部㋐について，源氏の武将の名前と，その人物が行ったことの組み合わせとして**誤っているもの**を一つ選びなさい。 解答番号 [21]

	源氏の武将	その人物が行ったこと
1	源義家	東北地方の内乱の平定
2	源義仲	木曽で平氏打倒のため挙兵
3	源義経	壇ノ浦の戦いで平氏に勝利
4	源実朝	御成敗式目の制定

問2 空欄[①]について，この中に当てはまる王朝として正しいものを一つ選びなさい。 解答番号 [22]

1 明　2 元　3 清　4 宋

問3 下線部㋑について，この港が存在するのと同じ道府県にあった遺跡として，正しいものを一つ選びなさい。 解答番号 [23]

1 吉野ケ里遺跡　2 水城　3 大坂城　4 五稜郭

問4 空欄[②]について，この中に当てはまる都市で起こった歴史的な出来事として，正しいものを一つ選びなさい。 解答番号 [24]

1 1918年に米の安売りを求める運動が最初に発生した。
2 1945年に世界で初めて原子爆弾が投下された。
3 1995年に大規模な地震に襲われ，被害に見舞われた。
4 1997年に国際的な気候変動に関する条約の締結地となった。

問５　下線部㋒について，この天皇が行ったこととして，**誤っているもの**を一つ選びなさい。
解答番号 25

1 天智天皇の後継ぎをめぐる戦いに勝利した。
2 唐にならって天皇を中心とする強い国家をつくるため改革を実行した。
3 日本にも中国式の都を建設するため準備を進めた。
4 仏教の力で国を守るため，東大寺を建て大仏を作らせた。

問６　下線部㋓について，この都の名前として，正しいものを一つ選びなさい。　解答番号 26

1 飛鳥宮　2 平城京　3 平安京　4 鎌倉

問７　下線部㋔について，平安時代の人々が売り買いしたものとして，正しいものを一つ選びなさい。
解答番号 27

1 京都の西陣で作られた絹織物
2 東南アジアからもたらされた果物
3 インドからもたらされた綿織物
4 中国からもたらされた陶磁器

問８　下線部㋕について，平清盛は政治の実権をにぎるために天皇家を利用した。その方法について述べた文として正しいものを一つ選びなさい。
解答番号 28

1 武士として天皇からはじめて征夷大将軍に任命されたこと。
2 天皇と自分の娘を結婚させ，その子を天皇にしたこと。
3 幼少の天皇に代わって職務をつとめる摂政に就任したこと。
4 成人した天皇の補佐役である関白に就任したこと。

6 以下の各問いに答えなさい。

問１　下の写真は縄文時代に作られた土偶である。土偶の存在から分かることとして，正しいものを一つ選びなさい。
解答番号 29

1 縄文時代にはすでによろいに身を固めた武人が存在した。
2 縄文時代の人々は何らかの願いをこめてまじないを行っていた。

問２　下の写真は平安時代に作られた平等院鳳凰堂の内部で，置かれた仏像は阿弥陀仏である。このことから分かることとして，正しいものを一つ選びなさい。　解答番号 30

1 平安時代には極楽浄土に生まれ変わることを願う浄土信仰が広がっていた。
2 平安時代には座禅をくんで悟りを開くことを目指す禅宗が広がっていた。

7 Ａ・次のページのＢの文章について，各問いに答えなさい。

Ａ　1945年（昭和20年）８月，日本はポツダム宣言を受け入れて，終戦をむかえた。ポツダム宣言は，日本に対して根本的な改革を求める内容であったので，連合国軍総司令部（GHQ）はただちに大日本帝国憲法（明治憲法）の改正を日本政府に指示し，翌年，GHQの草案をもとに作成された憲法改正案が帝国議会で審議され，一部修正を加えて可決された。こうしてⓐ日本国憲法は，形式的には大日本帝国憲法（明治憲法）の改正手続きによって成立したが，明治憲法とはまったく原理が異なる憲法となった。

日本国憲法は，立憲主義の思想を背景に，ⓑ国民主権，ⓒ基本的人権の尊重，ⓓ平和主義の三つを基本原理としている。

問１　下線部ⓐについて，日本国憲法と大日本帝国憲法（明治憲法）との比較についての記述として，**誤っているもの**を一つ選びなさい。　解答番号 31

1 大日本帝国憲法は，君主が定める欽定憲法であるが，日本国憲法は，国民が定める民定憲法である。
2 大日本帝国憲法では，天皇は神聖不可侵で統治権を持つ国家元首であったが，日本国憲法では，日本国・日本国民統合の象徴となった。
3 大日本帝国憲法では，各国務大臣は天皇の輔弼機関であったが，日本国憲法では，内閣は国会に対して連帯責任を負う行政機関である。
4 大日本帝国憲法で規定されていた地方自治は，日本国憲法ではより一層重視され，地方公共団体の首長や議員は住民が直接選んでいる。

問２　下線部ⓑについて，日本国憲法における国民主権の原理を示す内容とは**言えないもの**を一つ選びなさい。　解答番号 32

1 天皇の地位は，日本国民の総意に基く。
2 国会は，「国権の最高機関」である。
3 内閣総理大臣は，文民でなければならない。
4 最高裁判所の裁判官は，任命後初めて行われる衆議院議員総選挙の際，国民審査を受ける。

問3　下線部ⓒについて，日本国憲法が国民に保障する基本的人権に関する記述として，正しいものを一つ選びなさい。　解答番号 33

1 日本国憲法は，基本的人権を「法律の範囲内」で保障している。

2 日本国憲法が保障する自由権のなかで，経済活動の自由は，公共の福祉による制約を受けない。

3 日本国憲法は，人間らしい生活をするための社会権として，生存権，教育を受ける権利，勤労の権利，労働基本権を保障している。

4 日本国憲法では，平等権を保障しているので，在日韓国・朝鮮人，外国人，さらに女性や障がいがある人への差別，部落差別やアイヌ民族への差別は今ではなくなった。

問4　下線部ⓓについて，わが国の平和主義に関しての記述として，**誤っているもの**を一つ選びなさい。　解答番号 34

1 日本国憲法では，戦争の放棄，戦力の不保持，交戦権の否認を定めている。

2 日米安全保障条約により，アメリカ軍が日本の領域内に駐留することが認められている。

3 日本と密接な関係にある国が攻撃を受け，日本の存立がおびやかされた場合に，集団的自衛権の行使を可能にする閣議決定がなされた。

4 日本は，核兵器を「持たず，つくらず，持ち込ませず」の非核三原則をかかげているので，核兵器禁止条約（2021年1月22日発効）を批准している。

B　選挙は，主権者としての国民が，政治に対して意思を直接表明する最も重要な機会であり，民主政治の基盤となるものなので，ⓔ民主的な選挙の基本原則に基づいて行われなければならない。

現在の日本の選挙制度は，衆議院議員選挙がⓕ小選挙区制と比例代表制（拘束名簿式）を組み合わせた小選挙区比例代表並立制を用い，また，参議院選挙は，一つまたは二つの都道府県を単位とする選挙区選挙と，全国一区の比例代表（非拘束名簿式）選挙が行われている。

ⓖ今日の日本の選挙の課題として，選挙に行かない棄権が多いこと，一票の格差の問題，金権・腐敗選挙の問題，選挙運動の規制の問題，在日外国人の選挙権の問題などが指摘されている。

問5　下線部ⓔについて，民主的な選挙の基本4原則の組み合わせとして，正しいものを一つ選びなさい。　解答番号 35

1 制限選挙・平等選挙・直接選挙・公開選挙

2 普通選挙・平等選挙・直接選挙・秘密選挙

3 普通選挙・自由選挙・間接選挙・秘密選挙

4 制限選挙・平等選挙・間接選挙・秘密選挙

5 普通選挙・平等選挙・直接選挙・公開選挙

6 普通選挙・自由選挙・直接選挙・秘密選挙

問6　下線部ⓕについて，小選挙区制と比例代表制の特徴についての記述として，**誤っているもの**を一つ選びなさい。　解答番号 36

1 小選挙区制は，一つの選挙区から一人の代表を選ぶ選挙で，有権者が候補者をよく知ることができる。

2 小選挙区制は，少数意見を代表する候補者も当選するので，小党が乱立し，政治が不安定になりやすい。

3 比例代表制は，各政党の得票数に応じて議席を配分する選挙で，有権者の意思を正確に議会へ反映できる。

4 比例代表制は，死票が少なくなり，小党が乱立し，政治が不安定になりやすい。

問7 下線部ⓖについて，日本の選挙の課題についての記述として，**誤っているもの**を一つ選びなさい。

解答番号 37

1 最高裁判所は，過去の衆議院議員総選挙で問題となった一票の価値の格差について，違憲判決を下したことはない。

2 候補者による有権者宅の戸別訪問は認められていない。

3 秘書や親族など，候補者と一定の関係にある者が，買収などの選挙違反を犯した場合，候補者はかかわってなくても当選無効となる。

4 比例区のみに制限されていた海外在住日本人の選挙権は，選挙区についても認められるようになった。

8 次の文章は中学生のA君・B君・C君が，日本における働き方について話をしている場面である。これを読み，各問いに答えなさい。

A：前回の授業でⓐ労働について学習したけれど，最近，「働き方改革」という言葉についてよく聞くよね。なぜ「働き方改革」が話題になっているのだろうか？
B：それは日本の従来から続いている長時間労働によるものではないのかな。
A：たしか，労働条件を改善するためには労働組合を結成し，経営者と交渉することができるんだよね。
C：私はⓑ少子高齢化の問題によって労働力が少なくなることがさらに進むから，「働き方改革」が進んでいるのだと思う。
A：また，グローバル化やⓒ技術革新の進展もあって，これまでのⓓ労働と雇用のあり方が維持できなくなってきているのもあると思うな。

問1 下線部ⓐに関連して，日本の労働に関する記述として，**適当でないもの**を一つ選びなさい。

解答番号 38

1 日本の労働者のおよそ3人に1人が非正規労働者である。

2 年功序列型賃金制から，能力主義，成果主義の賃金を導入する企業が増えてきた。

3 戦後の日本においては，不況に見舞われた際に，非正規労働者が契約期間の途中で雇用を打ち切られるといった社会問題が起こることはなかった。

4 2020年現在，日本で働く外国人労働者の数は100万人を大きく超えている。

問2 下線部ⓑの対策として考えられる一般的な政策として，**適当でないもの**を一つ選びなさい。

解答番号 39

1 児童手当を受けている人からの徴税を強化する。

2 乳幼児・児童の医療費負担を無料にする。

3 保育施設の保育時間を延長する。

4 企業において男性に育児休暇を取得してもらう制度を導入する。

問3 下線部ⓒに関連して，ある企業において機械の改良により商品の生産量を大きく増やすことが可能になったとする。この時，需要供給曲線はグラフ上でどのように動くかの説明として，最も適当なものを一つ選びなさい。(他の条件は変化しない。)

解答番号 40

1 需要曲線が左にシフトする。

2 供給曲線が左にシフトする。

3 需要曲線が右にシフトする。

4 供給曲線が右にシフトする。

問4　下線部ⓓに関連して，労働基準法に関する記述として，最も適当なものを一つ選びなさい。

解答番号 41

1 使用者は，労働組合の結成をしたり，労働争議を行ったりすることを労働者の権利として認めなければならない。

2 使用者は，労働者の労働時間を1日9時間，週45時間に収めなければならない。

3 使用者は，労働者が女性であることを理由として，賃金について男性と差をつけてはならない。

4 使用者は，労働者に対して少なくても週2日以上休日を与えなければならない。

9「国際社会と国際連合」に関する各問いに答えなさい。

問1　領域について説明した記述として，**適当でないもの**を一つ選びなさい。　解答番号 42

1 領空とは，大気圏内における領土と領海の上空のことを指す。

2 国家の主権が及ぶ範囲のことを領域という。

3 領海のまわりの水域は排他的経済水域と呼び，沿岸から100海里までの範囲である。

4 排他的経済水域の外側の水域は公海と呼ばれ，どこの国の船も自由に航行できる。

問2　日本の領土をめぐる問題についての記述として，最も適当なものを一つ選びなさい。

解答番号 43

1 歯舞群島・色丹島・国後島・択捉島の四島の領有権をめぐりアメリカと協議している。

2 日本の南端は南鳥島である。

3 韓国が領有権を主張している竹島は鳥取県に属する。

4 中国が領有権を主張している尖閣諸島は沖縄県に属する。

問3　国際連合についての記述として，**適当でないもの**を一つ選びなさい。　解答番号 44

1 総会は全加盟国によって構成され，年に1回，通常総会が開催される。

2 安全保障理事会の重要事項の決議には，非常任理事国5か国を含む9か国以上の賛成を必要とする。

3 経済社会理事会には，関係する分野で協定を結んだ専門機関が多数存在する。

4 信託統治理事会は現在，活動を停止している。

問4　日本の自衛隊がPKO（国連平和維持活動）でどのように活動しているかについての記述として，最も適当なものを一つ選びなさい。　解答番号 45

1 1992年に制定されたPKO協力法に基づいて，イラクに自衛隊が派遣された。

2 PKO（国連平和維持活動）の一つとして，停戦の確保・軍事監視などの役割を果たしている。

3 2000年代に入ってから，PKO（国連平和維持活動）の一環で自衛隊がインド・パキスタンの国境に派遣された。

4 2021年現在，PKO（国連平和維持活動）の一環で自衛隊がアフガニスタンに派遣されている。

問五　Ⅰ、Ⅱの文学のジャンルは何か。そのように考える判断とともに説明したものとして最も適当なものを次の選択肢の中から選びなさい。解答番号は27。

1　Ⅰの文は貫之が子どもを失った悲しみの深さを心情を表す語を何度も用いて鮮明に描いているが、その話題のみで完結する文章であり、一つの場面が躍動的に描かれていることから、軍記物語であると考えられる。

2　Ⅱの文は貫之が子どもを失った悲しみを描いているが、その記述は一部にとどまり、次々と日が変わる中での出来事の描写が行われることから、日記文学であると考えられる。

3　Ⅰの文は子どもを失った親の悲しみがとても強いことが訴えられており、子を思う親の心の強さを示し、子としての生き方を教える教訓的な話であると言えることから、説話文学であると考えられる。

4　Ⅱの文は二首の歌のやり取りを通し、家族との心の交流が行われていることを示しており、歌の効能がよくわかることから歌論書であると考えられる。

5　Ⅰの文では貫之が詠んだといわれる歌を中心に話が進んでおり、その歌を詠まれた背景が克明に説明され、歌を中心に物語が展開していることから、歌物語であると考えられる。

問六　Ⅰ・Ⅱの文章で扱われている紀貫之に最も関係が深い和歌集と、この和歌集を批判した「歌詠みに与ふる書」を著した明治時代に活躍した文学者の組み合わせとして正しいものを次の選択肢の中から選びなさい。解答番号は28。

	和歌集	文学者
1	「おらが春」	谷川俊太郎
2	「新古今和歌集」	寺山修司
3	「万葉集」	高村光太郎
4	「奥の細道」	与謝野鉄幹
5	「古今和歌集」	正岡子規

しが足は十文字に踏みてぞ遊ぶ…その足は十という文字を（書くように）調子をとって足踏みをして楽しんでいる
守の館より、呼びに文もて来たなり…国守の館から招待の手紙をもって使いの者が来た
日一日、夜一夜…一日中、一晩中
とかく…あれこれ
大津／浦戸…高知県の地名
ある人々もえたへず…居合わせていた人々も耐えることができない
いづら…どこか
鹿児の崎…高知県の地名

問一　傍線部ⅰ「をかしげなる」ⅱ「かなしうしける」ⅲ「思ひ出でられ」の語の行為の主体の組み合わせとして最も適当なものを次の選択肢の中から選びなさい。解答番号は23。

1　ⅰ　貫之　ⅱ　子　ⅲ　貫之
2　ⅰ　貫之　ⅱ　子　ⅲ　子
3　ⅰ　子　ⅱ　貫之　ⅲ　貫之
4　ⅰ　子　ⅱ　貫之　ⅲ　子
5　ⅰ　子　ⅱ　子　ⅲ　貫之

問二　傍線部ア「月ごろ」の語句の意味として最も適当なものを次の選択肢の中から選びなさい。解答番号は24。

1　数か月たって　2　満月の頃　3　半月ほどたって
4　新月の頃　5　図半年ほどたって

問三　傍線部イ「かくてのみあるべきことかは」の口語訳として最も適当なものを次の選択肢の中から選びなさい。解答番号は25。

1　このように感情的な自分が土佐の守であってよいことだろうか。
2　このように子どもがなくなったことを悲しがっているだけではよくない。
3　このように子どもをかわいがってばかりいてもよくはないだろう。
4　このように辺境の土地の長官で満足していてはよくないことだ。
5　このように悲しい土地の記憶は忘れてしまってよいのではないだろうか。

問四　傍線部ウ「何事もいはず」とあるが、それはどういうことか。その説明として最も適当なものを次の選択肢の中から選びなさい。解答番号は26。

1　任地を去ることになった自分を思いやらず、騒いでいる人々にあきれているということ。
2　自分の官位のことを心配するあまり、他の人々への配慮を忘れているということ。
3　子どもの思い出のあるこの地にいたいと考え、出発することを拒もうと思っているということ。
4　子どもを失ったあまりの悲しさに、何もやる気が起きないでいるということ。
5　今の心境をできるだけよい歌にしたいという思いから熟考しているということ。

三 次の文章Ⅰ・Ⅱには、平安時代に土佐の国守（行政官）であった紀貫之が帰郷する状況が書かれている。これを読んであとの問いに答えなさい。

Ⅰ

今は昔、貫之が土佐の守になりて、下りてありける程に、任果ての年、七・八ばかりの子の、えもいはずをかしげなるを、限りなくかなしうしけるが、とかくわづらひて失せにければ、泣き惑ひて、病づくばかり思ひこがるるほどに、月ごろになりぬれば、「かくてのみあるべきことかは。上りなむ」と思ふに、「子のここにて何とありし、はや」など、思ひ出でられて、いみじう悲しかりければ、柱に書き付ける。

みやこへと思ふにつけて悲しきは帰らぬ人のあればなりけり

と書きつけたりける歌なむ、今までありける。

Ⅱ

二十四日。講師、馬のはなむけしに出でませり。ありとある上下、童まで酔ひ痴れて、一文字をだに知らぬ者、しが足は十文字に踏みてぞ遊ぶ。

二十五日。守の館より、呼びに文もて来たなり。呼ばれていたりて、日一日、夜一夜とかく遊ぶやうにて、明けにけり。

《中略》

二十七日。大津より浦戸をさして漕ぎ出づ。かくあるうちに、京にて生まれたりし女子、国にてにはかに亡せにしかば、このごろの出立ちいそぎを見れど、何事もいはず。京へ帰るに、女子のなきのみぞ、悲しび恋ふる。ある人々もえたへず。この間に、ある人の書きて出だせる歌、

都へと思ふをものの悲しきは帰らぬ人のあればなりけり

又、あるときには、

あるものと忘れつつなほなき人をいづらととふぞ悲しかりける

といひける間に、鹿児の崎といふところに守の兄弟またことひとこれかれ酒なにと持て追ひ来て、磯におりゐて、別れがたきことをいふ。

Ⅰの注
今は昔…今となっては昔のことだが
任果ての年…土佐の国守の任期が終わった年
えもいはず…この上なく
とかくわづらひて…しばらく病を患って
病づくばかり…病気になってしまうほど
上りなむ…京に帰ろう
子のここにて何とありし、はや…子どもがここでこんなことをしていたなあ

Ⅱの注
講師、馬のはなむけしに出でませり…高僧が馬のはなむけ（旅の安全を祈る儀式）をしにおいでになった
上下、童まで…身分が高い者も身分が低い者も全員が
一文字をだに知らぬ者…ひどく酔って一という文字さえ知らない者が

1 お互いダンスやスケートなどの過去の経歴を教え合うことで記憶が刺激され、小学生のときに一緒にポートボールをした原体験が呼び起こされたから。

2 鳥井がダブルスの最中に自分のプレーを理解して合わせてくれたことを不思議に思い、過去の記憶から鳥井の姿を呼び覚まそうという意識が働いたから。

3 バドミントンの試合には負けたものの、お互いのナイスプレーがあったことでリラックスでき、自分をアシストしてくれる鳥井に対する関心が湧いたから。

4 バドミントンの試合が終わった解放感の中、ペアを組んだ鳥井の試合中での気配によって記憶が刺激され、小学校時代が思い起こされたから。

5 鳥井と一緒にバドミントンをしたときに、小学校でポートボールをしたときと同じように鼻のなかがつーんとするような高揚感を経験したから。

問七 傍線部エ「ここまできた」とあるが、「ここ」とはどこを指すのか。その説明として最も適当なものを次の選択肢の中から選びなさい。解答番号は21。

1 二人で共にバドミントンをプレーすることのできる体育館。

2 社会人になっても細々ながらスポーツを続けている現在の状況。

3 スポーツに打ち込んできたおかげで就職できたという現在の立場。

4 社会人であってもバドミントンができるという環境の整った会社。

5 二人でスポーツに対する思いを共有できている現在の心境。

問八 次の1～5は、この小説についての感想を生徒に発表してもらったものであるが、本文の読み取り方として適当なものを次の選択肢の中から選びなさい。解答番号は22。

1 Aさん：二人は似た考えを持つ者同士なのだから、このあとも力を合わせてバドミントンも職場の仕事も頑張るのだろうと思いました。

2 Bさん：二人の頭の中はバドミントンなどのスポーツで埋め尽くされていて、人生の全てをかけて頑張っているのがわかるなと思いました。

3 Cさん：二人はお互いに相手の嫌な部分を見つけてそれに文句を言ったりしながらも、仕方なく許し合っているのが面白いなと思いました。

4 Dさん：二人は社会人になるまで各々異なるスポーツをやってきたけれど、心の中には共通する思い出があるのが興味深いなと思いました。

5 Eさん：二人は過去にひっそりと交わした約束を果たして、再び一緒にスポーツを始めるというところに強い感動を覚えました。

i　ざっくばらん

1　おおざっぱでいい加減なさま
2　わがままで乱暴なさま
3　包み隠さず素直なさま
4　親しく仲の良いさま
5　勢いがあり力強いさま

ii　冷やかした

1　大したやる気もなく参加した
2　相手のやる気を削いでしまった
3　ほてった体を冷ますのに用いた
4　相手をからかうような言動をとった
5　お金を払わずに見学した

問三　空欄 A に入る語句として最も適当なものを次の選択肢の中から選びなさい。解答番号は17。

1　似て非なるものだ　　2　似ても似つかない
3　瓜二つだ　　4　まがいもない
5　見違えるほどだ

問四　傍線部ア「なんらかのひろやかな性質」とあるが、これは菅のどのような性格を表したものか。その説明として最も適当なものを次の選択肢の中から選びなさい。解答番号は18。

1　鳥井から率直にものを言われても気にすることなく、いつでもあっけらかんとしていておおらかな性格。
2　春の風を受けて鳥井に対する記憶が呼びさまされるような、季節の移り変わりを鋭敏に感じ取る繊細な性格。
3　人に傷つけられたりすることに鈍感であり、鳥井に対しても傷つけるような発言をしてしまう大雑把な性格。
4　同僚である鳥井に対してだけでなく、先輩や周囲に対しても分け隔てなく気さくに話せる社交的な性格。
5　自分の思ったことはどんなことでも包み隠さずに話し、強い心を持って周囲と接する物怖じしない性格。

問五　傍線部イ「鳥井はすこしおもしろい」とあるが、鳥井は何がおもしろかったのか。その説明として最も適当なものを次の選択肢の中から選びなさい。解答番号19。

1　菅が鳥井のことを思い出しそうになっているのに、それが先輩に話しかけられることで途切れてなかなかうまくいかないこと。
2　鳥井のことを思い出そうとしている菅が、随分と大きく成長して小学校の同級生だった頃の面影がなくなっていること。
3　外見や雰囲気、声まで小学生の頃とはまったく異なる菅を見ると、鳥井自身も年をとって変わってしまったのだと実感できるということ。
4　なかなか鳥井のことを思い出せずにいる菅だったが、そんな彼が元気で過ごしているのを嬉しく眺めていられること。
5　小学生時代とは異なる姿で存在する菅を見ると、小学生以降の記憶が曖昧な鳥井自身もたしかにここにいるのだと感じられること。

問六　傍線部ウ「やっとおもいだしたのかよ」とあるが、菅が鳥井を思い出すことができたのはなぜか。その理由として最も適当なものを次の選択肢の中から選びなさい。解答番号は20。

ゴールマンにボールを投げ、キャッチすると得点となる。競技の性格上、ゴールマンとガードマンは長身の生徒がやるべきだった。

　ゴールマンガードマンといえば、社会人になって営業チームに配属されたふたりは、性別問わず営業にでる者のことを「営業マン」ということをともにふしぎにおもっていた。マンが不思議。菅も鳥井もポートボールの記憶になった瞬間に、マンの不思議に思いを馳(は)せた。

　小学三年の菅がフィールドの敵プレイヤーに囲われ、ゴールに背中をむけたまま「いっくぞー」と叫んだボールは、青空に放物線を描き、まっすぐにゴールマン役の鳥井に飛んできた。このボールを鳥井がキャッチできたらナイスシュートになるが、しそびれたらただの棒球になる。おなじ行為が運動の結果によって揺らいでゆく、そこにスポーツの意味があった。

「でけえよ」

　小学三年の鳥井がつぶやいた。どちらかというと低身長で、背の順では中盤より前に域(いき)していた鳥井だが、垂直跳びはクラスで一番だった。おもいきってゴールの台から跳ぶと、冬の木枯らしがボールを押し戻して、ガードマンの手を掻(か)い潜(くぐ)って鳥井の手にあたり、もう一度ジャンプしてそのボールを手中に収めた。鼻のなかにつーんとする、血のようなにおいがした。

「おおおお！」

と皆がいった。とおくで菅はガッツポーズして、鳥井にアイコンタクトをおくった。鳥井も誇らしくそのボールを放り中央にかえした。

　とりたてて県の上位レベルなどで活躍することもないまま、ふたりがスポーツに継続的に興じてきた原体験がここにあるのだが、双方ともにそれを充分に自覚しているわけではない。かれらはその感動をたびたび再現したくて、つらくてサボりたくなりながら、それでも身体を動かして(エ)ここまできたのだった。

（町屋良平『ふたりでちょうど２００％』より）

問一　二重傍線部a「カンゲイ」b「オントウ」c「コウチク」のカタカナを漢字に直したとき、同じ漢字を用いるものをあとの選択肢の中からそれぞれ選びなさい。解答番号はaが12、bが13、cが14。

a　カンゲイ

1　部活動にカンユウする　2　上司のカンシンを買う
3　カンカクを空ける　4　カンニン袋の緒が切れる
5　芝居のカンゲキをする

b　オントウ

1　オンコウ篤実　2　ホウオン感謝
3　フオン分子　4　異口ドウオン
5　オンミツ行動

c　コウチク

1　大コウドウで行う授業　2　コウミョウな作戦
3　畑をコウサクする　4　コウトウによる質疑
5　国際的なキコウによる管理

問二　波線部i「ざっくばらん」ii「冷やかした」の本文中での意味として最も適当なものをあとの選択肢の中からそれぞれ選びなさい。解答番号はiが15、iiが16。

た。菅は中学はバレーで大学はスケート、鳥井は高校大学でダンスをやっていた。

「バレー部じゃなくてバドでいいの？」

と鳥井が菅に聞くと、

「バドのほうがむいてた」

という。

「自分の身体だけより、自分の身体の延長としてなにか道具があるほうがむいてた。ラケットとか、スケート靴とか」

大学でスケートといっても、本格的なホッケーやフィギュアスケートでなく、ただ週末にスケートリンクを[ii]冷やかしたあとに飲み会をするだけのスケートサークルに入っていたのだという。しかし、「シングルジャンプぐらいは跳べるようになったぜ」と自慢げにいう。

「いちおう部長になったし」

そんなことも、就活時の自己PRとして話したのだろうか？

「鳥井は、ダンスしないの？」

「してる。金曜夜に、隔週で」

「どんなダンス？」

「へんなダンス」

「へんな？」

「コンテンポラリー」

そこで幹事に「ガチ勢のひとたちは真ん中コートー！」と呼ばれた。ダブルスを組みたてのかれらは、まだまだコンビネーションがあまく、なかなか得点できない。

《中略》

「ナイス！」

菅がよろこんでいる。内心、いま鳥井はなぜ自分がカットにいくとわかったんだろう、といぶかしんでいた。サービスのときにさえサイン交換をするほど、真剣にプレイしているわけではなく、かれらはただ身体を動かすのがすきだからこうして週末にも会社の面々と顔をあわせて運動している。でもいまの菅がシャトルのコックを擦る音と、ラケットの振り切られた空気のふるえは、ふたりのダブルスに心地よいムードをもたらした。

しかしけっきょくナイスプレーのポイントはそこだけで、あとはほとんど相手のミスで得た七ポイントだけで敗けた。試合のことをふりかえる、すこし集中を副交感神経にあずけてリラックスすると菅の意識はさえわたり、先ほど自分がカットを打った瞬間にすばやく下がった鳥井の気配が記憶を刺激して、「もしかして、鳥井くん？」といった。

「鳥井だけど。いまさらなに？」

「いや、あの鳥井くん？」

「あのってなんだ」

「小学生の……第六小の」

[ウ]「やっとおもいだしたのかよ」

無風の体育館で汗ばんで、おなじ温度を共有するふたりはおなじ場面をおもいだしていた。

それは体育の授業でポートボールをした日のことだ。小学校三年次の体育のカリキュラムにそのスポーツはあり、まだバスケットゴールにはボールが届かない、その前段階として40cmほどの高さの踏み台に生徒を立たせゴールマンとし、相手チームのガードマンをかいくぐりすでに一ヶ月各部署に研修として振り回され、お互いの出自、就活の変遷などの基本情報はおさえ、たびたび同期の飲み会でも顔を合わせだいぶんざっくばらんだった。鳥井は体型も服装も顔だちもきわめてオントウ、同年代の丁度中間といった性格だった。

「菅くんもだいぶ平凡だけどね。でもちょっと天然だよね」

と鳥井はいった。

「え、そう?」

「うん。ナチュラルにちょっと失礼だし、ときどき意識がボンヤリしているよね」

「そうかな?」

それで菅は傷つくようでもなく、たんたんとビールをのんだ。そろそろ帰宅するサラリーマングループもあり、自動ドアが開くたびに春の終わるぬるい風が店内ににおいたつ。季節が菅をうれしくさせ、なにかを閃きそうになった。

「あれ、鳥井くんって、したの名前なに?」

「陽太」

「鳥井陽太……なんか、フワフワして……おもいだしそうな、おもいださなそうな……」

鳥井はとっくにおもいだしていた。目の前の菅航大が小学校時代の同級生であることを。しかし中学高校大学とまったく接点なく、顔だちや全身から放たれる趣に当時の印象があるわけでもない、この菅という同級生を同級生として認識したのは、意外にもその声からだった。変声期を経て、声そのものは当時と［A］。しかし、声に含まれるなんらかのひろやかな性質が鳥井の脳細胞を擦り、卒業アルバムの硬い紙を捲らせた。そこに写っていたのは、別のクラスではあるが、たしかにおなじ小学校を卒業していた菅航大と鳥井陽太のふたりだった。

しかし、菅はおもいださないままべつの先輩に話しかけられ、「や……まだまだ……いや、もう無理、限界っす、食えないっす……」といい、記憶のコウチクはさえぎられた。

鳥井はすこしおもしろい。いま、自分のことをおもいだしそうになっていた、小学校時代の同級生。とくに仲がよかったわけではないが、三四年次には同じクラスで、同じカリキュラムで発達していった、あの日そこにいた存在。それがこんなにでかくなってここにいる。反射するように、自分もそうしていまここにいるのだと、かみしめた。記憶はどろどろして、自己同一性もたよりなく、どのような青春をおくったかも心もとない鳥井であったが、目の前の菅の元気を眺めて、自分はたしかにここにいるのだとたしかめた。

しばらくして戻ってきた菅は、先ほど鳥井のことをおもいだしそうになっていたことをもうすっかり忘れていた。

「もう食えませーん」

「食えよ。痩せてるんだし」

「てかおまえ、クールだなあ。週末の部活いく?」

「いく」

かれらは社内のバドミントンサークルでダブルスを組んでいた。

会社の団体登録で借りている体育館でバレーとバドミントンとバスケが選べ、鳥井と菅はバドミントン部に参加した。同期で部活に参加しているのはふたりだけだった。鳥井は中学時代に、菅は高校時代にバドミントン部に所属し、それぞれ違う時期には違うスポーツをやっていとになった。先生からは「放っておけば、アルバニアの少年も殺されるかもしれないし、牛も息絶えるかもしれない。あるいは俳優としての自分のアイデンティティが壊されるかもしれない」の部分に注目するよう指示があった。以下の文章は、生徒同士の話し合いの様子である。これを読んで、本文の趣旨を正しく理解できている生徒は何人いるか、あとの選択肢の中から選びなさい。

解答番号は 11

アスカさん：「『アルバニアの少年』が『殺されるかもしれない』とあるのは、結局は多くのアルバニア難民だって同じ状況なんですよね。だから、これは本当はアルバニア難民は殺されるかもしれない、と言いたいのではないかしら。」

カズヒロさん：「牛が息絶えるのは、牛の使い方がひどいとか、水やエサを与えていないとかが原因でしょ。ということは具体的に解決していける簡単な問題がいろいろある。国全体の牛を助けるより、目の前の牛を助けることの方がずっと簡単だよ。」

ケンイチさん：「でもさ、アルバニアの少年の話も牛が息絶える話も、結局は同じテーマを言おうとしているんじゃないかと思うよ。」

エミリさん：「アルバニア難民の話は、全体の話でもあるけど、やっぱり目の前の一人が大事だと言いたいのではないでしょうか。」

ユータさん：「自分に関係のある牛が大事だし、客ではなく自分自身の演技に集中する、そうやって自分を中心に置いて考えることが大事なことなんですね。」

マギーさん：「役者が目の前の演技に集中するのも、男がアルバニアの少年を助けるのも、アイデンティティの重要性が読みとれます。」

シオリさん：「文学には目の前の現実とどう向き合っているかを描くという部分もあって、だから本文に『自分のほうに引き寄せる』とあるのは、文学に描かれた現実への向き合い方を参考にして、自分が生きる糧にできるということでしょう。」

1 1人　2 2人　3 3人　4 4人
5 5人　6 6人　7 7人　8 0人

二 次の文章を読んで、あとの問いに答えなさい。

判明したのは新入社員カンゲイ[a]会の席だった。営業部の面々が大挙して居酒屋を占拠し、われわれがビールをついだりつがれたり、そうしたことを緊張と酔いのなかでこなし、そろそろ新入社員をもてなす気遣いが一段落して、それぞれの気の合う同僚とはなしはじめ、明確に飲み会のブロックがわかれはじめたあたり。

菅（すが）は、営業部隊にどうじに配属された鳥井（とりい）にはなしかけた。

「鳥井くんはあれだね、オントウ[b]な顔だね。覚えづらい、いるのにいないような、いないのにいるような……」

い。解答番号は8。

1 ナチ占領下で行われた知識人に対する迫害の実態に迫っているところ。

2 物理的な死よりも大切な人間としての誇りを提示しているところ。

3 究極の状況下における若者と老俳優との信頼関係を描いているところ。

4 死に直面したときにかいま見られる人間模様を描いているところ。

5 俳優を目指していた老人が死ぬ間際に迫真の芝居を演じているところ。

問六 傍線部D「書記をやっていることは単なるパンの問題です」とはどういうことか。最も適当なものを次の選択肢の中から選びなさい。解答番号は9。

1 書記と申告すれば生きのびることができ、俳優と申告すれば処刑されてしまうということ。

2 役所で仕事をしているのは、収入を得て暮らしを成り立たせるためにすぎないということ。

3 書記はだれにでもできる簡単な仕事で、俳優をすることは難しい仕事だということ。

4 書記の仕事をすることを通して、俳優としての経験を積んでいるということ。

5 生きがいである芝居をあきらめないと、安全に生活を送ることができないということ。

問七 傍線部E「その青年というのはポーランド全体だ」とはどういうことか。最も適当なものを次の選択肢の中から選びなさい。解答番号は10。

1 老俳優にとっては、自分の存在に対する自意識は誰かによって見られることで裏付けられるものであり、「一人の青年」に見られることにはポーランド人民全体に見られることと同様の価値があるということ。

2 「ポーランド全体」には演劇のすばらしさは伝わらなくても、「一人の青年」に自分の演技を見せることで、「ワルシャワの観客」を含むより多くの人に知ってもらうきっかけにはなるということ。

3 老俳優にとっては、役者を目指してきた強い自負があり、本当はワルシャワの劇場で観客を相手に演じたいという夢があるが、占領下において実現は難しく、せめて「一人の青年」に見てもらいたいということ。

4 「ポーランド全体」はナチの占領下にあるため、首都ワルシャワの観客の全部を今は対象にできないため、一番人数が少なくて実現可能な「一人の青年」を対象に演技をするしかないということ。

5 老俳優にとっては、「ナチの将校」に対して自分の演技が優秀であると感じ取らせるだけでなく、「一人の青年」に対しても優秀な演技であることが伝わることが重要な問題であるということ。

問八 本文を読んだ生徒同士で、最終段落について話し合いをするこ中からそれぞれ選びなさい。解答番号はaが1、bが2。

a　フみ（込んで）

1　トウダイの光をめざす。
2　大群をトウソツする。
3　湖のトウメイ度を測る。
4　富士山トウチョウを試みる。
5　一〇キロの山道をトウハする。

b　ヤトわ（れて）

1　イッコ建ての住宅。
2　ブンコ本を購入する。
3　再コヨウを勧める。
4　深コキュウをする。
5　コドク感をまぎらす。

問二　傍線部A「文学」とあるが、文学はどのようなものだと筆者は考えているか。最も適当なものを次の選択肢の中から選びなさい。解答番号は3。

1　知的で正確な判断だけでも情熱だけでも不十分で、知的な活動と感情とが作品の中で一体化するもの。
2　知的な活動だけでは見えてこない人々の感情や情熱をもとにした、人々の生き方の参考になるもの。
3　時代の流れに合わせて商業化や専門化を進め、より人々のニーズに応えるように変化すべきもの。
4　人生の目的に影響を与えることを意図して、社会について客観的に詳しく分析されているもの。
5　どうしたらみんなが豊かになり幸せに暮らせるかを、経済や科学技術の観点も含めながら述べるもの。

問三　傍線部B「孔子は重い荷物に苦しんでいる一頭の牛を見て、かわいそうに思って助けようと言った」とあるが、孔子はなぜそう言ったと考えられるか。最も適当なものを次の選択肢の中から選びなさい。解答番号は4。

1　多数の牛の苦しみについては自分ではどうすることもできず、目の前の牛であれば助けられる可能性があったから。
2　多数の牛の苦しみを救うべきであるという考えは感情論にすぎず、現実に根ざした行動をとるべきと考えたから。
3　多数の牛の苦しみを知ってはいても、一度にすべての牛の苦しみを理解することは実際には無理だから。
4　多数の牛の苦しみを救いたいという考えの原点には、目の前の牛を助けたいという気持ちが必ず存在するから。
5　多数の牛の苦しみについて打算的に考えているようでは、結局は牛の苦しみを助けることにはならないから。

問四　文中の空欄［Ⅰ］～［Ⅲ］に入る最も適当な語を次の選択肢の中からそれぞれ選びなさい。解答番号は［Ⅰ］が5、［Ⅱ］が6、［Ⅲ］が7。

1　なぜなら　　2　たとえば　　3　むしろ
4　なぜ　　5　あるいは　　6　だから

問五　傍線部C「これは簡単だけれども力強い芝居です」とあるが、筆者が感じた芝居の「力強さ」とはどのようなところであったと考えられるか。最も適当なものを次の選択肢の中から選びなさる書記のホラということになるか、本当にあれは俳優だったと思うかという問題です。老人は命懸けで青年に対して自分が俳優であることを証明する。ナチの将校に対してではなくて、その青年に対してだと思います。

彼はワルシャワ[注6]でシェークスピア[注7]をやるのが夢だったのです。しかし、実際はできなくてどさ廻り[注8]をしていた。ところが命懸けで最後にやったときに迫力が出てきた。ナチの将校は教養があって、マクベスの演技が、本当にいい演技か駄目なものかわかったのです。もちろん見ていた青年は大感激です。

ここに込められているのは、彼は一人の青年に向かって演じたわけだけれども、その青年というのはポーランド全体だということです。[E]つまり一人の証人が大事なのです。実際にポーランドのワルシャワの観客全部を集めることはできないけれども、老人にとっては一人の青年がワルシャワの観客なのです。そして、ワルシャワの観客というのは、彼にとってはポーランド人民の全体であるのです。

どうして彼が俳優でなければならないのかというのは、自分だけでは決められない。結局、人間は社会的なものであって、自分自身に対する誇りというものも、たった一人の人間というのではなくて、誰かの目と関わっているのです。だからそれは社会の全体であっても一人の青年であっても同じことで、一人の青年の目に対して彼は俳優でありたかったということは、社会の全体に対して俳優でありたかったということです。

自分の物理的な死よりももっと大事なもの、生命よりももっと大事なのは自分の俳優としての誇りです。それがまたポーランドというものをあらわしていると思う。詩人の国です。

今のアンゲロプロスの話、それから孔子の牛の話、『巨匠』で語られるのは、自分の目の前の他者を抱きすくめるということです。放っておけば、アルバニアの少年も殺されるかもしれないし、牛も息絶えるかもしれない。あるいは俳優としての自分のアイデンティティが壊されるかもしれない。そういうときに、最後に自分のほうに引き寄せるもの、そこに文学の力があると思うし、そのことを文学者が語らなければ誰も語らないと思うのです。

（加藤周一『私にとっての二〇世紀』による）

注1　アンゲロプロス＝ギリシャ出身の映画監督。一九九八年に映画『永遠と一日』でカンヌ国際映画祭の最高賞を受賞した。
注2　アルバニア＝東ヨーロッパのバルカン半島にある共和国。
注3　ナチ占領下のポーランド＝第二次世界大戦当時、ナチスドイツによってポーランドは占領され、人種差別的政策によって多くのポーランド人が迫害を受けた。
注4　アイデンティティ＝自己同一性。自分が自分であること。また自分自身の身分証明。
注5　『マクベス』＝シェークスピアの戯曲。『ハムレット』『オセロ』『リア王』とともに四大悲劇に数えられる。
注6　ワルシャワ＝ポーランドの首都。
注7　シェークスピア＝ルネッサンス期のイギリスを代表する劇作家。
注8　どさ廻り＝売れていない二流以下の芸人や歌手が行う地方での営業活動のこと。

問一　二重傍線部a「フみ（込んで）」b「ヤトわ（れて）」のカタカナを漢字に直したとき、同じ漢字を用いるものをあとの選択肢の存在です。目の前にいる牛だとか私の知っている少年とか、アンゲロプロス[注1]の自伝的な感じのする映画『永遠と一日』に出てくる偶然町で出会った見ず知らずの少年です。一日の中に永遠を見なければ永遠はない。だから、もし永遠というものがあるとすれば、一日の流れが永遠なわけです。難民となったたくさんのアルバニア人[注2]と一人の少年とは同じです。だから『永遠と一日』では、主人公の男は危険をおかして一人のアルバニアの少年を助ける。どうしてかというと、一人の少年の運命は、アルバニア人全体の運命と同じだからです。そこから事は始まるということをアンゲロプロスは言っている。孔子からアンゲロプロスまで流れている考えの原点は同じだと思います。文学の目的はそういうことがわかるためにあると思う。

木下順二さんのナチ[注3]占領下のポーランドのある町を舞台にした『巨匠』という芝居でも同じ主題が描かれています。もともとポーランドのテレヴィ用のドラマであったのを元にして、木下さんが書いた芝居です。私は原作を読んでいないので知らないのですが、木下さんのテキストを読んで、それから芝居を見ました。Cこれは簡単だけれども力強い芝居です。あら筋はこうです。ポーランドの田舎の小さな町にナチの将校がきて、その町の知識人は全部射殺しろという上からの命令があったという。だからそれらしき人物を全部ひとつところに集めて名簿をもとにチェックして知識人かどうかをしらべ、知識人とわかればみんな殺すという芝居です。

その知識人というのは、ポーランドだからちょっと日本と違うのだけれども、学校の先生、医者、ジャーナリスト、それから俳優です。ところがそこに旅廻りの元俳優がいて、今はもう芝居では暮らせないものだから役場にヤトわれて書記をしている。ナチの将校が一人ひとり職業を聞いていったら、この人は役場の書記だという。それは知識人ではないからドイツ将校は彼を外そうとする。そうすると、書記が前に出て「いや、私は俳優だ」という。しかし将校は、今は書記なんだから、俳優といったってそれは遊びに芝居をしているだけだろうとか何とかいってとりあわない。ところがその前、みんなが集まっているときに、俳優志願の青年らを前にして書記が私は俳優だったという場面があったのです。

青年は、彼は俳優といったけれども嘘なのかと思って彼の顔をじっと見る。

その老人は、旅廻りの下手な役者なのですが、俳優だということを相手が信じれば殺される。しかし彼の生き甲斐は芝居をやっていることなのです。D書記をやっていることは単なるパンの問題です。どっちをとるかという生死のかかった問題になる。

結局、彼は自分の俳優としてのアイデンティティ[注4]を確立したいと命懸けになります。そこで彼は自分が俳優であることを証明するという。ナチの将校は、それならやってごらんなさいというので、彼は『マクベス』[注5]の一場面の幻の刀が空に刺さっているのを追っ掛けていくマクベスを演じる。将校はそれをドイツ語版かなんかで見ていたのでしょう。感心してあなたは俳優である、単なる俳優ではなくて、優れた俳優であるという。そして、列に戻って下さいという。その列は外に連れ出されて数分後、一斉射撃の音がしてみんな殺されるという話です。

老人が選択をするのは、彼に教えてくれといった青年にとって単な

【国　語】（五〇分）〈満点：一〇〇点〉

一　次の文章を読んで、あとの問いに答えなさい。（出題にあたり表現をあらためた部分がある。）

今、A文学の商業化とそれから高度の専門化という、両方の傾向があって、どちらも文学に頼らなければどうして人生の目的とか社会の目的について語ることができるのか、という問いに答えることはできません。

だから、文学のほうも変わる必要がある。今の傾向を方向転換して、社会が必要とする、あるいは個人が生きていくうえで必要な考えを助けるような話題、問題にaフみ込んでいかないといけない。

しかしそういう傾向というのは、それなりの理由があってそうなるわけで、そう簡単に方向が変わるとは思わない。

人間の活動は感情や感覚やいろいろな要素が入っていて、単に知的な問題ではないから、別な言い方をすると、一種の情熱がないと何事もできない。しかし、情熱だけだとまた危険です。知的な操作と思考力と、それからデータにもとづいて現状を判断するための正確な判断というものがなければ危ない。しかし、だからといって知的な活動が目的を設定すると思うのは見当違いな期待で、そういう目的は知的な活動のみからは出てこない。

どうしたら経済的にうまくいくか、みんなが豊かになるかというのは、科学技術から出てくるかもしれない。家が大きくなって庭が広くなる。しかし、ではそれから何をするかということはそこからは出てこない。もう少し長期的にある生き方を選ぼうとするならば、そのときに参考になり得るのは文学だと思います。

たとえば、孔子の牛のはなしを考えてみましょう。B孔子は重い荷物に苦しんでいる一頭の牛を見て、かわいそうに思って助けようと言った。すると弟子は中国にはたくさんの牛が荷物を背負って苦しんでいるのだから、一頭だけ助けたってしようがないのではないかという。孔子は、しかしこの牛は私の前を通っているから哀れに思って助けるのだと答える。それは第一歩です。

第一歩というのは、人生における価値を考えるためには、すでに出来上がった、社会的約束事として通用しているものから、まず自らを解放することです。［Ⅰ］牛に同情するのだったら、統計的に中国に何頭の牛がいて、それに対してどういう補助金を与えるとか動物虐待をやめるような法律を作るとかさまざまな方法でそれを救う必要がある。それは普通の考え方です。その普通の考え方から解放される必要があるのです。どうしてその牛がかわいそうなのかという問題です。たくさん苦しんでいる牛全部を解放しなければならないということが前提にある。［Ⅱ］牛が苦しんでいるかへの答えにはなっていない。牛が苦しんでいるのは耐えがたいから牛を解放しようと思う、どうしてそう思うかというと、それは目の前で苦しんでいるのを見るからです。［Ⅲ］出発点に返る。やはり一頭の牛を助けることが先なのです。

一人の人の命が大事でない人は、ただ抽象的に何百万の人の命のことをしゃべっても、それはただ言葉だけであって、本当の行動につながっていかない。行動につながるのはやはり情熱がなければならない。その情熱の引き金はやはり一人の人間、よく知っている人たちの

2022年度

解　答　と　解　説

《2022年度の配点は解答欄に掲載してあります。》

<数学解答>

1 (1) 1 3　2 7　(2) 3 5　4 7　(3) 5 8　6 6　(4) 7 2　8 1　(5) 9 8　(6) 10 8　11 3

2 (1) 12 2　13 6　14 5　(2) 15 4　16 3　17 0　18 1　19 1

3 20 0　(1) 21 1　22 4　(2) 23 3　24 6　25 9　(3) 26 1　27 2　28 0　29 6　30 1

4 (1) 31 2　32 1　(2) 33 1　34 2　(3) 35 5　36 4　37 6　(4) 38 1　39 5

5 (1) 40 1　41 3　42 6　(2) 43 1　44 1　45 8　(3) 46 7　47 1　48 8

○配点○

1 (1)～(4)　各3点×4　(5)・(6)　各4点×2　2 各4点×6　3 各4点×6

4 各5点×4　5 各4点×3　計100点

<数学解説>

基本 1 （二次方程式，連立方程式，式の値，数の性質，平面図形，平方根，角度，関数）

(1)　$x^2+6x+2=0$　$(x+3)^2=-2+9$　$x+3=\pm\sqrt{7}$　$x=-3\pm\sqrt{7}$

(2)　$a+b=1$…①，$b+c=3$…②，$c+a=12$…③　①+②+③より，$2(a+b+c)=16$　$a+b+c=8$…④　④−②より，$a=5$　④−①より，$c=7$

(3)　$2x^2-2y^2=2(x^2-y^2)=2(x+y)(x-y)=2\{(\sqrt{3}+\sqrt{2})+(\sqrt{3}-\sqrt{2})\}\{(\sqrt{3}+\sqrt{2})-(\sqrt{3}-\sqrt{2})\}=2\times2\sqrt{3}\times2\sqrt{2}=8\sqrt{6}$

(4)　$84=2^2\times3\times7$より，題意を満たすのは，$x=3\times7=21$

(5)　求める接線の長さは，$\sqrt{10^2-6^2}=8$(cm)

(6)　正方形の1辺を$x$cmとすると，$x^2=\frac{1}{2}\times24\times16=192$　$x>0$より，$x=\sqrt{192}=8\sqrt{3}$(cm)

2 （速さ）

(1)　距離について，$35\times\frac{x}{60}+5\times\frac{y}{60}=16$より，$\frac{7}{12}x+\frac{1}{12}y=16$… 12　yを使わないとき，$\frac{7}{12}x+\frac{1}{12}(48-x)=16$… 13　また，時間の単位を使うときは，$35x+5y=16$… 14

(2)　Dさんの考え方：徒歩で48分間歩く距離は，$5\times\frac{48}{60}=4$(km)だから，$16-4=12$(km)を$35-5=30$より，時速30kmで移動する時間が地下鉄に乗っていた時間となる。

Hさんの考え方：平均の速さは$16\div\frac{48}{60}=20$より，時速20kmだから，徒歩と地下鉄の時間の比は，$(35-20):(20-5)=1:1$となる。

3　（図形と関数・グラフの融合問題）

基本　(1)　yの最小値は$x=0$とき$y=0$　最大値は$x=4$のとき$y=4$だから，$y=ax^2$に$x=y=4$を代入して，$4=a\times4^2$　$a=\frac{1}{4}$

重要　(2)　AC：CB＝△OAC：△OBC＝3：1より，点Bのx座標を$t(>0)$とすると，点Aのx座標は$-3t$と表せ，2点A，Bは$y=\frac{1}{4}x^2$上の点だから，$A\left(-3t,\ \frac{9}{4}t^2\right)$，$B\left(t,\ \frac{1}{4}t^2\right)$　直線ABの傾きは，$\left(\frac{1}{4}t^2-\frac{9}{4}t^2\right)\div\{t-(-3t)\}=-\frac{2t^2}{4t}=-\frac{1}{2}t$　よって，$-\frac{1}{2}t=-1$　$t=2$　したがって，A(−6, 9)，B(2, 1)　直線ℓは点Aを通るから，$9=-(-6)+k$　$k=3$

重要　(3)　直線ℓ⊥直線mより，直線mの式を$y=x+b$とすると，点Aを通るから，$9=-6+b$　$b=15$　$y=\frac{1}{4}x^2$と$y=x+15$からyを消去して，$\frac{1}{4}x^2=x+15$　$x^2-4x-60=0$　$(x+6)(x-10)=0$　$x=-6,\ 10$　よって，D(10, 25)　F(0, 15)とすると，△ODA＝△OAF＋△ODF＝$\frac{1}{2}\times15\times6+\frac{1}{2}\times15\times10=120$　直線ODの傾きは，$\frac{25-0}{10-0}=\frac{5}{2}$　$y=-x+3$と$y=\frac{5}{2}x$からyを消去して，$\frac{5}{2}x=-x+3$　$x=\frac{6}{7}$　よって，$E\left(\frac{6}{7},\ \frac{15}{7}\right)$　AE：EB＝$\left\{\frac{6}{7}-(-6)\right\}:\left(2-\frac{6}{7}\right)=\frac{48}{7}:\frac{8}{7}=6:1$

重要　4　（平面図形の計量）

(1)　DC // ABだから，△DQF∽△ABQ　△DQF：△ABQ＝4：9＝$2^2:3^2$　よって，相似比は2：3だから，DF：AB＝2：3より，DF：FC＝2：(3−2)＝2：1

(2)　AD // BCだから，△APD∽△BPE　相似比はAD：BE＝2：1より，面積比は$2^2:1^2=4:1$　△BPE＝Sとすると，△APD＝4S　DP：BP＝2：1より，△ABD＝$\frac{3}{2}$△APD＝$\frac{3}{2}\times4S=6S$　よって，平行四辺形ABCDの面積は2△ABD＝12Sより，△BPEの面積は平行四辺形ABCDの面積の$\frac{1}{12}$倍

(3)　BP：PD＝1：2，BQ：QD＝AB：DF＝3：2より，BP：PQ：QD＝$\frac{1}{3}BD:\left(\frac{2}{3}BD-\frac{2}{5}BD\right):\frac{2}{5}BD=\frac{1}{3}:\frac{4}{15}:\frac{2}{5}=5:4:6$

(4)　△APQ：△ABD＝PQ：BD＝4：15　よって，△APQ＝$\frac{4}{15}\times6S=\frac{8}{5}S$　したがって，△APQの面積は平行四辺形ABCDの面積の$\frac{8}{5}\div12=\frac{2}{15}$(倍)

5　（確率）

基本　(1)　さいころの目の出方の総数は，6×6＝36(通り)　このうち，題意を満たすのは，$(a,\ b)$＝(4, 4)の1通りだから，求める確率は，$\frac{1}{36}$

基本　(2)　題意を満たすのは，$(a,\ b)$＝(3, 5)，(5, 3)の2通りだから，求める確率は，$\frac{2}{36}=\frac{1}{18}$

(3)　題意を満たすのは，$(a,\ b)$＝(1, 4)，(2, 4)，(3, 3)，(3, 4)，(4, 1)，(4, 2)，(4, 3)，(4, 4)，(4, 5)，(4, 6)，(5, 4)，(5, 5)，(6, 4)，(6, 6)の14通りだから，求める確率は，$\frac{14}{36}=\frac{7}{18}$

★ワンポイントアドバイス★
出題構成や難易度に変化はない。やや考えにくい問題もあるが，時間配分を考えながら，できるところから解いていこう。

＜英語解答＞

Ⅰ　1 4　2 3　3 4　4 1　5 2　6 3　7 2　8 1　9 3
10 2　11 3　12 3
Ⅱ　13 4　14 2　15 2
Ⅲ　16 7　17 5　18 6　19 4　20 5　21 8
Ⅳ　22 3　23 3　24 4
Ⅴ　25 1　26 6　27 5　28 8　29 5　30 1・6
Ⅵ　31 4　32 3　33 4　34 2・5
Ⅶ　35 2　36 2　37 4　38 3

○配点○
Ⅰ　各2点×12　Ⅱ　各2点×3　Ⅲ　各2点×3(各完答)　Ⅳ　各3点×3
Ⅴ　25～28　各3点×4　他　各4点×3　Ⅵ　31　3点　他　各4点×4
Ⅶ　各3点×4　計100点

＜英語解説＞

Ⅰ　**(文法・会話文：語句補充・選択，接続詞，進行形，助動詞，現在完了，不定詞，動名詞，分詞，関係代名詞，比較)**

(1)「一生懸命練習しなさい，さもなければ，次の試合に負けてしまうでしょう」＜命令文，or …＞「～しなさい，さもなければ…だろう」正解は，or の4。他の選択肢は次の通り。1　＜命令文，and…＞「～しなさい，そうすれば…だろう」 2「だから」 3「しかしながら」

(2)「ケイコは彼女のペンをなくしたので，彼女はそれを探している」正解は，3。look for「～を探す」is looking for ～ ← ＜be動詞 + 現在分詞[原形 + -ing]＞進行形「～しているところだ」 1　looking だと次のit につながらない。 2「～を見ているところだ」look at「～を見る」 4　looking on だと次のit につながらない。cf. look on「傍観する，見物する」

(3)「私がジムに電話をかけた時に，彼は風呂にはいっているところだった」過去の時点での動作の進行を表す。→ 過去進行形＜was／were + 現在分詞[原形 + -ing]＞「～しているところだった」風呂に入る「take a bath」正解は，was taking a bath. の4。＜～, so …＞「～である，だから…だ」他の選択肢はすべて過去進行形になっていないので，不可。

(4)「マイクはとても怒っている。逃げた方がいい」＜had better + 原形＞「～した方がいい」なので，正解は，1。他の選択肢は後続の better につながらない。 2　should「～すべきである，するはずだ」 3　must「～しなければならない，に違いない」 4　may「～してもよい，かもしれない」

(5)「アメリカ大統領が成田空港へ到着した」「～到着する」は，arrive at[in]なので，正解は，2。has just arrived ← ＜have[has]+ 過去分詞＞現在完了(完了・経験・継続・結果)

(6)「出かける前に窓を閉めるのを忘れるな」＜forget + to不定詞＞「～することを忘れる」以

上より，正解は，3。＜Don't + 原形＞命令文の否定形(禁止)「～するな」＜forget + 動名詞[原形 + -ing]＞「～したことを忘れる」なので，1のclosing は不可。

(7) 「誰もその少年が車にひかれるのを見ていなかった」正解は，2。＜知覚動詞 + O + 過去分詞＞「Oが～［過去分詞］されるのを知覚する」run over「(車などが) ～をひく」他はいずれも過去分詞ではないので，不可。

(8) 「この家はなんと美しいのでしょう！」感嘆文＜How + 形容詞／副詞 + 主語 + 動詞 ～ ！＞／＜What + 形容詞で修飾された名詞 + 主語 + 動詞 ～！＞「なんと～なのでしょう」正解は，1。2はWhat a beautiful house this is! ならば，正解。

(9) A：「どうもありがとうございます」／B：「どういたしまして。私ができることは他にもありますか」正解は，Not at all.「どういたしまして」の3。Is there anything else I can do? ← 目的格の関係代名詞省略＜先行詞(+ 目的格の関係代名詞)+ 主語 + 動詞＞「主語が動詞する先行詞」 1 「そのようではない」 2 「それがすべてだ」 4 「さようなら」＝ So long.

(10) A：「こんにちは。どのようなご用件でしょうか」／B：「いいえ，結構です。見ているだけですから」／A：「かしこまりました。手助けが必要な際には，おっしゃってください」正解は，店員が客に用いるせりふ 2 May I Help you?「何をさしあげましょうか，どんなご用ですか」。No, thank you.「いいえ，結構です」I'm just looking.「(ウインドーショッピングして)見ているだけです」 1 「私を助けていただけますか」 3 「電話をかけなおしていただけますか」call back「電話をかけなおす」 4 「今日は体調が良いみたいです」

(11) A：「あなたはかつて海外へ旅行をしたことがありますか」／B：「はい，フランスへ行ったことがあります」／A：それについて私にもっと話してくださいませんか」／B：「えーと，エッフェル塔を見ました。美しかったです」「海外へ行ったことがあるか」という質問に対する応答文を答える。空所の後で，「それについて私にもっと話してくださいませんか」と述べられていることから考える。正解は，3。＜Have you ever + 過去分詞 ～ ?＞「今までに～したことがあるか」現在完了(経験)の疑問文。more「もっと多く(の)」many／much の比較級 have seen「見たことがある」現在完了(経験)。 1 「はい，私はフランスへ行ってしまった」＜have gone to＞「～へ行ってしまった」現在完了(結果) 2 「いいえ，私はこれまでに海外へ旅行したことがない」haven't traveled 現在完了(経験)否定形 4 「いいえ，私は1度だけ旅行したことがあります」have traveled only once ← 現在完了(経験)

(12) A：「ねえ，あなたの宿題を終えましたか」／B：「はい，終わりました。この本が役に立ちました。使いたいですか」／A：「本当ですか？ あなたは1番(の親友)です！ どうもありがとうございます」／B：「どういたしまして。終えたら，私に返してください」 文脈から判断すること。正解は，3。have you finished your homework ? 現在完了(完了)の疑問文 best「最もよい，最もよく」good／well の最上級 1 「はい，あなたも終えるべきだと思います」should「～すべきである，するはずだ」 2 「いいえ。一緒に勉強したいですか」 4 「いいえ。つまらないので，それをすることをやめました」＜～, so …＞「～である，だから…だ」 ＜stop + 動名詞[原形 + -ing]＞「～することをやめる」

重要 II （文法：正誤問題，受動態，接続詞，助動詞，分詞，比較）

(1) 「私の時計は壊れているので，私はそれを買わなければならない」4の it だと，the watch で，壊れた時計そのものを指すことになってしまう。正しくは，one(前出の同種類である a[an]+単数単語を指す)を使わなければならない(My watch is broken, so I have to buy one.)。is broken ← ＜be動詞 + 過去分詞＞受動態「～される，されている」＜～, so …＞「～である，だから…だ」＜have + to不定詞＞「～しなければならない，～であるに違いない」

(2)「そのニュースに私はとても驚いた」ものが人に対して,「わくわくさせる」場合は exciting だが,人が物事に驚く場合には excited である。正しくは,I was very excited at the news. である。

(3)「ケンは私のおよそ2倍多く本を持っている」正しくは,Ken has about twice as many books as I do. とならなければならない。<倍数 + as ~ as…>「…のX倍~」

Ⅲ (文法:語句整序,不定詞,助動詞)

(1) (I) am too busy to go shopping(now.) <too + 形容詞 + to不定詞>「~[形容詞]しすぎて,…[不定詞]できない」go shopping「買い物へ行く」

(2) (When I was a boy,)I would often play chess with my dad(.) <would(+ often)+ 原形> 過去習慣「よく~したものだ」

(3) (Can)you lend me something to write with(?) <lend + 人 + もの>「人にものを貸す」something to write with「筆記用具」← <名詞 + to不定詞>不定詞の形容詞的用法「~するための名詞」

基本 **Ⅳ (話し方・聞き方:強勢,付加疑問文)**

(1) A:「あの男性はジュリアの弟[お兄さん]ですよね」/B:「いいえ。彼はケイトの弟[お兄さん]です」ジュリアではなくて,ケイトの弟[お兄さん]だと答えているので,最も強く発音されるのは,Kate'sの3。<肯定,否定疑問文の短縮形>付加疑問文「~ですよね」

(2) A:「この夏休みに,あなたはどこかに行きましたか」/B:「私は友達とディズニーランドへ行きました」どこに行ったかを尋ねられているので,行き先を述べている3 Disneyland が最も強く発音される。

(3) A:「この新しい映画を見ませんか」/B:「ごめんなさい,でも,私はホラー映画が好きではありません。このコメディー映画はいかがですか」ホラー映画が好きではないので,コメディー映画を見ることを提案しているので,最も強く発音されるのは,horror の4。<Why don't you + 原形 ~ ?>「~してはどうですか,~しませんか」(提案)

Ⅴ (会話文問題:語句補充・選択,内容吟味,要旨把握,関係代名詞,前置詞,動名詞,比較)

(全訳) A:関西地方への修学旅行はいかがでしたか。/B:すばらしかったです! 私たちは火曜日には京都へ行きました。/A:多くの寺へ行きましたか。/ええ。それらの中で,金閣寺が最も印象的でした。私はそのような美しい寺を見たことがありません。/A:その寺が,初日にあなた方が訪れた最初の場所でしたか。/B:いいえ,違います。私たちは最初に円山公園を訪れて,そこで昼食を食べました。/A:旅行の間に,あなた方は奈良公園へ行きませんでしたか。/B:行きました。翌日,私たちはそこへ行きました。でも,その前に,広隆寺の近くの東映映画村を見学して楽しみました。その後に,広隆寺へ行き,そして,奈良公園を訪れました。/A:そこであなたは興奮したのではないでしょうか。あなたは映画が好きなので。/B:はい。そして,旅行の3日目に,私たちはバスで大阪城へ行き,戦国時代について多くを学びました。/A:あっ,あなた方は大阪の大きな水族館にも行きましたか。/B:ええ,もちろんです。城へ行く前に,私たちはそこへ行きました。夜には,有名なレストランで夕食を食べました。最終日には,関西空港で私たちは写真を撮りました。東京に着いた後に,私たちは帰宅しました。/A:成田空港ということですか。/B:いいえ,羽田空港でした。/A:あっ,なるほど。どの場所が一番気に入りましたか。/B:えーと,言うのは難しいですが,奈良公園が最も良い場所だと私は思います。とても美しかったです。

	初日	2日目	3日目	4日目
朝 ↓ 夜	関西空港へ到着	26 を訪問	水族館を訪問	写真撮影
	25 を訪問	4つ目の場所を訪問	27 を訪問	28 に到着
	第2の場所を訪問	5つ目の場所を訪問	レストランで夕食	帰宅

基本 (1) 25 「金閣寺が初日に訪れた最初の場所でしたか」→「いいえ。最初に円山公園へ行き昼食を食べました」とあるので，正解は，1 「円山公園」。the first place you visited ← 目的格の関係代名詞の省略<先行詞(＋目的格の関係代名詞)＋主語＋動詞>「主語が動詞する先行詞」

26 「旅行中に奈良公園へ行きませんでしたか」→「行きました。翌日，行きました。でも，その前に，広隆寺の近くの東映映画村を歩いて楽しみました。その後，広隆寺へ行き，そして，奈良公園へ行きました」したがって，正解は，6 「東映映画村」。

27 「旅行の3日目に，バスで大阪城へ行き，戦国時代について多くを学びました」→「大阪の大きな水族館にも行きましたか」→「ええ，もちろんです。城へ行く前に，私たちはそこへ行きました」よって，正解は，5 「大阪城」。<by＋乗り物>「(交通手段)で」before going ← <前置詞＋動名詞[原形＋-ing]>

28 On the last day, we took a photo at Kansai Airport. After arriving in Tokyo, we went home. → You mean Narita Airport? → No, it was Haneda. なので，正解は，8 「羽田空港」。after arriving ← <前置詞＋動名詞[原形＋-ing]>

基本 (2) We went to Kyoto on Tuesday. と述べられて，初日に，円山公園や金閣寺を訪問したことが述べられている。2日目に奈良，3日目に大阪を訪問した後に，帰宅したのは第4日目なので，正解は，5 Friday「金曜日」。1 「月曜日」 2 「火曜日」 3 「水曜日」 4 「木曜日」

重要 (3) 1 「少女は円山公園よりも奈良公園を気に入っている」(○) 少女は最後に I think Nara Park was the best place. と述べているので，合致。like A more than B「BよりもAの方が好き」more「もっと多く(の)」many／much の比較級 best「最もよい，最もよく」good／well の最上級 2 「少年が映画を好きである」(×) 映画が好きなのは少女。 3 「少女は高校生である」(×) 少女は school trip へ行った，としか述べられていない。 4 「少女は金閣寺の近くの東映映画村を訪れた」(×) we enjoyed walking around Toei Movie Land near Koryuji. とあり，東映映画村の近くにあるのは広隆寺である。<enjoy＋動名詞>「～することを楽しむ」 5 「修学旅行中に，少女はたった2つの府県のみを訪れた」(×) 少女が訪れたのは，京都・奈良・大阪の3府県である。 6 「大阪城で，戦国時代について学ぶことができる」(○) we visited Osaka Castle by bus and learned a lot about the *sengoku* period とあるので，合致。<by＋乗り物>「(交通手段)で」a lot「多く」

Ⅵ (長文読解問題・論説文：語句解釈，内容吟味，要旨把握，受動態，分詞，比較，動名詞，助動詞，関係代名詞，現在完了)

(全訳) 照明を照らされた建物，特に多くのガラスに覆われた建物に飛び込み，毎年，多くの鳥が命を落としている。夜間の人工の照明は渡り鳥にとって危険である，と多くの人々が言う。それらの鳥は，しばしばガラスの建物に飛び込んでしまう―そして，それらの鳥には，明かりがガラスの向こう側にあることがわからない。

このことを阻止するために，鳥を救おうという多くの運動が，全米の都市で実施されている。リズベート・フースは *Light Out DC* と呼ばれる運動の指導者である。毎日，日の出前に，ボランティアはワシントンの繁華街を6キロ移動する。これらのボランティアの多くが，アマチュアの野鳥観察家である。猫やきつねのような捕食者によって食べられてしまう前に，彼らは建物のわきを歩き回り，落下した鳥を回収するのである。

その地域には渡り鳥にとって危険な多くの建物がある，とフースは言う。大きなサイズのガラスに夜間明かりがともされ，建物中には植物も配置されている。鳥がそれを見て，だが，ガラスは目に入らず，窓に衝突してしまうのである。しかも，鳥はしばしば明かりに向かって飛ぶ習性がある。別の問題も存在している。ある人々によると，夜間，星を利用しながら，鳥は飛翔するという。しかし，明かりが星を隠してしまうので，鳥が星を見ることが困難になってしまう。

lights Out DC 運動は，春や秋といった最大の渡りの季節には，夜間，建物の照明を消すべきである，と唱える。「それらのほとんどは小鳥です。鳥にとって，夜間，飛ぶことには，多くの利点があります。捕食者に攻撃される危険や気温の上昇が抑えられるのです。夜間，上空には多くのものが存在していないので，鳥はより簡単に飛ぶことができます」

Light Out DC 運動が始まってから10年経過している。彼女のグループはある程度の成功をおさめている，とフースは言う。また，多くの社屋の入ったビルのひとつが(3)彼女らの要求に同意してくれている，とも彼女は言う。「彼らがそのことをしてくれたので，この地域での鳥の死の数が劇的に減少しています」

やや難 (1)　下線部(1)を含む文は，「＿(1)＿された建物，特に多くのガラスに覆われた建物に飛び込み，毎年，多くの鳥が都市で命を落としている」の意。その後続文で Many people say artificial lights at night are dangerous to migratory birds. They often fly into glass buildings – and they don't know the lights is on the other side. と，照明の危険性について述べられている点から考えること。なお，illuminate は「を照らし出す，明るくする」の意。are killed ← 受動態<be動詞＋過去分詞>「～される，されている」illuminated buildings／ones covered with ←<名詞＋過去分詞＋他の語句>「～された名詞」過去分詞の形容詞的用法　ones 前に出た名詞の代わりに使う one の複数形。ここでは buildings の代用。

やや難 (2)　advantage「有利な点，強み，利益」第3段落最後から第2文目に Some people say that birds fly using the stars at night. とあり，また，下線部(2)の後続文に There is less risk of being attacked by predators and less thermal upheaval. とあることから，考えること。 1・2・4がすべてメリットとして述べられているので，正解は残りの3。using「使いながら」(現在分詞)less「もっと少ない，もっと少なく」little の比較級　of being attacked ← <前置詞＋動名詞の受動態[being＋過去分詞]>

やや難 (3)　第4段落第1文に The Lights Out DC movement says that people should turn off lights of the buildings at night in the biggest migratory periods, which are the spring and fall. とあり，彼らの要求[their request]が何であるか，ここから読み取れる。should「~すべきである，するはずだ」turn off「消す」biggest「最も大きい」big の最上級 <～, which…>関係代名詞の非制限用法[継続用法]（関係代名詞の前にコンマ[,]がついた形）

重要 (4)　1　第2段落第4文に Many of the volunteers are amateur bird-watchers. とあるので，不一致。 2　第4段落第2文に Most of them are small birds. とあり，them は渡り鳥を指すので，一致。 3　最終文に the number of bird deaths at this area has been decreasing so much. とあり，鳥の死が減っているのは，Lights Out DC 運動が実施されている一部の地域に限定されているので，不適。<have[has]been＋現在分詞[原形＋-ng]>「～している」動作動詞の継続。 4　第1段落第2・3文に artificial lights at night are dangerous to migratory birds. They often fly into glass buildings – and they don't know the light is on the other side.／第3段落第4文に And birds often fly into the lights. と述べられており，鳥が向かうのはガラ

スではなくて，明かりであることがわかる。 5 第3段落第4文に And birds often fly into the lights. とあり，一致している。 6 メンバーが歩くのは，夜明け前(every day before sunrise)である(第2段落第3文)。

VII (長文読解問題・物語文：要旨把握，内容吟味，受動態，進行形，動名詞)

(全訳) シャーロックホームズは，驚くべき能力を持つ有名な探偵である。彼は一見して，その人の経歴を告げることができる。男性の日焼けした首と光り輝く靴を見て，「あなたはインドで働いていましたよね」と彼は言うことができる。微笑む女性の目をただ見るだけで，「あなたは微笑んでいるご婦人ですが，ひどく心配を抱えていますね。何かできることがあればおっしゃってください」と彼女に言うことができる。

この有名な探偵に関するこれらのわくわくする物語は，英国の作家，サー・アーサー・コナン・ドイルによって書かれた。彼がシャーロックホームズを作り出したのである。

ある日，サー・アーサーが，パリの駅からタクシーに乗車していた。彼はホテルへ向かっていた。彼はホテルへ着くと，タクシーから降りて，運転手へお金を支払った。お金が支払われる際に，運転手は言った。「どうもありがとうございます，サー・アーサー・コナン・ドイル様」

サー・アーサーは驚いて，尋ねた，「どうして私のことがわかったのですか。私はあなたに私の名前を告げていません」

「それはとても単純なことでした」笑みを浮かべた運転手は言った。「あなたがフランスの南部にいる，ということを昨日の新聞で私は読みました。あなたの電車はちょうど南フランスからやって来ました。同時に，あなたの髪の毛が南フランスの床屋によって切られた，ということにも気づきました。あなたの洋服，特に，あなたの帽子と黒い雨傘が，あなたがイギリス人であることを私に告げました。したがって，あなたがそれらのわくわくする探偵物語の作者であることを，私は言うことができたのです」

「あなた自身が素晴らしい探偵ですね」とサー・アーサーは言った。「それだけの数少ないヒントだけで，本当に私だとわかったのですか」

「そうですね」タクシー運転手が答えた。「かばんのあなたの名前が目に入ったのです。それが良いヒントとなったのです」

やや難 (1) 「物語に関して正しい主張はどれですか」 1 「シャーロックホームズはロンドン出身である」(×) 記述ナシ。<be動詞 + from>「～出身である」 2 「シャーロックホームズは実在の人物ではない」(○) 第2段落に一致。were written ← <be動詞 + 過去分詞>受動態「～される，されている」 3 「サー・アーサーはフランスで働いた」(×) フランスの旅行中の話は描かれているが，実際にフランスで働いていたわけではない。 4 「サー・アーサーはホテルでタクシーに乗った」(×) 第3段落第1・2文に One day Sir Arthur was riding in a taxi from the station in Paris. He was going to a hotel. とあり，彼は駅からホテルへ向けてタクシーに乗車したことがわかる。was riding／was going ← <be動詞 + 現在分詞[原形 + -ing]>進行形「～しているところだ」

基本 (2) 「シャーロックホームズは何をすることができるか」 1 「見ただけで，人の名前を言うことができる」(×) 記述ナシ。by looking ← <前置詞 + 動名詞> 2 「見ただけで，人の感情を言うことができる」(○) 第1段落に一致。<be動詞 + able + to不定詞>「～できる」by looking ←<前置詞 + 動名詞> 3 「誰かの履歴を聞けば，名前を言うことができる」(×) 記述ナシ。 4 「洋服を見て，殺人者を見つけることができる」(×)。 記述ナシ。by seeing ← <前置詞 + 動名詞>

基本 (3) 「どうやってその男性がサー・アーサーであることをその運転手は知ったか」最後に I saw

your name on your tag. That was a good hint. と述べていることから，判断する。正解は，④「運転手はドイルのかばんに付いた名前を見た」他の選択肢は次の通り。1「運転手は探偵だった」2「運転手はサー・アーサーの髪がフランスで切られたことに気づいた」3「コナン・ドイルは帽子と黒い雨傘を持っていた」選択肢2と3に関して，確かに運転手は言及しているが，決め手となったのは4である。

重要 (4)「この物語の最も適した題名はどれか」7段落中5段落で，パリのタクシー運転手が，サー・アーサーの名前を当てた経緯が取り上げられているので，正解は，3「パリの驚くべき探偵」。この The Amazing Detective in Paris とは，運転手のことを指す。他の選択肢は次の通り。1「イギリスでのサー・アーサー・コナン・ドイルの経験」2「シャーロックホームズの驚くべき能力」4「サー・アーサーによるわくわくする物語」

★ワンポイントアドバイス★

Ⅱの正誤問題をここでは取り上げることにする。本年度は3問出題された。おのおの下線部が4箇所に付されて，誤りがある箇所を選ぶ出題形式となっている。文法問題の対策としては，実際に多くの文法演習をこなすことが大切である。

＜理科解答＞

1	問1 6	問2 4	問3 3	問4 3	問5 5
2	問1 1	問2 8	問3 6	問4 5	問5 3
3	問1 4	問2 5	問3 4	問4 2	問5 6
4	問1 4	問2 3	問3 5	問4 4	問5 3
5	問1 7	問2 3	問3 5	問4 3	
6	問1 3	問2 3	問3 2	問4 1	
7	問1 3	問2 4	問3 3	問4 2	問5 2
8	問1 4	問2 5	問3 5	問4 3	問5 2

○配点○

1 問1・問5 各2点×2 他 各3点×3 2 問1～問3 各2点×3 他 各3点×2
3 問1～問3 各2点×3 他 各3点×2 4 問1・問2 各2点×2 他 各3点×3
5 問3 4点 他 各3点×3 6 各3点×4 7 問1・問3 各2点×2 他 各3点×3
8 問1・問4・問5 各2点×3 他 各3点×2 計100点

＜理科解説＞

基本 1 (運動とエネルギー)

問1 実験2の斜面は実験1よりも緩やかなので，斜面に水平な向きに分解した分力は小さくなる。よって，6が正解である。

問2 斜面を小球が転がってる間は，一定の割合で時間が経つほどに速くなるが，水平面を小球が転がると等速直線運動を行う。

問3 重力の大きさは一定なので，アは間違いである。台Bから飛び出した小球が，最高点に達したときに持つ位置エネルギーは0.3Jより小さいので，エは間違いである。

問4　実験1，2はともに同じ高さから小球を手放したので，小球が水平な床を通過する速さは同じになる。水平な床は実験2の方が短いので，$t_1 < t_2$となる。

問5　最高点で小球にはたらく力は重力なので，5の向きである。

2　（電流と電圧）

重要　問1　同じ抵抗の電熱線が直列につながっているので，電熱線にはたらく電圧は同じである。また，直列につながっているので，電流の大きさはどこでも同じである。

重要　問2　$3.0(\mathrm{V}) = x(\Omega) \times 0.20(\mathrm{A})$より，15Ωである。

基本　問3　eに流れる電流が0.20Aであれば，fに流れる電流も0.20Aであり，d，gに流れる電流は0.40Aである。また，実験1で流れる電流は$3.0(\mathrm{V}) = 30(\Omega) \times x(\mathrm{A})$より，0.1Aである。よって，6が正解である。

基本　問4　電熱線DとEの合成抵抗は，$\frac{1}{15(\Omega)} + \frac{1}{15(\Omega)} = \frac{1}{7.5(\Omega)}$より，7.5Ωである。$7.5(\mathrm{V}) = x(\Omega) \times 0.20(\mathrm{A})$より，37.5Ωである。よって，電熱線Cの抵抗は$37.5(\Omega) - 7.5(\Omega) = 30(\Omega)$である。

基本　問5　電熱線Cには電熱線D，Eよりも大きな電流が流れている。また，電熱線D，Eには同じ大きさの電流が流れているので，$x > \mathrm{y} = \mathrm{z}$となる。

重要　3　（電気分解とイオン）

問1　クリップA側に水素イオンが移動するので，クリップA側が黄色くなる。

問2　うすい硫酸水溶液のpHは7より小さいので，5が間違いである。

問3　酸が電離した様子を表してる化学反応式は4である。

基本　問4　塩酸Aと水酸化ナトリウム水溶液Bの中和比は2：3である。よって，ア～オのうち水酸化ナトリウム水溶液Bが多くなっているのは，アとウである。

基本　問5　HCl40cm^{3}に，NaOHを加えていくので，増え続ける①はNa^+，一定量である②はCl^-，中和後ふえる③はOH^-，中和後なくなるのはH^+である。

重要　4　（化学変化と質量）

問1　酸化銅の色は黒である。

問2　銅の酸化の化学反応式は，$2Cu + O_2 \rightarrow 2CuO$である。

基本　問3　1回目の実験から$24.00(\mathrm{g}) - 23.20(\mathrm{g}) = 0.8(\mathrm{g})$の銅は，$24.20(\mathrm{g}) - 23.20(\mathrm{g}) = 1.0(\mathrm{g})$の酸化銅になるので，1.20gの銅がすべて酸化銅になると，$0.8(\mathrm{g}) : 1.0(\mathrm{g}) = 1.20(\mathrm{g}) : x(\mathrm{g})$より，1.50gになる。

問4　酸素が銅から炭素に移ったので，物質は還元されたことがわかる。銅の還元により二酸化炭素が発生したので，石灰水は白くにごる。

問5　3は加熱による熱分解である。

5　（植物・動物の体のしくみ）

基本　問1　倍率が4番目に大きくなるのは，接眼レンズが15倍，対物レンズが7倍のときである。

基本　問2　ヒトのほおの内側の細胞にも，オオカナダモの葉の細胞にも，どちらも無色透明な構造が見られる。オオカナダモの葉の細胞には染色せずに色がついている構造(葉緑体)があるが，ヒトのほおの内側の細胞にはない。ヒトのほおの内側の細胞にも，オオカナダモの葉の細胞にも，酢酸オルセイン溶液によって染色される共通の構造(核)がある。よって，3が正解である。

重要　問3　オオカナダモの葉の細胞には，葉緑体と液胞の2つの細胞質が見られる。それらの大きさを大きい順に並べると，液胞＞核＞葉緑体の順となる。

重要　問4　単細胞生物のみが書かれているのは3である。

重要　6　（生物どうしのつながり）

問1　Cは生産者(植物)，Bは消費者(草食動物)，Aは消費者(肉食動物)である。

問2　Aが増えるとCは減り，Aが減るとCは増え始める3のグラフが正解である。

問3　エゾシカが乱獲され，これによりエゾオオカミの食料が減った。そのため，エゾオオカミは入植した人々の家畜を襲うようになり，ヒトはエゾオオカミを絶滅させた。ヒグマは雑食性のため，エゾシカの天敵にはならず，エゾシカが増加するといった生態系の乱れが北海道ではみられる。

問4　問3の説明にあう図は，1である。

重要 **7**　（天気の変化）

問1　図2から気温25℃のときに雲ができ始めるので，A地点での空気のかたまりの露点は25℃である。

問2　A地点は30℃なので，湿度は$\frac{23.0(\mathrm{g/cm^3})}{30.3(\mathrm{g/cm^3})}\times 100=75.90\cdots$より，75.9%である。

問3　上空に上がるほど気圧が低くなり，空気のかたまりが膨張し，気温が下がって露点に達し，水蒸気が凝結して水滴になるため，上昇気流が起こるところでは雲ができやすい。

問4　C地点は20℃なので，1$\mathrm{m^3}$の空気に含まれる水蒸気の質量は表1より，17.2$\mathrm{g/cm^3}$である。

問5　D地点は35℃なので，湿度は$\frac{17.2(\mathrm{g/cm^3})}{39.5(\mathrm{g/cm^3})}\times 100=43.54\cdots$より，最も近い2である。

重要 **8**　（地球と太陽系）

問1　月のクレーターは隕石が衝突したあとである。

基本 問2　2022年11月8日に皆既月食が見られるので，2022年11月8日の月は満月である。よって，2022年11月15日は，満月の7日後なので下弦の月である。よって，オの位置に月がある。

問3　月食は，満月が地球の影に入り込み見られる現象である。よって，月食中に見える欠けた部分は地球の影である。

問4　月の公転周期と自転周期が同じであるため，地球から見ると月はいつも同じ面を地球に向けている。

問5　上弦の月は，正午ごろ東の空から出て，真夜中南中し，明け方西の空に沈む。

★ワンポイントアドバイス★

問題文と表や説明文を読み比べ，整理して考えよう。

<社会解答>

1 問1 3 問2 2 問3 4 問4 2
2 問1 3 問2 1 問3 3 問4 4
3 問1 3 問2 4 問3 1 問4 2 問5 3 問6 4 問7 1
4 問1 3 問2 3 問3 3 問4 2 問5 3
5 問1 4 問2 4 問3 2 問4 3 問5 4 問6 2 問7 4 問8 2
6 問1 2 問2 1
7 問1 4 問2 3 問3 3 問4 4 問5 2 問6 2 問7 1
8 問1 3 問2 1 問3 4 問4 3
9 問1 3 問2 4 問3 2 問4 2

○配点○

1 問2 3点 他 各2点×3 2 各2点×4 3 問3・問5 各3点×2 他 各2点×5 4 問4 3点 他 各2点×4 5 問2・問8 各3点×2 他 各2点×6 6 問1 3点 問2 2点 7 問4 3点 他 各2点×6 8 問3 3点 他 各2点×3 9 問2 3点 他 各2点×3 計100点

<社会解説>

1 （地理―基礎的知識）

問1 3 フィリピンの首都はマニラ。ハノイが首都なのはベトナム。

重要 問2 2 海洋と陸地の比は海洋が7で陸地が3。等高線の5本ごとに1本太く書かれているのが計曲線で，50mごとになるのは25000分の1の縮尺の地形図。50000分の1の縮尺なら計曲線の高低差の感覚は100mになる。

問3 4 サバナ気候は熱帯の雨季と乾季とがはっきりしているもので，サバナと呼ばれる丈の高い草が生えていてまばらに木もある草原がみられる。1は熱帯雨林のジャングル，2は地中海性気候の地域のぶどう畑，3は乾燥帯のステップ気候にあるモンゴルのパオと呼ばれるテント。

基本 問4 2 茨城県の県庁所在地は水戸市。前橋市が県庁所在地なのは群馬県。

2 （地理－オセアニア）

問1 3 オーストラリア大陸の大半は乾燥した土地で，3分の2は砂漠になっている。

問2 1 オーストラリアはかつては羊毛や肉類などの輸出が中心の国であったが，現在では鉄鉱石や石炭，天然ガスなどの輸出が多くなっている。

問3 3 石炭の産出量が多い順に中国，インド，インドネシア，オーストラリア，ロシアとなる。鉄鉱石の産出量が多い順にオーストラリア，ブラジル，中国，インド，ロシアとなる。

重要 問4 4 オーストラリアの先住民はアボリジニと呼ばれる。マオリはニュージーランドの先住民。オーストラリアでかつてとられていた白豪主義政策はヨーロッパ系以外の移民は制限するもの。オーストラリアの貿易相手国で現在最大のものは中国。

3 （日本の地理－中国四国地方）

基本 問1 3 中国地方は日本海側に山陰，その南の瀬戸内海側が山陽とよばれる。

問2 4 山陰地方で北西から吹くのは冬のユーラシア大陸からの季節風。

やや難 問3 1 本州四国連絡橋は現在3つのルートがあり，神戸と徳島県の鳴門を結ぶルートには明石海峡大橋と大鳴門橋，岡山県の児島と香川県の坂出を結ぶルートには瀬戸大橋があり，広島県の尾道と愛媛県の今治を結ぶルートはしまなみ海道と呼ばれ途中の島を結んで複数の橋がある。

重要 問4　2　中国四国地方では夏の南東季節風は太平洋側の南四国には雨をもたらすが，四国山地を超えた季節風は瀬戸内や山陰には乾いた風となって吹き，冬の北西季節風が日本海側に雪をもたらし，中国山地を超えた季節風は瀬戸内や南四国には乾いた風となって吹く。

問5　3　瀬戸内地方の中心都市は広島市。みかんの収穫量が日本で第2位なのは愛媛県。

問6　4　広島市は太田川の三角州に広がる。有名な原爆ドームは太田川の支流の元安川に面していて，原爆は原爆ドームのそばの橋の上空で爆発するように投下された。

問7　1　鳥取で有名なのは日本なしや砂地で栽培するらっきょうなど。

4　（日本と世界の歴史―近現代史に関連する様々な問題）

問1　3　枢軸国側はいわゆる三国同盟側。イタリア，ドイツ，日本の他にフィンランドやハンガリー，ルーマニア，ブルガリア，スロヴァキア。残りの選択肢はすべて連合国側。

重要 問2　3　イ　1939年8月→ア　1941年4月→ウ　1945年7月の順。

問3　3　大西洋憲章は1941年8月にアメリカのフランクリン・ルーズベルト大統領とイギリスのチャーチル首相が大西洋上の船で会談をもち，発表したもの。マルタ会談は1989年12月にアメリカのブッシュ（父)大統領とソ連のゴルバチョフ書記長との間でもたれた会談。

問4　2　中国の共産党の最高指導者として中華人民共和国の建国宣言をしたのが毛沢東。蔣介石は国共内戦で敗れて台湾に逃れた中華民国のトップ。袁世凱は孫文と協力して辛亥革命で清の最後の皇帝の宣統帝を退位させ，新しくできた中華民国では大総統となり皇帝になろうとして失敗した人物。

重要 問5　3の場所は日露戦争のポーツマス条約で日本がロシアから得るもの。

5　（日本の歴史―平清盛に関連する問題）

問1　4　御成敗式目を制定するのは三代目執権の北条泰時。御成敗式目が制定されたときには既に実朝はいない。

問2　4　平清盛の頃の中国の王朝は宋。唐が滅びた後，一時中国の中でいくつかの王朝が並立する状態になるがそれを宋がまとめる。ただ宋も中国の北にいる騎馬民族に南に押しやられ，最終的にはモンゴル族が侵入し宋が消滅し元朝が立つ。元の後が明，明の後が清と続く。

問3　2　水城は672年の白村江の戦いの後に，唐や新羅が攻めてくることを恐れ大宰府のところの水辺に築いた防衛用の城塞のようなもの。

重要 問4　3　1995年の1月に阪神淡路大震災が起こり，神戸が甚大な被害を受けた。

問5　4　天武天皇の治世のこと以外を選ぶ。4は聖武天皇のもの。

基本 問6　2　大規模な中国風の都としてまず持統天皇の時代に藤原京が造営され，その後，元明天皇の時代に藤原京の北に平城京が造営された。

やや難 問7　4　ここでは1，2，3の選択肢の内容はあり得ない。

問8　2　平清盛が平家一門で朝廷の中の官職を独占していった際に，藤原氏がとっていた方法と同様に娘を天皇に嫁がせ，生まれた子を次の天皇に立てて自分は外戚として権力を握るということをやっている。娘の徳子の子の安徳天皇は壇ノ浦で死んだ。

6　（日本と世界の歴史―宗教に関連する文化史）

問1　2　写真は土偶。土偶は女性を模ったものとされ，女性が子を産むことになぞらえ獲物の動物がたくさん生まれることなどを祈ったのではないかとされる。

基本 問2　1　シャカの死後時間がたつと仏教のありがたい教えがすたれてきて末法の世になるとされ，死後に生まれ変わり極楽浄土へ行けることを阿弥陀如来に祈る浄土信仰が平安時代半ばにさかんになり，そのため平安時代には阿弥陀仏をまつった寺院が数多く京都につくられた。

7　（公民―基本的な事柄に関連する問題）

やや難　問1　4　大日本帝国憲法には地方自治の規定はない。そもそも地方自治という概念は戦前にはない。

問2　3の内容は文民統制に関するもので国民主権とは無関係。

問3　3　人権の保障を法律の範囲内としていたのは大日本帝国憲法。現在の憲法の人権は侵すことのできない永久の権利とはされるが，公共の福祉に反しないという制約はある。また現在の憲法では平等権は保障されてはいるが，さまざまな差別がなくなったとは言いにくい。

重要　問4　4　日本は唯一の核兵器による被爆国であり，非核三原則も掲げてはいるが，核兵器禁止条約にはアメリカの核の傘下にあるということで批准していない。

問5　2　有権者の資格制限がほとんどないのが普通選挙。財産や性別などの制限があるのは制限選挙。平等選挙は一人一票というもの。有権者が直接投票を行い代表者を選ぶのが直接選挙。代表者などを通して選挙を行うのは間接選挙。誰がどの候補者に票を投じたのかをわからないようにするのが秘密選挙。

基本　問6　2　小選挙区制は，少数派よりも多数派に有利なしくみで，大政党が政権を維持しやすいので政局は安定することが多い。

やや難　問7　1　最高裁は衆議院議員総選挙，参議院議員選挙のいずれにおいても今までに一票の格差がありすぎるということで違憲という判決を下したことはある。海外在住日本人の参政権に関しては，かつては比例代表制の投票のみを認めていたが，現在では在外選挙人名簿に登録されている人は郵便もしくは大使館などの公館での投票で選挙区の投票も認められている。

8　（公民―経済）

問1　3　2009年のリーマンショックに始まる世界同時不況の際に，日本でも各地で企業が経営規模を縮小し，非正規雇用者の解雇が問題となった。

問2　1　少子高齢化を緩和するためには，若い世代の夫婦で子どもを産んだり育てたりしやすい環境を整えることが重要なので，子どもがいて児童手当を受けている人から徴税するのでは逆効果。

重要　問3　4　需要供給曲線は縦軸に金額，横軸に数量をとったグラフで右上がりになる線が供給を示すもので，右下がりになるのが需要を示すもの。生産量が増えるのであれば供給をより安価で大量にできるようになるので，供給曲線が右にシフトする。供給曲線が右に動くことで需要曲線との交点は右下へと動き，従来よりも安い価格でより多くの商品が取引されるようになる。

問4　1の内容は労働組合法。2は1日8時間週40時間。4は最低週1日以上。

9　（公民―国際社会）

問1　3　排他的経済水域は海岸線から200海里以内。

基本　問2　1はアメリカではなくロシア，2は日本の南端は沖ノ鳥島で南鳥島は東端，3は鳥取県ではなく島根県。

重要　問3　2　国連安保理の重要事項の決議は常任理事国5か国を含む9カ国以上の賛成が必要。

問4　1はイラクではなくカンボジア。3はインド・パキスタンのような紛争のある国々の間に入って引き離したり，監視したりする任務には自衛隊はついていない。4はアフガニスタンへの自衛隊のPKO派遣は今までにはないので誤り。

★ワンポイントアドバイス★

時間に対して，小問数がやや多く，読む量も多いので，要領よく解いていくことが必要。正誤の選択の両方があるので，問題の指示をしっかりと把握し，選択肢を選んでいくことが大事。選びづらい時には消去法で考えてみる。

＜国語解答＞

一 問一 a 5 b 3 問二 2 問三 4 問四 Ⅰ 2 Ⅱ 4 Ⅲ 6
問五 2 問六 2 問七 1 問八 3

二 問一 a 2 b 3 c 5 問二 i 3 ii 1 問三 2 問四 1
問五 5 問六 4 問七 2 問八 4

三 問一 3 問二 1 問三 2 問四 4 問五 2 問六 5

○配点○

一 問一 各2点×2 問四 各3点×3 問五・問六・問七 各5点×3 他 各4点×3

二 問一 各2点×3 問四・問八 各4点×2 問五・問六 各5点×2 他 各3点×4

三 問一・問四 各5点×2 問二・問六 各3点×2 他 各4点×2 計100点

＜国語解説＞

一 （論説文―漢字，内容理解，空欄補充，接続語，要旨）

問一 a 「踏み」が正しい。1 「灯台」，2 「統率」，3 「透明」，4 「登頂」，5 「踏破」。
b 「雇われて」が正しい。1 「一戸」，2 「文庫」，3 「雇用」，4 「呼吸」，5 「孤独」。

問二 最初の五つの段落に述べられている内容が，2に合う。

問三 「孔子は，しかしこの牛は私の前を通っているから哀れに思って助けるのだと答える」とあることに注目。さらにそのあとに続く説明をふまえると，4が正しい。

基本 問四 Ⅰ 空欄の前の内容の具体例を空欄のあとで挙げているので，「たとえば」が入る。
Ⅱ 「なぜ……いるか」というつながり。 Ⅲ 空欄の前が原因，あとが結果になっているので，順接の接続語が入る。

問五 傍線部Cについて，あとに「自分の物理的な死よりももっと大事なもの，生命よりももっと大事なのは自分の俳優としての誇りです」と述べられており，この内容が2に合う。

問六 「パン」はここでは，生活の糧，という意味を表している。

やや難 問七 傍線部Eのあとの説明と，直後の段落の内容が1に合致している。

重要 問八 アスカさん，ケンイチさん，シオリさんの3人が正しく理解している。

二 （小説―漢字，語句の意味，空欄補充，慣用句，表現理解，心情理解，内容理解）

問一 a 「歓迎」が正しい。1 「勧誘」，2 「歓心」，3 「間隔」，4 「堪忍」，5 「観劇」。
b 「穏当」が正しい。1 「温厚」，2 「報恩」，3 「不穏」，4 「同音」，5 「隠密」。
c 「構築」が正しい。1 「講堂」，2 「巧妙」，3 「耕作」，4 「口頭」，5 「機構」。

基本 問二 i 心中をさらけ出して隠さない様子。 ii 「冷やかす」には別に，相手が恥ずかしがったり当惑したりすることを言ってからかう，という意味もある。

問三 「似ても似つかない」は，全く似ていない，という意味。

重要 問四 「ひろやか」は，ひろびろとしていること。菅は，鳥井から「平凡」「天然」「ときどき意識がボンヤリしている」といったきついことを言われても，「傷つくようでもなく，たんたんとビールを飲んだ」とあることから，おおらかな性格であることがわかる。

問五 傍線部イのあとに続く内容が，5に合致している。

問六 バドミントンの試合のあと，「すこし集中を副交感神経にあずけて……鳥井の気配が記憶を刺激して，『もしかして，鳥井くん？』といった」とあることに注目。

問七 菅と鳥井は，小学校のときも，社会人になってからも，一緒にスポーツをしている。

やや難 問八 「鳥井は中学時に，菅は高校時にバドミントン部に所属し，それぞれ違う時期にスポーツをやっていた。菅は中学はバレーで大学はスケート，鳥井は高校大学でダンスをやっていた」とあり，二人は社会人になるまで，それぞれ異なるスポーツをやってきたが，小学校のときの「ポートボール」の思い出が共通している。

三 （古文―動作主，語句の意味，内容理解，文学史）

〈口語訳〉 Ⅰ 今となっては昔のことだが，貫之が土佐の国守になって(土佐に)下っていたときに，任期が果てた年，七，八歳ぐらいの子で，言いようもなくかわいらしい子を，この上なくかわいがっていたが，(その子が)しばらく病を患って亡くなったので，(貫之は)泣き悲しんで，病気になってしまうほど思い続けているうちに，数か月たってしまったので，「こうしているだけではよくない。京に帰ろう」と思うが，「子がここでこんなことをしていたなあ」など，思い出され，とても悲しかったので，柱に書きつけた。

都へ帰らなくてはと思うたびに悲しくなるのは，自分と一緒に帰らない人がいるからだ。

と書きつけた歌が，最近まで残っていた。

Ⅱ 二十四日。高僧が，馬のはなむけをしにおいでになった。身分が高い者も身分が低い者も全員が，子供まで酔っぱらって，一という文字さえ知らない者が，その足は十という文字を調子をとって足踏みをして楽しんでいる。

二十五日。国守の館から，招待の手紙を(使いが)持ってきた。招かれていき，一日中，一晩中，あれこれ遊ぶようにして，夜が明けてしまった。

《中略》

二十七日。大津から浦戸をめざして漕ぎ出す。このようにしているうちにも，京で生まれた娘が，この国で急に死んでしまい，出発の準備を見ているうちに，何も言わず。帰京に際して，娘がいないのが，悲しく恋しく思う。居合わせていた人々も耐えることができない。この間に，ある人が書いて出した歌，

京へ帰ろうと思うものの，悲しいのは一緒に帰ることができない人がいるからだ。

また，あるときには，

まだ生きているものだと，(死んでしまったことを)忘れて，亡くなった人を，どこにいるのかと尋ねるのは悲しいことであるよ。

と言っているうちに，鹿児崎という所に，国守の兄弟や他の人たち，誰かれが酒などを持って追ってきて，磯に下りて座り，別れがたいことを言う。

基本 問一 ⅰ かわいらしいのは「子」である。 ⅱ 子をかわいがっていたのは「貫之」である。
ⅲ 子のことを思い出しているのは「貫之」である。

問二 ここ数か月の間ということ。

問三 「泣き惑ひて，病づくばかり思ひこがるる」という状態に注目する。

問四 「京にて生まれたりし女子，国にてにはかに亡せにしかば」に注目。

重要 問五 Ⅰは『宇治拾遺物語』，Ⅱは『土佐日記』である。

問六 紀貫之(868～945年)は平安前期の歌人・歌学者。『古今和歌集』の撰者。正岡子規(1867～1902年)は俳人・歌人。

★ワンポイントアドバイス★

読解問題として現代文が二題と古文が出題され，読み取りのほかに漢字，語句の意味，文学史の知識を問う問題などが出題されている。ふだんから，長文を読むことに慣れ，国語辞典・漢和辞典を活用しながら基礎力を保持しよう！

2021年度

★★★★★★★★★★★★★★★★★★★★★★★★★★

入　試　問　題

2021年度

札幌第一高等学校入試問題

【数　学】（50分）〈満点：60点〉

【注意】※　答えが分数で表されるときは，それ以上約分できない形で答えなさい。

※　答えが比で表されるときは，最も簡単な整数比で答えなさい。

1　次の□に当てはまる数値を求めなさい。

(1)　連立方程式 $\begin{cases} \dfrac{1}{8}x+\dfrac{1}{8}y=\dfrac{1}{2} \\ 4x+12y=24 \end{cases}$ を解くと，$x=$ 1 ，$y=$ 2 である。

(2)　方程式 $x^2-3\sqrt{3}x+6=0$ を解くと，$x=\sqrt{\boxed{3}}$，$\boxed{4}\sqrt{\boxed{5}}$ である。

(3)　$\sqrt{91}\times\sqrt{65}=\boxed{6}\boxed{7}\sqrt{\boxed{8}\boxed{9}}$ である。

(4)　図のように長方形を線分ABで折り返した。$x=$ 10 11 12 °である。

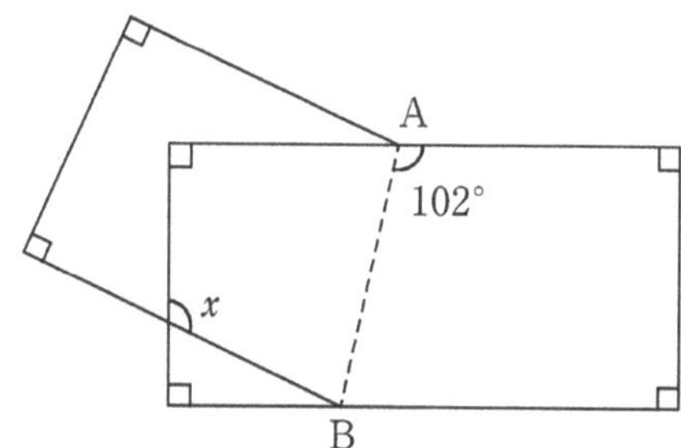

(5)　関数 $y=2x^2$ において x が a から $a+2$ まで増加したときの変化の割合は10であった。このときの a の値は $\dfrac{\boxed{13}}{\boxed{14}}$ である。

2　次の同じ性能をもった2台の印刷機A，Bで印刷する。

・最初と最後の5分間は，設定速度に関係なく毎分10枚の速度で印刷して終了する。

・最初と最後の5分間以外の時間では，印刷の速度を毎分10枚から50枚までの範囲で設定できる。

このとき，

(1)　1台の印刷機でちょうど1000枚を印刷して終了するのに，印刷の速度を毎分50枚に設定すると 15 16 分かかる。

(2)　Aの設定速度を毎分30枚，Bの設定速度を毎分20枚とする。まずAが印刷を始め，その10分後にBが印刷を始めた。Bが印刷を始めてから1時間後にA，Bともに印刷を終了する。このとき，2つの印刷機で合わせて 17 18 19 20 枚を印刷することができる。

(3)　Aの設定速度を毎分40枚，Bの設定速度を毎分50枚とする。まずAが印刷を始め，その10分後にBが印刷を始めた。このとき，Bの印刷枚数がAの印刷枚数に追いつくのは，Bが印刷を始めて 21 22 分後である。

ただし，追いつくまではA，Bとも，それぞれの設定速度で印刷しているものとする。

3 関数$y=ax^2$のグラフ上の2点A，Bがある。ただし$a>0$とする。点A，Bのx座標はそれぞれ-3，3である。点A，Bからx軸に下した垂線とx軸との交点をそれぞれA′，B′とする。四角形AA′B′Bの面積が108である。

このとき，

(1) aの値は$\boxed{23}$である。

(2) aが(1)の値であるとき，右の図のように，関数$y=ax^2$のグラフ上に2点P，Qを，関数$y=-\dfrac{1}{a}x^2$のグラフ上に2点R，Sをそれぞれとり，長方形PQRSを作る。ただし，点Pのx座標は正で，PQはx軸に平行である。

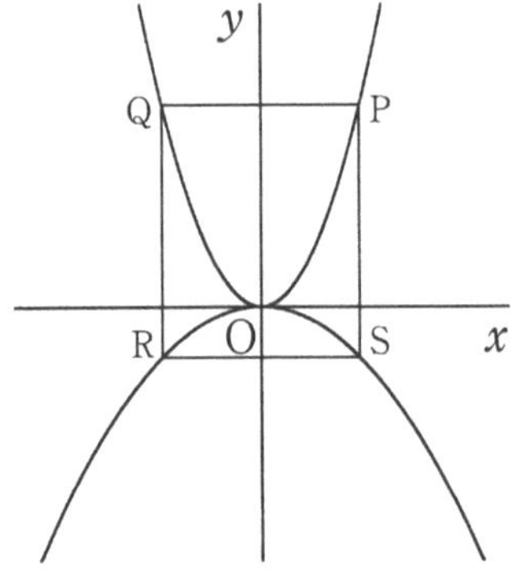

(i) 長方形PQRSが正方形になるとき，点Pのx座標は$\dfrac{\boxed{24}}{\boxed{25}}$である。

(ii) 辺PSとx軸との交点Tの座標が(4，0)のとき，点Tを通り，長方形PQRSの面積を2等分する直線の式は

$y=-\boxed{26}x+\boxed{27}\boxed{28}$

である。

4 図のような平行四辺形ABCDについて，辺BC上に点Eを取り，直線AEと直線DCの交点をFとする。

このとき，

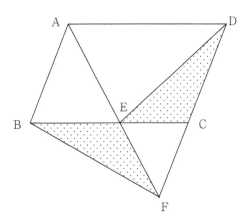

(1) △BEF＝△ECDであることを証明する。

次の空欄に入るものを以下の選択肢から選びなさい。

ただし，同じものを何度選んでもよい。

四角形ABCDは平行四辺形なので辺ADと辺BCは平行だから

△ECD＝$\boxed{29}$……①

また，辺ABと辺DCは平行だから△ABC＝$\boxed{30}$……②

である。

②において，2つの三角形は$\boxed{31}$が共通なので

△BEF＝$\boxed{32}$……③

①，③より，△BEF＝△ECDであることが証明された。

［選択肢］ $\boxed{1}$△ABE　$\boxed{2}$△ABC　$\boxed{3}$△CEF　$\boxed{4}$△ABF

$\boxed{5}$△DEF　$\boxed{6}$△BCF　$\boxed{7}$△ACE　$\boxed{8}$△ACD

(2) △ABE：△BEF＝4：3であるとする。平行四辺形ABCDの面積をSとするとき，台形AECDの面積は$\dfrac{\boxed{33}}{\boxed{34}}$S，△CEFの面積は$\dfrac{\boxed{35}}{\boxed{36}\boxed{37}}$Sである。

5 正六角形ABCDEFがある。さいころを振り，以下の作業を行う。

（作業） 1の目が出たときはAに，2の目が出たときはBに，以下同様に，3→C，4→D，
5→E，6→Fに点を打つことを何度か繰り返す。打った点は互いに結び，線分をつくる。

Aには，はじめから点が打ってあるものとする。

このとき，

(1) さいころを1回振ったとき，正六角形の辺と重なる線分ができる確率は$\frac{38}{39}$である。

(2) さいころを2回振ったとき，結んだ線分で三角形ができる確率は$\frac{40}{41}$である。

(3) さいころを2回振ったとき，結んだ線分でできる三角形の面積が正六角形ABCDEFの$\frac{1}{6}$の面積になる確率は$\frac{42}{43}$である。

【英　語】（50分）〈満点：60点〉

Ⅰ　下線部の発音が他の3つと異なるものをそれぞれ1つずつ選びなさい。

（1）1 nurse　2 first　3 heard　4 heart
解答番号 1

（2）1 exercise　2 examine　3 experience　4 excuse
解答番号 2

（3）1 strange　2 break　3 says　4 straight
解答番号 3

Ⅱ　最も強く発音する部分が他の3つと異なるものをそれぞれ1つずつ選びなさい。

（1）1 for-ward　2 ho-tel　3 break-fast　4 for-tune
解答番号 4

（2）1 con-tin-ue　2 pas-sen-ger　3 mu-si-cian　4 ba-nan-a
解答番号 5

（3）1 af-ter-noon　2 in-tro-duce　3 vol-un-teer　4 In-ter-net
解答番号 6

Ⅲ　次の英文にはそれぞれ誤りが1つあります。誤った箇所を含む下線部の番号を1つずつ選びなさい。

（1）I am looking[1] forward[2] to see[3] her again very soon[4].
解答番号 7

（2）My sister has gone[1] shopping[2] to[3] a department store[4].
解答番号 8

（3）That[1] city library has[2] much more[3] books than[4] the library in our town.
解答番号 9

Ⅳ　10 ～ 18 に当てはまる最も適切なものをそれぞれ1つずつ選びなさい。

（1）when 10 to the United States?
解答番号 10
1 have you gone　2 have you been　3 will you be　4 did you go

（2）would you 11 me the way to the station?
解答番号 11
1 say　2 tell　3 speak　4 talk

（3）My sister finished 12 the book.
解答番号 12
1 read　2 reading　3 to read　4 to reading

（4）This shirt is too small for me. Please show me 13 .
解答番号 13
1 another　2 other　3 the other　4 it

（5）"Hello, this is Mark. Can I speak to Sheryl?"
"[14]. Hello, Mark." 解答番号 [14]
1 Sure　2 Yes　3 Speaking　4 No, you can't

（6）"Must I go there with you?"
"No, [15]." 解答番号 [15]
1 you shouldn't　2 you mustn't　3 you haven't　4 you don't have to

（7）"Have you finished your homework yet?"
"No. I [16] it this evening." 解答番号 [16]
1 will finish　2 have finished　3 am finished　4 finished

（8）"How do you cut this apple?"
"I cut it [17] a knife." 解答番号 [17]
1 in　2 through　3 by　4 with

（9）"How do you [18] Sapporo?"
"Oh, it's an interesting city, but a little cold." 解答番号 [18]
1 think　2 like　3 know　4 want

Ⅴ 次の[　　]内の語を日本語の意味に合うように並べかえた時，[19]～[24]に当てはまる語をそれぞれ選びなさい。但し，1つ不要な語が含まれています。なお，文頭にくる語の頭文字も小文字で表してあります。

（1）その戦争で何千人もの死者が出た。
＿＿ [19] ＿＿ ＿＿ [20] ＿＿ ＿＿ ＿＿.
[1 in　2 of　3 people　4 war　5 died　6 thousands　7 killed　8 that　9 were].
解答番号 [19] [20]

（2）マナミはクルミほど英語の勉強をしません。
Manami [21] ＿＿ ＿＿ ＿＿ [22] ＿＿ ＿＿ Kurumi.
Manami [1 not　2 as　3 English　4 is　5 hard　6 study　7 does　8 so] Kurumi.
解答番号 [21] [22]

（3）時間がたてば私たちのどちらが正しいかはっきりしてくる。
＿＿ ＿＿ [23] ＿＿ ＿＿ [24] ＿＿ ＿＿.
[1 us　2 time　3 is　4 clear　5 of　6 right　7 tell　8 which　9 will].
解答番号 [23] [24]

Ⅵ 次の文を意味が通る配列とするとき，[　　]に当てはまる最も適切な順番の組み合わせをそれぞれ1つずつ選びなさい。

（1）[　　]→[　　]→[　　]→[　　]→[　　]→[　　]
ア In the end, if you really get an answer to it, you will be very happy.
イ The sea will carry it far away.
ウ Then you put the bottle in the sea.
エ "Mail in a bottle" is a very old way of sending messages when you are on a ship in the sea.

オ　But it is very difficult to get an answer to a letter in a bottle.

カ　First vou Dut vour message into a bottle, and vou close the bottle.

解答番号 25

1 エ→カ→ア→ウ→イ→オ　　2 エ→カ→イ→ア→オ→ウ
3 エ→カ→ウ→イ→オ→ア　　4 エ→カ→オ→ウ→ア→イ
5 カ→ア→イ→ウ→エ→オ　　6 カ→ア→イ→オ→エ→ウ
7 カ→ウ→オ→ア→エ→イ　　8 カ→ウ→オ→イ→エ→ア

（2）Some Japanese people believe traveling abroad is dangerous. But that's wrong.

□→□→□→□→□→□

ア　I think it's because the customs and ways of life abroad are quite different from those of their mother country.

イ　For example, if you leave your bag on a bus in Brazil, you probably won't get it back.

ウ　But a lot of countries are safe and *worth visiting.

エ　But that doesn't mean Brazil is a dangerous country.

オ　So, why do some Japanese people feel that it's not safe to travel overseas?

カ　Of course, there are some dangerous places in the world.

注　worth：～する価値がある

解答番号 26

1 ウ→カ→オ→ア→イ→エ　　2 ウ→カ→オ→ア→エ→イ
3 エ→ウ→カ→オ→ア→イ　　4 エ→カ→ウ→オ→ア→イ
5 オ→カ→ウ→ア→イ→エ　　6 オ→カ→ウ→ア→エ→イ
7 カ→ウ→オ→ア→イ→エ　　8 カ→ウ→オ→ア→エ→イ

（3）Some people like to take an elevator. □→□→□→□→□ Taking an elevator is almost always boring.

ア　Isn't it strange that a group of people in such a small place don't talk with each other?

イ　If there is something to look at, we can spend time enjoying it.

ウ　But I don't like one thing. It is so quiet in the small place.

エ　When people usually meet someone, they say something like, "Hello," or "Hi."

オ　But there is usually nothing in the elevator.

解答番号 27

1 ア→イ→エ→ウ→オ　　2 ア→ウ→イ→エ→オ
3 ウ→ア→エ→イ→オ　　4 ウ→ア→エ→オ→イ
5 ウ→イ→エ→ア→オ　　6 オ→ウ→ア→エ→イ
7 オ→ウ→イ→エ→ア　　8 オ→エ→ア→イ→ウ

（4）X：Shall we go to a movie next Sunday?

Y：□

X：□

Y：□

X：□

Y：[ ]
X：[ ]
Y：[ ]
X：[ ]
Y：Thanks. See you next Sunday.

ア　That seems interesting. Where can I meet you?
イ　I'd love to. But what's on at the theater?
ウ　At the Starbucks in front of the theater, OK?
エ　"Frozen Ⅱ" is on now.
オ　I'm afraid I can't go there so early. Can we watch the next show *instead?
カ　About 9:30.
キ　Yes, sure! I'll meet you at 13:00 then.
ク　Yes, that will be fine. What time?

注　instead：その代わりに

解答番号 28

1 イ→エ→ア→ウ→オ→キ→ク→カ	2 イ→エ→ア→ウ→キ→ク→カ→オ
3 イ→エ→ア→ウ→ク→カ→オ→キ	4 オ→キ→イ→エ→ア→ウ→ク→カ
5 オ→キ→ク→カ→イ→エ→ア→ウ	6 ク→カ→イ→エ→ア→ウ→オ→キ
7 ク→カ→オ→キ→イ→エ→ア→ウ	8 ク→キ→カ→オ→イ→エ→ア→ウ

Ⅶ　次の英文を読んで，以下の(1)～(4)の設問の答えとして最も適切なものをそれぞれ1つずつ選びなさい。

In Japan we learn English for many years, but our English is not good enough to understand and talk with English-speaking people. We must know the rules for *sentences, and understand spoken and written English. But we should understand more. What is more? The way of doing things and thinking is different between Japanese people and *native English speakers. Learning English is like looking at ourselves in the mirror.

A Japanese businessman and his wife wanted to invite their American friends to their house and wrote a card to them. The Japanese man wrote, "Please come to our house to eat, but I am sorry my wife is not a good cook." The friends came to their house and found she was a good cook. "Why did you say your wife wasn't a good cook?" they asked. They didn't expect him to say that. They said, "A good cook is a good cook."

Another Japanese businessman had a chance to make a speech to some Americans. He planned to tell them his mistakes because he hoped they would learn something from his mistakes. A few days before the speech, he asked his American friend for advice. His friend's advice was surprising. He said, "If you speak as you have planned to speak, nobody will listen. If you want to get their attention, you must talk about your successes." He didn't expect his friend to give such advice.

注　sentences：文　　native English speakers：母国語として英語を話す人々

（1）Why do we have problems when we talk with English-speaking people?

解答番号 29

1 Because we learn English for many years.
2 Because we don't know much about the rules of *grammar.
3 Because we don't know enough about their way of thinking.
4 Because we don't use English every day.

（2）What did the Japanese businessman and his wife do?

解答番号 30

1 They asked their American friends to come over for dinner.
2 They wrote their American friends a card to learn how to cook.
3 They expected their American friends to cook their dinner.
4 They went to their American friends' house to have dinner with them.

（3）Why did the Japanese businessman say that his wife was not a good cook?

解答番号 31

1 Because his wife did not like cooking.
2 Because his wife was not good at cooking.
3 Because it was the Japanese way of inviting guests.
4 Because it was the American way of saying something.

（4）What did the American think about the Japanese businessman's speech?

解答番号 32

1 He thought it was a good speech.
2 He thought it could not get the listeners' attention.
3 He thought it was full of *grammatical mistakes.
4 He thought it was a great success.

注　grammar：文法　　grammatical：文法的な

Ⅷ 次の英文を読んで，以下の（1）～（7）の設問に答えなさい。なお，（1）の問題は答えとなる数字をマークシートの解答番号 33 の欄にマークし，（2）～（4）の問題は____に当てはまる最も適切なものをそれぞれ1つずつ選びなさい。

Lisa lived in a small town. Her family was so poor that she had to work at a market in the town without going to school. Lisa had a friend named Beth. Beth's family was poor, too. She went to London to work. She often wrote to Lisa, but it was not easy for Lisa to write a letter because she was too busy. So they stopped writing to each other.

Five years passed. Lisa was now a young woman. She got a lot of money because she was working hard.

One day a *traveling salesman came to Lisa's house. He showed some dresses and coats. She wanted to buy one of them. The salesman came from London. He said, "When I was in London a few months ago, I went to see my *niece in the hospital. She was sick."

Lisa said, "I'm sorry to hear that. I have a friend in the same city. Her name is Beth White."

"Beth White? What a small world this is! Your friend is my niece."

Lisa didn't buy anything. She put all the money in an *envelope. When she sent it to Beth, she didn't want to write her name or address on it.

Beth got the envelope. She found it was addressed "Miss Beth White," but couldn't find the name of the *sender. She said to herself, "Who has sent it?"

Beth was now Mrs. Morrison. She was surprised to find the money. She said to Mr. Morrison, "I think an old friend of mine has sent the money. The sender doesn't know I am now Mrs. Morrison. What shall I do?" "You should give the money to a friend if he or she needs it. You can't send it back to the sender." "Oh! A friend of mine needs it very much! I will send it to Lisa. Lisa needs this money more than I do."

注　traveling salesman：セールスマン（出張販売員）　niece：姪（めい）　envelope：封筒　sender：送り主

（1）In this story, how many characters are there? There are [　　].

解答番号 [33]

（2）The salesman is Beth's [　　].

解答番号 [34]

[1] cousin　[2] father　[3] uncle　[4] aunt

（3）Lisa bought [　　] from the salesman.

解答番号 [35]

[1] a dress　[2] a coat　[3] an envelope　[4] nothing

（4）Mr. Morrison is Beth's [　　].

解答番号 [36]

[1] husband　[2] father　[3] uncle　[4] friend

（5）Why did the salesman sav. "What a small world this is!"?

解答番号 [37]

[1] Because Lisa is a friend of his niece's.
[2] Because he also has a friend named "Beth" in London.
[3] Because his name is also "Beth."
[4] Because he knows the world is small by traveling to sell clothes around the world.
[5] Because Lisa knew his niece was in hospital.

（6）Why did Beth say, "I think an old friend of mine has sent the money."?

解答番号 [38]

[1] Because she remembered she lent money to her old friend before.
[2] Because the envelope was addressed with her old family name.
[3] Because she told her old friend that she was in hospital several months before.
[4] Because everyone in her hometown knew she was married.
[5] Because the money was in the old envelope.

（7）本文の内容と一致するものを2つ選びなさい。解答は2つとも解答番号 39 にマークしなさい。

解答番号 39

1 Both Lisa and Beth worked at the market in the town.

2 Beth got married to Mr. Morrison and went to London.

3 At first, Lisa and Beth wrote to each other.

4 Beth's niece was in hospital in London.

5 Lisa bought neither a dress nor a coat because she didn't have enough money.

6 Neither the salesman nor Lisa knew that Beth was married.

7 Beth thought that the sender of the money must be Lisa.

8 Beth couldn't know who was the sender of the envelope because Lisa didn't write her name on it.

9 Beth would send money to Lisa because Lisa needed money to buy a new dress or a new coat.

【理　科】（50分）〈満点：60点〉

1 次の文章を読み，以下の各問に答えなさい。

以下の**実験1**から**実験3**を行いました。ただし，質量100 gの物体にはたらく重力の大きさを1.0 Nとします。また，各実験で用いられているばねと糸の質量は無視できるものとします。

実験1

図1のように，長さ10.0 cmのばねを天井に取り付けて質量50 gのおもりをつるすと，ばねの長さは11.0 cmとなった。次に，このばねの両端に糸を結び，図2のように滑車を通してそれぞれの糸に質量100 gのおもりをつるしてばねの伸びを調べた。

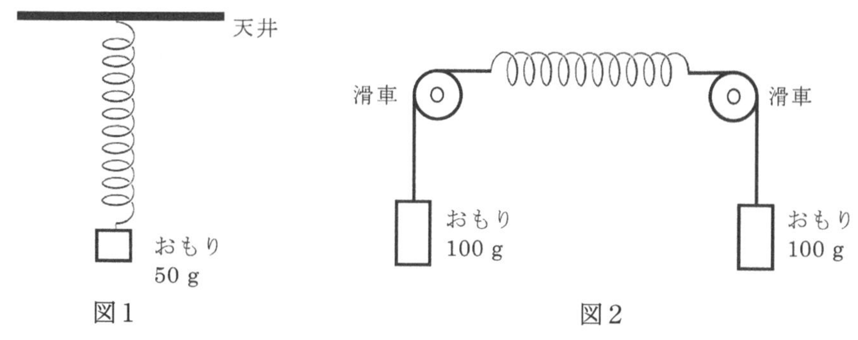

図1　　図2

実験2

実験1で用いたばねを半分に切って**ばねA**と**ばねB**に分ける。これらのばねを図3のように壁に取り付け，滑車と糸を用いて質量400 gのおもりをつるし，ばねの伸びを調べた。

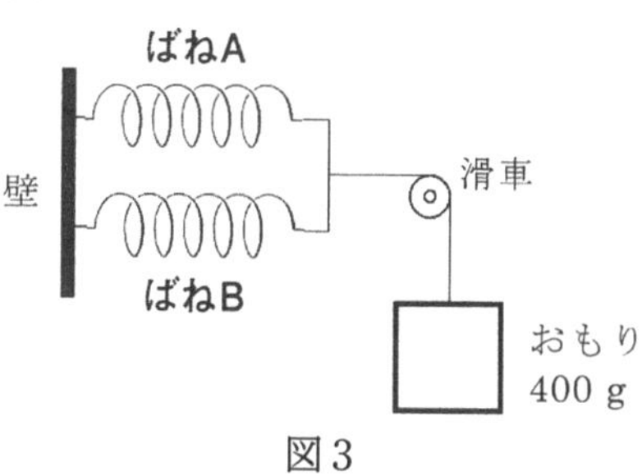

図3

実験3

図4のように，はかりの上に乗せた質量100 gの容器に500 gの水を入れた。その後，**実験2**で用いた**ばねA**を天井に取り付け，質量300 gのおもりを糸でつるして水に沈めると，**ばねA**が2.0 cm伸びておもりは静止した。

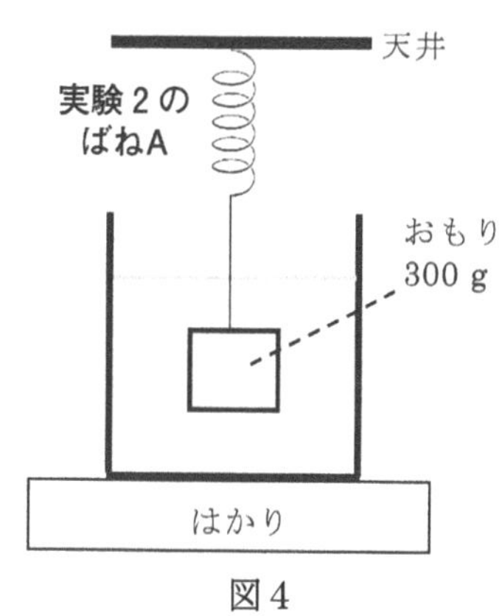

図4

問１　**実験１**の図２におけるばねの伸びは何 cm ですか。最も適当なものを次の[1]～[8]より一つ選びなさい。　解答番号 [1]

[1] 1.0 cm　[2] 2.0 cm　[3] 3.0 cm　[4] 4.0 cm
[5] 5.0 cm　[6] 6.0 cm　[7] 7.0 cm　[8] 8.0 cm

問２　**実験２**における**ばねＡ**の伸びは何 cm ですか。最も適当なものを次の[1]～[8]より一つ選びなさい。　解答番号 [2]

[1] 1.0 cm　[2] 2.0 cm　[3] 3.0 cm　[4] 4.0 cm
[5] 5.0 cm　[6] 6.0 cm　[7] 7.0 cm　[8] 8.0 cm

問３　**実験３**においておもりが受ける浮力の大きさとして最も適当なものを次の[1]～[0]より一つ選びなさい。　解答番号 [3]

[1] 0.5 N　[2] 1.0 N　[3] 1.5 N　[4] 2.0 N　[5] 2.5 N
[6] 3.0 N　[7] 3.5 N　[8] 4.0 N　[9] 4.5 N　[0] 5.0 N

問４　**実験３**においてはかりが示す質量は何 g ですか。最も適当なものを次の[1]～[0]より一つ選びなさい。　解答番号 [4]

[1] 0 g　[2] 100 g　[3] 200 g　[4] 300 g　[5] 400 g
[6] 500 g　[7] 600 g　[8] 700 g　[9] 800 g　[0] 900 g

[2] 次の文章を読み，以下の各問に答えなさい。

抵抗値が異なる２つの**抵抗Ａ**および**抵抗Ｂ**を用いて次の実験を行いました。

実験１

図１のように，**抵抗Ａ**・**抵抗Ｂ**のいずれか一つを用いて回路を組み立てる。電源の電圧の大きさを変化させ，抵抗に流れる電流の大きさを測定する。表１と表２はそれぞれの結果をまとめたものである。

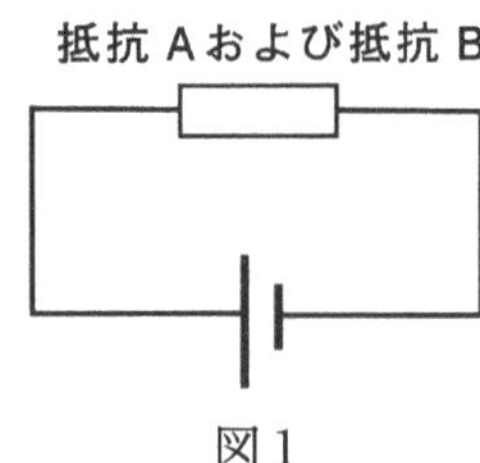

図１

表１　**抵抗Ａを用いたときの結果**

電圧[V]	1.0	2.0	3.0	4.0	5.0
電流[mA]	100	200	300	400	500

表２　**抵抗Ｂを用いたときの結果**

電圧[V]	1.0	2.0	3.0	4.0	5.0
電流[mA]	200	400	600	800	1000

実験2

図２のように，**抵抗A**と抵抗値のわからない**抵抗X**を用いて回路を組み立てる。電源の電圧の大きさを変化させ，点**a**および点**b**を流れる電流の大きさを測定する。図３はその結果をグラフにしたものである。

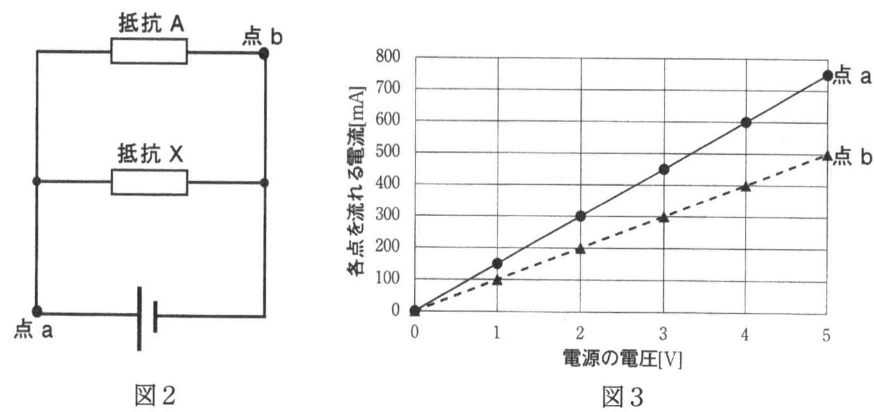

図２　　図３

実験3

図４のように，**抵抗A**と**抵抗B**，そして抵抗値が５Ωの**抵抗C**，スイッチ①とスイッチ②を用いて回路を組み立てる。電源の電圧を50Ｖとし，スイッチ①とスイッチ②を両方とも閉じたとき，各抵抗を流れる電流やその両端に加わる電圧を測定する。

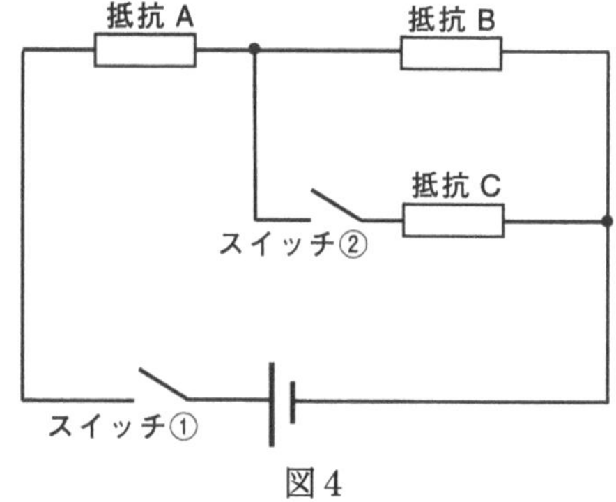

図４

実験4

実験3と同じ回路を組み立てる。電源の電圧を50Ｖとし，スイッチ①を閉じたまま，スイッチ②を開いたとき，各抵抗を流れる電流を測定する。

問１　**実験1**の結果より，**抵抗A**と**抵抗B**の抵抗値の組み合わせとして最も適当なものを次の1～6より一つ選びなさい。　解答番号 5

	抵抗Aの抵抗値[Ω]	抵抗Bの抵抗値[Ω]
1	0.01	0.005
2	0.005	0.001
3	10	5
4	5	10
5	100	200
6	200	100

問２　**実験２**の結果より，**抵抗X**の抵抗値として最も適当なものを次の1～5より一つ選びなさい。
解答番号 6

1　5 Ω　　2　10 Ω　　3　15 Ω　　4　20 Ω　　5　25 Ω

問３　**実験３**において，**抵抗A，B，C**に流れる電流の大きさをI_A，I_B，I_Cとおくと，電流I_A，I_B，I_Cの大小関係を表す式として最も適当なものを次の1～8より一つ選びなさい。
解答番号 7

1　$I_A>I_B>I_C$　　2　$I_A<I_B<I_C$　　3　$I_A=I_B>I_C$　　4　$I_A=I_B<I_C$
5　$I_A>I_B=I_C$　　6　$I_A<I_B=I_C$　　7　$I_A=I_B=I_C$　　8　$I_A>I_C>I_B$

問４　**実験３**において，**抵抗A**の両端に加わる電圧が40 Vであったとき，抵抗Bに流れる電流の大きさとして最も適当なものを次の1～5より一つ選びなさい。　解答番号 8

1　0.5 A　　2　1 A　　3　2 A　　4　5 A　　5　10 A

問５　**実験４**において，**抵抗A，B**を流れる電流の大きさはスイッチ②を開く前に比べてどのようになりますか。組み合わせとして最も適当なものを次の1～6より一つ選びなさい。
解答番号 9

	抵抗Aを流れる電流	抵抗Bを流れる電流
1	大きくなる	大きくなる
2	大きくなる	小さくなる
3	変わらない	大きくなる
4	変わらない	小さくなる
5	小さくなる	大きくなる
6	小さくなる	小さくなる

3　次の文章を読み，以下の各問に答えなさい。

塩化ナトリウムとミョウバンの溶解度についての実験を行いました。

実験１

60℃の水100 gにミョウバン30 gを溶かした。この水溶液を冷やしていくと，結晶が生じた。

実験２

60℃の水50 gにミョウバンを溶かせるだけ溶かした。この水溶液の温度を10℃まで下げると，結晶が生じた。

実験３

ビーカーに100 gの水を入れ，水溶液の温度が30℃になるまで加熱した。その後，塩化ナトリウムを40 g加え，よくかき混ぜた。

なお，塩化ナトリウムとミョウバンの100 gの水に溶ける最大の質量（溶解度）と，水の温度との関係を図１に示します。

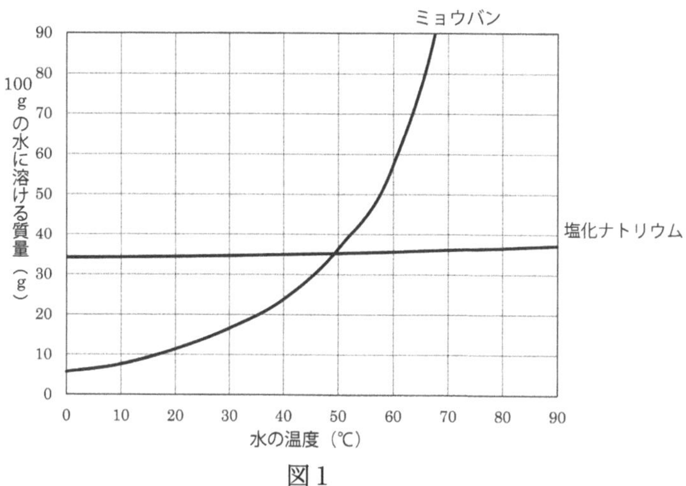

図1

問1　塩化ナトリウムの水溶液は混合物です。混合物として**適当ではないもの**を次の1～5より一つ選びなさい。　解答番号 10

1　空気　2　石油　3　塩酸　4　ドライアイス　5　10円硬貨

問2　**実験1**において，結晶が生じはじめたときの水溶液の温度として最も適当なものを次の1～5より一つ選びなさい。　解答番号 11

1　35℃　2　40℃　3　45℃　4　50℃　5　55℃

問3　**実験2**において，何gのミョウバンの結晶をとり出すことができますか。最も適当なものを次の1～6より一つ選びなさい。　解答番号 12

1　4.0 g　2　8.0 g　3　25 g　4　29 g　5　50 g　6　58 g

問4　**実験3**において，このとき生じた水溶液の質量パーセント濃度はいくらですか。最も適当なものを次の1～6より一つ選びなさい。　解答番号 13

1　15%　2　18%　3　26%　4　29%　5　35%　6　40%

4　次の文章を読み，以下の各問に答えなさい。

化学変化の前後の質量変化について調べるために，加える炭酸水素ナトリウムの質量を変えながら次の**実験1**から**実験4**をくりかえし行いました。実験を行ったところ，表1の結果が得られました。

実験1

図1のようなプラスチックの容器に炭酸水素ナトリウムの粉末とうすい塩酸50.0 gを入れた試験管を入れ，ふたをしっかり閉めて質量をはかった。

実験2

実験1の容器を傾けて試験管内の塩酸をすべて炭酸水素ナトリウムと混ぜ合わせたところ，気体が発生する様子が観察された。

実験3

変化が起こらなくなった後，容器のふたを閉めたまま全体の質量をはかった（図2）。

実験4

容器のふたをゆっくりと開け，じゅうぶんに時間がたってからもう一度ふたを閉め，ふたを含めて全体の質量をはかった（図3）。

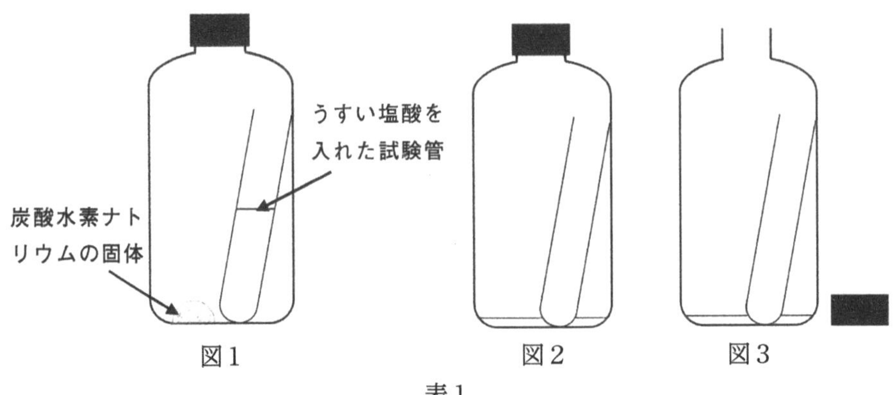

図1　　図2　　図3

表1

	1回目	2回目	3回目	4回目
炭酸水素ナトリウムの質量〔g〕	0.84	1.68	2.52	3.36
実験1の後の質量〔g〕	300.84	301.68	302.52	303.36
実験3の後の質量〔g〕	300.84	301.68	302.52	303.36
実験4の後の質量〔g〕	300.40	300.80	301.42	302.26

問1　**実験2**で発生した気体の特徴を示す文章として最も適当なものを次の1～5より一つ選びなさい。　解答番号 14

1　この気体を入れた試験管の口に火を近づけると燃える。

2　この気体に火のついた線香を入れると，線香が激しく燃える。

3　この気体を石灰水に吹き込むと，白く濁る。

4　この気体が水で濡らした赤色リトマス紙に触れると，リトマス紙が青く変化する。

5　空気中に体積で約78%ふくまれる。

問2　発泡性の入浴剤，ベーキングパウダー，衣類用漂白剤のうち，炭酸水素ナトリウムの性質を利用したものはいくつありますか。最も適当なものを次の1～4より一つ選びなさい。

解答番号 15

1　1つ　　2　2つ　　3　3つ　　4　ない

問3　うすい塩酸50.0 gとちょうど反応する炭酸水素ナトリウムの量として最も適当なものを次の1～5より一つ選びなさい。　解答番号 16

1　0.84 g　　2　1.26 g　　3　1.68 g　　4　2.10 g　　5　2.52 g

問4　**実験1**の後と**実験3**の後の質量がどの回も等しいことから考えられることとして最も適当なものを次の1～5より一つ選びなさい。　解答番号 17

1　反応の前後で原子の組み合わせ，種類，数は変化しない。

2　反応の前後で原子の組み合わせは変化するが，種類と数は変化しない。

3　反応の前後で原子の数は変化するが，種類，組み合わせは変化しない。

4　反応の前後で原子の種類，組み合わせは変化するが，数は変化しない。

5　反応の前後で原子の組み合わせ，数は変化するが，種類は変化しない。

問５　炭酸水素ナトリウムの固体と塩酸を反応させると，**実験２**で発生した気体の他に，塩化ナトリウムと水が生成します。一方，炭酸水素ナトリウムの固体を加熱すると，**実験２**と同じ気体，炭酸ナトリウム，水が生成します。同じ質量の炭酸水素ナトリウムを用いた場合，炭酸水素ナトリウムの固体と塩酸を反応させた時と，炭酸水素ナトリウムの固体を加熱して反応させた時では，発生する気体の質量はどのようにちがいますか。最も適当なものを次の1～3より一つ選びなさい。ただし，どちらの反応も用いた炭酸水素ナトリウムは完全に反応することとします。

解答番号 18

1　炭酸水素ナトリウムの固体と塩酸を反応させた時に発生する気体の質量の方が，炭酸水素ナトリウムの固体を加熱した時に発生する気体の質量より大きい。
2　炭酸水素ナトリウムの固体を加熱した時に発生する気体の質量の方が，炭酸水素ナトリウムの固体と塩酸を反応させた時に発生する気体の質量より大きい。
3　どちらも同じである。

5　次の文章を読み，以下の各問に答えなさい。

人間の消化液には，食べたものを分解するためにさまざまな消化酵素が含まれています。そこで，だ液と，デンプン溶液を使って次の**実験１**と**実験２**を行いました。なお，**実験１**，**実験２**のどちらにおいても，水溶液は実験の直前に用意しました。

デンプンのみを水に溶かした溶液を水溶液**A**，だ液のみを水に溶かした溶液を水溶液**B**，デンプン溶液とだ液を水に溶かした溶液を水溶液**C**とし，それぞれの溶液の温度を37℃または５℃にした後，ヨウ素液を加えます。

実験１

水溶液**A**～**C**を37℃に温めた後では，水溶液**A**の色はヨウ素液が反応して変化したが，水溶液**B**と水溶液**C**の色は変化しなかった。５℃に冷やした後では，水溶液**A**と水溶液**C**はヨウ素液が反応して色が変化したが，水溶液**B**では変化しなかった。

実験２

水溶液**A**～**C**を５℃に冷やした後，ヨウ素液の代わりにベネジクト液を加えて沸とうさせ，色の変化を見ると，すべての水溶液で色の変化がなかった。同様に水溶液**A**～**C**を37℃に温めた後にベネジクト液を加えて沸とうさせた。

問１　下線部について述べた文章として**誤りを含むもの**を次の1～4より一つ選びなさい。

解答番号 19

1　胃液に含まれるペプシンは，タンパク質を分解する。
2　分解された脂肪は，脂肪酸とモノグリセリドのままリンパ管から血管に入る。
3　胆汁は肝臓で生成され，胆のうにためられる。
4　腸液は炭水化物とタンパク質の両方を分解する。

問２　ベネジクト液が糖と反応したときの色の変化と，ヨウ素液がデンプンと反応したときの色の組み合わせとして最も適当なものを次の1～8より一つ選びなさい。　解答番号 20

	ベネジクト液	ヨウ素液
1	青色→赤褐色	赤色
2	青色→赤褐色	青紫色
3	無色→赤褐色	赤色
4	無色→赤褐色	青紫色
5	赤褐色→青色	赤色
6	赤褐色→青色	青紫色
7	無色→青色	赤色
8	無色→青色	青紫色

問3 **実験2**について，沸騰させた後の色の変化はどのようになると考えられますか。それぞれの変化の組み合わせとして最も適当なものを次の1～8より一つ選びなさい。 解答番号 21

	水溶液A	水溶液B	水溶液C
1	変化する	変化する	変化する
2	変化する	変化する	変化しない
3	変化する	変化しない	変化する
4	変化する	変化しない	変化しない
5	変化しない	変化する	変化する
6	変化しない	変化する	変化しない
7	変化しない	変化しない	変化する
8	変化しない	変化しない	変化しない

問4 **実験1**と**実験2**の結果からわかることとして最も適当なものを次の1～4より一つ選びなさい。 解答番号 22

1 だ液を37℃にすると，デンプンがなくても糖が生成する。
2 デンプンは温度と関係なくだ液と反応し，糖になる。
3 この実験ではデンプンとだ液を混ぜ，37℃にしたときのみデンプンが分解される。
4 デンプンのみを溶かした溶液を37℃に温めるとデンプンは分解される。

6 次の文章を読み，以下の各問に答えなさい。

みのる君はおじいさんと一緒に盆栽のお世話をしていました。おじいさんの一番のお気に入りであるカキノキの盆栽を見ると，図1のように茎の一部がふくらんでいました。おじいさんは，<u>茎の表面を切りとって1ヶ月程度育てると，切り口の上の部分の茎がふくらむ</u>ことを教えてくれました。また，切り取った部分より上でも下でも，葉のようすに異常は見られないそうです。そこで，みのる君はそのふくらんだ部分に興味を持ち，切り取る場所や育てる環境によってふくらみの大きさが変わるかどうかを調べるために，次のような実験を行いました。

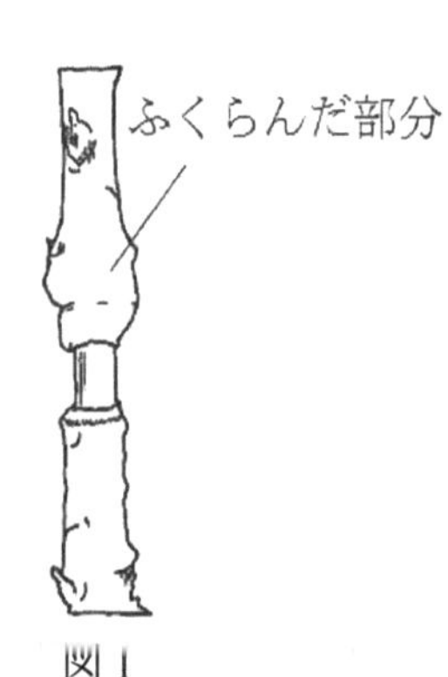

図1

実験

手順1 葉の大きさや数，茎の太さなどすべての条件が等しいカキノキを4本用意し，A，B，C，Dとする。

手順２　茎の表面を切り取る場所を図２のように決め，ＡとＢの２本は一番下の枝と根の間，ＣとＤの２本は葉がついている枝と枝の間とした。

手順３　それぞれの枝を土の入った植木鉢に１本ずつさし，Ａ，Ｃは日当たりの良い場所に置き，Ｂ，Ｄは光の当たらないところに置いた。

手順４　日当たり以外の条件はすべて同じとし，適切な量の水をあげて育てた。

手順５　約１か月後，切り口の上の部分のふくらみ具合を調べた。

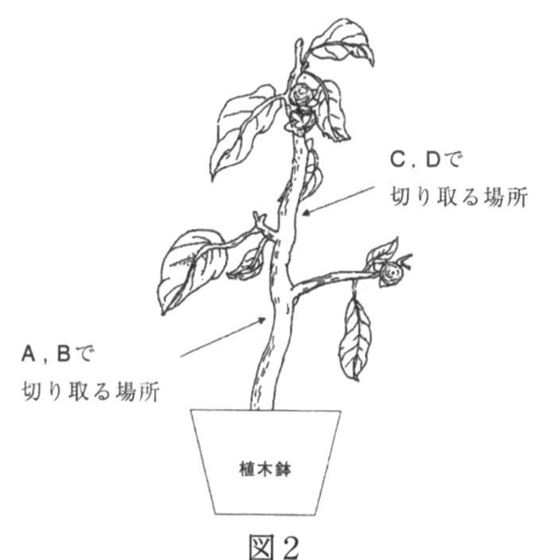

図２

問１　カキノキは，芽生えの子葉の数がサクラやタンポポと同じです。このように，カキノキと同じ分類ができる植物を表す組み合わせとして最も適当なものを次の①～⑥より一つ選びなさい。

解答番号 23

① アブラナ，ツツジ　② ヒマワリ，スギゴケ　③ エンドウ，イネ
④ ツユクサ，ユリ　⑤ ツツジ，スギナ　⑥ トウモロコシ，ホウセンカ

問２　文中の下線部について，茎の表面を切り取ることで維管束に含まれる特定の構造がすべて除去されるとします。ふくらんだ部分にたまった物質とそれを説明する次のａ～ｄの文章のうち，正しいものの組み合わせとして最も適当なものを次の①～⑥より一つ選びなさい。

解答番号 24

ａ：切り口の上下の葉のようすに異常が見られなかったことから，ふくらみにたまった物質は根から吸収された水と肥料分ではないと考えられる。

ｂ：根から吸収して茎の先まで運んだ水が再び根のある方向に運ばれるため，ふくらみにたまった物質は根から吸収された水と肥料分だと考えられる。

ｃ：葉でつくった養分は根の先まで運ばれるため，ふくらみにたまった物質は葉でつくった養分だと考えられる。

ｄ：葉でつくった養分は葉ですべて消費されるため，ふくらみにたまった物質は根から吸収された水と肥料分だと考えられる。

① ａ　② ｂ　③ ｃ　④ ｄ　⑤ ａ，ｃ　⑥ ｂ，ｄ

問３　図３，図４，図５はそれぞれ単子葉類の茎，双子葉類の茎，双子葉類の根の断面の模式図のどれかを表しています。文中の下線部について，切り取った表皮に含まれていたカキノキの維管束の構造は，根の断面図ではどこの位置にあたりますか。最も適当なものを次の①～⑨より一つ選びなさい。

解答番号 25

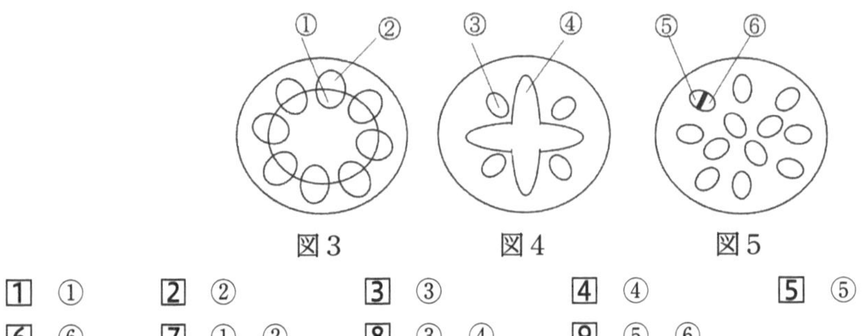

1 ①　2 ②　3 ③　4 ④　5 ⑤
6 ⑥　7 ①，②　8 ③，④　9 ⑤，⑥

問4　葉1枚あたりでつくられる養分はどれも同じであり，カキノキが育つには十分な量の養分がつくられるとします。カキノキA～Dの茎のふくらみの大きさを比較した場合，どのような関係で示されますか。最も適当なものを次の1～8より一つ選びなさい。　解答番号 26

1 A＝C＞B＞D　2 A＝C＞B＝D　3 A＝B＝C＝D　4 A＞C＞B＝D
5 B＞D＞C＞A　6 B＝D＞A＝C　7 C＞A＞D＞B　8 C＞A＞B＝D

7 次の文章を読み，以下の各問に答えなさい。

図1の天気図a～dは，それぞれある季節の天気図です。ただし，図中のHは高気圧，Lは低気圧を表しています。

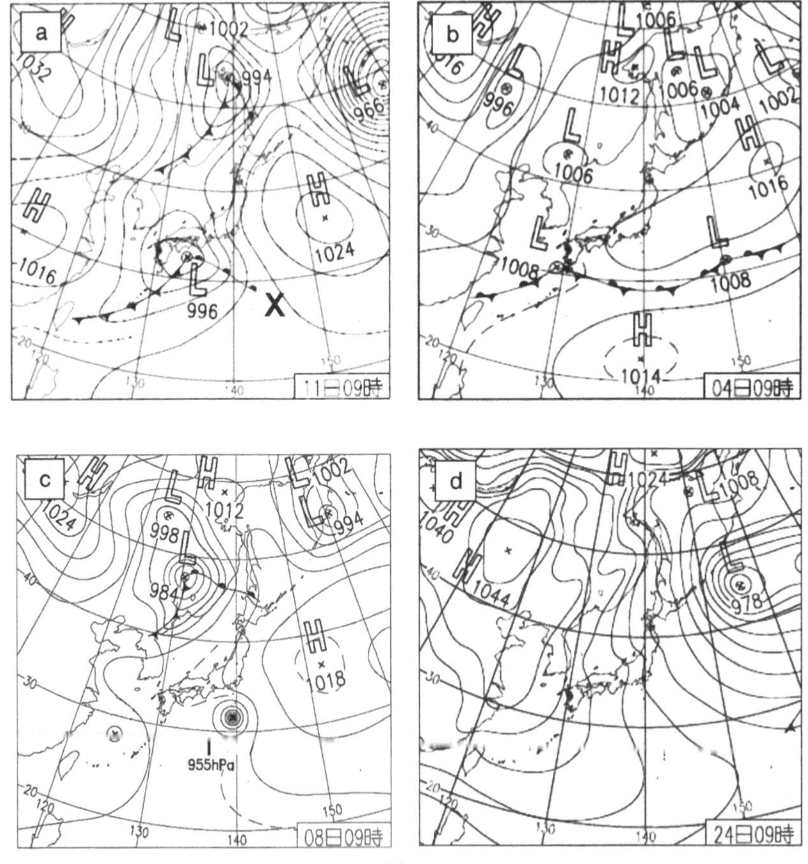

図1

問1　図1の天気図 a ～ d のうちで，冬型の気圧配置と考えられるものとして最も適当なものを次の①～④より一つ選びなさい。　　解答番号 27

① a　② b　③ c　④ d

問2　図1の天気図 a にある前線 X はどのようにして進みますか。最も適当なものを次の①～④より一つ選びなさい。　　解答番号 28

① 寒気が暖気を急激に押し上げるように進む。

② 暖気が寒気を急激に押し上げるように進む。

③ 寒気が暖気の上に緩やかにはい上がるように進む。

④ 暖気が寒気の上に緩やかにはい上がるように進む。

問3　図1の天気図 c で，T と表示してあるものも低気圧です。しかし，図1の天気図 a の L と異なる点もあります。T のみにあてはまるものとして最も適当なものを次の①～④より一つ選びなさい。　　解答番号 29

① 中国から日本へと東に進んでいく。

② 日本の各地に集中豪雨をもたらすことがある。

③ 暖かい海面から供給された水蒸気によって発達する。

④ 地上では中心から外側へ風が吹く。

問4　図1の天気図 d の季節における天気の特徴として最も適当なものを次の①～④より一つ選びなさい。　　解答番号 30

① 太平洋側は乾いた晴天の日となることが多い。

② 4～6日くらいの周期で天気が変わることが多い。

③ 日本列島全体が南からの湿った空気におおわれる。

④ 停滞前線が日本列島付近に停滞し，長雨となる。

図2は，図1の天気図 a におけるある地点で，ある月の11日から13日の3日間観測した気温，湿度，気圧のデータをグラフにしたものです。グラフ内には3種類のデータがありますが，それぞれ気温，湿度，気圧のどれかに該当します。また，表1は気温に対する飽和水蒸気量を示しています。

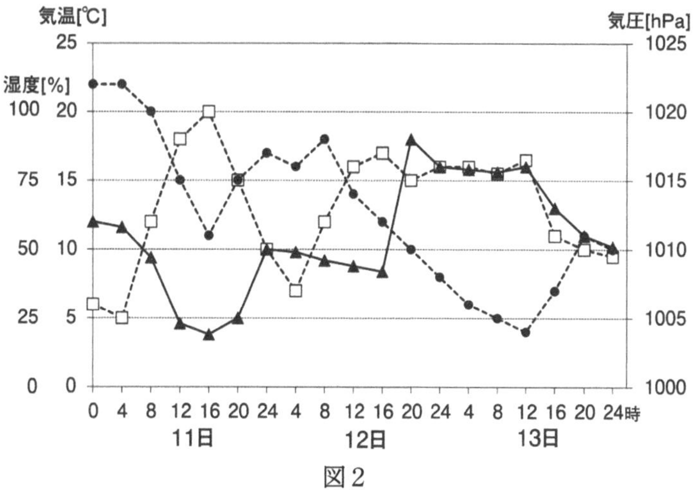

図2

表1

気温[℃]	3	4	5	6	7	8	9	10	11	12
飽和水蒸気量[g/m^3]	5.96	6.37	6.81	7.27	7.76	8.28	8.83	9.41	10.0	10.7
気温[℃]	13	14	15	16	17	18	19	20	21	22
飽和水蒸気量[g/m^3]	11.4	12.1	12.8	13.6	14.5	15.4	16.3	17.3	18.4	19.4

問5　図2における12日の午後には前線が通過しました。12日20時の風向きとして最も適当なものを次の[1]～[5]より一つ選びなさい。　解答番号[31]

[1] 北　[2] 北東　[3] 東南東　[4] 南南西　[5] 西北西

問6　図2における11日20時のとき，空気1 m^{3}に含まれる水蒸気の量として最も適当なものを次の[1]～[5]より一つ選びなさい。　解答番号[32]

[1] 1.7 g　[2] 3.2 g　[3] 5.1 g　[4] 7.1 g　[5] 9.6 g

[8] 次の文章を読み，以下の各問に答えなさい。

一郎君は，学校の近くにある崖の露頭を観察したところ，砂や泥の層の中に黒っぽい火山灰層（A層）と白っぽい火山灰層（B層）を見つけました。これらの火山灰を採集して実験室に持ち帰り，次の手順で観察し，鉱物の特徴を調べました。

手順1　小さじ1杯程度の火山灰を蒸発皿に入れる。

手順2　水を加えて，指の先で軽く押す。濁った水は流す。

手順3　水が濁らなくなるまで手順2を繰り返す。

手順4　残った粒をペトリ皿に移し乾燥させる。

手順5　磁石の先端を薬包紙で包み，手順4の火山灰に入れる。

手順6　ルーペや双眼実体顕微鏡で[ア]倍で観察する。

また，A層とB層の火山灰の鉱物組成を調べた結果，次のようになりました。

A層の鉱物組成

特徴	鉱物
濃い緑色または黒色で長い柱状や針状	a
緑色または褐色で短い柱状や短冊状	b
白色または桃色で柱状や短冊状	c
緑褐色で丸みのある立方体	カンラン石

B層の鉱物組成

特徴	鉱物
白色または桃色で柱状や短冊状	c
無色または白色で不規則な形	d
黒色または褐色で板状や六角形	e

さらに，一郎君は火山について調べたところ次のことがわかりました。

> 日本列島に火山が多い理由は４枚ものプレートがぶつかり合っているからである。大陸プレートの下に海洋プレートが沈み込むと，約 100 km の深さで岩石が溶けてマグマが生じ，岩石の割れ目からマグマが上昇して噴火が起こると考えられている。
> 例えば，日本列島とハワイ島との距離は約 6200 km あり，その距離は１年に約７ cm ずつ近くなっていると推定されている。

問１　手順５で磁石を用いた理由として最も適当なものを次の1～4より一つ選びなさい。

解答番号 33

1　鉱物の向きを一定方向にそろえるため
2　火山灰から磁鉄鉱を除くため
3　ペトリ皿周辺の磁場を確認するため
4　石基の部分を取り除くため

問２　手順６の ア に入る倍率として最も適当なものを次の1～4より一つ選びなさい。

解答番号 34

1　2～5　　2　20～40　　3　100～200　　4　200～400

問３　観察した鉱物の a ～ e の組み合わせとして最も適当なものを次の1～6より一つ選びなさい。

解答番号 35

	a	b	c	d	e
1	キ石	クロウンモ	セキエイ	チョウ石	カクセン石
2	キ石	カクセン石	チョウ石	セキエイ	クロウンモ
3	カクセン石	キ石	チョウ石	セキエイ	クロウンモ
4	カクセン石	クロウンモ	セキエイ	チョウ石	キ石
5	クロウンモ	キ石	チョウ石	セキエイ	カクセン石
6	クロウンモ	カクセン石	セキエイ	チョウ石	キ石

問４　B層の火山灰を噴出した火山の形とマグマの性質の組み合わせとして最も適当なものを次の1～6より一つ選びなさい。

解答番号 36

	火山の形	マグマの性質
1		ねばりけが強い
2		ねばりけが弱い
3		ねばりけが強い
4		ねばりけが弱い
5		ねばりけが強い
6		ねばりけが弱い

問５　下線部の様に推定できる理由として最も適当なものを次の1～4より一つ選びなさい。

解答番号 37

1 ハワイ島は海に浮かんでおり，海洋プレートの動きに引かれて移動しているから。
2 ハワイ島は海に浮かんでおり，大陸プレートの動きに引かれて移動しているから。
3 ハワイ島は海洋プレートの上に乗り，大陸プレートが東に移動して，その海洋プレートが大陸プレートの下に沈み込んでいるから。
4 ハワイ島は海洋プレートの上に乗り，その海洋プレートが西に移動して，大陸プレートの下に沈み込んでいるから。

【社　会】（50分）〈満点：60点〉

1　世界の地理について述べた次のA～Cの文章を読み，各問いに答えなさい。

A　この国の人口はアフリカ最大で，民族構成にも特色がある。輸出額で最も大きな割合を占める［　A　］が生産される地域には，キリスト教を信仰する民族が多く住むが，地域間の経済的格差などが原因で，ムスリムの多い民族などとの対立が続いてきた。その対立の背景には，イギリスによる植民地時代の統治の影響もあり，南北アメリカへ送る奴隷の増加にともない多くの港を建設したことから，海岸部を『奴隷海岸』と呼んだ。

B　この国は，世界第2位の広大な国土を有し，西部には大きな山脈が走っている。かつてイギリスの植民地であったことから，長い間，英語が公用語とされてきた。しかし，ケベック州のように［　B　］語を話す人の割合が高い地域もあることから，1969年に，政府は［　B　］語も公用語と定め，二つの言語が対等なものであるとした。

C　この国は，大小13000以上の島々からなり，主要な島々が赤道直下に位置するため，高地を除きほぼ全土が熱帯気候である。首都にはASEAN本部がある。農業では，いも類などを原始的に栽培する［　C　］農業を行う一方，棚田を利用した稲作を行っている地域もある。植民地時代に始まった天然ゴムやコーヒー栽培もみられ，最近では油ヤシの栽培も増えてきている。

問1　文中の空欄［　A　］～［　C　］で述べられている国の組み合わせとして，正しいものを一つ選びなさい。　解答番号［1］

	A	B	C
1	ガーナ	インド	フィリピン
2	ガーナ	カナダ	インドネシア
3	コートジボワール	ブラジル	マレーシア
4	コートジボワール	インド	フィリピン
5	ナイジェリア	カナダ	インドネシア
6	ナイジェリア	ブラジル	マレーシア

問2　文中の空欄［　A　］に当てはまる語句として，正しいものを一つ選びなさい。

解答番号［2］

1　原油　　2　いも類　　3　鉄鉱石　　4　機械類

問3　文中の空欄［　B　］に当てはまる語句として，正しいものを一つ選びなさい。

解答番号［3］

1　スペイン語　　2　イタリア語　　3　ドイツ語　　4　フランス語

問4　文中の空欄［　C　］に当てはまる語句として，正しいものを一つ選びなさい。

解答番号［4］

1　園芸　　2　焼畑　　3　オアシス　　4　プランテーション

問5　各国の農業について述べた文として，正しいものを一つ選びなさい。　解答番号［5］

1　イギリスおよびアイルランドでは，豊富な森林面積を利用した焼畑農業がさかんである。

2　中国では，世界三大穀物（米・小麦・とうもろこし）の生産量は世界1位である。

3　アメリカでは，気候や土壌など自然条件に合わせて，その土地に最も適する農作物を栽培している。

4 ブラジルでは，プランテーション農業による茶の栽培が盛んである。

問6 各国・各地域の工業について述べた文として，最も適当なものを一つ選びなさい。

解答番号 6

1 イギリスやドイツでは，現在でも手作業で職人が丁寧につくる伝統工業が盛んである。

2 インドでは，1991年から経済の自由化が進み，外国企業が次々と進出した。2000年代に入ると，電気製品や自動車などの生産が増加した。

3 アメリカでは，北緯37度以南のスノーベルトとよばれる地域や太平洋岸に，新しい工業地域がつくられた。

4 アフリカでは，2000年頃からすべての国で，豊富な資源を利用した機械工業へと変化していった。

問7 下表の1～4は，日本，フランス，サウジアラビア，カナダのいずれかの発電量比較（2016年の構成比）を表したものである。日本にあてはまるものとして，正しいものを一つ選びなさい。

解答番号 7

	1	2	3	4
火力	19.8%	8.6%	79.4%	100.0%
水力	58.0%	11.7%	8.0%	－
原子力	15.2%	72.5%	1.7%	－

（地理統計 2019 年度版）

2 以下の地形図は，北海道十勝地方にある芽室町の一部を示したものである。これについて，各問いに答えなさい。

地形図「芽室」の一部（国土地理院　平成18年発行）

問１　この地形図の縮尺として，正しいものを一つ選びなさい。　解答番号 8

1　５千分の１　2　１万分の１　3　２万５千分の１　4　５万分の１

問２　地形図にみられる特徴について述べた文として，**誤っているもの**を一つ選びなさい。　解答番号 9

1　道路沿いや畑の中には，主に針葉樹が列状に植えられている。

2　図中の農家は，道路で囲まれた各区画に散在している。

3　道路で囲まれた区画内の農地は，畑として利用されている。

4　図中の土地の標高は，北の方が南に比べて高くなっている。

問３　地形図中に 95 m，105 m，115 m，125 mの等高線が描かれている理由として，正しいものを一つ選びなさい。　解答番号 10

1　地形が低平であるため。　2　地形が急傾斜であるため。

3　地形の凹凸が激しいため。　4　地形の変動が激しいため。

問４　地形図にみられる土地区画のモデルとなったアメリカ合衆国の土地区画制度を何と呼ぶか。正しいものを一つ選びなさい。　解答番号 11

1　タウンシップ制　2　ニュータウン制

3　フェアトレード制　4　アグリビジネス制

問５　芽室町で栽培されている作物で，農作物の作付面積が道内上位５位以内（2013 年）のものの組み合わせとして，正しいものを一つ選びなさい。　解答番号 12

1　小麦・トマト・茶　2　小麦・バレイショ・テンサイ

3　米・小麦・サツマイモ　4　米・バレイショ・サトウキビ

3　以下の地図について，各問いに答えなさい。

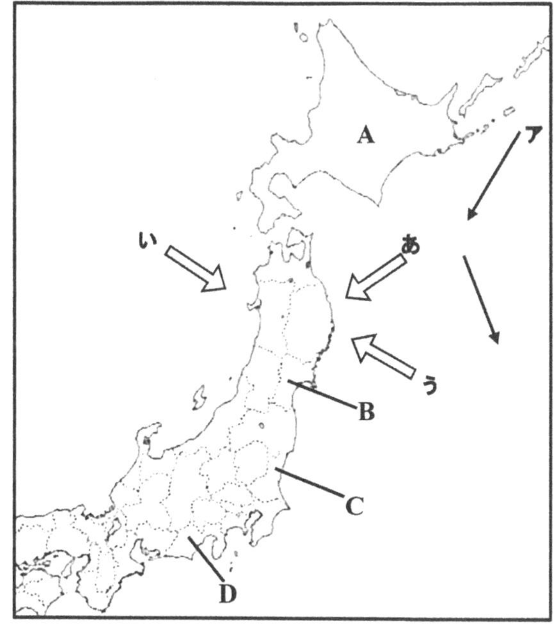

問１　下表は，図中にＡ～Ｄで示した４つの道県の統計である。このうち，表中の**エ**に当たる道県として，正しいものを一つ選びなさい。　解答番号 13

都道府県	パルプ・紙出荷額（億円）	かき養殖漁獲量（トン）	白菜収穫量（千トン）	生乳生産量（千トン）
ア	7793	487	5	127
イ	3674	4343	28	3893
ウ	2105	−	243	166
エ	1741	19061	8	117

（統計資料は 2015 年）

1　Ａ　　2　Ｂ　　3　Ｃ　　4　Ｄ

問２　東北地方に夏に吹く冷たい風の名称と地図中の風向きの組合わせとして，正しいものを一つ選びなさい。　解答番号 14

	風	風向
1	からっかぜ	あ
2	からっかぜ	い
3	からっかぜ	う
4	やませ	あ
5	やませ	い
6	やませ	う

問３　図中のアの寒流の名称として，正しいものを一つ選びなさい。　解答番号 15

1　日本海流　　2　オホーツク海流　　3　千島海流　　4　対馬海流

4　日本の人口や高齢社会に関する次の文章を読み，各問に答えなさい。

ⓐ総人口に占める老年人口が一定の割合（％）を超えたとき，ⓑ高齢社会と定義される。また，その割合がさらに高まると，超高齢社会と定義される水準に達することがある。年齢階層別，男女別に人口構成を図化した人口ピラミッドにはいくつかの型があり，その国や地域の人口構成の特徴を表す。一般に発展途上国は出生率も死亡率も高いため［　Ａ　］型になり，日本を含めた先進国では出生率も死亡率も低下して［　Ｂ　］型に変化してきた。さらに出生率の低下が続くと［　Ｃ　］型となり，人口の高齢化が進む。

問１　下線部ⓐに関連して，日本の総人口（2015 年現在）として，正しいものを一つ選びなさい。　解答番号 16

1　約 8700 万人　　2　約 9700 万人　　3　約１億 700 万人　　4　約１億 2700 万人

問２　下線部ⓑに関連して，「高齢社会」が定義する総人口に占める老年人口の割合として，正しいものを一つ選びなさい。　解答番号 17

1　７％　　2　14%　　3　21%　　4　28%

問３　文中の空欄 A ～ C に該当する語句の組合せとして，正しいものを一つ選びなさい。

解答番号 18

	A	B	C
1	富士山	つぼ	つりがね
2	富士山	つりがね	つぼ
3	つりがね	富士山	つぼ
4	つりがね	つぼ	富士山
5	つぼ	富士山	つりがね
6	つぼ	つりがね	富士山

5 世界の歴史について，各問いに答えなさい。

問１　世界各地で起こった出来事Ａ～Ｄを古い順に並べたものとして，正しいものを一つ選びなさい。

解答番号 19

Ａ　インド大反乱が起こった。

Ｂ　イギリスで産業革命が始まった。

Ｃ　ロシア革命が起こった。

Ｄ　フランスでナポレオンが台頭した。

1 Ａ→Ｂ→Ｃ→Ｄ　　2 Ｂ→Ａ→Ｄ→Ｃ

3 Ｃ→Ｄ→Ａ→Ｂ　　4 Ｄ→Ａ→Ｂ→Ｃ

5 Ａ→Ｄ→Ｃ→Ｂ　　6 Ｂ→Ｄ→Ａ→Ｃ

7 Ｃ→Ｂ→Ｄ→Ａ　　8 Ｄ→Ｃ→Ｂ→Ａ

問２　次のグラフは，世界恐慌前後の各国の工業生産を示したものである。この中で，ソ連の工業生産を示すグラフとして正しいものを，一つ選びなさい。なお，他の５つのグラフは，アメリカ・ドイツ・イギリス・日本・フランスのものである。

解答番号 20

1 Ａ　　2 Ｂ　　3 Ｃ　　4 Ｄ　　5 Ｅ　　6 Ｆ

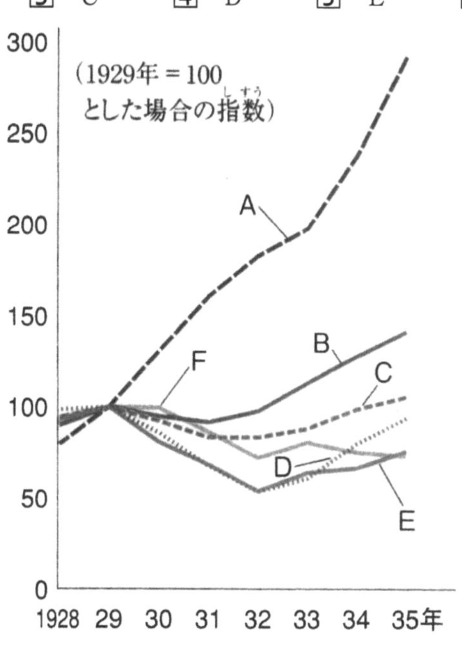

問３　ルネサンスや大航海時代について述べた文として，**誤っているもの**を一つ選びなさい。

解答番号 21

1　ルネサンスは，貿易を通じて富をたくわえ，イスラム文化の影響をいちはやく受けたイタリアの都市から始まった。

2　ルネサンス期には，中国からイスラム商人を経て伝わった火薬と羅針盤が改良されたり，活版印刷術が発明されたりして，天文学や地理学などの学問も発展した。

3　スペインが派遣したマゼランの一行は，西に向かって進む航路で初めて世界一周に成功し，地球が球体であることを証明した。

4　15世紀頃，現在のメキシコからペルーにかけては，アステカ帝国やインカ帝国が栄えていたが，ポルトガルはこれらの国を征服し，先住民を銀山や大農園に労働力として送り込んだ。

問４　日清戦争後の下関条約で，日本は遼東半島を獲得したが，その地を清に返すように三カ国が日本に迫る「三国干渉」が行われた。その三国に**該当しない国**を一つ選びなさい。

解答番号 22

1　イギリス　　2　ロシア　　3　フランス　　4　ドイツ

問５　1945年７月，日本の無条件降伏をうながす共同宣言，いわゆる「ポツダム宣言」が出されたが，共同宣言を出した国として，**誤っている国**を一つ選びなさい。　解答番号 23

1　アメリカ　　2　フランス　　3　イギリス　　4　中国

6　古代・中世の日本について，各問いに答えなさい。

問１　次の史料は，奈良時代に作成された戸籍である。戸籍中のＡ～Ｅの中で，口分田を与えられるのは誰か。正しいものを一つ選びなさい。　解答番号 24

1　Ａのみ　　2　ＡとＢ　　3　ＡとＣとＤ

4　ＡとＤ　　5　ＡとＤとＥ　　6　全員

筑前国嶋郡戸籍川辺里（ちくぜんのくにしまぐんこせきかわべり）

Ａ　戸主　卜部乃母曽（うらべのもそ）　年四十九歳　　Ｂ　母　葛野部伊志売（かどのべいしめ）　年七十四歳

Ｃ　妻　卜部甫西豆売（ほしずめ）　年四十七歳　　Ｄ　男　卜部久漏麻呂（くろまろ）　年十九歳

Ｅ　男　卜部和歌志（わかし）　年六歳

問２　問１の史料中に見える「筑前国」は，現在の福岡県である。古代に福岡県に建てられた施設や寺院などについて述べた文として，正しいものを一つ選びなさい。　解答番号 25

1　九州地方を支配する機関として，この地に大宰府が設置された。

2　九州地方を防衛する機関として，この地に多賀城が築かれた。

3　聖徳太子は仏教を信仰し，この地に法隆寺を建てた。

4　聖武天皇の命により，この地に校倉造の正倉院が建てられた。

問３　奈良時代における庶民の負担について述べた文として，正しいものを一つ選びなさい。

解答番号 26

1　租は各地の特産物を収めるもので，自分たちで都に運ばなければならなかった。

2　庸は布を収めるもので，成人女性のみ負担すると定められた。

3　防人は東北地方の防衛のために派遣されるもので，非常に厳しい仕事であった。

4　租税の他にも，国の守りにつく兵役や，都や寺院をつくるための労役が課された。

問4　中世の九州地方について述べた文として，正しいものを一つ選びなさい。　解答番号 27

1 鎌倉幕府は，博多に六波羅探題を設置し，九州の武士を統率させた。

2 後醍醐天皇は，建武の新政を実施したが，九州に蒙古が襲来したのをきっかけに武士たちの不満が高まり，政治は行きづまった。

3 室町時代には，博多の商人と結んだ大内氏が明との貿易の実権を握った。

4 戦国時代には，ポルトガルなどの船が九州に盛んに来航したが，キリスト教の布教は常に厳しく取り締まられた。

問5　鎌倉時代に成立した作品として，**誤っているもの**を一つ選びなさい。　解答番号 28

1 『平家物語』　2 『新古今和歌集』　3 『徒然草』　4 『枕草子』

7 次の文章を読み，各問いに答えなさい。

白河の　清きに魚の　住みかねて　もとの濁りの　田沼恋しき

これは，江戸時代によまれた狂歌である。「白河」とは寛政の改革を実施した［ A ］を指し，「田沼」とは田沼意次を指す。寛政の改革は約6年で終わり，その後，［ B ］が天保の改革を実施した。

問1　文中の空欄に当てはまる語句の組み合わせとして，正しいものを一つ選びなさい。

解答番号 29

1 A－徳川吉宗　B－水野忠邦　2 A－徳川吉宗　B－新井白石

3 A－松平定信　B－水野忠邦　4 A－松平定信　B－新井白石

問2　文中で述べられている2つの改革について述べた文として，**誤っているもの**を一つ選びなさい。　解答番号 30

1 寛政の改革では，質素・倹約を奨励し，天保の改革でも，ぜいたくが禁じられた。

2 寛政の改革では，商品作物の栽培が制限され，天保の改革では，江戸に出ていた農民を村へ帰らせた。

3 寛政の改革では，旗本や御家人が町人から借りた借金が帳消しにされたが，天保の改革では，江戸・大坂周辺の大名領や旗本領を幕領にすることが計画された。

4 寛政の改革では，物価上昇に対応するために株仲間が解散させられたが，天保の改革では株仲間が再び認められた。

問3　田沼意次の時代から天保の改革までの間に起こった出来事について述べた文として，正しいものを一つ選びなさい。　解答番号 31

1 風紀の乱れを正すため，出版物の統制が行われた。

2 殺生を禁じる仏教の観点から，極端な動物愛護を定めた生類憐みの令が出された。

3 庶民の意見を政治に取り入れるため，目安箱がはじめて設置された。

4 アヘン戦争の結果を受けて，異国船打払令が出された。

問4　17世紀から19世紀にかけて，日本と貿易を継続した国として，正しいものを一つ選びなさい。

解答番号 32

1 フランス　2 アメリカ　3 オランダ　4 ロシア

8 次の文章を読み，各問いに答えなさい。

A　国会開設後，政治は依然として一部の藩閥を中心として行われていたが，大正時代には犬養毅や尾崎行雄らが中心となって護憲運動が展開された。第一次世界大戦中には，［A］が民本主義を提唱した。その後，再び護憲運動が起こり，［B］内閣で男子普通選挙が実現された。その一方で，政府は治安維持法を制定し，社会運動全般を厳しく取り締まった。

問1　文中の空欄［A］・［B］に当てはまる語句の組み合わせとして，正しいものを一つ選びなさい。　解答番号［33］

1　A－吉野作造　B－加藤高明　　2　A－吉野作造　B－伊藤博文
3　A－田中正造　B－加藤高明　　4　A－田中正造　B－伊藤博文

問2　大正時代の出来事について述べた文として，正しいものを一つ選びなさい。
解答番号［34］

1　朝鮮を巡り清との対立が深まると，日本は清に二十一カ条の要求を突き付け，日清戦争へと発展した。
2　日露戦争の影響で米価が上昇すると，全国の都市で米騒動が発生した。
3　ワシントン会議が開かれ，中国の主権を尊重する条約が結ばれた。
4　汚職事件がたびたび起こり，大隈重信首相が暗殺された。

B　戦後，GHQによる占領下の日本では治安維持法が廃止され，20歳以上の男女の普通選挙が実施された。［C］内閣でサンフランシスコ平和条約が締結されると，日本は独立を回復し，国際社会に復帰した。

問3　文中の空欄［C］に当てはまる語句の組み合わせとして，正しいものを一つ選びなさい。
解答番号［35］

1　吉田茂　　2　鳩山一郎　　3　佐藤栄作　　4　田中角栄

問4　波線部に関連して，これ以降の日本の外交に関する以下の出来事を古い順に並べた時3番目にくるものを一つ選びなさい。　解答番号［36］

1　国際連合に加盟した。　　2　韓国と国交を結んだ。
3　ソ連と国交を結んだ。　　4　中国と国交を結んだ。

9 日本における人権や憲法・政治について，各問いに答えなさい。

問1　次の資料は，日本国憲法第96条の一部である。空欄に当てはまる語句の組み合わせとして，正しいものを一つ選びなさい。　解答番号［37］

> この憲法の改正は，各議院の［A］の［B］の賛成で，国会が，これを発議し，国民に提案してその承認を経なければならない。この承認には，特別の国民投票又は国会の定める選挙の際行はれる投票において，その過半数の賛成を必要とする。

1　A：総議員　B：過半数　　2　A：総議員　B：3分の2以上
3　A：出席議員　B：過半数　　4　A：出席議員　B：3分の2以上

問2　日本の平和主義に関して述べた文として，正しいものを一つ選びなさい。　解答番号 38

1 日本国憲法の条文では，自衛のために必要最低限度の実力を持つことは禁止していない，としている。

2 かつて，日本はアメリカとの間で日米安全保障条約を締結したが，現在はその効力が無効とされている。

3 1980年代に核兵器を「持たず，つくらず，持ち込ませず」という非核三原則を掲げた。

4 1990年代にPKO協力法が成立し，この法律に基づいて日本はイラクへ自衛隊を派遣した。

問3　日本の人権に関する取り組みに関して述べた文として，**誤っているもの**を一つ選びなさい。

解答番号 39

1 1965年の同和対策審議会の答申は，部落差別をなくすことが国の責務であり，国民の課題であると宣言した。

2 アイヌの人々の民族としての誇りが尊重される社会の実現を目的とし，1997年に北海道旧土人保護法が制定された。

3 男女共同参画社会実現に向けて，1999年に男女共同参画社会基本法が制定された。

4 2000年に人権教育・啓発推進法が制定され，国や地方公共団体が人権教育を実施することを責務としている。

問4　日本が批准していない条約として，正しいものを一つ選びなさい。　解答番号 40

1 人種差別撤廃条約　　2 女子差別撤廃条約

3 子ども（児童）の権利条約　　4 死刑廃止条約

問5　次の表は，現在の日本の国会についてまとめたものである。空欄に当てはまる語句の組み合わせとして，正しいものを一つ選びなさい。　解答番号 41

種類	内容
①	毎年1月に召集され、会期は150日間。おもに次年度予算を審議する。
②	内閣が必要と認めたとき、またはいずれかの議院の総議員の4分の1以上の要求があったときに召集される。
③	衆議院が解散され、総選挙がおこなわれた日から30日以内に召集される。
参議院の緊急集会	衆議院が解散されているときに、緊急の必要がある場合に開催する。

1 ①－常会　②－臨時会　③－特別会

2 ①－常会　②－特別会　③－臨時会

3 ①－臨時会　②－常会　③－特別会

4 ①－臨時会　②－特別会　③－常会

5 ①－特別会　②－常会　③－臨時会

6 ①－特別会　②－臨時会　③－常会

問6　次の表は，2000年・2009年・2017年の衆議院議員選挙における各党派別の獲得議席数を示している。表中のⅠ～Ⅲについて，古い順に並べたものとして，正しいものを一つ選びなさい。

解答番号 42

Ⅰ		Ⅱ		Ⅲ	
政党名	議席数	政党名	議席数	政党名	議席数
自由民主党	233	自由民主党	284	民主党	308
民主党	127	立憲民主党	55	自由民主党	119
公明党	31	希望の党	50	公明党	21
自由党	22	公明党	29	社会民主党	7
日本共産党	20	日本共産党	12	日本共産党	9
その他	47	その他	35	その他	16

1　Ⅰ→Ⅱ→Ⅲ　　2　Ⅰ→Ⅲ→Ⅱ　　3　Ⅱ→Ⅰ→Ⅲ

4　Ⅱ→Ⅲ→Ⅰ　　5　Ⅲ→Ⅰ→Ⅱ　　6　Ⅲ→Ⅱ→Ⅰ

問7　日本の選挙制度に関して述べた文として，**適当でないもの**を一つ選びなさい。

解答番号 43

1　衆議院議員選挙では，小選挙区比例代表並立制が採用されている。

2　衆議院議員選挙では，小選挙区制と比例代表制の重複立候補が認められている。

3　参議院議員選挙では，全国を一つの単位とした比例代表制が採用されている。

4　参議院議員選挙では，２年ごとに全体の半数ずつが改選される。

問8　日本の議院内閣制や内閣に関して述べた文として，**適当でないもの**を一つ選びなさい。

解答番号 44

1　内閣は国会の信任に基づいて成立し，国会に対して責任を負う。

2　衆議院において内閣不信任決議が可決されると，内閣は15日以内に衆議院を解散させるか，総辞職をしなければならない。

3　衆議院の総選挙が実施された場合は，必ず内閣は総辞職しなければならない。

4　内閣総理大臣は国会議員の中から選出される。

問9　日本の国会に関して述べた文として，正しいものを一つ選びなさい。　解答番号 45

1　法律案は衆議院に先議権がある。

2　条約の締結は，必ず事前に国会の承認を必要とする。

3　予算の議決において，衆議院が可決し参議院で10日以内に議決をしないときは，衆議院の議決が国会の議決となる。

4　内閣総理大臣の指名において，衆議院と参議院が異なる人を指名して，両院協議会でも意見がまとまらない場合には，衆議院の議決が国会の議決となる。

武内先生：江戸時代、俳句はもともと俳諧や発句と言われていたんだよね。今の俳句の源流になっているのが松尾芭蕉で、江戸時代前期に芸術的な俳諧を始めて、その後小林一茶や（　a　）が引き継ぎ、明治に入って（　b　）が「俳句」という呼び名を定着させたんだ。

周平くん：知ってる！（　b　）の有名な俳句に「柿食えば鐘が鳴るなり法隆寺」があるよ！

飛鳥さん：芭蕉は「古池や蛙飛び込む水の音」の句がとても有名だわ。

武内先生：そうだね。俳句は五・七・五の十七音で詠まれる世界で最も短い定型詩で、句の中に季語を入れるという約束事があるんだ。

飛鳥さん：例えば芭蕉の「古池や蛙飛び込む水の音」の句の季語は（　c　）で季節は（　d　）ですね。

武内先生：その通り。ほかにどんな約束事を知っているかな？

周平くん：「や・かな・けり」といった感動をあらわす「切れ字」もあるよ。

飛鳥さん：最近は逆に季語を入れない「無季俳句」や五・七・五の定型にもこだわらない「自由律俳句」もあるんですよね。

武内先生：よく知ってるね。型を守るのも大事だけどあまり構えずに自由に楽しむことも大切だよね。

1　a　与謝蕪村　b　正岡子規　c　蛙　d　春
2　a　井原西鶴　b　河東碧梧桐　c　水　d　夏
3　a　与謝蕪村　b　正岡子規　c　蛙　d　夏
4　a　井原西鶴　b　高浜虚子　c　水　d　夏
5　a　与謝蕪村　b　河東碧梧桐　c　蛙　d　春
6　a　井原西鶴　b　高浜虚子　c　水　d　春

問五　傍線部オ「むなしき屍を粧ひ立て、並べおきたるやうにて」の部分に用いられている修辞法として正しいものを次の中から選びなさい。解答番号は25。

1 対句　　2 倒置法　　3 隠喩
4 擬人法　　5 直喩

問六　傍線部カ「これ」の具体的内容として最も適当なものを次の中から選びなさい。解答番号は26。

1 さまざまな色の牡丹の花が、庭一面につややかに美しく咲きほこっている、ということ。
2 色とりどりに美しく咲いている中に、つやのない黒色と黄色の牡丹の花が混じっている、ということ。
3 すき間なく咲いている中に、すでに枯れてしまって黒色や黄色に変色した花がある、ということ。
4 世間で美しいと評判の牡丹の庭園であったが、色つやのない見すぼらしい花ばかり咲いている、ということ。
5 美しく咲いている牡丹の花の中に、はっとするような美しい女性がたたずんでいる、ということ。

問七　傍線部キ「をかしく」とあるが、作者は何に対して「をかし」と評したのか。最も適当なものを次の中から選びなさい。解答番号は27。

1 訪れる客のために普段から手入れを欠かさない、主人の洗練された牡丹の庭に対して。
2 予想に反して色つやのない牡丹が咲いており、噂に踊らされた自分に対して。
3 庭を訪れる人々に心を込めて対応する、主人の客人へのもてなしに対して。
4 主人が紙で作った花をうっかり本物と信じてしまった、自分の軽率さに対して。
5 庭を訪れる人から見物料を徴収して金儲けしようとする、主人の心の汚さに対して。
6 風流ないたずらを仕掛けて訪れた人を驚かすという、主人の優雅な遊び心に対して。

問八　空欄 B に入る語句として最も適当なものを次の中から選びなさい。解答番号は28。

1 黒と黄なる花　　2 見すぼらしく　　3 紙くず
4 われ　　5 わが友魚淵

問九　この本文の筆者小林一茶は江戸時代の俳人であるが、次の会話は俳句について先生と生徒が話し合っている場面である。会話中の（ a ）〜（ d ）に入る語の組み合わせとして正しいものをあとの選択肢の中から選びなさい。解答番号は29。

立ちより侍りけるに、五間[注1]ばかりに花園をしつらひ、雨覆(あまおお)ひ[注2]の蔀(しとみ)など今様(いまよう)めかしてりりしく、白、紅(くれない)、紫、花のさま透間(すきま)もなく開き揃(そろ)ひたり。その中に黒と黄なるは、<u>言ひしに違(たが)はず</u>（ウ）、<u>目をおどろかす程めづらしく妙なるが</u>（エ）〔美しくすばらしい様子なのだが〕、心をしづめてふたたび花のありさまを思ふに、[A]として、何となく見すぼらしく、外の花にたくらぶれば〔比べると〕、今を盛りのたをやめ〔美しい盛りのつややかな女性〕の側に、<u>むなしき屍(かばね)を粧(よそお)ひ立て、並べおきたるやうにて</u>（オ）〔干からびた死骸に化粧をして〕、さらさら色つやなし。<u>これ</u>（カ）、主人のわざくれ[注3]に、紙もて作りて、葉がくれにくくりつけて、人を化(ばか)すにぞありける。されど腰かけ台[注4]の価をむさぼるためにもあらで、ただ日々の群集に酒茶つひやして〔酒や茶を振る舞って〕たのしむ主(あるじ)の心、おもひやられて、しきりに<u>をかしくなん</u>（キ）。

[B]もぼたん顔ぞよ葉がくれに　一茶

注1　「五間ばかりに花園をしつらひ」＝五間は約九メートル。九メートル四方に牡丹の花を植えていた、ということ。

注2　「雨覆ひの蔀など今様めかしてりりしく」＝「雨覆いの蔀」は雨を防ぐための板戸のこと。友人の家の板戸はしゃれた造りになっていて、牡丹の「花園」と調和していた、ということ。

注3　「わざくれ」＝いたずら。

注4　「腰かけ台の価」＝見物料・入場料。

問一　傍線部ア「さらなり」の本文中の解釈として最も適当なものをあとの選択肢の中からそれぞれ選びなさい。解答番号は[21]。

ア　さらなり
- [1] もちろんのこと
- [2] ひときわ目立って
- [3] それほどでもなく
- [4] 思いがけなく
- [5] すばらしく

問二　傍線部イ「けふ」を現代仮名遣いであらわしたとき正しいものを次の中から選びなさい。解答番号は[22]。

[1] かう　[2] けう　[3] こう
[4] きょう　[5] きゅう　[6] ちょう

問三　傍線部エ「目をおどろかす程めづらしく妙なるが」を単語に分けたものとして正しいものを次の中から選びなさい。解答番号は[23]。

- [1] 目・を・おどろかす・程・めづらしく・妙なる・が
- [2] 目・を・おどろかす・程・めづ・らしく・妙・なるが
- [3] 目・を・おどろかす・程・めづ・らしく・妙・なる・が
- [4] 目・を・おどろか・す・程・めづ・らしく・妙・なる・が
- [5] 目・を・おどろか・す・程・めづらしく・妙・なるが
- [6] 目・を・おどろか・す・程・めづ・らしく・妙なる・が

問四　空欄[A]に入る擬態語として最も適当なものを次の中から選びなさい。解答番号は[24]。

[1] するりするり　[2] じめじめ　[3] つるつる
[4] せかせか　[5] ばさばさ　[6] むずむず

で勝手気ままに楽しむ自由が認められなかったりするから。

5 一人で勉強することを許されなかったり、先生の教えに従って問題を解いても答えが出るとは限らなかったりするから。

問七 傍線部エ「隆は口に出して罵り、なにか咽っぽいものをごくりと飲みこんで」とあるが、ここでの「隆」の心情の説明として最も適当なものを次の中から選びなさい。解答番号は19。

1 ふだんは父を忘れていることに気がつき、せつないほどに自分をせめている。

2 父の顔さえも覚えていないという、胸苦しくなるような悲しみに浸っている。

3 死んだ父をつい悪く言ってしまい、重ぐるしい罪悪感にさいなまれている。

4 天の父を思い描き、こみあげるような慕わしさや懐かしさを覚えている。

5 この世界に落っこちて来ることもできない父を、子供らしく哀れんでいる。

問八 傍線部オ「しかし十分の後には、海水浴と父は、巻煙草や、白鳥や、信号旗や、竪メガネやその他に取って代られていた」とあるが、この部分の「隆」の、本文の内容に即した説明として最も適当なものを次の中から選びなさい。解答番号は20。

1 層をなす樫の葉が海水の壁に見える楽しさと、その楽しさが引き寄せる父と過ごした夏休みの幸福感もつかの間、隆はすぐに数学の問題を解き始める。ようやく隆は、入学試験を意識し始めたのだ。

2 学校での辛い思いを忘れさせる樹上の爽快さと、辛いほどに思い出される父の姿もすぐに忘れ、隆は数字と戯れ始める。隆を安心でいい気持にさせるのはやはり数学であった。

3 樫の樹の股から頭上の空を見上げて浸る想像と、その想像に触発されて父を思う感傷もひと時のことであり、隆はすぐに数学の問題を解く楽しさに夢中になる。それほどにまだ、隆は幼さを残した少年であった。

4 木洩れ日の中を小魚のように泳ぎ回る幻想と、その幻想の中に見る樹に登る父の姿もいつの間にか消え、隆の頭にはあだ名をまとった数字が現れる。隆の子供っぽい空想はやむ時がない。

5 海の底に沈んだようなひとり樹の上にいる寂しさと、死んでしまった父への率直な愛情とを押し隠し、隆は数学の問題に没頭する。学校や家庭での満たされない思いを忘れようとしているのだ。

三 次の文章は小林一茶の『おらが春』の一節で、友人の魚淵の家には見事な牡丹の花が咲いていて、評判を聞きつけて連日たくさんの人が見物に訪れており、筆者も立ち寄った場面である。これを読んで、あとの問いに答えなさい。

わが友魚淵といふ人の所に、天が下にたぐひなき牡丹咲きたりとて、言ひ継ぎ聞き伝へて、界隈はさらなり(ア)、よその国の人も足を労して、わざわざ見に来るもの、日々多かりき。おのれもけふ(イ)通りがけに

3 クウソな議論　　4 ソコウが悪い

5 キソ知識に乏しい

問二 二重傍線部B・Cの本文中における意味として最も適当なものをあとの選択肢の中からそれぞれ選びなさい。解答番号はBが13、Cが14。

B 安くは見られなかった

1 見とがめられることはなかった

2 見捨てられることはなかった

3 見透かされることはなかった

4 見上げられることはなかった

5 見くびられることはなかった

C すかしたりして

1 諭したりして　　2 突き放したりして

3 励ましたりして　　4 なだめたりして

5 脅したりして

問三 空欄 ※ に入る語句として最も適当なものを次の中から選びなさい。解答番号は15。

1 臆病　　2 怠惰　　3 強情

4 無気力　　5 潔癖

問四 傍線部ア「軽蔑だけには鋭く逆立つ刺をもっていた」とはどういうことか。その説明として最も適当なものを次の中から選びなさい。解答番号は16。

1 隆は、仲間から受ける軽蔑にだけは深く心を痛めてしまうというもろい一面をもっていた、ということ。

2 隆は、仲間が受ける軽蔑だけは断じて見過ごしにはしないという強い信念をもっていた、ということ。

3 隆は、自分が軽蔑されるようなまねだけは絶対にするまいという厳しい自戒をもっていた、ということ。

4 隆は、自分に向けられる軽蔑だけは決して許しはしないという激しい気質をもっていた、ということ。

5 隆は、先生から受ける軽蔑だけはどこまでも耐えて見せるという尊大な自信をもっていた、ということ。

問五 傍線部イ「教師と母との懇話会のたびに、この問答がくり返される」とあるが、「この問答」における「教師」と「母」に共通する心情として最も適当なものを次の中から選びなさい。解答番号は17。

1 困惑　　2 嫌悪　　3 期待

4 不安　　5 焦り　　6 失望

問六 傍線部ウ「数学以外の学課にたいする隆の不熱心」とあるが、「隆」はなぜ「数学以外の学課」に「不熱心」であるのか。その理由として最も適当なものを次の中から選びなさい。解答番号は18。

1 納得できないことを押しつけられたり、答えや解法がいくつもあるように思えて落ち着かない気持ちになったりするから。

2 先生がでたらめを教えているように思われたり、真剣に考えても先生に認められる答えは見つからなかったりするから。

3 先生の言うことを聞かないと叱られたり、問題を解き始めても答えにたどりつく筋道が思い浮かばなくなったりするから。

4 みんなと同じであることを求められたり、数学のように一人目で明るい水面を見あげるように頭上の空をぼんやり眺めていた。まわりのふかぶかした緑の反射が、うす藍いろの厚い海水の壁を感じさせ、それが知らず知らず葉山の別荘のたのしかった夏休まで思い出させた。木の葉を洩れた日光の白い片が、その海の小魚のように隆の肩や、枝にかけた手に戯れた。

隆はまたそうやって樹に登っている時に限って思い出すことが一つあった。それは亡くなった父の納棺の晩、彼がすでに天にのぼったのであることを教えられると、なら、落っこちて来る、今にどたんと落っこちて来るよ、とはしゃいで部屋を踊り廻ったというのである。もとより隆自身には覚えがなかったし、今いいだされると怒るのであるが、ひとり樹の上でふと思いだすと、なにか滑稽な懐しさとともにふだんは忘れてしまっている父のことが、男の子らしい率直な愛情で考えられた。隆は父も天の高い樹の上に登っているのだといいと思った。どちらにしても四つの彼が想像したように、もう一度この世界に落っこちて来るはずはなかったからつまらなかった。

エ「父さん馬鹿だなあ、死んじまったりして。」

隆は口に出して罵り、なにか咽っぽいものをごくりと飲みこんで、粗い冷んやりした樹股にシャツ一枚の背中をこすりつけた。オしかし十分の後には、海水浴と父は、巻煙草や、白鳥や、信号旗や、竪メガネやその他に取って代られていた。

注8 甲、乙、丙ノ三人ガ、同時ニ同一地点ヲ出発シテ、全長二百哩ノ競争ヲナシ、出発後甲ガ五十哩走リシ時、乙ハ甲ニ二哩遅レ、丙ハ乙ヨリ一哩遅レキタリ。モシ甲乙丙ガ、ソノ後モソレゾレ前ト同ジ速度ニテ走ルモノトスレバ、甲ハ乙ニ何程勝チ、乙ハ丙ニ何程勝ツカ。——昨日からまだ解けないでいるこの一問題のために、隆のあたまは数の観念のおもちゃ箱になった。

注1 「入学試験」＝旧制中学校の入学試験。

注2 「チーク材の凭れ」＝チーク材の椅子の背もたれ。

注3 「修身」＝戦前の小学校における科目。今の道徳に相当する。

注4 「楠木正行」＝14世紀の武将。父は楠木正成。修身の教科書には父への親孝行や天皇への忠義を尽くした人物としての説話が掲載されていた。

注5 「正成」＝注4参照。

注6 「鉛の兵隊さん」＝鉛製の兵士の人形。

注7 「片手の廃兵」＝「廃兵」とは負傷して兵役につくことができなくなった兵士。今日使われるべきではない差別表現であるが、時代背景を考慮し、原文のままとした。

注8 「甲、乙、丙ノ三人ガ～何程勝ツカ」＝甲、乙、丙の三人による200マイル競争を素材とした数学の問題。

問一 二重傍線部A「(成)セキ」D「(簡)ソ」のカタカナを漢字に直したとき同じ漢字を用いるものをあとの選択肢の中からそれぞれ選びなさい。解答番号はAが11、Dが12。

A 成セキ

1 土地のメンセキ　2 ジッセキをあげる

3 セキニン感が強い　4 教室のザセキ表

5 データをブンセキする

D 簡ソ

1 ソダイごみを処分する　2 入場をソシする

「先生がそんなはずはありませんよ。あんたがよく聞いていないから。」

「聞いたって同じだよ。」

「隆ちゃん、それがあんたのわるい癖ですよ。よく聞いた上でもわからなければ質問が出来るじゃありませんか。帰ってお兄さまたちに訊いてもいいし、母さんだって。」

「僕誰からも教わりたくないんだ。」

くるりと向うむきに、椅子に馬乗りになった隆は、注2チーク材の凭れを掴んでがたがたやった。ウ数学以外の学課にたいする隆の不熱心は、なぜそんな気がするのか自分にも分らないなりになにか漠然と疑いに似たものになっていた。注3修身ではいつも叱られているか、あてつけられている気がした。歴史でみんな注4楠木正行にならなければいけないと激励されると、隆は困ってしまった。彼には注5正成のようなお父さんはいなかったし、顔さえ覚えないのだから。しかし手をあげてそういったら、睨みつけられた。国語の時間に対話を二、三人でお芝居のような科白でやらされる時には、隆はきまって教壇に棒立ちになって黙りこんだ。時によって依怙地になった教師がどうしてもいわせようとすると、隆は唇を一そう内側にめくりこみ、白眼を吊って頑張った。結局そのまま放課のベルがなって独り残っていなければならなかった。

隆が数学が好きなのは、そんないやなことや困ることが数学だけにはなく、加えても、引いても、割っても、掛けても、ほんとうの答えをたった一つ出せばよいし、やり方が計算に間違がなければ、それは太陽が東の空に出て来るようにきっと出て来るのが何より安心で、いい気持なのであった。それに式を順々にたてたり、大カッコや小カッコで縮めたり、それを比例で解き直して見たりするのが、幼稚園のころ積木でお城やビルディングを建てたり、注6鉛の兵隊さんを並べて遊んだりしたのと同じ楽しみを隆に与えた。勇敢なそれらの兵隊が一人一人ひそかに綽名をもっていたように、隆の数字にも彼の子供っぽい連想からの、奇妙な、あらゆる種類の愛称がついていた。たとえば1は巻煙草、2は白鳥、3はだるま、4は注7片手の廃兵、5は信号旗、6はでんでん虫、7はステッキ、といった風で、8は竪メガネ、9はしゃぼん玉、0は卵ぱんであった。

五月の白い雲の流れる午後、隆は隣との地境いになった古い樫の樹にのぼっていた。

父の亡くなったあとに建てた郊外の家は、子供本位のD簡ソなものであったが、芝生の庭がひろく樹が多かった。越して来たての、一つはもの珍らしさでさかんにはじめた兄たちの木登りが隆をもいち早く訓練し、母が危がるのを抜けだしては登ったので、まるで足がかりのない樹でも、蛙のように両脚を折り、身体じゅうでぴったり幹に吸いつくようにして上手によじ登った。今でもうちにいて天気さえよければ、隆は家の中よりは樹の上に多くいた。

ちょっと揺すぶっても、パラパラと乾いた音でぶっ突かりあって散る古葉が、萌黄っぽい緑に悉くふり落され、なにか羽の抜け変った大きな鳥のようにうっそうと若やいだその樫の老樹には、幾つもいい腰掛場があり、枝を枕にして足を突っぱればハンモックのように長く寝られるところもあって、隆にはいっとう気に入っていた。

軽い風に雲が動いて、かげっていた陽がぱっと剥がれたように現れると、樫の深い層になった葉の裏までみずみずしく輝いた。隆は幹の股になった窪みにすっぽり嵌まりこみ、丁度海にもぐっていて、うす

2 小学校時代のクラス会があり、二十年ぶりに当時の親友と会ったが、その表情はずいぶん歳をとっているように見えた。

3 九時から勉強をして一時間くらい経ったと思い時計を見ると、針は十一時を指しており自分の目をうたがった。

4 長い下り坂のつづいたあとで登りのない平らな道になったとき、まるで登り坂がはじまったように見えた。

5 ジェットコースターの先頭車両は落下直後のスピードは遅いはずなのに、他の車両よりも速いように思えた。

問八 傍線部キ「脳も例外ではありません」とあるが、「脳」はどのような特徴があるということか。最も適当なものを次の中から選びなさい。解答番号は10。

1 わたしたちの脳は少しずつ変化したために事実と違う認識をするようになり、自分の意識と合致しないことがあるということ。

2 わたしたちの脳の認識能力はまだ進化の途中にあり、見えている対象を正確に認識することは難しいということ。

3 わたしたちの脳は進化の過程で一人ひとり異なった性質を獲得し、同じものを見ても人それぞれ違って見えるということ。

4 わたしたちの脳は正確な認識と不正確な認識の方法を最終的に獲得したため、頭で考えれば考えるほど理解が難しくなるということ。

5 わたしたちの脳の認識回路は一つに統合されてきたものではなく、一つの対象について複数の認識を行っているということ。

二 次の文章は野上弥生子の小説「哀しき少年」（昭和10年発表）の一節である。主人公の「隆(りゅう)」は戦前の小学校4年生、「隆」の父は彼が三歳八か月の年に病気で他界している。読んで、あとの問いに答えなさい。（出題にあたり、適宜ふりがなを施した。）

小学校では隆は成セキ[A]のよい生徒のうちに入らなかった。それに黙(だ)んまりで、どこか陰気で ※ だったから、先生からも好かれなかった。喧嘩(けんか)はめったにはしなかったが、はじめると手が早く、ぽかぽか擲(なぐ)りつけて罰(ばつ)を喰(く)らった。そんなあとでも隆を馬鹿にするものはなかった。先生に対するよりは仲間にはずっと素直で、塀(へい)を越したボールを一番に駈(か)けだして拾いに行ってやったり、当番でもみんなわいわいずるけている間に忠実にバケツの水を汲(く)んで来たりする彼が、軽蔑だけには鋭く逆立つ刺をもっていた[ア]。それに数学はずば抜けて出来たので、四十五番になっても、安くは見られなかった[B]。

「ほかの学課も勉強なされば決して出来ないお子さんではないのですが、嫌いなものはてんでやって来ないという風ですからね。」

「よく言い聞かせましても、あの通り変わっておりまして。」

「今のうちはよいとしても、入学試験[注1]の準備でもはじまれば学校でも困りますし、どこへも入れないようなことになってはお宅でも御心配だと思われますので。」

「全くどうも、あの児(こ)にはわたくしも途方にくれております。」

学期末の教師と母との懇話会のたびに、この問答がくり返され[イ]、帰って来ると、母は新らしく叱(しか)ったり、すかしたりして[C]、もうすこし勉強させようとした。

「僕いやなんだ。先生でたらめを教えるんだもの。」

1 最新の脳科学の研究によると、「見る」ことと「見ている」こととは違うものであるということ。
2 「目はものを見るための組織」という考えは学校で教えているだけで、科学的には根拠のないものであるということ。
3 私たちが見ていると思っているものは、実際のものとは違ったものとして脳で処理されているものであるということ。
4 目に入る情報を処理するときに、私たちの脳は物理的に同じ波長のものだけを同じものとしてとらえているということ。
5 私たちが対象についてもともと持っている知識によって、見えている映像の情報は影響を受けているということ。

問三 傍線部イ「すべ」のここでの意味は何か。最も適当なものを次の中から選びなさい。解答番号は5。

1 根拠　2 情報　3 技術
4 手段　5 道理

問四 傍線部ウ「(カン)チ」を漢字にしたときに、その字を用いていない四字熟語を次の中から選びなさい。解答番号は6。

1 オンコチシン　2 ジンコウチノウ
3 ゼンチゼンノウ　4 チガイホウケン
5 チカクシンケイ

問五 傍線部エ「どうしてその事実に気づくことができるでしょう」とはどういうことか。最も適当なものを次の中から選びなさい。解答番号は7。

1 「本当は同じ長さ」であることを、脳は決して自発的に認めようとはしない、ということ。
2 「本当は同じ長さ」であるとしても、脳はそのことをいつまでも認識できない、ということ。
3 「本当は同じ長さ」だと教えられても、脳はそのことを認めようとはしない、ということ。
4 「本当は同じ長さ」だと教えられるまで、脳はそのことを知ろうとはしない、ということ。
5 「本当は同じ長さ」であろうとなかろうと、脳にとってはどうでもよい、ということ。

問六 傍線部オ「みなさんの脳は頑固」とはどういうことか。最も適当なものを次の中から選びなさい。解答番号は8。

1 実際の長さが自分の認識とは違うことを知ったあとでも、どうしても自分の認識を変えられないということ。
2 自分が思っている長さと実際の長さでは違うことの方が多いのに、同じことの方が多いと感じているということ。
3 実際の長さが同じでもそれを同じと認識はできないのに、認識できると信じて疑わないでいるということ。
4 実際には長さが同じか違うかは測ってみなければ分からないのに、自分の印象が正しいと思い込んでいるということ。
5 人間の脳はいつも誤った解釈をしているのに、自分の脳は決して誤ってはいないとしか考えられないということ。

問七 傍線部カ「錯視」とあるが、次の具体例の中から「錯視」にあたるものを選びなさい。解答番号は9。

1 電車が動きだしたとき、自分の乗る車両が前へ動いているはずなのに、自分の体は後ろに進んでいるように思えた。

を向上させ、最終的にヒトの脳を獲得したのです。

つまり、ヒトの脳は、進化的にみて古い部分と新しい部分が混在していることになります。実際、くわしく調べてみると、ヒトの脳には、下等動物であった頃から存在していた古いキゲン(C)をもつ部位から、ヒトになって大きく発達した新しい部位までさまざまな時代のものが存在しています。

脳に流れこんだ目からの情報を処理する脳部位もまた、新しい部分と古い部分に分けられます。つまり、光情報は脳内で、古い部分(「上丘(じょうきゅう)」とよばれる場所)と新しい部分(「視覚野(しかくや)」とよばれる場所)に分流されます。それぞれの情報は独立に加工処理されます。私たちが意識できるのは「視覚野」に流れこんだ情報だけです。視覚野は進化の上では高性能な最新型ですから、色を見たり、立体を感じたりなど、かなり高度な処理が行なわれます。これが、私たちが心で感じている「世界」を形成しています。

(池谷裕二「薬の開発のために脳をきわめる」による)

注1　「このヒッチコックの絵」＝この本文より前のところに示されていた絵で、一見濃淡の違う左右対称のヒッチコック(人物)の絵は、実は片方の絵を反転しただけの濃淡の違いのないものであるという、一種のだまし絵。

注2　「図1」＝注1の「ヒッチコックの絵」が図1であり、この部分にはない。

注3　「ミュラー・リエル錯視」＝ミュラー・リエル(リヤー)が一八八九年に発表した錯視で、実際には同じ長さの二本の線分に逆向きの羽根を付けたとき、線分の長さが違って見えるというもの。

問一　二重傍線部A「コウ(テイ)」B「ヘイコウ」C「キ(ゲン)」と同じ字を用いるものをあとの選択肢の中からそれぞれ選びなさい。解答番号はAが[1]、Bが[2]、Cが[3]。

A　コウ(テイ)

[1] 選挙のコウホシャを選ぶ。
[2] 本部がコウシキ見解を示す。
[3] ジョウコウの座につく。
[4] センコウ花火を楽しむ。
[5] 棚を作るコウグを準備する。

B　ヘイコウ

[1] 検討と実践をヘイコウして行った。
[2] 両者の議論がヘイコウ線をたどった。
[3] 児童数が減少し小学校がヘイコウした。
[4] 驚くべき事態に直面しヘイコウした。
[5] 船に乗ってヘイコウ感覚を失った。

C　キ(ゲン)

[1] 水でうすめてキハクにする。
[2] その件はキシュツのことである。
[3] 表面のトッキ物にさわる。
[4] 生命の進化の過程でブンキした。
[5] キカク書を作成する。

問二　傍線部ア「厳密な意味で『見ている』とは言えません」とはどういうことか。最も適当なものを次の中から選びなさい。解答番号は[4]。

した。

しかし重要なのはここからです。同じ長さであることを知ったところで、みなさんの脳に何か変化が生じたでしょうか。同じ長さであることを知っても、みなさんの目の前の線分は依然として違うままの長さに見えています。[オ]「同じ長さだ」と強く念じてみても、意識ではどうにもなりません。みなさんの脳は頑固（がんこ）で、しかも、みなさんはその脳の誤解釈から逃れることはできないのです。私たちは、脳の作用をただただ受動的にしか受け取ることができません。

しかし、おもしろい事実があります。こうして「違う長さ」に見える棒を、いざつまんでみようと指を広げてみると、なんと、指はどちらの線分についても正確に同じ幅だけ広げてつまもうとすることがわかります。これは、スロービデオで指の細かな動きを撮影する実験からわかった結果です。頭の「中では違う長さだと判断していても、それをつまもうとのばされた指は「本当は同じだ」ということを知っているのです。体と心の分離。意識上では疑いようもなく「違う長さ」として解釈されていても、体のほうは正確に働いています。つまり外部世界の解釈が、意識と無意識では食い違っているのです。

そんな事実から次のことがわかります。それは「脳が光の情報を処理する経路は一つではない」ということです。

実際、目から入った光情報は脳に送られますが、その情報は二つの脳回路に分けられます。一方では光情報は歪められ「異なる線分長」として意識の上に現れます。これが私たちの感じている「個人的な真実」です。これまでにも見てきたように、その世界は現実の世界と一致しているとは限りません。ところが、もう一方は情報がより正確に処理され「同じ線分長」と解釈されます。ただし、これは決して私たちの意識の上に現れることはありません。ですから、私たちは意識の上では「本当は同じ長さ」であることを知ることはできません。一方、体を動かすための指令は、この無意識の情報にもとづいて実行されますから、指は意識に反した行動をとるのです。

こうした異なった回路処理が、脳の別々の場所で独立して同時に行われています。これは[B]「ヘイコウ処理」という独特の方式で、脳とコンピュータが決定的に異なる点でもあります。

脳には複数の回路が存在していて、それらが同時にさまざまな処理を行っています。ある回路では「同じ長さの線分」に、また別の回路では「異なる線分」に、いわば脳は〝多重人格〟なのです。そしてヘイコウ処理によって編み出された結果のうち、意識に上る部分はほんのわずかにすぎません。私たちの脳の大部分は無意識に働いていて、意識された世界は氷山の一角なのです。それなのに、私たちは見えているものがすべてで、それがいつでも正しいと思いこみがちです。そんな私たちの性癖が単なる思い上がりにすぎないことは[カ]錯視の例が見事に教えてくれます。

ところで、どうして脳は異なる情報処理を行なう回路を複数もっているのでしょうか。この答えはおそらく「進化」にあります。動物は古代の原始的な生物から徐々に進化して現在の複雑な姿にいたっています。ある日、突然、いまのヒトが出現したわけではありません。気の遠くなるような小さな進化を少しずつ重ねて、ここまで高度な生物に発展したわけです。[キ]脳も例外ではありません。いきなりヒトの脳をつくることは不可能です。かつては下等だった脳が必要に応じて性能

【国　語】（五〇分）〈満点：六〇点〉

一 次の文章を読んで、あとの問いに答えなさい。（出題にあたり、小見出しを省略し、本文をあらためた箇所がある。）

私の仕事は「脳」の研究です。脳科学に携わっていると、これまで常識だと思っていたことが、まったく常識でなかったり、もしくは間違っているという場面に出くわすことがしばしばあります。

このヒッチコック[注1]の絵はよい例です。みなさんは「目はものを見るための組織」と学校で習ったことでしょう。しかし本当にそうでしょうか。もし目がものを見るためだけに機能しているのであれば、世界は正確に写し取られることでしょう。つまり二人のヒッチコックは同じ濃さで見えなければ正しく世界を投影したとはいえません。ところが、絵の濃淡は不正確に判定され、私たちは別々の濃さで見ています。これでは（ア）厳密な意味で「見ている」とは言えません。事実が歪（ゆが）められているのです。

目に入った光の情報は脳に送られます。脳内で光の情報が処理されて、はじめて私たちは「見る」わけです。図1[注2]では脳に送られた光の情報そのものは同じ濃淡のヒッチコックとして伝えられていることでしょう。それは物理的に同じ波長、同じ振幅の光だからです。その同じ情報が異なったものに見えたというのは、つまり、情報の処理（A）コウテイで何か不自然なことが起こって、結果として、違うものとして脳に解釈されたと考えられます。こうして脳が誤って解釈した結果を、私たちはそのまま感じているのです。

私たちには脳の解釈が正しいのか間違っているのかを判断する（イ）すべがありません。濃淡が異なって見えていれば、だれでも「元の絵の濃淡がそもそも違ったのだろう」と判断することでしょう。それを疑いもしません。みなさんもはじめて図1を見たときに、二つの絵は同じ濃淡だとは思いもしなかったでしょう。つまり、脳の判断こそが私たちの意識のすべてであって、実際の世界がどうなっているかは、私たちの（ウ）カンチ外なのです。

これに近い例を挙げてみましょう。図2を見てください。これはミュラー・リエル錯視[注3]とよばれます。二本の横棒の長さは同じなのに、上の線分のほうが短く感じられます。目のレンズを通して網膜に写った光情報はどちらの線分も同じなのですが、棒の左右端についた矢羽の差が錯覚を生んでいます。

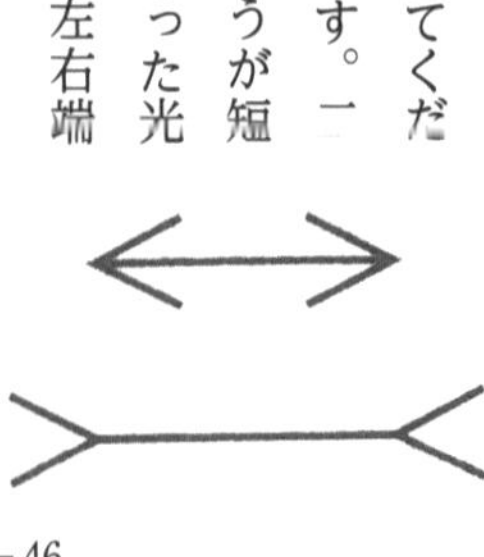

もしあなたが「本当は同じ長さ」であることを知らなかったとしたら、（エ）どうしてその事実に気づくことができるでしょう。あなたの脳が勝手に「違う長さ」に感じてしまうわけで、事実を知らされなかったら、「同じ長さかもしれない」とは思いもよらないわけです。そうだとしたら、あなた個人にとってはこの二本の線分は永遠に「違う長さ」であって、それこそがあなたにとっての「真実」となるのです。「物理的な事実」がどうであるかは「個人的な真実」とは無関係です。

これをもっと推（お）し進めてみましょう。みなさんが「同じ長さ」であることを確認する唯一の手段は、ものさし等で直接測定してみることです。こうして同じ長さであることをはじめて知ることができます。「違う長さ」とばかり信じていたみなさんは驚くべき事実としてこれを受け入れることでしょう。ヒッチコックの絵の濃淡がまさにそうで

2021年度

解　答　と　解　説

《2021年度の配点は解答欄に掲載してあります。》

<数学解答>

1 (1) 1 3　2 1　(2) 3 3　4 2　5 3　(3) 6 1　7 3　8 3　9 5
(4) 10 1　11 1　12 4　(5) 13 3　14 2

2 (1) 15 2　16 8　(2) 17 3　18 0　19 0　20 0
(3) 21 4　22 5

3 (1) 23 2　(2) (i) 24 4　25 5　(ii) 26 3　27 1　28 2

4 (1) 29 7　30 4　31 1　32 7
(2) 33 5　34 7　35 9　36 5　37 6

5 (1) 38 1　39 3　(2) 40 5　41 9　(3) 42 1　43 6

○配点○

1 (1)～(3) 各2点×3　他 各3点×2　2 各4点×3

3 各4点×3　4 各2点×6

5 各4点×3　計60点

<数学解説>

1 (連立方程式，二次方程式，平方根，角度，関数)

基本 (1) $\frac{1}{8}x+\frac{1}{8}y=\frac{1}{2}$より，$x+y=4$…①　$4x+12y=24$より，$x+3y=6$…②　②－①より，$2y=2$　$y=1$　これを①に代入して，$x+1=4$　$x=3$

(2) $x^2-3\sqrt{3}x+6=0$　$x^2-3\sqrt{3}x+\left(\frac{3\sqrt{3}}{2}\right)^2=-6+\left(\frac{3\sqrt{3}}{2}\right)^2$　$\left(x-\frac{3\sqrt{3}}{2}\right)^2=\frac{3}{4}$　$x-\frac{3\sqrt{3}}{2}=\pm\frac{\sqrt{3}}{2}$ $x=\frac{3\sqrt{3}}{2}\pm\frac{\sqrt{3}}{2}=\sqrt{3}$，$2\sqrt{3}$

基本 (3) $\sqrt{91}\times\sqrt{65}=\sqrt{7\times13\times5\times13}=13\sqrt{35}$

基本 (4) 右の図で，$\angle a=180°-102°=78°$　平行線の錯角は等しいから，$\angle b=\angle a=78°$　折り返したので，$\angle c=\angle b=72°$　よって，$\angle \mathrm{d}=180°-78°\times2=24°$　三角形の内角と外角の関係より，$\angle x=90°+24°=114°$

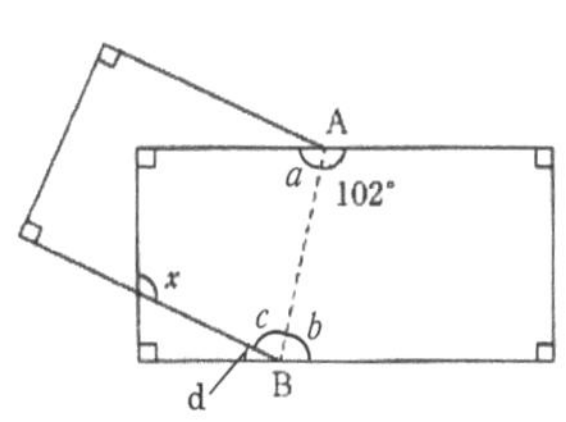

基本 (5) $\frac{2\times(a+2)^2-2\times a^2}{(a+2)-a}=\frac{2(4a+4)}{2}=4a+4$　$4a+4=10$　$4a=6$　$a=\frac{3}{2}$

2 (方程式の利用)

(1) 毎分50枚で印刷する時間は，(1000－10×5－10×5)÷50＝18(分)だから，5＋18＋5＝28(分)

(2) Aの印刷時間は10＋60＝70(分)だから，印刷枚数は，10×5＋30×(70－5－5)＋10×5＝1900(枚)Bの印刷枚数は，10×5＋20×(60－5－5)＋10×5＝1100(枚)　よって，1900＋1100＝3000(枚)

(3)　x分後に追いつくとすると，Aの印刷枚数は，$10\times5+40\times(10+x-5)=40x+250$(枚)　Bの印刷枚数は，$10\times5+50\times(x-5)=50x-200$(枚)　$50x-200=40x+250$　$10x=450$　$x=45$(分後)

3　**(図形と関数・グラフの融合問題)**

重要　(1)　A，Bは$y=ax^2$上の点だから，$A(-3, 9a)$，$B(3, 9a)$　$AB=3-(-3)=6$，$AA'=9a$　四角形AA′B′Bは長方形だから，$6\times9a=108$　$a=2$

重要　(2)　(ⅰ)点Pのx座標をt(>0)とすると，P，Qは$y=2x^2$上の点だから，$P(t, 2t^2)$，$Q(-t, 2t^2)$　Sは$y=-\frac{1}{2}x^2$上の点だから，$S(t, -\frac{1}{2}t^2)$　四角形PQRSは正方形だから。PQ=PS　$t-(-t)=2t^2-(-\frac{1}{2}t^2)$　$2t=\frac{5}{2}t^2$　$5t^2-4t=0$　$t(5t-4)=0$　$t>0$より，$t=\frac{4}{5}$

重要　(ⅱ)t=4より，$P(4, 32)$，$Q(-4, 32)$，$S(4, -8)$　線分QSの中点をMとすると，Mのx座標は0，y座標は$\frac{32+(-8)}{2}=12$　よって，$M(0, 12)$　求める直線はMTで，直線MTの式を$y=bx+12$とすると，$T(4, 0)$を通るから，$0=4b+12$　$b=-3$　よって，$y=-3x+12$

4　**(平面図形－証明・計量)**

基本　(1)　AD//BCだから，△ECD＝△ECA…①　AB//DCだから，△ABC＝△ABF…②
②において，△ABEが共通だから，△ABC－△ABE＝△ABF－△ABE
よって，△ECA＝△BEF…③　①，③より，△BEF＝△ECD

重要　(2)　$\triangle ABF=\triangle ABC=\frac{1}{2}S$　$\triangle ABE=\frac{4}{4+3}\triangle ABF=\frac{4}{7}\times\frac{1}{2}S=\frac{2}{7}S$　よって，台形AECD$=S-\frac{2}{7}S=\frac{5}{7}S$　また，AD//BCより，平行線の同位角は等しいから，2組の角がそれぞれ等しく，△DAF∽△CEF　相似比は，AF:EF＝△ABF:△BEF＝7:3だから，面積比は，$7^2:3^2=49:9$　よって，台形AECD:△CEF＝(49－9):9＝40:9
したがって，$\triangle CEF=\frac{9}{40}\times\frac{5}{7}S=\frac{9}{56}S$

5　**(確率)**

基本　(1)　題意を満たすのは，2または6の目が出るときだから，求める確率は，$\frac{2}{6}=\frac{1}{3}$

重要　(2)　さいころの目の出方の総数は，6×6＝36(通り)このうち，三角形ができないのは，(1, 1)，(1, 2)，(1, 3)，(1, 4)，(1, 5)，(1, 6)，(2, 1)，(2, 2)，(3, 1)，(3, 3)，(4, 1)，(4, 4)，(5, 1)，(5, 5)，(6, 1)，(6, 6)の16通りだから，求める確率は，$1-\frac{16}{36}=\frac{5}{9}$

(3)　題意を満たすのは，△ABCと合同な三角形ができるときで，(2, 3)，(2, 6)，(3, 2)，(5, 6)，(6, 2)，(6, 5)の6通りだから，求める確率は，$\frac{6}{36}=\frac{1}{6}$

★ワンポイントアドバイス★
大問５題構成は変わらず，出題分野は平面図形と方程式の利用が復活した。難易度はほぼ同じである。時間配分を考えながら，できるところから解いていこう。

<英語解答>

Ⅰ　1 4　2 2　3 3

Ⅱ　4 2　5 2　6 4

Ⅲ　7 3　8 3　9 3

Ⅳ　10 4　11 2　12 2　13 1　14 3　15 4　16 1
17 4　18 2

Ⅴ　19 2　20 7　21 7　22 8　23 7　24 1

Ⅵ　25 3　26 7　27 3　28 3

Ⅶ　29 3　30 1　31 3　32 2

Ⅷ　33 4　34 3　35 4　36 1　37 1　38 2　39 3, 8

○配点○

Ⅰ～Ⅳ　各1点×18　Ⅴ～Ⅵ　各2点×7((3)完答)　Ⅶ　各3点×4

Ⅷ　(1)・(5)・(6) 各3点×3　(2)～(4)　各1点×3　(7) 4点(完答)　計60点

<英語解説>

Ⅰ　(発音問題)

(1)　1 /nɜːrs/　2 /fɜːrst/　3 /hɜːrd/　4 /hɑːrt/

(2)　1 /eksərsaɪz/　2 /ɪɡzæmɪn/　3 /ekspɪriəns/　4 /ekskjuːs/

(3)　1 /streɪndʒ/　2 /breɪk/　3 /sez/　4 /streɪt/

Ⅱ　(アクセント問題)

(1)　1 fór-ward　2 ho-tél　3 bréak-fast　4 fór-tune

(2)　1 con-tín-ue　2 pás-sen-ger　3 mu-sí-cian　4 ba-nán-a

(3)　1 af-ter-nóon　2 in-tro-dúce　3 vol-un-téer　4 Ín-ter-net

Ⅲ　(正誤問題：動名詞，前置詞)

(1)　look forward to -ing「～するのを心待ちにする」で動名詞を用いる。

(2)　a department store の前には場所を示す前置詞 at が適する。

(3)　book は可算名詞なので〈many more＋可算名詞〉「もっと多くの～」となる。〈much more＋不可算名詞〉と使い分けが必要。

Ⅳ　(語句補充・選択問題：助動詞，動名詞，前置詞)

(1)　過去の出来事をたずねる疑問文。

(2)　Would you tell me the way to ～?「～までの行き方を教えてくれませんか?」

(3)　finish は目的語に動名詞を用いる。

(4)　another「別のもの，もう一つのもの」

(5)　電話での表現 Speaking「私です。」は自分にかかってきた電話だったときに用いる。

(6)　Must I ～?「～しなければなりませんか?」に対して「～する必要はない。」と返答。

(7)　「宿題はもう終わりました?」に対して No と答えているので，終わらせるのは未来。

(8)　前置詞 with は「(道具) ～で，～を用いて」。

(9)　How do you like ～?「～はいかがですか?，～はどうですか?」

V （語句整序問題：間接疑問文，比較，受動態）

(1) ［Thousands of people were killed in that war］ died 不要
be killed in ～「～で死ぬ」

(2) Manami［does not study English so hard as］ is 不要

(3) ［Time will tell us which of us is right］clear 不要

VI （文整序問題：内容吟味，会話文）

(1) （全訳）「ボトルメール」とは海上の船にいる時に，メッセージを送るとても古い方法だ。まず，メッセージをボトルの中に入れてボトルを閉める。そしてボトルを海に入れる。海がそれを遠くまで運ぶ。しかし，それはボトルの中で返信の手紙を得るのは難しい。最後に，もし手紙の返事を現実にもらえたら，あなたはとても嬉しいだろう。

first, then, in the end の順番を示す語に注目する。

(2) （全訳） 海外旅行は危険だと考える日本人もいる。しかしそれは間違っている。もちろん世界には危険な場所がある。しかし多くの国は安全で訪問する価値がある。だから，なぜ海外旅行は安全でないと感じる日本人がいるのだろうか？私は海外の習慣や生活様式が母国のそれらとはかなり異なるからだと思う。例えば，ブラジルでバスの中に鞄を忘れたら，戻ってくることはないだろう。しかし，それでブラジルが危険な国だという意味ではない。

イの for example 以下が，アを説明する具体例だと読み取る。

(3) （全訳） エレベーターに乗るのが好きな人もいる。しかし私は 1 つ好きではないことがある。それは狭い場所で静かすぎることだ。そのような狭い場所で人々の一団が互いに話さないのは奇妙ではないだろうか？人々はたいてい誰かに会えば,「やあ」「こんにちは」と何かを言う。もし見る物があれば，私たちはそれを見て時間を過ごすことができる。しかしたいていエレベーターの中には何もない。

(4) （全訳） X：次の土曜日映画に行きませんか？
Y：行きたいわ。何を上映しているの？
X：「フローズン 2」だよ。
Y：それはおもしろそうね。どこで待ち合わせできる？
X：映画館前のスターバックスでいい？
Y：うん，いいわよ。何時？
X：9 時 30 分ごろに。
Y：そんな早くに行けないと思うわ。代わりにその次の回を見れる？
X：いいよ，もちろん。じゃあ 13 時に待ち合わせしよう。
Y：ありがとう。じゃあ日曜日にね。

VII （長文読解：内容吟味）

（全訳） 日本では私たちは何年も英語を学習するが，私たちの英語は，母国語として英語を話す人々を理解したり話をしたりするのに十分なほど良くはない。私たちは文のルールを知り，口語・筆記英語を理解しなければならない。しかし私たちはもっと理解すべきである。もっととは何か？物事のやり方や考え方は日本人と母国語として英語を話す人々とでは異なる。英語を学習することは，鏡で自分自身を見ているようだ。

ある日本ビジネスマンと彼の妻が自宅にアメリカ人の友だちを招待したかったのでカードを彼らに書いた。その日本人男性は「ごはんを食べにわが家へ来てください。しかし私の妻は料理が得意でないのは申し訳ない。」と書いた。その友達は家に来て彼女が料理上手だと分かった。「なぜ奥さんが料理上手でないと言ったのですか？」と彼らは質問した。彼らは彼がそのようなことを言うと思わなかった。彼らは「料理上手は料理上手だよ。」と言った。

別の日本ビジネスマンは何人かのアメリカ人にスピーチをする機会があった。彼は自分の間違いから何かを学んでほしいと願い，自分の間違いについて話すつもりだった。スピーチの数日前に，彼らはアメリカ人の友だちにアドバイスを求めた。彼のアドバイスは驚きだった。彼は「あなたが話そうと思っていることを話したら，誰も聞かないだろうね。注目を得たかったら，自分の成功について話さなければならない。」と言った。彼は友達がそのようなアドバイスをするとは思いもしなかった。

(1)　「私たちが英語を話す人々と話すときになぜ問題がありますか？」

(2)　「日本ビジネスマンとその妻は何をしましたか？」

(3)　「なぜ日本のビジネスマンは妻が料理上手でないと言ったのですか？」

(4)　「日本ビジネスマンのスピーチについてアメリカ人はどう思いましたか？」

Ⅷ　(長文読解問題：内容吟味，語句解釈)

(全訳)　リサはある小さな村に住んでいた。彼女の家族はとても貧しかったので，彼女は学校に行かずに町の市場で働かなければならなかった。リサはベスという名前の友だちがいる。ベスの家族も貧しかった。彼女は仕事のためにロンドンへ行った。彼女はよくリサに手紙を書いたが，リサはとても忙しくて手紙を書くのは簡単ではなかった。だから彼らは互いに手紙を書くのをやめた。

5年が過ぎた。リサは今や若い女性だった。彼女は一生懸命に働いたのでたくさんのお金があった。

ある日，セールスマンがリサの家にやってきた。彼はいくつかのドレスとコートを見せた。彼女はそのうちの1つを買いたかった。セールスマンはロンドンから来ていた。彼は「数か月前に私がロンドンにいた時，病院へ姪の見舞いに行ったのです。彼女は病気でね。」

リサは「それはお気の毒に。私も同じ都市に友達がいます。彼女の名前はベス・ホワイトと言います。」と言った。「ベス・ホワイト？なんて世間は狭いものだ！あなたの友だちが私の姪ですよ。」

リサは何も買わなかった。彼女は封筒にすべてのお金を入れた。彼女がそれをベスに送った時，彼女は自分の名前も住所も書きたくなかった。

ベスはその封筒を受け取った。「ベス・ホワイトさんへ」と書かれているが，送り主の名前はなかった。彼女は「誰からだろう？」と心の中で思った。

ベスは今やモリソン夫人だった。彼女はお金を見つけて驚いた。彼女はモリソン氏に「私の古い友人の1人がお金を送ってくれたのだと思う。送り主は私が今はモリソン夫人だと知らない。どうしようかしら？」と言った。「そのお金を必要とする友達に送るべきだよ。送り主に送り返すことはできないからね。」「あ！私の友だちの1人がお金を必要としているわ！私これをリサに送る。リサは私以上にこのお金が必要だから。」

(1)　「この物語では，何人の登場人物がいますか？」
　リサ，友達のベス，セールスマン，ベスの夫の4人の登場人物。

(2)　セールスマンはベスを姪と呼んでいるので，ベスの叔父。

(3)　第5段落の最初の文に「何も買わなかった。」とある。

(4)　ベスはMrs. Morrisonと結婚してモリソン夫人になっていたので，Mr. Morrisonはベスの夫である。

(5)　第4段落から偶然にもリサの友だちとセールスマンの姪が同一人物だったことから読み取る。

(6)　第6段落によると，ベス宛の封筒には「ベス・ホワイトさん」と書かれていたが，第7段落でベスは今「ベス・モリソン夫人」と結婚して名前が変わっていた。だからそのことを知らない古い友人からの封筒だと判断した。

(7)　第1段落の最終文から「互いに手紙を書くのをやめた」とあるので最初は手紙のやり取りがあったことが分かるので正解は③。そして，第6段落からベスは封筒の差出人が誰か分からなかったことが分かるので正解は⑧。

★ワンポイントアドバイス★

様々な種類の読解問題が出題されているので，多くの種類の読解問題に日頃から慣れておくことが重要だ。さらに英問英答の問題も多いので，内容をしっかりと読み取れているかを確認しよう。

＜理科解答＞

[1]　問1　1　[2]　　問2　2　[2]　　問3　3　[2]　　問4　4　[8]

[2]　問1　5　[3]　　問2　6　[4]　　問3　7　[5]　　問4　8　[3]　　問5　9　[5]

[3]　問1　10　[4]　　問2　11　[3]　　問3　12　[3]　　問4　13　[3]

[4]　問1　14　[3]　　問2　15　[2]　　問3　16　[4]　　問4　17　[2]　　問5　18　[1]

[5]　問1　19　[2]　　問2　20　[2]　　問3　21　[7]　　問4　22　[3]

[6]　問1　23　[1]　　問2　24　[5]　　問3　25　[3]　　問4　26　[4]

[7]　問1　27　[4]　　問2　28　[4]　　問3　29　[3]　　問4　30　[1]　　問5　31　[4]
　問6　32　[2]

[8]　問1　33　[2]　　問2　34　[2]　　問3　35　[3]　　問4　36　[5]　　問5　37　[4]

○配点○

1，5，6，10，14，15，20，27～30，33，34，37　各1点×14

他　各2点×23　　　計60点

＜理科解説＞

[1]　(力－半分に切ったばねにかかる力)

基本　問1　問題のばねは，図1のように0.5Nの力がかかると1.0cm伸びる。図2では，ばねにかかる力は1.0Nだから，2.0cm伸びる。

問2　図1のばねを半分に切ったので，ばねAは0.5Nの力で0.5cmのびる。図3で，400gのおもりには4.0Nの重力がかかるので，ばねA，ばねBともに2.0Nの力がかかる。よって，ばねAの伸びは，2.0cmとなる。

問3　質量300gのおもりにかかる重力は3.0Nである。一方，ばねAが2.0cm伸びたので，ばねAにかかる力は2.0Nである。よって，おもりにかかる浮力は3.0－2.0＝1.0Nである。

問4　容器と水とおもりの質量の合計は，100＋500＋300＝900gであり，はたらく重力は9.0N

である。一方，ばねAが2.0cm伸びたので，ばねAにかかる力は2.0Nである。よって，はかりにかかる力は9.0－2.0＝7.0Nであり，示す値は700gである。

あるいは，容器と水の質量の合計は，100＋500＝600gであり，はたらく重力は6.0Nである。水が上向きにおもりを押し上げる浮力が1.0Nあるので，はかりにかかる力は6.0＋1.0＝7.0Nであり，示す値は700gである。

2 (電流と電圧－スイッチの付け替えと電流)

問1　表1から抵抗Aは$\frac{5.0V}{0.5A}$＝10Ωである。また，表2から抵抗Bは$\frac{5.0V}{1.0A}$＝5Ωである。

基本　問2　図2で，点aを流れた電流は，抵抗Aと抵抗Xに分かれる。よって，点aの電流から点bの電流を引いた分が，抵抗Xを流れる電流である。図3で，例えば4.0Vのとき，抵抗Xを流れる電流は600－400＝200mAだから，抵抗Xは$\frac{4.0V}{0.2A}$＝20Ωである。

問3　図4で両スイッチを入れたとき，並列につながっている抵抗B，抵抗Cはどちらも5Ωなので，流れる電流は等しい（$I_B = I_C$）。抵抗Aに流れる電流は，抵抗Bと抵抗Cに流れる電流の合計だから，どちらの電流よりも大きい（$I_A > I_B = I_C$）。

問4　図4で両スイッチを入れ，抵抗Aにかかる電圧が40Vであったとき，抵抗Aを流れる電流は，$\frac{40V}{10\Omega}$＝4Aである。並列につながっている抵抗B，抵抗Cはどちらも5Ωなので，電流は等しい。よって，抵抗Bに流れる電流は4A÷2＝2Aとなる。

あるいは，電源の電圧が50Vで，抵抗Aにかかる電圧が40Vだから，抵抗B，抵抗Cにはどちらも，50－40＝10Vの電圧がかかる。よって，抵抗Bに流れる電流は$\frac{10V}{2\Omega}$＝5Aである。

やや難　問5　スイッチ②を開く前，問4のことから，抵抗Aには4A，抵抗Bには2A流れている。スイッチ②を開くと，回路全体の抵抗は10＋5＝15Ωである。回路に流れる電流は，$\frac{50V}{15\Omega}$＝3.3…Aとなる。よって，抵抗Aに流れる電流は減少し，抵抗Bに流れる電流は増加する。

このように，抵抗Aに流れる電流が減少したのは，回路の並列部分がなくなって，全体の抵抗が増したためである。抵抗Bに流れる電流が増加したのは，すべての電流が抵抗Bを通るようになったからである。

3 (水溶液－塩化ナトリウムとミョウバンの溶解度)

問1　空気は窒素や酸素などの混合物，石油は様々な成分を含む混合物である。塩酸は，塩化水素の水溶液であり，塩化水素と水の混合物である。10円硬貨は，95％の銅のほか，亜鉛やスズが含まれた合金である。一方，ドライアイスは二酸化炭素の固体であり，純物質である。

問2　図1で，60℃の水100gには，ミョウバンは30gよりも多く溶けるが，グラフを左に見ていくと，45℃でちょうど30g溶け，その温度を下回ると溶け残りの結晶が生じる。

問3　図1で，60℃の水100gには，ミョウバンは58g溶けるので，水50gならば29g溶ける。一方，10℃の水100gには，ミョウバンは8g溶けるので，水50gならば4g溶ける。よって，溶け切れずに生じる結晶の質量は，29－4＝25gとなる。

問4　図1で，30℃の水100gには，塩化ナトリウムは40gのすべては溶けず，35gまで溶ける。その濃度は，35÷135×100＝25.9…で，四捨五入により26％である。

4 (化学変化と質量－炭酸水素ナトリウムの反応)

問1　炭酸水素ナトリウムは，塩酸と反応すると，$NaHCO_3 + HCl \rightarrow NaCl + H_2O + CO_2$により，二酸化炭素が発生する。当てはまる選択肢は3である。なお，1は水素，2は酸素，5は窒素である。また，二酸化炭素は水に溶けて弱い酸性を示すので，4で赤色リトマス紙は変化しない。

問２　炭酸水素ナトリウムの性質を利用したものは，問題文中では発泡性の入浴剤とベーキングパウダーである。どちらも，二酸化炭素の泡が出てくることを利用している。衣料用漂白剤は，塩素系や酸素系などの種類があるが，どれも炭酸水素ナトリウムは使用しない。

重要　問３　表１で，実験３の後の質量と，実験４の後の質量の差が，容器の外に逃げていった二酸化炭素の質量である。それぞれ求めると次のようになる。

	１回目	２回目	３回目	４回目
炭酸水素ナトリウムの質量〔g〕	0.84	1.68	2.52	3.36
発生した二酸化炭素の質量〔g〕	0.44	0.88	1.10	1.10

１回目～４回目で，炭酸水素ナトリウムの量は２倍，３倍，４倍と増やしたが，二酸化炭素の発生量は1.10gまでしか増えない。よって，ちょうど反応する炭酸水素ナトリウムの量は，２回目と３回目の間の量と分かる。二酸化炭素が1.10g発生するときに反応した炭酸水素ナトリウムの量は，１回目の数値と比較して，$0.84:0.44=x:1.10$　より，$x=2.10$g と求まる。

問４　表１で，実験１の後の質量と，実験３の後の質量が等しいことから，質量保存の法則が確認できる。これは，化学反応の前後では，原子の組み合せ方が変わるだけで，全体として原子の種類や数が変わらないことによる。

やや難　問５　それぞれの化学反応式を書くと次のようになる。

塩酸と反応した場合　　$NaHCO_3 + HCl \rightarrow NaCl + H_2O + CO_2$

固体を加熱した場合　　$2NaHCO_3 \rightarrow Na_2CO_3 + H_2O + CO_2$

塩酸と反応した場合は，１つの$NaHCO_3$から１分子のCO_2ができる。一方，固体を加熱した場合は，２つの$NaHCO_3$から１分子のCO_2ができる。よって，同じ質量の炭酸水素ナトリウムを使って実験すると，塩酸と反応したほうが多くの二酸化炭素が発生する。

5　（ヒトのからだ－だ液に関する実験）

問１　誤りは②である。脂肪は消化管で脂肪酸とモノグリセリドに分解されるが，小腸の柔毛の壁を通過すると，再び脂肪に合成されてリンパ管に入る。

問２　糖に青色のベネジクト液を加えて煮沸させると，赤褐色の沈殿ができる。また，デンプンに茶褐色のヨウ素液を加えると，青紫色に変化する。

基本　問３　水溶液Aはデンプンのままなので糖はできていない。水溶液Bはだ液であり，これにも糖は含まれない。水溶液Cはデンプンが分解されて糖ができているので，ベネジクト液と反応して赤褐色の沈殿が生成する。

問４　①：誤り。デンプンがなくだ液だけの水溶液Bでは，糖は生成しない。

②：誤り。実験１で，37℃の水溶液Cではデンプンがなくなっているが，5℃の水溶液Cではデンプンが残ったままである。

③：正しい。37℃の水溶液Cだけが，デンプンから糖への変化が起こっている。

④：誤り。実験１で，37℃の水溶液Aはデンプンが残ったままであり，分解されていない。

6　（植物のからだのつくり－茎の構造）

問１　カキノキ，サクラ，タンポポなどは，種子植物のうち被子植物の双子葉類にあたる。選択肢に出てくる植物のうち，スギゴケはコケ植物，スギナはシダ植物，イネ，ツユクサ，ユリ，トウモロコシは，種子植物のうち被子植物の単子葉類にあたる。残る，アブラナ，ツツジ，ヒマワリ，エンドウ，ホウセンカが双子葉類である。

重要　問２　a：正しい。根から吸収された水がどこかにたまってしまうと，全身に水が行きわたらず，しおれる葉ができてしまう。

b：誤り。再び根のある方向には運ばれない。また，水の通り道は茎の表面にない。

c：正しい。葉から根へ運ばれる師管の途中を切り取ったため，行き場のなくなった栄養分がたまったと考えられる。

d：誤り。葉でつくられた栄養分は全身で消費されるほか，果実などに蓄えられる。

問 3　図 3 は双子葉類の茎で，内側の①が道管，外側の②が師管である。図 4 は双子葉類の茎で，道管と師管は交互に並ぶが，中央からの構造のある④が道管で，③が師管である。図 5 は単子葉類の茎で，内側の⑥が道管，外側の⑤が師管である。問題で，切り取った表皮には師管が含まれており，根の断面図で師管を選ぶのだから，③が正しい。

問 4　B と D は，光の当たらないところに置いているので，光合成をおこなわず栄養分がつくられない。よって，師管を栄養分が流れておらず，茎の表面を切り取ってもふくらみはできない。A と C では，光合成がさかんに行われるが，C の方がより上部の表面を切り取るので，それより上の葉でつくられる栄養分だけがふくらみにたまる。よって，A に比べ C のふくらみが小さい。

7　(天気の変化－季節の天気図)

問 1　冬型の気圧配置は，西高東低とよばれ，西の大陸に高気圧，東の海洋に低気圧がある d の形である。大陸から吹く北西の季節風により，日本海側では雪，太平洋側では晴天となりやすい。

問 2　前線 X は温暖前線である。暖気が寒気の上にゆるやかにのぼり，寒気を押し戻しながら進む。選択肢では[4]があてはまる。なお，寒冷前線の進み方は[1]である。[2]と[3]のように，重い寒気の方が上がることはない。

問 3　T は台風で，熱帯低気圧のうち中心付近の最大風速が 17.2m/ 秒以上のものを指す。台風を含む熱帯低気圧のエネルギー源は，暖かい海水から蒸発する水蒸気である（[3]）。それに対し，日本付近の通常の低気圧は温帯低気圧であり，寒気と暖気の温度差が主なエネルギーとなっている。[1]は温帯低気圧に多い。[2]は温帯低気圧，熱帯低気圧どちらにも存在する。[4]は低気圧ではなく高気圧についての文である。

問 4　d は西高東低の冬型の気圧配置であり，日本海側では雪，太平洋側では乾燥した晴天になりやすい（[1]）なお，[2]は春や秋に多い a の季節，[3]は真夏に多い c の季節，[4]は梅雨や秋雨となる b の季節のことである。

やや難　問 5　まず，図 2 の各グラフを特定する。11 日や 12 日の昼間に上昇している□が気温である。また，湿度は 100% を超えることがないので，▲が湿度で，●が気圧である。

次に，問題の 12 時の午後だが，気温のグラフ□を見ると，12 日は夕方以降も気温が下がっておらず，湿度のグラフ▲が高いままである。これは，温暖前線が通過していることを意味する。温暖前線に向かって吹く風は，南～南西の風であり，選択肢では南南西があてはまる。

問 6　図 2 で，11 日 20 時を読むと，気温□は 15℃，湿度▲は 25% である。よって，空気 $1m^3$ に含まれる水蒸気の量は，$12.8 \times 0.25 = 3.2$g となる。

8　(地層と岩石－火山灰と火山)

問 1　磁石につく鉱物は磁鉄鉱であり，砂鉄として知られる鉱物である。他の多くの鉱物は磁石には反応しない。

問 2　ルーペや双眼実体顕微鏡は，プレパラートを作らずに，試料の表面を立体的に観察する。さほど高倍率にはできない。火山灰中の鉱物の形の観察であれば 20 ～ 40 倍程度がよい。

問 3　a は黒く長柱状の角閃石，b は黒く短柱状の輝石，c は白色や桃色の長石，d は無色の石英，

eは黒く板状の黒雲母である。

問4　B層には石英や長石，黒雲母が含まれているので，白っぽい流紋岩質の火山灰である。粘り気の強いマグマからできており，小規模な場合は溶岩ドームをつくる。大規模な場合は，マグマ中にガス成分がたまりやすいので，爆発的な噴火をすることもある。

問5　ハワイ島は，太平洋プレートの上に乗っている火山島である。太平洋プレートは，1年に6cm程度の速さで西北西へ動いており，ハワイと日本列島の距離も近づいている。

★ワンポイントアドバイス★

基本事項は，ただ覚えるのではなく，具体的な問題練習をすることで，よく理解し実戦で使えるようにしておこう。

<社会解答>

1　問1　5　問2　1　問3　4　問4　2　問5　3　問6　2　問7　3

2　問1　3　問2　4　問3　1　問4　1　問5　2

3　問1　2　問2　4　問3　3

4　問1　4　問2　2　問3　2

5　問1　6　問2　1　問3　4　問4　1　問5　2

6　問1　6　問2　1　問3　4　問4　3　問5　4

7　問1　3　問2　4　問3　1　問4　3

8　問1　1　問2　3　問3　1　問4　2

9　問1　2　問2　1　問3　2　問4　4　問5　1　問6　2　問7　4
問8　2　問9　4

○推定配点○

1　問1・問5・問6　各2点×3　他　各1点×4

2　問12　2点　他　各1点×4

3　問15　1点　他　各2点×2

4　各1点×3

5　問22・問23　各2点×2　他　各1点×3

6　問28　2点　他　各1点×4

7　問29・問32　各2点×2　他　各1点×2

8　問35　2点　他　各1点×3

9　問37・問41・問42　各2点×3　他　各1点×6　計60点

<社会解説>

1 （地理－世界各国の人口・農業・工業・鉱山資源・発電など）

基本 問1 Aはアフリカ最大の人口と奴隷海岸からナイジェリア，Bは世界第2位の国土とケベック州からカナダ，Cは大小13,000以上の島々とASEAN本部（ジャカルタ）からインドネシアとわかる。

重要 問2 1950年代に発見された原油はナイジェリアに巨額の利益をもたらし，今や世界第5位の原油輸出国である。

問3 ケベック州はフランスからの移民が多かった地域でフランス語を話す人の割合も高かった。

基本 問4 原始的な農業から焼き畑。園芸は果樹・野菜・花卉などを植え育てること。オアシスは砂漠の中で，水が湧き，樹木の生えている所である。プランテーションは欧米諸国の植民地であった国々が，植民地支配をしていた国に輸出することを目的とした作物栽培のための大規模農園のことである。

基本 問5 1 豊富な森林面積を利用した焼畑農業がさかんなのはブラジル。2 とうもろこしの生産量世界一はアメリカ。3 アメリカでは適地適作が行われている。4 プランテーション農業によるコーヒーやさとうきびの栽培が盛んである。

重要 問6 1 現在，イギリスやドイツでは自動車工業や医薬品，航空機などを生産する先端技術産業が成長している。 3 北緯37度以南のダラスや，ヒューストン，サンフランシスコなどの都市がある地域はサンベルトとよばれている。 4 アフリカの多くの国は，カカオ豆やダイアモンド，銅，原油といった特定の農産物や鉱物資源の輸出に頼ったモノカルチャー経済の国となっている。

重要 問7 日本は現在火力発電が中心である。2011年東日本大震災の発生前，日本には54基の原発があり，日本で使う電力の30%前後を原子力で賄っていた。フランスの総発電電力量に占める原子力発電のシェアは70%を越え，世界第1位である。サウジアラビアは豊富な石油資源や天然ガスをもとに火力発電の占める割合が高かったが，近年太陽光発電事業や風力発電事業を積極的に推進し，二酸化炭素排出削減に取り組んでいる。カナダは豊富な水力を利用した水力発電が多い。したがって， 1 カナダ。 2 フランス。 3 日本。 4 サウジアラビア。

2 （日本の地理－北海道の産業，地形図など）

基本 問1 主曲線が10mごとにあるので，2万5千分の1である。5万分の1は10mごとにある。地図の縮尺は大きく3つに分類され，大縮尺は500分の1・2,500分の1・5,000分の1。中縮尺は2万5千分の1・5万分の1・20万分の1。小縮尺は50万分の1・100万分の1・500万分の1となる。

基本 問2 4 等高線をみると，南には115，124などの数字がみられ，北の方は90，100などの数字がみられるので，南の方が北に比べ低くなっている。

問3 等高線の間隔が広くて余白部分が多い場所は傾斜がゆるいか，または平坦地である。等高線の間隔が狭い場所は，傾斜が急であることを示している。

やや難 問4 1 アメリカ合衆国で行われた公有地を分割する土地制度。経緯線に沿って碁盤目状に分割し，6マイル平方を一単位としてタウンシップと呼称した。 2 日本では，主に住宅不足の解消を目的として，鉄道駅周辺や郊外部へ造成される新しい都市を言う。 3 発展途上国で作られた物品を適正な価格と対等な関係で継続的に貿易すること。 4 アグリカルチャー（農業）とビジネス（事業）を組み合わせた造語で，農産物の加工，流通や販売，金融，資材の供給に至るまでの産業とした農業活動のことを言う。

基本 問5　てんさいは国内生産量のすべてといっていいほど北海道で生産され，オホーツク地方や十勝地方が代表的な産地である。全収穫量の8割程度が，オホーツク地方と十勝地方で占められている。

③ (日本の地理－東北地方の気候，産業など)

基本 問1　Aは北海道，Bは宮城県，Cは茨城県，Dは静岡県である。アはパルプ紙の出荷額の多い県はDの静岡県。イの牛乳の生産量はAの北海道。ウの白菜の収穫量は茨城県。エのかきの養殖，漁獲量の多い県はBの宮城県。

基本 問2　からっかぜとは冬の北西の乾燥した風で，主として群馬県で言われている。やませとは東北地方の太平洋側で春から夏（6月～8月）に吹く冷たく湿った北東よりの風のことである。

重要 問3　① 日本海流は日本近海をながれる代表的な暖流で，黒潮とよばれる。② オホーツク海流はオホーツク海表層で反時計回りに流れる海流である。③ 千島海流は親潮とよばれ，千島列島に沿って南下して，日本の東まで達する寒流である。④ 対馬海流は黒潮の一部が対馬海峡から日本海に入り，日本列島の沿岸を北に向かって流れている。

④ (日本の地理・公民融合－日本の人口，高齢社会)

基本 問1　日本の総人口は2021年7月1日で1億2,500万人。今後，長期の人口減少過程に入り，2026年に人口1億2,000万人を下回った後も減少を続け，2048年には1億人を割って9,913万人となり，2060年には8,674万人になると推計されている。

基本 問2　高齢化率が7%を超えると「高齢化社会」，14%を超えると「高齢社会」，21%を超えると「超高齢社会」となる。現在，日本の高齢者人口の割合は世界でも最も高く28%を超えている。

問3　人口構造の変化について，人口ピラミッドの変遷で見てみると，戦前からの「富士山」型から，高齢化の進展により，二度のベビーブームによる凹凸はあるものの，現在では「つりがね」型となっており，将来的には，さらに少子化が進んで，「つぼ」型に変わっていくと言われている。

⑤ (世界の歴史－世界恐慌，日清戦争，ポツダム宣言など世界の出来事など)

やや難 問1　Aは1857年で19世紀半ば，Bは18世紀半ばから，Cは1917年で20世紀前半，Dは1799年第一統領として独裁政権を樹立した。18世紀後半。

基本 問2　ソ連は共産主義国家だったため，主要国の中でただ一国，世界恐慌の影響を全く受けず非常に高い経済成長を続け，1930年にはイギリスを超えて世界第2の経済大国になった。以後，スターリンの推進する五カ年計画で着々と工業化を進めていった。したがってAのグラフとなる。Bは日本，Cはイギリス，Dはドイツ，Eはアメリカである。

問3　④ ポルトガルではなくスペインである。

基本 問4　三国干渉は1895年にフランス，ドイツ，ロシアの三国が日本に対して行った勧告である。

問5　ポツダム宣言は1945年ポツダム会談で発せられた対日共同宣言で，アメリカ・イギリスが中国の同意を得て発したものである。

⑥ (日本の歴史－古代から中世までの政治，農民のくらし，文化など)

基本 問1　口分田は，6歳以上の良民の男子には二段，女子にはその3分の2，賤民のうち官戸・公奴婢には良民と同額，家人・私奴婢には良民の3分の1を支給した。

問2　② 多賀城は宮城県，③ 法隆寺は奈良県，④ 正倉院は奈良県である。

やや難 問3　① 租は収穫された稲のうち一定の割合を税として納めるもの。② 庸は20歳以上の男性に課されたもので，本来は都に出向いて労役に従事することであったが，遠隔地で難しい場合は，労役の代わりに布や米，塩などを納入するようになった。③ 防人は北九州の防備に当たった兵士である。

基本 問4 ① 六波羅探題は鎌倉幕府により京都におかれた機関である。② 公家と武家の区別ない，天皇中心の政治を理想にかかげていたが，実際は公家を重視した政治であったため，武士たちの不満が高まった。④ 九州の戦国大名の中には貿易をして利益を得るために，キリスト教を保護したり信者になったりした大名がいた。

問5 ④ の「枕草子」は平安時代中頃に清少納言により執筆された。① 鎌倉時代の軍記物語，② 鎌倉時代初期，後鳥羽上皇の勅命によって藤原定家らが編集した勅撰和歌集，③ 鎌倉時代末期に吉田兼好が書いたとされる随筆である。

7 (日本の歴史－江戸時代の改革，貿易など)

重要 問1 寛政の改革は松平定信が行った。松平定信が老中に就任する前は田沼時代と呼ばれ，老中田沼意次による経済振興を主眼に据えた政治が行われていた。天保の改革は水野忠邦によって行われた。享保の改革は徳川吉宗が行った。儒学者の新井白石によって行われたのは正徳の治で，6代将軍・家宣，7代将軍・家継の時代に行われた政治改革である。

問2 ④ 株仲間が解散させられたのは天保の改革である。

やや難 問3 田沼時代1767年から天保の改革1843年の間の出来事は ① 寛政の改革で松平定信が行った。② の生類憐れみの令は5代将軍徳川綱吉の時である。③ の目安箱は8代将軍徳川吉宗が設置した。④ アヘン戦争は1840年～1842年。

問4 鎖国政策の中にあっても，オランダとは，江戸時代初期から幕末に至るまで，長崎貿易を通じて外交貿易関係を維持し続けた。

8 (日本の歴史－明治から昭和までの政治，外交など)

基本 A 問1 民本主義という言葉を使ったのは吉野作造，男子普通選挙は，1925年の加藤高明内閣時に成立した。田中正造は明治時代の政治家で，足尾銅山鉱毒反対運動の指導者でもある。伊藤博文は明治時代の政治家で，初代内閣総理大臣になった。

問2 ① 日清戦争は明治時代。② 日露戦争は明治時代。③ 大隈重信暗殺未遂事件は明治時代である。

基本 B 問3 吉田茂は，朝鮮戦争勃発により内外で高まった講和促進機運により，1951年サンフランシスコ平和条約を締結。また同日，日本国とアメリカ合衆国との間の安全保障条約を結んだ。

問4 ①，③ 1956年10月の日ソ国交正常化を経て，同年12月の安全保障理事会で日本の国連加盟が承認され，総会は全会一致で加盟を承認した。② 1965年。④ 1972年。

9 (公民－人権，憲法，政治など)

重要 問1 憲法の改正は，各議院の総議員の三分の二以上の賛成で，国会が，これを発議し，国民に提案してその承認を経なければならない。この承認には，特別の国民投票又は国会の定める選挙の際行われる投票において，その過半数の賛成を必要とすると憲法に定められている。

問2 ② 現在はより強固なつながりをとなっている。③ 1960年代である。④ カンボジアに派遣された。

重要 問3 ② 1899年に制定された北海道旧土人保護法が廃止となり，1997年にアイヌ文化振興法が制定された。

問4 1995年批准。② 1985年批准。③ 1994年批准 ④ 日本，アメリカ，中国などは批准していない。

重要 問5 国会には3種類がある。常会の会期は150日間と決められている。また，臨時会は，その名前のとおり，臨時に必要があるときに開催される。特別会は衆議院が解散し，衆議院議員の総選挙が終わった後に招集される特別な国会である。

やや難 問6 Ⅰは2000年の衆議院選挙で自民党が単独過半数を割り込んだ。一方で野党は第一野党の民主党が都市部で躍進し議席数を増やした。Ⅱは2017年の選挙で，小池百合子代表の率いる希望の党が躍進した。Ⅲは2009年の政権交代が起こった選挙。

基本 問7 4 参議院議員の任期は6年で，3年ごとに半数を改選される。

問8 内閣不信任決議がなされると，内閣は10日以内に衆議院が解散させるか，総辞職をしなければならない。

問9 1 法律案の議決は衆議院と参議院が異なる議決をした場合，衆議院で出席議員の3分の2以上の賛成で再可決した場合法律となる。

2 憲法73条に，内閣は条約を結ぶに当たって，「事前に，時宜によっては事後に」国会の承認を得なければならないと定められている。

3 参議院が衆議院の議決を受け取った後30日以内に議決しないときである。

★ワンポイントアドバイス★

解答数は昨年度と同じ45問。試験時間の変化もなく，見直しの時間を確保するのも難しいだろう。得意な分野から順番に解いていこう。解答を保留するときは，マークミスに十分な注意をしよう。

<国語解答>

一 問一 A 5 B 1 C 3 問二 3 問三 4 問四 4 問五 2
問六 1 問七 4 問八 5

二 問一 A 2 D 4 問二 B 5 C 4 問三 3 問四 4 問五 1
問六 1 問七 4 問八 3

三 問一 1 問二 4 問三 1 問四 5 問五 5 問六 2 問七 6
問八 3 問九 1

○推定配点○

一 問一・問四 各1点×4 問三・問五・問七 各2点×3 他 各3点×3

二 問一 各1点×2 問六～問八 各3点×3 他 各2点×5

三 問二 1点 問四・問六・問七 各3点×3 他 各2点×5 計60点

<国語解説>

一 （論説文－漢字の書き取り，内容吟味，語句の意味，熟語）

問一 A 「工程」とは，工作や工事などの仕事を進めていく順序・段階。また，作業のはかどりかた。「工具」とは，工作に用いる道具。 B 「平衡」とは，つりあいのとれていること。

C 3 「突起」とは，高くつきでること。また，そのもの。他に，突然立ち上がることを表す。「起源」とは，物事のおこり。

問二 傍線部の前に，「二人のヒッチコックは同じ濃さで見えなければ正しく世界を投影したとはいえません。ところが，絵の濃淡は不正確に判定され，私たちは別の濃さでみています。」とある内容を読み取る。

問三　「すべ」とはするべき方法，仕方，手立て，手段のこと。

問四　傍線部ウを漢字に直すと，「感知外」となる。「治外法権」とは，外国の領域内にいてその国の法律，特に裁判権の支配を受けない特権のこと。

問五　傍線部の後に，「あなたの脳が勝手に『違う長さ』に感じてしまうわけで，事実を知らされなかったら，『同じ長さかもしれない』とは思いもよらないわけです。」という内容から判断する。

問六　傍線部の前後に，「『同じ長さだ』と強く念じてみても，意識ではどうにもなりません。」「みなさんはその脳の誤解釈から逃れることはできない」「脳の作用をただただ受動的にしか受け取ることができません。」とある内容から選択肢を選ぶ。

問七　「錯視」とは，視覚における錯覚。大きさ・長さ・方向などが客観的なそれらとは違った見え方を生ずる現象のこと。

問八　傍線部の後に，「脳に流れこんだ目からの情報を処理する脳部位もまた，新しい部分と古い部分に分けられます。」という内容から，一つの情報に対して，脳は異なった経路で認識することを判断する。

二　（物語文－漢字の書き取り，語句の意味，脱文・脱語補充，内容吟味，心情，大意）

問一A　「成績」とは，その事をして得られた結果。特に，仕事や学業の出来栄えに対する評価内容。「実績」とは，実際の功績・成果。　D　「簡素」とは，かざりけ・むだが無く簡単なこと。「素行」とは，平素の行い。ふだんの品行。

問二B　「安く見られなかった」とは，価値のひくいものとみなされ，まともに相手にされないことはなかったということ。　C　「すかす」とは，慰めなだめること。他にもだましいざなう，おだてあげる，機嫌をとる等の意味がある。

問三　［※］の後に先生に対して仲間には素直だったとあることから，先生には素直ではなかった様子が読み取れる。

問四　ハリネズミのように，何らかの事柄に対して絶対に許さないという気概を持っていたことが窺える。

問五　「ご心配だと思われます」「途方にくれております。」という内容から母と先生が隆を慮っている様子を読み取る。

問六　傍線部の前に「先生でたらめを教えるんだもの。」とあり，先生の答えに隆が納得していないことが分かる。また傍線部の後に，数学に対して，「ほんとうの答えをたった一つ出せばよいし，やり方が計算に間違いがなければ，（中略）何より安心で，いい気持なのであった。」とある内容から読み取る。

問七　傍線部の前に，父の納棺の晩の出来事をふと思い出し，父が今は天の高い樹の上に登っているなどと夢想している様子が書かれている。

問八　傍線部の前では，父の事を思い出していたものの，その後には別の事や，傍線部の後には算数の問題の事に取って代わっている内容から判断する。

三　（古文－語句の意味，仮名遣い，文節，脱文・脱語補充，用法，内容吟味，文学史）

<口語訳>　自分の友である魚淵という人の所で，「天下に比べるもののない牡丹が咲きました」と，人づてに伝わって聞いたので，この近辺はもちろん，他国の人も長い距離を歩いて，わざわざ見に来る者が，毎日毎日多かった。自分自身も今日通りがけに立ち寄ってきたが，五間位に花園をこしらえて，雨よけの板戸など今時風で調和し，白・紅・紫，花の様子もすきま

もなく開き揃っていた。その中に黒と黄色のぼたんがあるのは，人が言ったことと違わず，目をおどろかすような程美しくすばらしい様子なのだが，落ちついてもう一度花の様子を見てみると，ばさばさと，何となく見すぼらしい感じで，他の花と比べると，美しい盛りのつつやかな女性の横に，干からびた死骸に化粧をして並べておいたように，まったく色つやがない。これは主人がいたずらに，紙を使って作り，葉に隠れるように括りつけて，人を騙そうという思惑なのであった。そうではあるけれど見物料を頂こうというわけでもなく，ただ毎日多くの人々に酒や茶を振る舞って楽しむこの主人の心，想像できて，たいそう滑稽におもわれたことであったよ。

問一　「さらなり」とは，もちろん，言うまでもないという意味。

問二　（子音 t）au は（子音 t）o となる。

問三　「目」は名詞，「を」は助詞，「おどろかす」はサ行四段活用「おどろかす」の連体形，「程」は名詞，「めづらしく」はシク活用の形容詞「めづらし」の連用形，「妙なる」はナリ活用の形容動詞「妙なり」の連体形，「が」は助詞である。

問四　[A] の後の内容で，主人のいたずらで牡丹の花の中に，紙の花を混ぜていた。それらがこすり合った音を空欄に入れる。

問五　「直喩」とは，ある事物を他の事物と直接に比較して，その特徴を表示する修辞法。ここでは花を女性の干からびた死骸に，化粧をしているようだと喩えている。

問六　傍線部の前の「さらさら色つやなし」の牡丹を指している。これはさらに前に述べられている黒色と黄色の牡丹のことである。

問七　見物料を取るわけでもなく，訪問客に対して酒や茶を振る舞いながらも，本物の牡丹の中に紙で作った牡丹を忍ばせて，客を驚かせようとする主人の趣向が面白いと筆者は感じている。

問八　本物の牡丹の中に隠された，紙の牡丹に対しての一句である。

問九　a　与謝野蕪村は，江戸時代中期の日本の俳人。　b 「柿食えば鐘が鳴るなり法隆寺」は，正岡子規の俳句。　c・d　蛙は寒い冬場は冬眠し，春になると賑やかな鳴き声を出して活動し始める，また田んぼに水を張る，五月初旬に鳴き声が活発になることからも春を指す，季語として使われている。

文章問題のほかに，ことばの意味や同音の漢字など読解力以外のことが試される問題が多く出るので，それらの内容もしっかりと覚えておこう。

2020年度

★★★★★★★★★★★★★★★★★★★★★★★★★

入　試　問　題

2020年度

札幌第一高等学校入試問題

【数　学】（50分）〈満点：60点〉

【注意】 ※　答えが分数で表されるときは，それ以上約分できない形で答えなさい。

※　答えが比で表されるときは，最も簡単な整数比で答えなさい。

1　次の□に当てはまる数値を求めなさい。

(1)　$a = \dfrac{1+3\sqrt{2}}{2}$，$b = \dfrac{1-3\sqrt{2}}{2}$ のとき，$a^2 - b^2 =$ 1 $\sqrt{\boxed{2}}$ である。

(2)　2次方程式 $(x-1)(x+4) = 2(x^2-3)$ を解くと，$x = \dfrac{\boxed{3} \pm \sqrt{\boxed{4}\boxed{5}}}{\boxed{6}}$ である。

(3)　下の図で，$l /\!/ m$ のとき，$\angle x =$ 78° である。

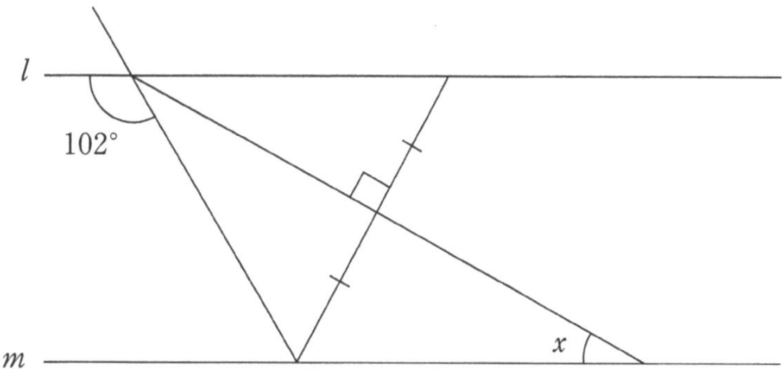

(4)　連立方程式 $\begin{cases} 2x - 3y = -7 \\ 3x + y = 6 \end{cases}$ を解くと，$x =$ 9，$y =$ 10 である。

(5)　右の表は，あるクラスの数学のテストの結果をまとめた度数分布表である。

中央値が入っている階級の相対度数は0. 11 12 である。

階級（点）	度数（人）
以上　以下	
0 ～ 20	3
21 ～ 40	7
41 ～ 60	14
61 ～ 80	10
81 ～ 100	6
計	40

2 関数$y=ax^2$のグラフがある。
このグラフ上の点A(−8, 16)からx軸，y軸に垂線を下ろし，その交点をそれぞれ点B，Cとする。x座標が負である点Pはこのグラフ上を動く。このとき，

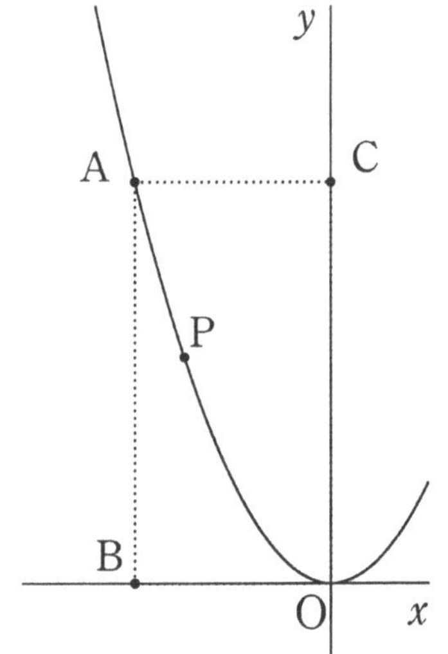

(1) $a=\frac{\boxed{13}}{\boxed{14}}$である。

(2) 三角形PBOの面積の2倍が三角形PCOの面積と等しくなるとき，点Pの座標は(−$\boxed{15}$, $\boxed{16}$)である。

(3) 三角形PBOの面積が四角形ABOCの面積の$\frac{1}{18}$となるとき，点Pの座標は$\left(-\frac{\boxed{17}}{\boxed{18}}, \frac{\boxed{19}\boxed{20}}{\boxed{21}}\right)$である。
このとき，三角形PBOと三角形PCOの面積比は
△PBO：△PCO＝$\boxed{22}$：$\boxed{23}$である。

3 AB＝4 cm，AD＝6 cm，BF＝2 cmとする図のような直方体がある。
辺CDの中点をMとし，3点E，G，Mを通る平面で直方体を2つに切る。この平面と辺ADの交点をNとしたとき，切り口の断面は四角形EGMNである。直線ENと直線GMの交点をIとすると，Iは直線DH上にある。このとき，

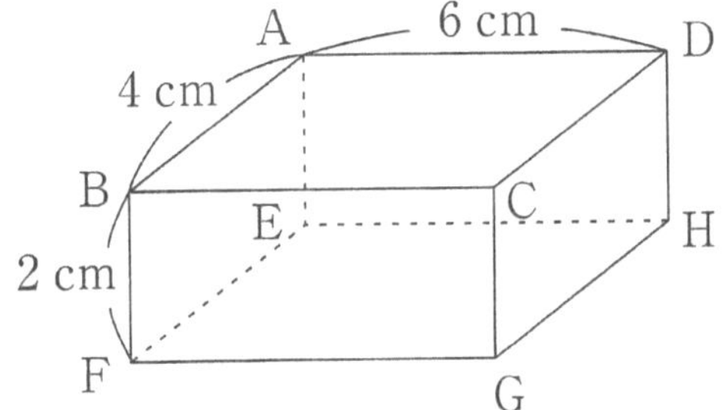

(1) DN＝$\boxed{24}$ cmである。

(2) HI＝$\boxed{25}$ cmである。

(3) 2つに切ったときの小さい方の立体の体積は$\boxed{26}\boxed{27}$ cm^3である。

4 原点をOとする座標平面上に，図のように点A(1, 1)，点B(4, 4)，点C(5, −1)をとる。
1から6の目が出る大小2つのさいころを同時に1回投げ，大きいさいころの出た目の数をa，小さいさいころの出た目の数をbとし，点Pの座標を(a, b)とする。このとき，

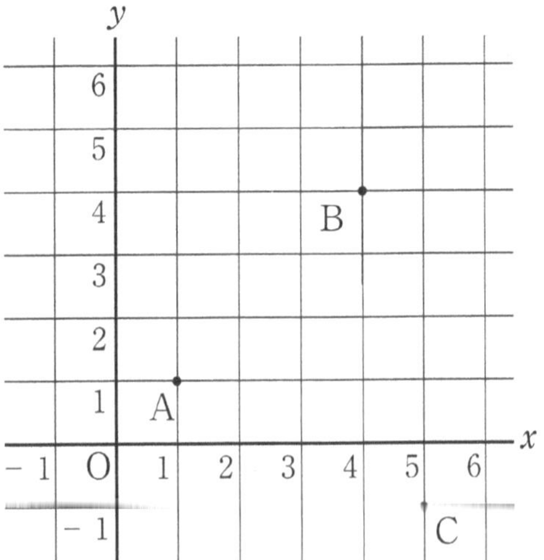

(1) 3点A，B，Pを結ぶ三角形ができない確率は$\frac{\boxed{28}}{\boxed{29}}$である。

(2) 三角形ABPの面積が$\frac{9}{2}$となる確率は$\frac{\boxed{30}}{\boxed{31}}$である。

(3) 三角形ACPが∠APCを直角とする直角三

角形となる確率は$\frac{\boxed{32}}{\boxed{33}\boxed{34}}$である。

5　ある商店ではカキを1個350円，ホタテを1個280円で販売している。また，カキを10個以上購入した場合には，購入したカキ全てに対して1個あたり30円値引きされる。このとき，

(1) 予算が10000円で，できるだけ多くのホタテを購入した。
購入後の残金は$\boxed{35}\boxed{36}$0円である。

(2) カキ8個とホタテ22個を計30個購入したときの金額は$\boxed{37}\boxed{38}\boxed{39}$0円である。
カキ15個とホタテ15個を計30個購入したときの金額は$\boxed{40}\boxed{41}\boxed{42}$0円である。

(3) カキとホタテを計30個購入したときの金額が8900円以上9100円未満となるようにしたい。このような買い方は全部で$\boxed{43}$通りある。

(4) カキとホタテを計20個以上購入した場合に，合計金額から1割値引きされる『キャンペーン』が実施されている。ただし，この『キャンペーン』とカキを10個以上購入したときの値引きを重複して受けることはできない。カキとホタテを計22個購入するとき，最も適当なものを次の1～4より一つ選びなさい。　解答番号 44

1 『キャンペーン』を受けた方が得である。
2 『キャンペーン』を受けない方が得である。
3 『キャンペーン』を受けた方が得かどうかは，カキとホタテの買い方で変わる。
4 『キャンペーン』を受けた方が得かどうかは，与えられた条件からは判断できない。

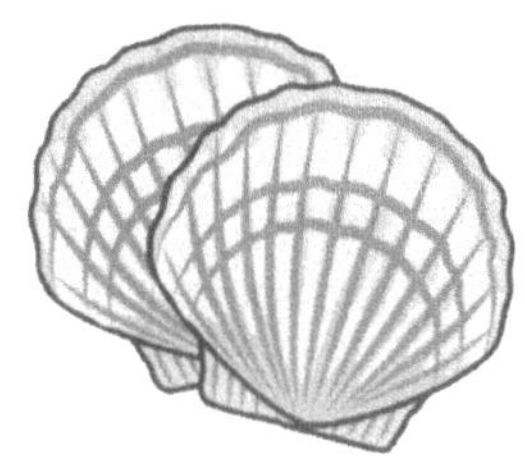

【英　語】（50分）〈満点：60点〉

Ⅰ　下線部の発音が，他の3つと異なるものを1つずつ選びなさい。

（1）1 bread　2 spread　3 weather　4 steak
解答番号 1

（2）1 examine　2 exchange　3 excuse　4 expensive
解答番号 2

（3）1 magazine　2 garden　3 tragedy　4 language
解答番号 3

Ⅱ　最も強く発音する部分が他の3つと異なるものを1つずつ選びなさい。

（1）1 tow・el　2 jack・et　3 car・toon　4 ef・fort
解答番号 4

（2）1 al・pha・bet　2 con・tin・ue　3 sep・a・rate　4 cal・en・dar
解答番号 5

Ⅲ　次の英文中の空欄 6 ～ 17 に入るものとして，最も適当なものを1つずつ選びなさい。

（1）A：Have you cleaned your room yet?
B：Sorry, the TV is too loud. 6
A：Did you clean up your room?
1 No, I haven't.　2 Now, what did you say?
3 Now, what do you mean?　4 Yes, an hour ago.

（2）A：What's your favorite sport, Keiji?
B： 7
1 Skiing is.　2 It's to play skiing.
3 It's to do golf.　4 I'm very good at swimming.

（3）A：Shall we take a rest?
B： 8
1 That's right.　2 I'm sorry I didn't do it.
3 OK, let's.　4 Yes, let's say good-bye.

（4）A：You look happy. Why are you smiling?
B：This morning I got a letter from a friend in Canada. 9
1 I was happy to hear that.　2 I sent it last Sunday.
3 It changed me a lot then.　4 It made me happy.

（5）A：Could you tell me how to get to Sapporo Station?
B： 10
1 Yes, it could.　2 Sure. No problem.
3 No, I wouldn't.　4 You've got it.

（6）I was 11 to go out when it began to rain.

1 about　2 sure　3 surprising　4 bored

(7) The heavy snow did [12] to our town.

1 experience　2 fortune　3 harm　4 harvest

(8) Where should I change [13]?

1 train　2 a train　3 trains　4 the train

(9) When you arrive at the station, please call me as soon as [14].

1 can　2 you can　3 I can　4 it can

(10) Ayaka [15] in Okinawa for five years when she was a child.

1 live　2 lives　3 has lived　4 lived

(11) I have to get home [16] six o'clock.

1 until　2 in　3 for　4 by

(12) We tried to finish our lunch as [17] as we could.

1 quicker　2 more quick
3 most quick　4 quickly

Ⅳ 次の[　]内の語句を並べかえて意味の通る文にしたとき，空欄 [18] ～ [23] に当てはまる語句を選びなさい。

(1) The song [1 popular　2 by　3 is　4 in　5 sung　6 them] Japan.

The song ＿＿ [18] ＿＿ ＿＿ [19] ＿＿ Japan.

解答番号 [18] [19]

(2) This is [1 I've　2 the　3 crossed　4 bridge　5 ever　6 longest].

This is ＿＿ ＿＿ [20] ＿＿ ＿＿ [21].

解答番号 [20] [21]

(3) I think [1 exciting　2 more　3 sport　4 other　5 rugby is　6 than　7 any].

I think ＿＿ ＿＿ [22] ＿＿ ＿＿ [23] ＿＿.

解答番号 [22] [23]

Ⅴ 次の各英文の（　）に同じ語を入れると，1つだけ正しくないものがある。その英文を選びなさい。

(1) 1 May I try (　) this blue T-shirt?
2 The old man came (　) first at the piano concert.
3 This letter is written (　) easy English.
4 The poor cat will die (　) a week.

解答番号 [24]

(2) 1 Turn (　), and you will find the restaurant.
2 That's (　). You made a careless mistake.
3 You look so tired. You should go to bed (　) away.
4 The sun gives us heat and (　).

解答番号 [25]

VI 次の英文を読んで，以下の設問に答えなさい。

There are many interesting festivals in the world. Let's look at the "Elephant Festival" in Thailand.

The Elephant Festival is like a "sports festival" for elephants. It is held in a small town called Surin in November every year. More than 200 elephants from all over Thailand gather for this festival. The elephants parade through the town. At a stadium, they take part in many kinds of sports. They play wrestling as well as ball games like basketball and soccer. Although baseball and cricket are ball games, they don't play them because they can't use the bats. They perform in shows, too. The show with 200 elephants is a very exciting sight. People from many countries come to see this festival.

For the people in Thailand, elephants are very special animals. Thai people have loved elephants throughout their history. For example, *Buddha's mother dreamed that a white elephant went into her body. After that, Buddha was born. So, a white elephant is believed to be a child of god.

Thai elephants are very smart, gentle and friendly. When you visit Thailand, why don't you ride on an elephant? You and the elephant can become good friends.

*(注)　Buddha：仏陀

（1） What sports can't elephants take part in?

1 wrestling　　2 basketball
3 cricket　　4 soccer

解答番号 26

（2） Why are elephants believed to be special animals?

1 Because Buddha's mother is an elephant.
2 Because Buddha's mother spent a happy life after riding an elephant.
3 Because Buddha's mother had a baby after she dreamed of an elephant.
4 Because Buddha didn't have a terrible disease thanks to a white elephant.

解答番号 27

（3） Based on the story, which is not true?

1 The "Elephant Festival" is held in a small town in November every year.
2 The "Elephant Festival" is interesting, so more than 200 tourists from all over Thailand come for the festival.
3 People in Thailand believe that elephants are a symbol of Buddha.
4 Thai elephants are very friendly, so you can ride on an elephant easily.

解答番号 28

Ⅶ 次のチョコチップクッキーのレシピを見て，設問に答えなさい。

Chocolate chip cookies
makes 15 cookies

Ingredients

flour	1 cup
baking powder	1 teaspoon
salt	1/2 teaspoon
butter	1 cup
sugar	1/2 cup
eggs	2
chocolate chips	2 cups

★ dry ingredients = flour and baking powder

★ 1 cup = 240 ml

★ You can have non-sweet cookies if you decrease the amount of sugar and add some dry fruits.

1. *Preheat the oven to 180℃ .
2. Mix butter and sugar until it's *fluffy.
3. Add eggs and **whisk** it until it's smooth.
4. In a different bowl, *stir the dry ingredients, salt and chocolate chips.
5. *Gradually add the flour mixture to butter *mixture.
6. *Scoop the *dough and put it on the tray.
7. After baking, cool them down well.

★ If you want to make more cookies, you need to prepare more ingredients.

*(注) preheat the oven：オーブンを前もって熱する　fluffy：ふわふわした
stir：かきまぜる　gradually：徐々に　mixture：混ぜたもの
scoop：すくう　dough：練ったもの

（1） What do you do if you want to make non-sweet cookies?

1 You add more salt.
2 You add less sugar.
3 You add more dry ingredients.
4 You add less dry fruits.

解答番号 29

（2） What is the word **whisk** similar in meaning to?

1 bake
2 pour
3 mix
4 cool down

解答番号 30

（3） You want to make 30 cookies. How much flour, butter and sugar do you need?

1 flour：240 ml, butter：240 ml, sugar：120 ml

2 flour：480 ml, butter：240 ml, sugar：120 ml

3 flour：240 ml, butter：480 ml, sugar：240 ml

4 flour：480 ml, butter：480 ml, sugar：240 ml

解答番号 31

（4） このレシピの内容と一致しないものを次から2つ選びなさい。解答は 32 に2つともマークしなさい。

1 You have to heat the oven before you mix butter and sugar.

2 You need to mix the butter and sugar until it is perfectly soft and light.

3 After baking, you can eat the cookies as soon as you can.

4 You need to leave the cookies on low heat.

5 If you want to make 30 cookies, you need twice all the ingredients.

解答番号 32

Ⅷ 次の英文を読んで，以下の設問に答えなさい。

Abby is a five-year-old girl. She has some fish in a fish tank at home.

*There is a living *creature called "Mr. Sticky" in it.*

One night Abby found Mr. Sticky *clinging to the *pond weed. He was near the water filter [A] he was *bobbing about in the *air bubbles.

"That looks fun," Abby said.

One day, Abby and her mom cleaned the tank. They scooped the fishes and put them in a bowl [B] they *emptied some of the water. Mr. Sticky stayed there, clinging to the glass [B] mom used the special *vacuum cleaner to clean the small stones at the bottom of the tank.

Abby *trimmed new pieces of pond weed down to size and *scrubbed the *archway and filter tube. Mom poured new water into the tank. "Where's Mr. Sticky?" Abby asked. "On the side. Don't worry, I was careful." mom said. Abby looked on all sides of the tank, but **①there was no sign of the *water snail**. "He's probably in the small stones then," mom said.

That evening Abby checked the tank. The water looked clear but there was no sign of Mr. Sticky from where she was standing. Abby was worried about Mr. Sticky. Then, she remembered a model's words；stretching is good, and you will become tall if you do. Soon, **②she did some exercises.** When Abby finished, she looked down the tank again but there was still no sign of Mr. Sticky. She went to the living room. Mom was reading the newspaper there. **③She became *confused** when Abby told her the bad news.

"You will find him some day；he will be on the side. Oh, it's time to go to bed, Abby"

"Were you careful when you cleaned the tank? You didn't clean out Mr. Sticky?" Abby asked her angrily.

"*Calm down, Abby. I have *a magnifying glass. Let's find Mr. Sticky, together."

They sat beside each other on the floor and looked into the corners among the small stones.

"Ah ha!" Mom suddenly cried.

"What?" Abby moved her magnifying glass and looked at the thing her mom was pointing at.

There, perfectly hidden against the dark stone, sat Mr. Sticky. And right next to him was another water snail, much smaller than him.

"Mrs. Sticky!" Abby cried. "But where did she come from?"

"Maybe she was hiding in the pond weed, don't you think?"

They both laughed.

*(注) creature：生き物
pond weed：ヒルムシロ〈水生植物〉
air bubbles：水泡
vacuum cleaner：掃除機
scrubbed：～をゴシゴシ洗った
water snail：巻貝
calm down：落ち着いて
clinging：くっついている
bobbing about：上下に動いている
emptied：空にした
trimmed：～を手入れした
archway：入口上のアーチ
confused：困惑した
a magnifying glass：虫めがね

（1） 空欄A，Bに入る語の組み合わせとして最も適当なものを1つ選びなさい。

1 A：so B：although
2 A：so B：when
3 A：but B：when
4 A：but B：although

解答番号 33

（2） 下線部①が指している内容として最も適当なものを1つ選びなさい。

1 Mr. Stickyが合図を出していないこと
2 Mr. Stickyが水槽の中にいる気配がないということ
3 Mr. Stickyが巻貝ではないということ
4 Mr. Stickyが死んでいるということ

解答番号 34

（3） Abbyが下線部②のような行動を取った理由として最も適当なものを1つ選びなさい。

1 身長を高くしてMr. Stickyを探そうと思ったから。
2 身長を高くして水槽の汚れを点検しようと思ったから。
3 身長を高くして将来モデルになりたかったから。
4 身長を高くしてモデルになり新聞に出たかったから。

解答番号 35

（4） Momが下線部③のようになってしまった理由として最も適当なものを1つ選びなさい。

1 新聞で見ていた記事に衝撃を受けたから。
2 Mrs. Stickyが水槽にいると聞いたから。
3 自分がMr. Stickyを洗い流してしまったかもしれないと思ったから。
4 Abbyがすでに寝ていたと思ったのにまだ寝ていなかったから。

解答番号 36

（5） 本文の内容と一致するものを2つ選びなさい。解答は 37 に2つともマークしなさい。

1 Abbyは水槽の中にあるヒルムシロを適当な長さに揃えた。
2 Abbyは水槽の掃除をした後Mr. StickyとMrs. Stickyを探していた。
3 Abbyは掃除機で水槽を掃除していたときにMr. Stickyを洗い流してしまった。
4 MomはAbbyにMr. Stickyが水槽のどこかにいるから安心するように励ました。
5 AbbyはMr. Stickyを探すために虫めがねを使おうとMomに提案した。
6 Mr. StickyはMrs. Stickyをヒルムシロの後ろにずっと隠していた。

解答番号 37

【理　科】（50 分）〈満点：60 点〉

1　次の文章を読み，以下の各問に答えなさい。

図はジェットコースターの模型のレールを表しています。CD 間は水平面 X 上にあり，B 点は水平面 X からの高さが 100 cm です。AB 間，FG 間はどちらも直線であり，それぞれの直線が水平面 X となす角は 60°，45° です。

一郎くんは，質量 400 g の台車を水平面 X から持ち上げ，B 点より上の A 点でレールに乗せて放しました。台車は B 点を速さ 4.0 m/s で通過し，CD 間を経て，半径 50 cm の円形状のレールを一周し，F 点から G 点に達して，そこで折り返しました。なお，E 点は円形状のレールの最高点です。また，B 点での台車の運動エネルギーは 3.2 J，位置エネルギーは 4.0 J であることがわかっています。ただし，位置エネルギーは水平面 X を基準面とし，高さに比例します。質量 100 g の物体に地上ではたらく重力を 1 N とし，台車の大きさと摩擦の影響は無視します。

なお，必要があれば$\sqrt{2}$ = 1.4，$\sqrt{3}$ = 1.7 として計算しなさい。

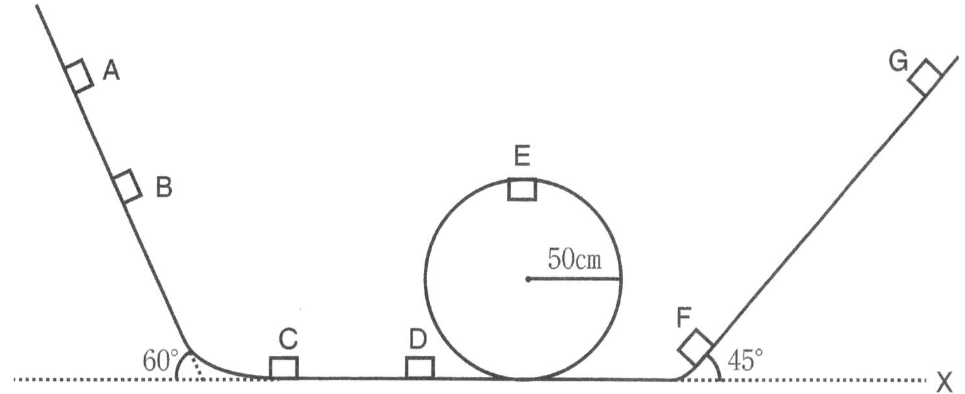

問 1　一郎くんが台車を水平面 X から持ち上げていったとき，台車の高さが 100 cm に達するまで（B 点と同じ高さまで）の間に，持ち上げる力が重力にさからってした仕事は何 J か。最も適当なものを次の1～5より一つ選びなさい。　解答番号 1

1 0.4　2 4　3 40　4 400　5 40000

問 2　C 点を通過しているときの台車の運動エネルギーは何 J か。最も適当なものを次の1～8より一つ選びなさい。　解答番号 2

1 3.2　2 4.0　3 6.4　4 7.2

5 8.0　6 10.4　7 11.2　8 14.4

問 3　CD 間では台車は等速で運動するが，その理由として最も適当なものを次の1～6より一つ選びなさい。　解答番号 3

1 台車にはたらく重力と垂直抗力の大きさは変化しないから。

2 運動エネルギーによる力が水平方向にはたらいているから。

3 運動エネルギーによる力が一定であるから。

4 台車には水平方向に力がはたらいていないから。

5 慣性の法則による力が水平方向に移り変わっているから。

6 位置エネルギーが運動エネルギーに移り変わっているから。

問4　台車がE点を通過するときの運動エネルギーは位置エネルギーの何倍か。また，台車がE点を通過するときの速さはいくらか。これらの組み合わせとして最も適当なものを次の1～9より一つ選びなさい。　解答番号 4

	1	2	3	4	5	6	7	8	9
倍	0.8	0.8	0.8	1.0	1.0	1.0	1.25	1.25	1.25
速さ[m/s]	3.2	4.0	7.2	3.2	4.0	7.2	3.2	4.0	7.2

問5　FG間で，台車がレールの上を長さ10 cm進むたびに台車の運動エネルギーは何J減少していったか。最も適当なものを次の1～8より一つ選びなさい。　解答番号 5

1 0.2　2 0.24　3 0.28　4 0.32
5 0.36　6 0.4　7 0.44　8 0.48

問6　台車がA点からG点まで運動する間に，運動エネルギーと位置エネルギーが等しくなることは何回あるか。最も適当なものを次の1～8より一つ選びなさい。　解答番号 6

1 0　2 1　3 2　4 3
5 4　6 5　7 6　8 7以上

2　次の文章を読み，以下の各問に答えなさい。

電気抵抗がR［Ω］の抵抗線と電圧がV［V］の直流電源を導線で接続して図1～図5のような回路をつくりました。図1～図5に記されている抵抗線の抵抗値は全てR［Ω］，電源の電圧は全てV［V］です。ただし，電源や導線の電気抵抗は無視するものとします。

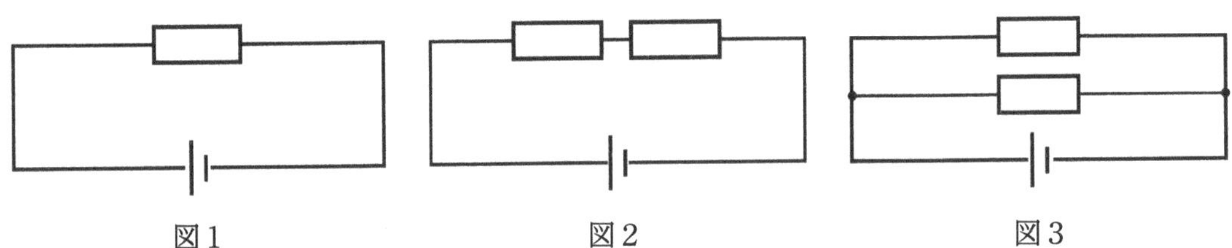

図1　図2　図3

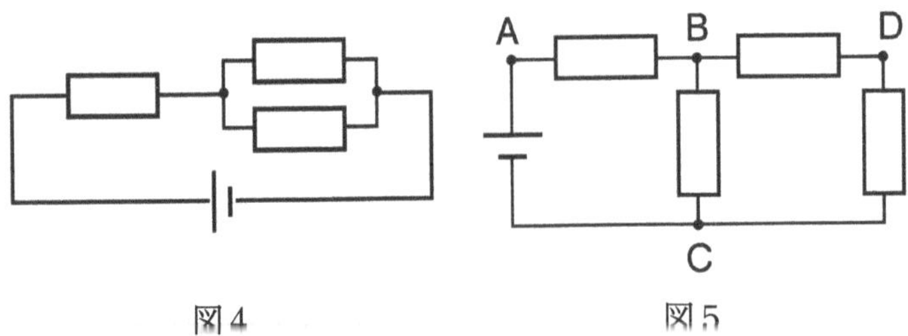

図4　図5

問１　図１の回路で抵抗に流れる電流の大きさと消費電力の組み合わせとして最も適切なものを次の1～8より一つ選びなさい。　解答番号 7

	1	2	3	4	5	6	7	8
電流［A］	RV	RV	RV	RV	$\frac{V}{R}$	$\frac{V}{R}$	$\frac{V}{R}$	$\frac{V}{R}$
消費電力［W］	$\frac{V}{R}$	$\frac{V^2}{R}$	RV^2	R^2V^2	$\frac{V}{R}$	$\frac{V^2}{R}$	RV^2	R^2V^2

問２　図５の回路において，AB 間の電圧 V_{AB}［V］と BC 間の電圧 V_{BC}［V］の比 $\frac{V_{BC}}{V_{AB}}$ の値として最も適当なものを次の1～0より一つ選びなさい。　解答番号 8

1 $\frac{1}{4}$　2 $\frac{1}{3}$　3 $\frac{1}{2}$　4 $\frac{2}{3}$　5 $\frac{3}{4}$

6 1　7 $\frac{4}{3}$　8 $\frac{3}{2}$　9 2　0 3

問３　図５の回路全体の消費電力は，図１の回路の消費電力の何倍か。最も適当なものを次の1～9より一つ選びなさい。　解答番号 9

1 $\frac{1}{5}$　2 $\frac{1}{4}$　3 $\frac{1}{3}$　4 $\frac{2}{5}$　5 $\frac{1}{2}$

6 $\frac{3}{5}$　7 $\frac{2}{3}$　8 $\frac{3}{4}$　9 1

問４　図１～図５の回路に関する文章として誤っているものを次の1～5より一つ選びなさい。

解答番号 10

1 電源に流れる電流の大きさが最大となるのは図３の回路である。
2 電源に流れる電流の大きさが最小となるのは図２の回路である。
3 図４の回路全体の消費電力は図１の消費電力よりも小さい。
4 図４の回路全体の合成抵抗は図２の合成抵抗よりも大きい。
5 図５の回路の点Dに流れる電流の大きさは図１で電源を流れる電流の大きさの0.2倍である。

3　次の文章を読み，以下の各問に答えなさい。

未知の粉末A～Eがあります。これらの物質の種類を特定するために，次の 実験1 ～ 実験3 を行いました。ただし，粉末A～Eは，鉄，マグネシウム，炭酸水素ナトリウム，酸化銅，酸化銀のいずれかであるとします。

実験1

右図の装置を用いて，A～Eそれぞれの粉末 1.00 g をステンレス皿に広げて十分に加熱したところ，粉末Aだけが激しく光を出して燃えた。下表はそれぞれの粉末を加熱した後にステンレス皿の中に残った物質の質量をまとめたものである。

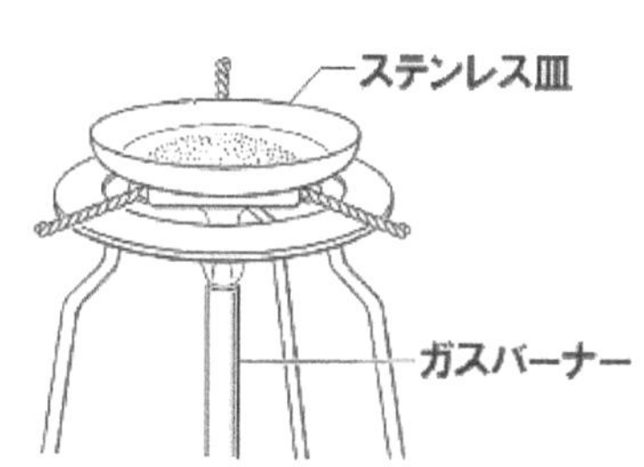

粉末	A	B	C	D	E
物質の質量［g］	1.60	0.95	0.63	x	1.00

実験2

下図の装置を用いて，粉末Bを加熱して発生した気体と，<u>粉末Cを加熱して発生した気体</u>をそれぞれ別々の試験管に集めた。

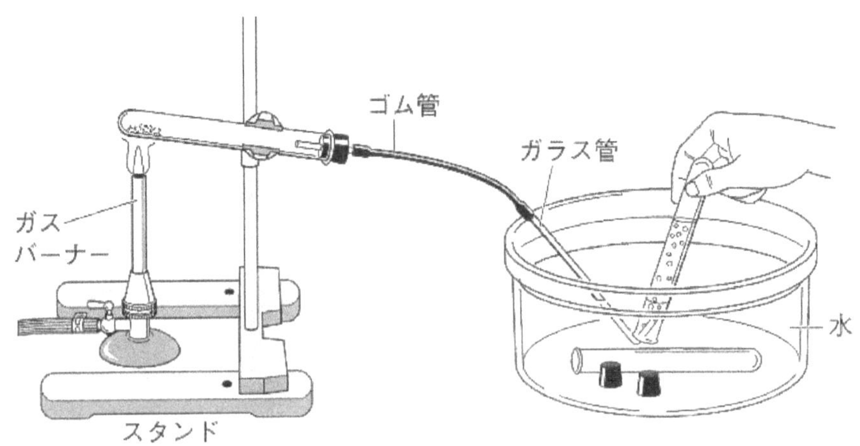

実験3

実験2 で気体を集めた試験管それぞれに石灰水を入れて振ったところ，下線部の気体を集めた試験管内の石灰水のみが白くにごった。

問1　粉末A～Eのうち，鉄と酸化銅の組み合わせとして最も適当なものを次の1～8より一つ選びなさい。

解答番号 **11**

	鉄	酸化銅
1	粉末A	粉末B
2	粉末A	粉末C
3	粉末B	粉末A
4	粉末C	粉末D
5	粉末C	粉末E
6	粉末D	粉末A
7	粉末D	粉末E
8	粉末E	粉末C

問2　粉末Dは酸素と「粉末:酸素＝7：3」の質量比で化合することがわかっています。実験1の表中の x に当てはまる数値として最も適当なものを次の1～5より一つ選びなさい。

解答番号 12

1 0.59　2 0.70　3 1.43　4 1.70　5 2.33

問3　実験2の下線部と同じ気体が発生する方法として最も適当なものを次の1～4より一つ選びなさい。

解答番号 13

1 二酸化マンガンにうすい過酸化水素水を加える。

2 亜鉛にうすい塩酸を加える。

3 酸化銅に炭素の粉末を混ぜて加熱する。

4 塩化アンモニウムと水酸化カルシウムの混合物を加熱する。

問4　粉末Bを加熱したときに発生した気体の名称と確認方法の組み合わせとして最も適当なものを次の1～8より一つ選びなさい。

解答番号 14

	気体の名称	確認方法
1	水素	マッチの火を近づけたらポンと音を立てる。
2	水素	水に溶かしてフェノールフタレイン溶液を入れたら赤くなる。
3	アンモニア	水に溶かしてフェノールフタレイン溶液を入れたら赤くなる。
4	アンモニア	線香の火を入れると，火花を上げて燃える。
5	酸素	線香の火を入れると，火花を上げて燃える。
6	酸素	水に溶かしてBTB溶液を入れたら黄色になる。
7	塩化水素	水に溶かしてBTB溶液を入れたら黄色になる。
8	塩化水素	マッチの火を近づけたらポンと音を立てる。

問5　粉末Aを80%，不純物を20%含む粉末2.59 gを十分に加熱したとき，加熱後のステンレス皿に残った粉末の質量として最も適当なものを次の1～5より一つ選びなさい。ただし，不純物は加熱しても反応しないものとする。

解答番号 15

1 3.1 g　2 3.2 g　3 3.7 g　4 4.0 g　5 5.0 g

4　次の文章を読み，以下の各問に答えなさい。

電池のしくみについて学ぶために，うすい塩酸の中に亜鉛板と銅板を入れて電流を取り出す実験を行いました。

問1　この実験において，電流が流れているときの化学変化を表したモデルとして最も適当なものを次の1～4より一つ選びなさい。ただし，⊖は電子を表しています。

解答番号 16

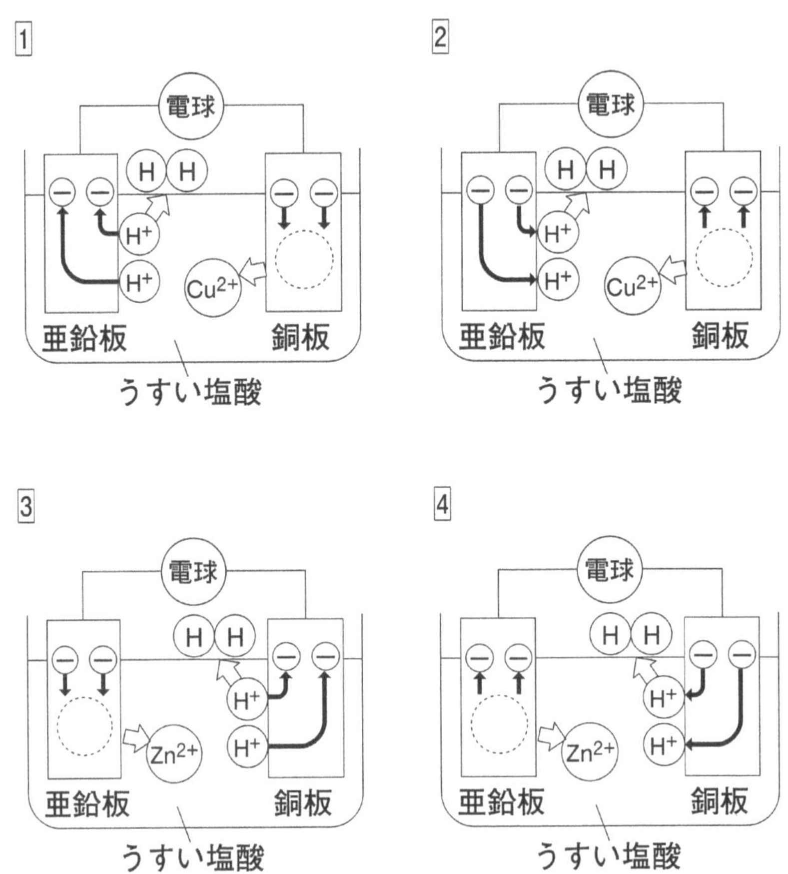

問2　この実験において，金属板Aと金属板Bと液体の組み合わせを変えて電流が流れるかどうかを調べました。電流が流れる組み合わせとして最も適当なものを次の1～6より一つ選びなさい。

解答番号 17

	金属板A	金属板B	液体
1	亜鉛板	亜鉛板	食塩水
2	亜鉛板	アルミニウム板	砂糖水
3	銅板	鉄板	純水
4	銅板	アルミニウム板	食塩水
5	鉄板	銅板	砂糖水
6	鉄板	アルミニウム板	純水

問3　一次電池として最も適当なものを次の1～4より一つ選びなさい。　解答番号 18

1　マンガン乾電池　2　リチウムイオン電池　3　鉛蓄電池　4　燃料電池

問４　電池に関する文章として誤っているものを次の1～4より一つ選びなさい。　解答番号 19

1　電池は，化学エネルギーを電気エネルギーに変換して取り出す装置である。
2　電池において，電流の流れる向きと電子の流れる向きは同じである。
3　問１の実験において，うすい塩酸の濃度を濃くすると電球は明るくなった。
4　燃料電池の反応は有害な物質を発生することはない。

5　次の文章を読み，以下の各問に答えなさい。

中学３年生の一子さんは親の手伝いで夜ご飯を作っていました。今日の料理はカレーです。一子さんは以前買ったジャガイモがあることを思い出し，そのジャガイモを見つけました。するとジャガイモからは芽のようなものが出ており，一子さんは驚きました。このとき，学校の授業で学んだ「ジャガイモやサツマイモの増え方」のことを思い出し，翌日から早速ジャガイモとサツマイモを育てて観察記録を取ることにしました。

生物が新しい個体を作ることを「生殖」といいます。生殖には受精を行わない（　ア　）と，受精によって子をつくる（　イ　）の大きく２つがあります。今回のジャガイモの場合は（　ア　）であり，このように植物がからだの一部から新しい個体をつくる生殖を（　ウ　）といいます。また，（　ア　）は受精を行わないことから（　エ　）分裂によって新しい個体を作っているといえます。さらに（　イ　）においてメンデルのエンドウの実験により，遺伝の規則性が明らかになりました。

エンドウの遺伝現象を考えるとき，エンドウには「丸」と「しわ」という「種子の形」の形質以外に，「黄色」と「緑色」という「子葉の色」の形質もあります。この形質は「種子の形」と同様に，メンデルの遺伝の規則性に従っており，片方は優性形質，もう片方は劣性形質となります。このとき，「黄色の子葉をつくるエンドウ」と「緑色の子葉をつくるエンドウ」を受精させると，すべて「黄色の子葉をつくるエンドウ」となり，「緑色の子葉をつくるエンドウ」は生まれませんでした。

問１　文章中の（　ア　），（　イ　），（　ウ　），（　エ　）に当てはまる語句の組み合わせとして最も適当なものを次の1～6より一つ選びなさい。　解答番号 20

	（　ア　）	（　イ　）	（　ウ　）	（　エ　）
1	無性生殖	有性生殖	栄養生殖	体細胞
2	有性生殖	栄養生殖	無性生殖	体細胞
3	栄養生殖	無性生殖	有性生殖	体細胞
4	無性生殖	有性生殖	栄養生殖	減数
5	有性生殖	栄養生殖	無性生殖	減数
6	栄養生殖	無性生殖	有性生殖	減数

問２　図１のように細胞の染色体の数が４本（長い染色体と短い染色体で２対）の状態を考えるとき，体細胞分裂を完全に終えた後の細胞の染色体のようすとして最も適当なものを次の1～4より一つ選びなさい。ただし，体細胞分裂は正常に完了したとします。　解答番号 21

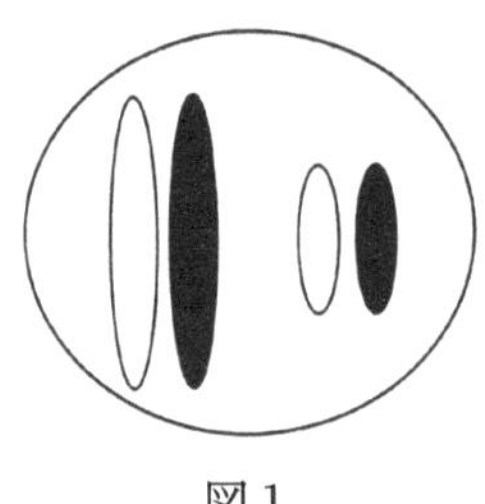

図1

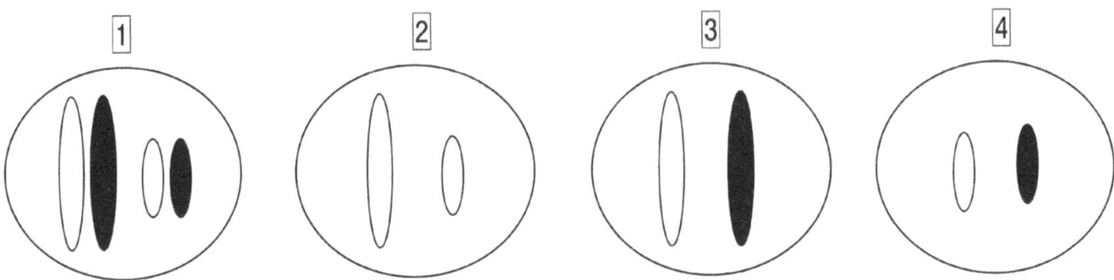

問3　図2のように細胞の染色体の数が4本（長い染色体と短い染色体で2対）の状態を考えるとき，減数分裂を完全に終えた後の細胞の染色体のようすとして最も適当なものを次の1～4より一つ選びなさい。ただし，減数分裂は正常に完了したとします。　解答番号 22

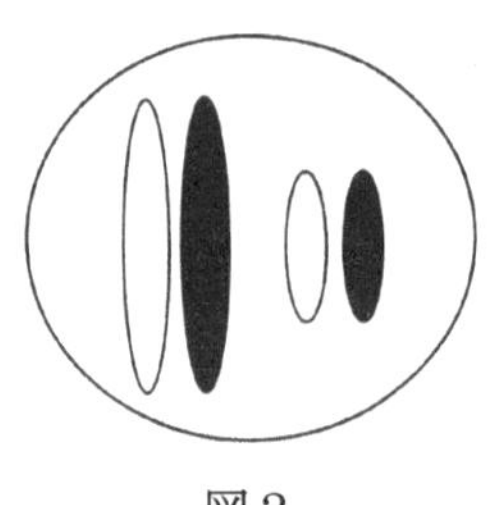

図2

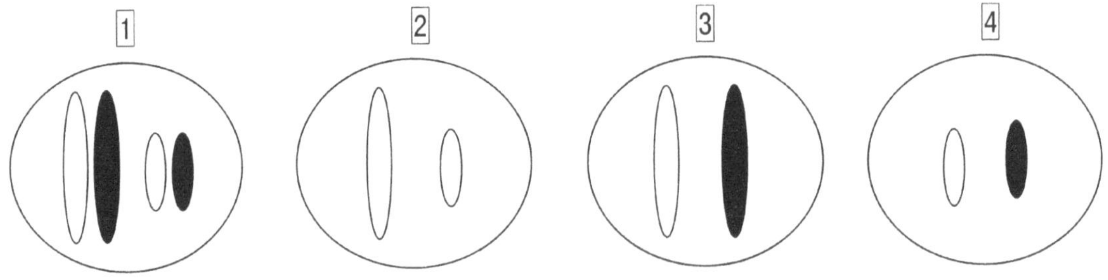

問4　文章中の下線部のエンドウ同士で受精させて種子をつくるとき，「黄色の子葉をつくるエンドウ」と「緑色の子葉をつくるエンドウ」の予想される比率として最も適当なものを次の1～5より一つ選びなさい。　解答番号 23

1　黄色：緑色＝1：1　2　黄色：緑色＝1：0　3　黄色：緑色＝0：1
4　黄色：緑色＝3：1　5　黄色：緑色＝1：3

6 次の文章を読み，以下の各問に答えなさい。

学校の授業で「葉の気孔で蒸散が行われる」と習ったゆりさんと一郎くんは，蒸散と吸水の関係に興味を持ちました。そこで，蒸散量と吸水量の関係を調べるために，実験1と実験2を行うことにしました。

実験1

手順1　ツユクサの葉を1枚用意する。

手順2　葉の表側と裏側の表面に透明なマニキュアをひと塗りし，乾燥したらその上からセロハンテープをはってマニキュアごとはがし，スライドガラスにはる。

手順3　顕微鏡で観察し，葉の表側と裏側のどちらに気孔が多いかを調べる。

顕微鏡で観察するとき，ゆりさんは図1のXについて「（　ア　）で観察したときの方が，Xは（　イ　）なり視野に入る気孔の数は少なくなる」ことに気が付きました。

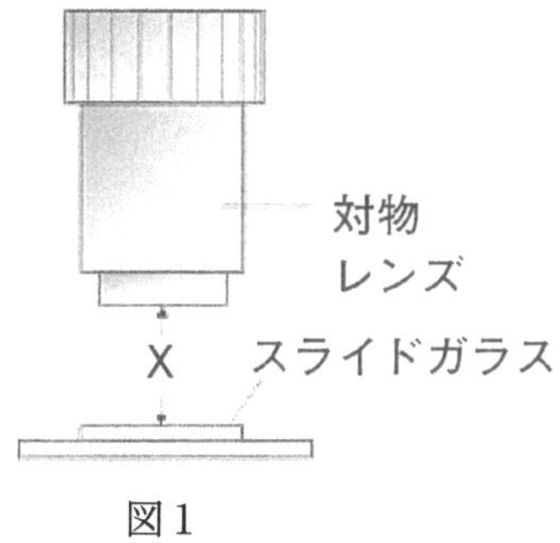

図1

問1　文章中の（　ア　）と（　イ　）に入る言葉の組み合わせとして最も適当なものを次の1～4より一つ選びなさい。　解答番号 24

1　ア：低倍率より高倍率　　イ：広く
2　ア：低倍率より高倍率　　イ：せまく
3　ア：高倍率より低倍率　　イ：広く
4　ア：高倍率より低倍率　　イ：せまく

問2　視野の中に見える気孔の数を調べたところ，葉の表側を観察したゆりさんと，葉の裏側を観察した一郎くんの視野では同数の気孔が見られました。しかし，二人が観察した孔辺細胞の大きさは明らかに異なっていました。葉の表と裏の孔辺細胞の大きさが全て同じとすると，このことを説明する文章として最も適当なものを次の1～4より一つ選びなさい。　解答番号 25

1　ゆりさんが観察した倍率よりも一郎くんが観察した倍率のほうが高倍率であったため，同数の気孔が見られた。

2　ゆりさんが観察した倍率よりも一郎くんが観察した倍率のほうが低倍率であったため，同数の気孔が見られた。

3　ゆりさんが観察した倍率と一郎くんが観察した倍率は同じ倍率であり，ツユクサの葉は表側と裏側に同じ数の気孔が存在するため，同数の気孔が見られた。

4　ゆりさんが観察した倍率と一郎くんが観察した倍率は同じ倍率であり，ツユクサの葉の裏側には気孔が多い場所と少ない場所がかたよって存在する。ゆりさんはたまたま気孔の少ない場所を観察したため，同数の気孔が見られた。

問3　気孔から取り入れる物質の組み合わせとして最も適当なものを次の1～4より一つ選びなさい。　解答番号 26

1　酸素・二酸化炭素　　2　酸素・水蒸気
3　二酸化炭素・水蒸気　　4　酸素・二酸化炭素・水蒸気

次に，ゆりさんは，蒸散量が多いと吸水量も多くなると考え，実験2を行いました。なお，ホウセンカは葉の表側よりも裏側の方が気孔の数が多いものとします。

実験2

手順1　葉の大きさや数などの全ての条件が等しいホウセンカの枝を4本切り取った。

手順2　それぞれをメスシリンダーに入れ，図2のような装置を4組つくり，A，B，C，Dとする。水面の油は蒸発を防ぐために加えたものである。

手順3　Aのホウセンカには葉の表側に，Bのホウセンカには葉の裏側に，Cのホウセンカには葉の表側と裏側の両方にそれぞれワセリンをぬり，Dのホウセンカには何もしなかった。

手順4　これらの装置を明るく風通しのよい場所に置き，一定時間後，メスシリンダー内の水の減少量を調べたところ，表のような結果が得られた。

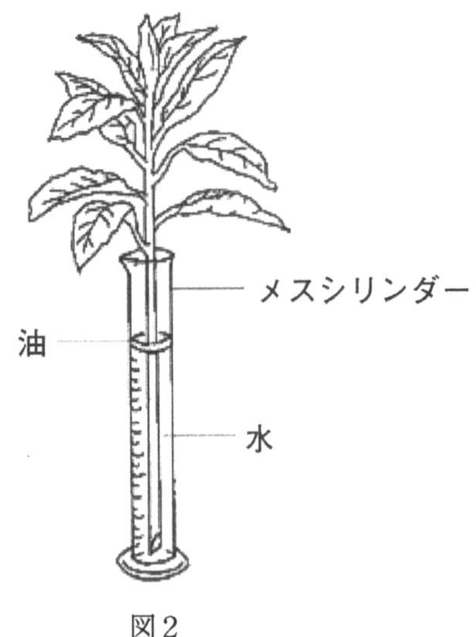

図2

表

装置	減少量[cm^3]
A	a
B	b
C	c
D	d

問4　ゆりさんの考え方が正しいとするならば，表の水の減少量a～dはどのような関係になるでしょうか。a～dを用いて関係を示した式として最も適当なものを次の1～8より一つ選びなさい。　解答番号 27

1　a＞b＞c＞d　　2　a＞d＞b＞c　　3　b＞a＞d＞c
4　b＞d＞c＞a　　5　c＞b＞a＞d　　6　c＞d＞b＞a
7　d＞a＞b＞c　　8　d＞b＞a＞c

問5　A～Cの結果から，表のdの値を求める計算式として最も適当なものを次の1～6より一つ選びなさい。　解答番号 28

1　a＋b－c　　2　a－b－c　　3　b－a＋c
4　b－c－a　　5　c＋a－b　　6　c－a－b

7 次の文章を読み，以下の各問に答えなさい。

天文が好きなDくんは，学校で行う探究活動のテーマを「太陽と月」に決め，次のような観察を行いました。

観察1

太陽の表面のようすを調べるために，夏のある日に札幌にある学校の屋上で次の1～3の手順で観察を行いました。

手順1 図1のように，天体望遠鏡にしゃ光板と太陽投影板をとりつけ，直径10 cmの円を描いた記録用紙を太陽投影板の上に固定した。また，ファインダーの対物レンズにふたをした。

手順2 天体望遠鏡を太陽に向け，投影された太陽の像が記録用紙に描いた円と同じ大きさになるように，太陽投影板と記録用紙の位置を調整した。

手順3 太陽の像が記録用紙に映った。そして，黒点の位置と形を太陽投影板上の記録用紙にすばやくスケッチした。

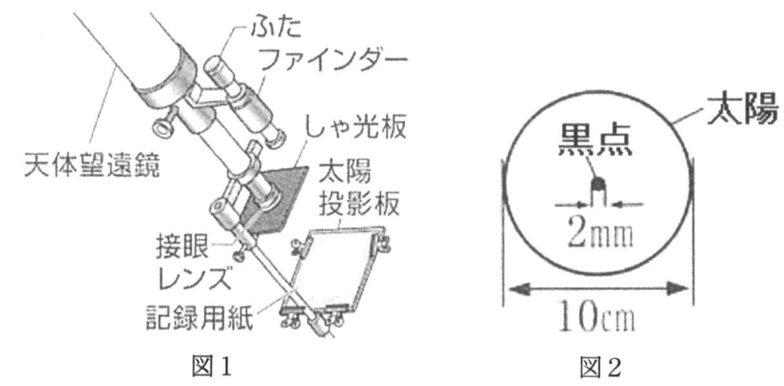

図1　図2

問1 天体望遠鏡で月を観察するときは接眼レンズを直接のぞくが，太陽の表面を観察するときは接眼レンズを直接のぞいてはいけません。その理由を説明した文章として最も適当なものを次の1～4より一つ選びなさい。 解答番号 29

1 接眼レンズを直接のぞくと黒点の数が実際よりも多く見えるから。

2 太陽を観察するときは対物レンズをのぞく方が見やすいから。

3 望遠鏡内の空気が安定しないから。

4 太陽光により目をいためるから。

問2 図2に示すように，太陽投影板に映る太陽の像の直径が10 cmのとき，黒点の像の直径は2 mmであった。この黒点の実際の直径は，地球の直径のおよそ何倍か，最も適当なものを次の1～5より一つ選びなさい。ただし，太陽の直径は地球の直径の109倍とする。 解答番号 30

1 0.2倍　2 0.5倍　3 1倍　4 2倍　5 5倍

観察2

月の満ち欠けのようすを調べるために，冬のある日に札幌にある学校のグラウンドで月の観察を行いました。図3は，ある日に南中した月をスケッチしたものです。また，別の日に観察したところ「皆既月食」を見ることができました。

また，図4は静止させた状態の地球を北極点の真上から見たときの，地球と月の位置関係を模式的に示したものです。

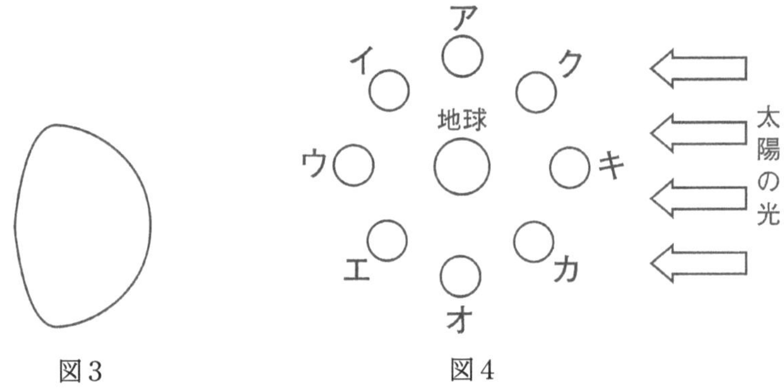

図3　　図4

問3　図3の形に見える月の位置は図4の**ア**～**ク**の中のいずれの位置か，最も適当なものを次の1～8より一つ選びなさい。　解答番号 31

1 ア　2 イ　3 ウ　4 エ

5 オ　6 カ　7 キ　8 ク

問4　月食について説明した文として正しいものを次の1～6より一つ選びなさい。

解答番号 32

1 月食は新月のときに起こる。

2 皆既月食は，月と太陽の見かけの大きさが同じであるために起こる。

3 月食は，月の東側（左側）から欠け始め，西側（右側）から明るくなる。

4 日本で月食を観測できる機会が年に2回程度に限られているのは，それ以外のときは昼間に観測しにくいからである。

5 皆既月食中に月が赤銅色に見えることから，月は赤い光を発していることがわかる。

6 月食中に見える欠けた部分（暗い部分）は地球の影である。

問5　皆既月食のとき，月から太陽を観察したとすると，月で観測される現象として最も適当なものを次の1～5より一つ選びなさい。　解答番号 33

1 ふだんよりも直径の大きい太陽が見える。

2 皆既日食が見える。

3 地球が半分欠けて見える。

4 太陽の黒点が移動しているように見える。

5 太陽の表面に水星の影が見える。

8 次の文章を読み，以下の各問に答えなさい。

日本には四季があり，季節ごとに特徴的な気団が天気に影響を与えています。その結果，ある季節では図１に示すような典型的な気圧配置になります。また，日本では偏西風の影響を受け，天気が変化することが多くあります。

図２は，ある日の天気図です。図２の地点Aにおいて，ある晴れの日の乾湿計は図３，湿度表は表のようになっていました。

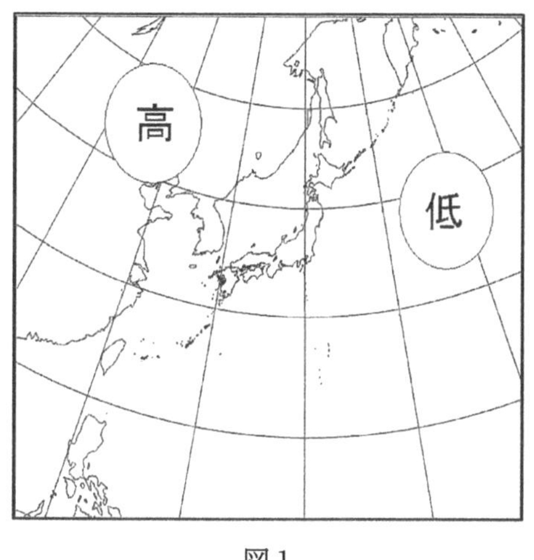

図１

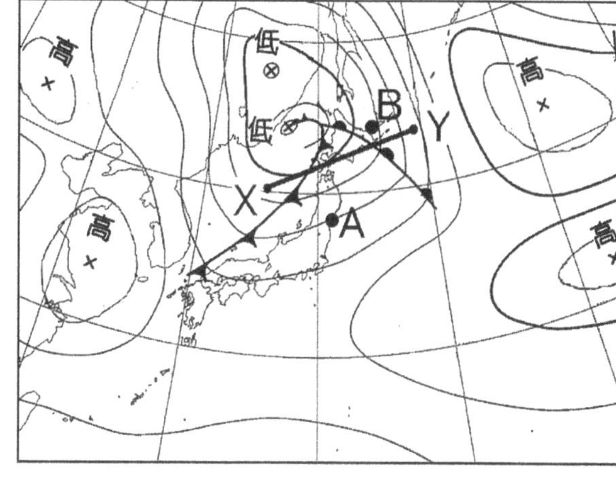

図２

乾球　〔℃〕　湿球

30

20

図３

表　［単位：%］

		乾球と湿球の示す値の差[℃]						
		1	2	3	4	5	6	7
乾球の示す値[℃]	24	91	83	75	68	60	53	46
	23	91	83	75	67	59	52	45
	22	91	82	74	66	58	50	43
	21	91	82	73	65	57	49	42
	20	91	81	73	64	56	48	40
	19	90	81	72	63	54	46	38
	18	90	80	71	62	53	44	36
	17	90	80	70	61	51	43	34
	16	89	79	69	59	50	41	32
	15	89	78	68	58	48	39	30

問1　図1の気圧配置について書いた文章として誤っているものを次の1～4より一つ選びなさい。

解答番号 34

1　西高東低という気圧配置になっている。

2　冷たくて湿っているシベリア気団が高気圧になっている。

3　西寄りの季節風が吹き，日本海側では雪の天気になりやすい。

4　太平洋側では冷たい北西の風が吹いて，乾燥した晴れの天気になりやすい。

問2　下線部「偏西風の影響」と関係の深い文章として最も適当なものを次の1～4より一つ選びなさい。

解答番号 35

1　太平洋高気圧が日本の南側に停滞する。

2　台風が日本の南方より北上する。

3　日本付近の上空では1年中西寄りの風が吹く。

4　日本の天気は関東から関西方面へ変わることが多い。

問3　図2のX－Y間において，前線付近の断面を模式的に表している図として最も適当なものを次の1～4より一つ選びなさい。

解答番号 36

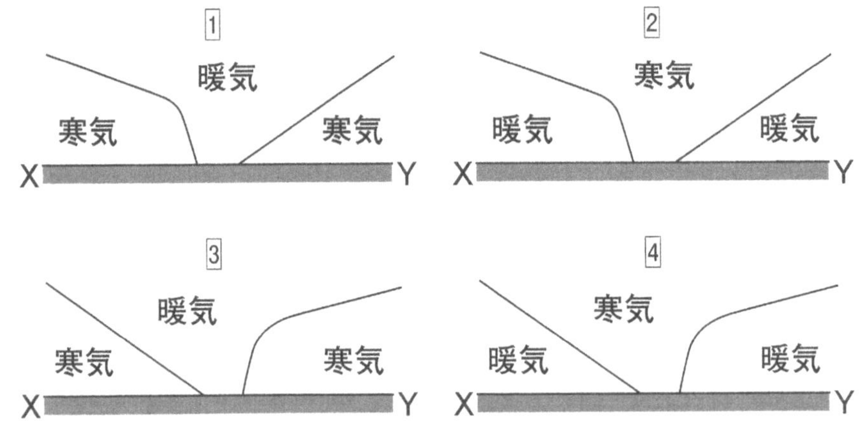

問4　図2の地点A，Bのようすについて正しく説明しているものを次の1～4より一つ選びなさい。

解答番号 37

1　地点Aでは西寄りの風が吹いている。

2　地点Bは積乱雲が観測されやすい。

3　地点Aと地点Bを比べると，地点Bの方が気圧が低い。

4　地点Aと地点Bを比べると，地点Bの方が気温が高い。

問5　図3の乾湿計が示している湿度として最も適当なものを次の1～4より一つ選びなさい。

解答番号 38

1　48%　　2　52%　　3　73%　4　75%

【社　会】（50 分）〈満点：60 点〉

1　以下の文章は，江戸時代にある俳人によって書かれたものである。これを読んで，各問いに答えなさい。

【本文】

月日は百代の過客にして，行きかふ年もまた旅人なり。舟の上に生涯を浮かべ，馬の口とらへて老いを迎ふる者は，日々旅にして，旅を栖とす。古人も多く旅に死せるあり。予も，いづれの年よりか，片雲の風に誘はれて，漂泊の思ひやまず，海浜にさすらへて，去年の秋，江上の破屋に蜘蛛の古巣を払ひて，やや年も暮れ，春立てる霞の空に，（　①　）の関越えんと，そぞろ神のものにつきて心を狂はせ，道祖神の招きにあひて取るもの手につかず，股引の破れをつづり，笠の緒つけかへて，三里に灸すゆるより，（　②　）の月まづ心にかかりて，住める方は人に譲り，杉風が別墅に移るに，

草の戸も住み替はる代ぞ雛の家

表八句を庵の柱に掛け置く。

【現代語訳】

月日は永遠にとどまることのない旅人であって，来ては去り去っては来る年もまた同じ旅人である。（船頭として）舟の上で一生を過ごす者や，（馬子として）馬のくつわをとって老いを迎える者は，（いわば）毎日毎日の生活が旅であって，旅をすみかとしている。（風雅の道に生きた李白・杜甫・西行・宗祇などの）古人たちも多く旅の途上で亡くなっている。自分も，いつの頃からか，ちぎれ雲を吹き漂わせる風の動きに誘われて，さすらいの旅をしてみたいという思いがやまず，海浜をさすらい，去年の秋，隅田川のほとりのあばら家に戻って蜘蛛の古巣を払って（身を落ち着けたものの），次第にその年も暮れ，春になって春霞が立ちこめた空を見るにつけて，（今度は）（　①　）の関を越えたいものだと，そぞろ神がとりついたように狂おしく旅心をそそられ，（また）道祖神に招かれたような気持ちになって取るものも手につかず，股引の破れを繕い，笠の緒を付け替えて，三里に灸を据えるやいなや，もう（　②　）の月が（どんなに美しかろうと）まず気にかかって，今まで住んでいた庵は人に譲り，杉風の別宅に移った（が，その）時に，草の戸も住み替はる代ぞ雛の家（という句を発句とし，それに連ねた）表八句を庵の柱に掛けておいた。

問1　江戸時代には，５つの主要幹線道が整備された。江戸の起点となった場所は現在のどこに当たるか，正しいものを一つ選びなさい。　解答番号 1

1 皇居　2 上野駅　3 東京駅　4 日本橋

問2　空欄①には，五街道のうちの一つの奥州街道の関所（宿場）名が当てはまる。空欄①に当てはまる地名として，正しいものを一つ選びなさい。　解答番号 2

1 小山　2 宇都宮　3 白河　4 郡山

問3　空欄①の場所は，現在のおおよそ何県と何県の境にあるか，正しいものを一つ選びなさい。　解答番号 3

1 栃木県と福島県　2 栃木県と茨城県　3 福島県と茨城県　4 福島県と宮城県

問4　空欄②の場所は現在の何県にあるか，正しいものを一つ選びなさい。　解答番号 4

1 山形県　2 宮城県　3 岩手県　4 秋田県

問５　空欄②の場所を含む，三陸海岸周辺で見られる地形として，正しいものを一つ選びなさい。
解答番号 5

1　リアス海岸　　2　砂浜海岸　　3　三角州　　4　三角江

2　東南アジアに関する以下の文章を読んで，各問いに答えなさい。

東南アジアは，㋐多くの民族が暮らしており，宗教も言語も多様です。

タイやマレーシア，インドネシアなど（　①　）カ国で構成される㋑東南アジア諸国連合の国々が，外国の企業を受け入れて積極的に工業化を進めています。

この地域は，（　②　）の影響をうけるので降水量が多く，大河川の流域で（　③　）がさかんです。年に二回作る二期作が可能な地域もあります。

問１　下線部㋐について，マレーシアで一番多く信仰されている宗教として，正しいものを一つ選びなさい。
解答番号 6

1　イスラム教　　2　仏教　　3　キリスト教　　4　ヒンドゥー教

問２　空欄①に当てはまる数字として，正しいものを一つ選びなさい。　解答番号 7

1　4　　2　6　　3　8　　4　10

問３　下線部㋑の略号として，正しいものを一つ選びなさい。　解答番号 8

1　MERCOSUR　　2　EU　　3　AU　　4　ASEAN

問４　空欄②に当てはまる語句として，正しいものを一つ選びなさい。　解答番号 9

1　季節風　　2　偏西風　　3　貿易風　　4　台風

問５　空欄③に当てはまる語句として，正しいものを一つ選びなさい。　解答番号 10

1　酪農　　2　遊牧　　3　畑作　　4　稲作

3　各問いに答えなさい。

問１　以下の表は，日本にある世界遺産とそれが主に位置する都道府県を示している。その組み合わせとして，**誤っているもの**を一つ選びなさい。
解答番号 11

	世界遺産名	都道府県名
1	石見銀山遺跡とその文化的景観	島根県
2	小笠原諸島	東京都
3	富岡製糸場と絹産業遺産群	栃木県
4	平泉－仏国土を表す建築・庭園及び考古学的遺跡群－	岩手県

問２　近年，経済発展が著しい国を“BRICS”と表現することがある。これに**含まれない国**として，正しいものを一つ選びなさい。
解答番号 12

1　中華人民共和国　　2　インドネシア　　3　ブラジル　　4　ロシア

問３　南アメリカには，主に先住民，ヨーロッパ系，アフリカ系の人たちが住み，異なる文化がとけあう社会となっている。うち，先住民とヨーロッパ系との混血の人たちは何と呼ばれているか，正しいものを一つ選びなさい。
解答番号 13

1 ムラート　2 メスチソ　3 アボリジニ　4 マオリ

問4　以下の文章のうち，次の地図から正しく読み取ることができる事柄はいくつあるか，正しいものを一つ選びなさい。　解答番号 14

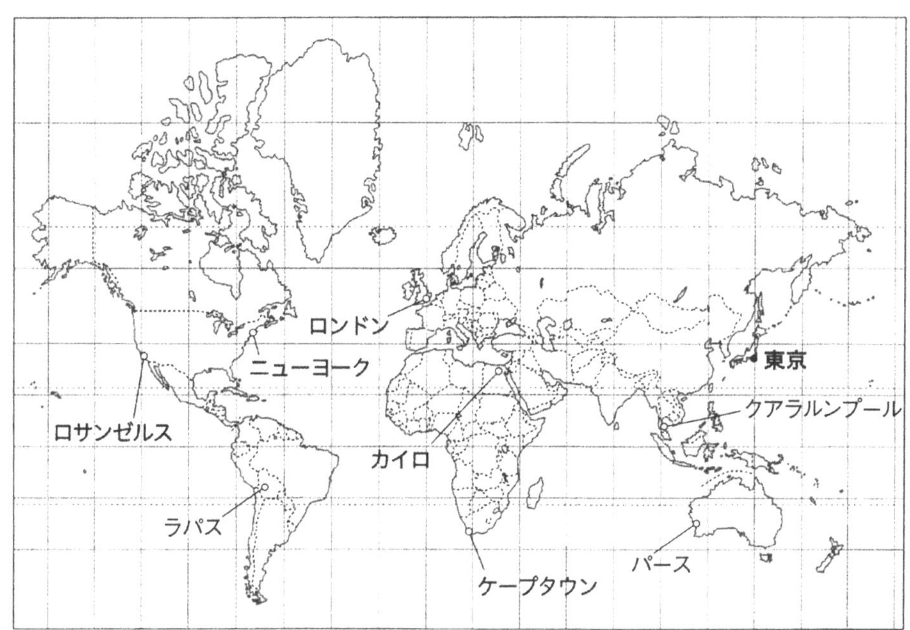

○　東京から真南に進むと，オーストラリア大陸がある。

○　地図上，ロンドン－カイロ間とロサンゼルス－ニューヨーク間の長さがほぼ等しいので，実際の距離もほぼ等しい。

○　東京から見てケープタウンは南西の方向にある。

○　オーストラリア大陸とグリーンランドの面積を比較すると，グリーンランドの方が大きい。

1 1つ　2 2つ　3 3つ　4 4つ

問5　以下の雨温図は，クアラルンプール，カイロ，パース，ラパスのものである。ラパスのものとして，正しいものを一つ選びなさい。　解答番号 15

1

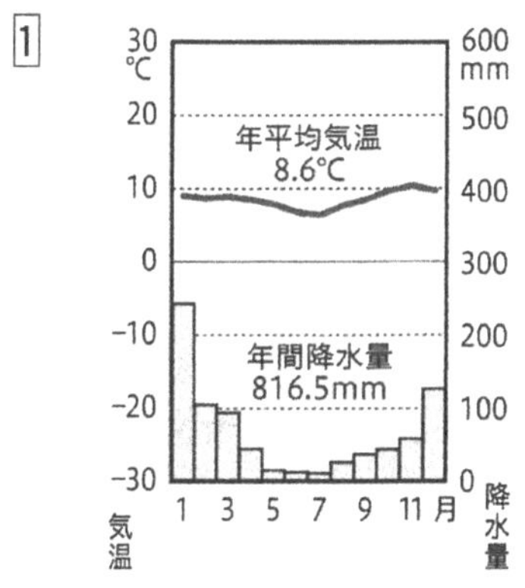

2

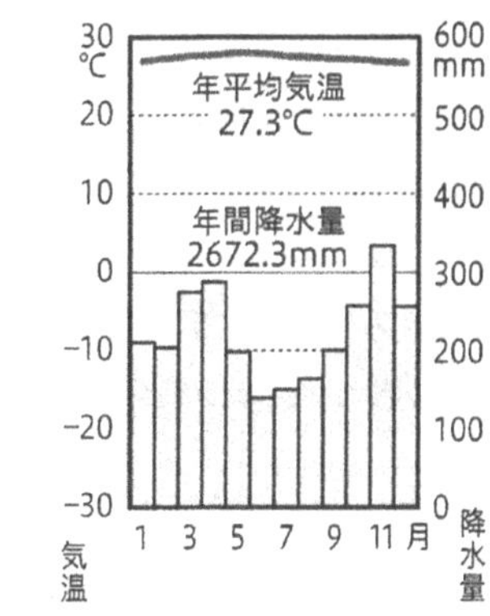

3

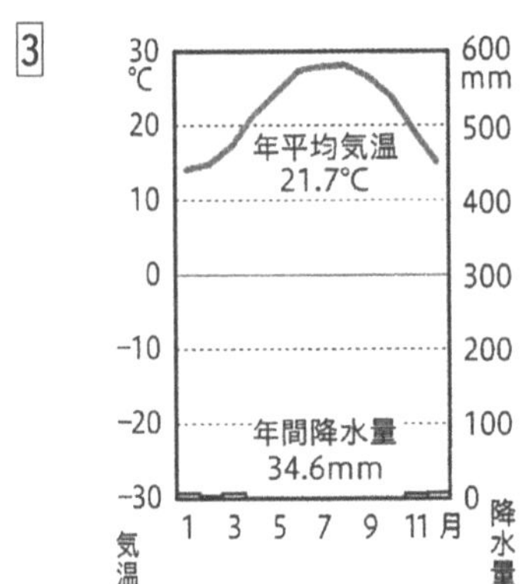

4

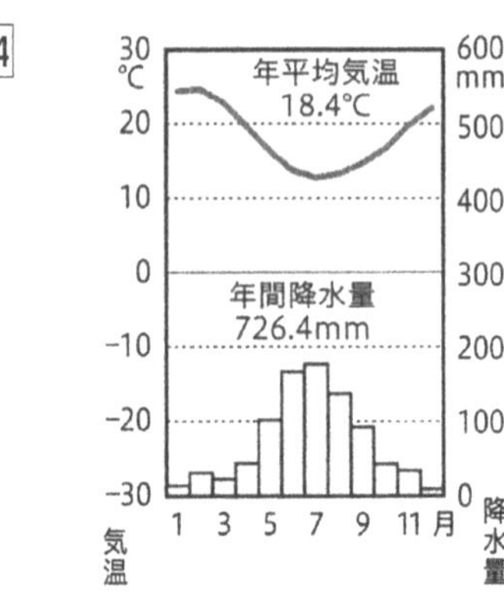

4 近世から近代のヨーロッパに関して，各問いに答えなさい。

問1 大航海時代についての記述として，正しいものを一つ選びなさい。 解答番号 16

1 スペインの援助を受けたコロンブスは1492年にインドに到達した。

2 1498年にバスコ＝ダ＝ガマが西インド諸島に到達した。

3 スペインが派遣したマゼランの一行は，西に向かって進む航路で初めて世界一周に成功した。

4 アステカ王国を征服したのはポルトガルである。

問2 購入すると罪のつぐないが軽くなるという札を売って資金集めをしていたローマ教皇に対し，「聖書だけが信仰のよりどころである」と説いて，教皇や教会の権威を否定した人物として，正しいものを一つ選びなさい。 解答番号 17

1 ルター　2 ルソー　3 マルクス　4 ボッティチェリ

問3 1688年，イギリスの議会はそれまでの国王を追放し，オランダから新国王を迎えて即位させた。この革命の名称として，正しいものを一つ選びなさい。 解答番号 18

1 名誉革命　2 ピューリタン革命　3 外交革命　4 七月革命

問4 1689年に発布された権利の章典の内容として，**誤っているもの**を一つ選びなさい。

解答番号 19

1 国王は議会の承認がなければ，法律を停止することはできない。

2 国王は議会の承認なしに，新しく課税することができる。

3 議会における言論の自由は，守られなくてはならない。

4 議会はしばしば開かなくてはならない。

問5 18世紀後半に世界で初めての産業革命が始まった国として，正しいものを一つ選びなさい。

解答番号 20

1 フランス　2 アメリカ合衆国　3 イギリス　4 ドイツ

[5] 史料A～C（全て現代語訳してある）と写真Dを見て，各問いに答えなさい。なお（　　）内は史料の出典を示すが史料Aは問題の都合上示さない。

史料A

…天下は大きく乱れ，それ以来，長いこと日本全国が戦乱となった。…花の都京都が，灰土となってしまった。

史料B

一、許可を得ないで手紙や贈り物を他国へ送ることをいっさい禁止する。

（『甲州法度』）

史料C

……異教徒の中で日本人ほどすぐれた者はいないと思われる。この国の人は礼節を重んじ，一般的に善良で，悪い心をいだかず，何よりも名誉を大切にすることは，驚くべきことである……。

（『耶蘇会士日本通信』）

写真D

問1　史料Aは，1467年に始まった戦乱について書かれている。この戦乱の名称として，正しいものを一つ選びなさい。　解答番号 [21]

[1] 応仁の乱　[2] 壬申の乱　[3] 承久の乱　[4] 島原の乱

問2　史料Aの戦乱の背景には，室町幕府第8代将軍のあとつぎをめぐる争いがあった。下の写真はその第8代将軍が建てさせた建物である。この建物に取り入れられている建築の様式として，正しいものを一つ選びなさい。　解答番号 [22]

[1] 校倉造　[2] 書院造　[3] 寝殿造　[4] 数寄屋造

問3　史料Bはある戦国大名がつくった独自の法律の一部である。この戦国大名が支配した領域を含む現在の県名として，正しいものを一つ選びなさい。　解答番号 [23]

[1] 福井県　[2] 鹿児島県　[3] 山梨県　[4] 奈良県

問4　史料Cは戦国時代に日本にやってきたポルトガル人が，当時の日本人に対して抱いた印象が述べられている。この人物がはるばる日本までやってきた主な理由として，正しいものを一つ選び

なさい。 解答番号 24

1 ヨーロッパにモンゴル軍が侵攻してきたため，その迫害から逃れてきた。

2 黄金の国ジパングの伝説から金を獲得するためにやってきた。

3 伊万里焼など高価な日本産の陶磁器を購入するためにやってきた。

4 ヨーロッパで新たな宗派が台頭し，信者の獲得が必要になった。

問５ 写真Ｄは室町時代ごろに成立し現在まで続いている日本の伝統芸能である。これ以外にも，室町時代に始まり現在も残る文化や生活習慣が多数ある。その具体例として，正しいものを一つ選びなさい。 解答番号 25

1 歌舞伎　2 盆踊り　3 浮世絵　4 和歌

6 近代の日本に関する文章を読んで，各問いに答えなさい。

第一次世界大戦が終結すると日本の輸出は規模を縮小し，それまでと一転して日本経済は不景気におそわれた。さらに（ ① ）年の関東大震災の影響も加わり，日本は長期にわたる不況に苦しむことになった。

その一方で明治時代以来の㋐国内工業の発展によって労働者の数は増加しており，不況で厳しい立場に立たされた労働者達は団結して労働運動を起こし，各地で労働組合の結成がすすんで日本労働総同盟などの全国組織も結成された。第二次護憲運動はこのような機運のなか，（ ② ）の実現などを掲げて高まったものである。1924 年の総選挙によって（ ③ ）による連立内閣が成立すると，この内閣は㋑公約としていた普通選挙法を成立させた。これにより有権者が４倍に増え，議会に広く国民の意思が反映される道が開かれたのである。

問１ 空欄①に当てはまる年号（西暦）として，正しいものを一つ選びなさい。 解答番号 26

1 1890　2 1904　3 1914　4 1923

問２ 下線部㋐について，明治・大正時代の国内工業の発展についての記述として，正しいものを一つ選びなさい。 解答番号 27

1 綿糸を作る紡績業が，安価なインド産の綿花を使って発展した。

2 明治時代末には国内で第１次産業従事者よりも第２次産業従事者の数が上回った。

3 中東から輸入した石油を使って安定的に大量の電力が供給された。

4 軍事向けの需要を中心に，国内の自動車産業が大きく発展した。

問３ 空欄②について，この中に当てはまる政治的要求として，正しいものを一つ選びなさい。 解答番号 28

1 外国との不平等条約の改正

2 政党内閣制の実現

3 日米安保条約の改定反対

4 沖縄の米軍基地返還

問４ 空欄③について，この中に当てはまる政党の組み合わせとして，正しいものを一つ選びなさい。 解答番号 29

1 立憲改進党・自由党・立憲帝政党

2 憲政会・立憲政友会・革新倶楽部

3 日本自由党・日本進歩党・日本協同党

4 自由民主党・自由党・公明党

問5 下線部㋑についてこの法律と同時に成立した，おもに社会主義者を取り締まるために制定された法律による厳しい弾圧で命を落とした『蟹工船』などの作品で知られる文学者として，正しいものを一つ選びなさい。 解答番号 30

1 太宰治　2 幸徳秋水　3 小林多喜二　4 美濃部達吉

7 日本の第二次世界大戦後の社会について，各問いに答えなさい。

問1 戦後の経済のあゆみについて述べた文を古い年代順に並べたものとして，正しいものを一つ選びなさい。 解答番号 31

ア．朝鮮戦争により，日本には特別需要が舞い込み，経済水準が回復した。

イ．石油危機が起こり，戦後初めてマイナス成長を記録した。

ウ．円高不況に対する金融緩和，内需拡大政策がバブル景気につながった。

エ．池田勇人内閣は，日本国民の所得が世界に比べて低いことを理由に，10年で所得を倍にする計画を発表した。

1 ア→イ→エ→ウ　2 ア→エ→イ→ウ　3 イ→ウ→エ→ア

4 イ→エ→ウ→ア　5 ウ→ア→エ→イ　6 ウ→イ→ア→エ

問2 社会の変化についての記述として，正しいものを一つ選びなさい。 解答番号 32

1 ３Ｃといわれる，洗濯機，冷蔵庫，白黒テレビが普及した。

2 三種の神器といわれる，クーラー，カラーテレビ，自動車が普及した。

3 1964年の東京でのオリンピック競技大会開催にさきがけて，大阪で万国博覧会が開催された。

4 1947～49年に第一次ベビーブームが到来した。

8 日本の政治について，各問いに答えなさい。

問1 わが国の憲法についての記述として，**誤っているもの**を一つ選びなさい。 解答番号 33

1 1945年8月14日，日本はポツダム宣言を受諾し，翌日終戦を迎えた。同年10月，GHQは日本政府に憲法改正を示唆した。

2 日本国憲法は，1946年11月3日に公布され，翌47年5月3日に施行された。

3 日本国憲法前文では，「天皇ハ神聖ニシテ侵スヘカラス」としている。

4 日本国憲法第1条では，「天皇は，日本国の象徴であり日本国民の統合の象徴であって，この地位は，主権の存する日本国民の総意に基く」としている。

問2 わが国の歴代内閣総理大臣についての記述として，**誤っているもの**を一つ選びなさい。

解答番号 34

1 田中角栄首相の日本列島改造論は，1970年代初めに全国に土地ブームをもたらした。しかし，自身の金脈問題により退陣した。

2 竹下登首相は，1980年代に郵政民営化を実施し，後継者に中曽根康弘を指名後，退陣した。

3 小泉純一郎首相は，2002年に日朝首脳会談をおこない，拉致被害者5人を帰国させることに成功した。

4 安倍晋三首相は，2007 年に防衛省を発足させ，国民投票法を成立させた。

問3 わが国の裁判についての記述として，**誤っているもの**を一つ選びなさい。 解答番号 35

1 2009 年から始められた裁判員制度は，選挙年齢が引き下げられたため，裁判員も 18 歳から対象年齢となった。

2 すべての裁判において，三審制を導入している。

3 最高裁判所裁判官については，国民審査が取り入れられている。

4 すべての裁判所に，違憲法令審査権が与えられている。

問4 わが国における国民の基本的権利についての記述として，正しいものを一つ選びなさい。

解答番号 36

1 アイヌ民族は，1997 年の北海道旧土人保護法においてわが国固有の民族として初めて認められた。

2 配偶者からの暴力について，その防止と被害者保護の法律は，現在でも制定されていない。

3 国連で女性差別撤廃条約が成立したことをうけて，日本では 1985 年に男女雇用機会均等法が制定された。

4 障害者の権利は 1970 年に法律が制定され，障害者の自立や社会参加が進み，就業についても法律で定めた雇用率はすべての分野において満たされている。

問5 わが国の憲法改正についての記述として，正しいものを一つ選びなさい。 解答番号 37

1 憲法改正の発議は，衆議院議員の３分の２以上の賛成が必要とされている。

2 憲法改正の投票権は，国民投票法により，在日外国人にも与えられている。

3 国民投票では，投票総数の過半数が賛成であることが必要とされている。

4 憲法改正が国会で承認された後は，内閣総理大臣が新憲法を公布する。

9 経済活動に関連する事柄について，各問いに答えなさい。

問1 次の需要曲線と供給曲線の図の説明として，正しいものを一つ選びなさい。 解答番号 38

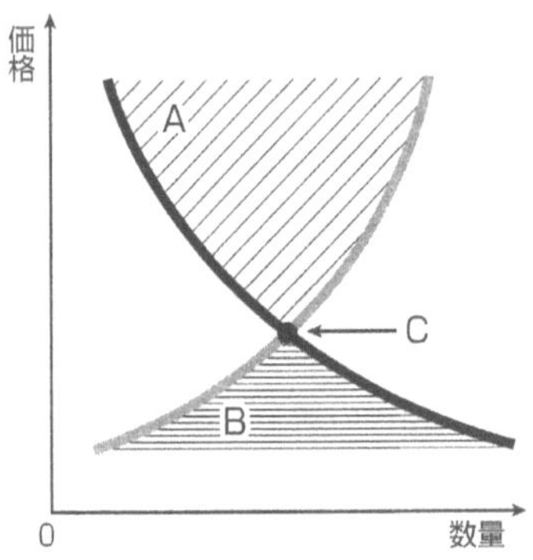

1 この表の右下がりの曲線は供給，右上がりの曲線は需要を表している。

2 図中Ａの領域は，需要が過剰な状態を表している。

3 図中Ｂの領域は，供給が過剰な状態を表している。

4 図中Ｃの交点は適正な価格と数量を表している。

問2 わが国の消費税について，ア～ウの政策が実施された時の内閣総理大臣の組み合わせとして，正しいものを一つ選びなさい。 解答番号 39

ア．1989 年，３％の消費税が導入された。
イ．1997 年，消費税率が５％（地方消費税 1.0％を含む）に引き上げられた。
ウ．2014 年，消費税率が８％（地方消費税 1.7％を含む）に引き上げられた。

	ア	イ	ウ
1	竹下　登	橋本龍太郎	安倍晋三
2	竹下　登	村山富市	安倍晋三
3	細川護熙	橋本龍太郎	菅　直人
4	細川護熙	村山富市	菅　直人
5	村山富市	鳩山由紀夫	野田佳彦
6	村山富市	菅　直人	野田佳彦

問３　わが国の金融政策についての記述として，正しいものを一つ選びなさい。　解答番号 40

1　1996 年，政府はペイオフを解禁し，預金については自己責任を強調し，預金者保護はすべてにおいて行わないことを宣言した

2　1999 年，日本銀行は市中銀行に対しての貸出金利を０％とするゼロ金利政策を初めて実施した。

3　2016 年，日本銀行はマイナス金利政策を実施し，市中銀行が日本銀行に預けている預金の一部に対して利子を支払うようになった。

4　金融政策は日本銀行が物価の安定を図るために行うもので，政府が行う財政政策とは無関係である。

問４　わが国の社会保障制度についての記述として，**誤っているもの**を一つ選びなさい。
解答番号 41

1　日本の社会保障制度は，社会保険，公的扶助，社会福祉，保健医療・公衆衛生から成り立っている。

2　1961 年，「国民皆年金」，「国民皆保険」制度が実現された。

3　2000 年，介護を必要とする人にサービスを提供する介護保険法が実施され，介護サービスの費用が全額給付されるようになった。

4　2008 年，後期高齢者医療保険が開始され，75 歳以上の後期高齢者が保険に加入することとなった。

10　国際社会に関連する事柄について，各問いに答えなさい。

問１　国際経済についての記述として，正しいものを一つ選びなさい。　解答番号 42

1　NAFTA（北米自由貿易協定）は，貿易や投資の自由化を進め，近年ではアメリカ·カナダ·メキシコに加えチリとアルゼンチンも加盟した。

2　WTO（世界貿易機関）とは，国際協力による為替の安定化や国際収支の均衡を図るもので，日本も加盟している。

3　APEC（アジア太平洋経済協力）とは，この地域の国による友好と経済発展，政治的安定を

目的として設立されたが，近年は，オーストラリア，ニュージーランド，インドも加盟した。

4 TPP（環太平洋戦略的経済連携）とは，2015年に12カ国がほぼ合意をしているが，アメリカの離脱宣言により，11カ国により署名式がおこなわれた。

問2 非核化についての記述として，正しいものを一つ選びなさい。 解答番号 43

1 日本では，非核三原則「もたず，つくらず，もちこませず」が日本国憲法で定められている。

2 世界では，核兵器を製造せず，取得しないなどの義務を負う核拡散防止条約が1976年に成立しており，現在でも核兵器を保有する国は存在しない。

3 世界では，包括的核実験禁止条約により，全ての国において，あらゆる核実験が禁止されている。

4 安倍晋三首相は，アメリカのトランプ大統領と北朝鮮の非核化に向けて，緊密に連携し，制裁と圧力を維持する考えを一致させた。

問3 環境問題についての記述として，正しいものを一つ選びなさい。 解答番号 44

1 国際的な環境問題への取り組みとして，1972年にスウェーデンで開かれた国連環境開発会議は「持続可能な開発」をスローガンに国連人間環境宣言を採択した。

2 1997年の京都議定書では，基準年からの削減目標が定められ，アメリカは目標を達成したので，ここからの離脱を表明した。

3 世界の文化遺産・自然遺産の保護を目的に世界遺産条約が採択されている。

4 福島第一原発事故をきっかけに，大量の放射性物質の飛散が人体や農畜産物へ与える影響が検証され，日本政府はその対応策を発表した。

問4 国際連合の本部の所在地として，正しいものを一つ選びなさい。 解答番号 45

1 パリ　2 ジュネーヴ　3 ロンドン　4 ニューヨーク

・男はまだ若いため、親が女を追い出すことを止める意気込みがなかった。
・男は親が女を追い出すことを止められないので女を連れて逃げようとした。
・昔の恋は今と違って、和歌を上手に詠むことができるかどうかが重要であった。
・男は両親を思い、女との別れを決断したことが一人前の男として情けなかった。
・女は男からの愛情を感じていたが、二人の将来に対する不安を抱いていた。

1 一つ　2 二つ　3 三つ　4 四つ
5 五つ　6 六つ　7 無し

問七　右の『伊勢物語』は平安時代に成立した作品である。これと同じ時代に作られた文学作品の組み合わせとして適当なものを次の中から選びなさい。解答番号は30。

1 『道程』　『山月記』　『吾輩は猫である』
2 『万葉集』　『古事記』　『日本書紀』
3 『新古今和歌集』　『平家物語』　『徒然草』
4 『古今和歌集』　『竹取物語』　『枕草子』
5 『おくのほそ道』　『雨月物語』　『曽根崎心中』

1 一人の使用人だけを特別扱いすることで他の使用人が不公平を感じたら困ると思ったから。
2 息子が若くして所帯を持ち安心することでこれ以上出世を望まなくなると大変だと思ったから。
3 女が他の女性との結婚が決まっている息子の浮気心を本気にしたらかわいそうだと思ったから。
4 女が息子をたぶらかし、自分たち親も追い出そうとする気持ちを持つと困ると思ったから。
5 息子が使用人の身分の女を自分の結婚相手に選ぼうとすると大変だと思ったから。

問二 傍線部Ⅰ「にはかに」・Ⅱ「よしなし」の本文中での意味として最も適当なものを次の中からそれぞれ選びなさい。解答番号はⅠが24、Ⅱが25。

Ⅰにはかに
1 突発的に
2 反射的に
3 一方的に
4 暴力的に
5 一時的に
6 感情的に

Ⅱよしなし
1 力量がない
2 理由がない
3 利点がない
4 思慮がない
5 情熱がない
6 方法がない

問三 傍線部イ「男泣く泣くよめる」とあるが、男はなぜ泣いたのか。その理由として最も適当なものを次の中から選びなさい。解答番号は26。

1 婚約しているのに自分への愛情が無い女の本心を知って心を痛めたから。
2 両親が自分の意に反して女を追い出したことが悲しかったから。
3 女への思いを断ち切れなかった自分の弱さに腹が立ったから。
4 自分の愛に応えられない女が哀れでかわいそうだったから。
5 両親の深い愛情を理解することによって感動したから。

問四 傍線部ウ「いとかくしもあらじ」とは「まさかこれほどでもあるまい」という意味であるが、「これほど」とは何の程度を指すか。その説明として最も適当なものを次の中から選びなさい。解答番号は27。

1 男に別れの言葉を言えないほどの女の苦しさ。
2 それまでの記憶をすべて失ってしまうほどの男の辛さ。
3 いかなる状況でも和歌を詠もうとするほどの男の和歌への執着。
4 引き離されて気を失うほどの男の女への思い。
5 礼儀をしらないほどの女の身分の低さ。

問五 [A]・[B]に入る語の組み合わせとして適当なものを次の中から選びなさい。解答番号は28。

1 A けり B ける
2 A ける B ける
3 A けれ B ける
4 A けり B けれ
5 A ける B けれ
6 A けれ B けれ

問六 本文の内容と一致しないものは次の中にいくつあるか。その数をあとの選択肢から選びなさい。解答番号は29。

・男は気を失ったが、親が神仏に願をかけ続けた結果、息を吹き返した。

せになろうと自分を変えてみる努力を続けながら生きているということ。

4 北海道という広大な大地で仕事をすることで、東京の仕事にはない過酷な自然という毎日違ったものを相手に懸命に生きているということ。

5 他者から批判されることもなく一人で仕事をしているようにみえるが、実際は毎日自省しながら仕事を続けている状況であるということ。

問六 傍線部ウ「私もこの夜まで一度も気づかなかった」という表現で表されているのはどういうことか。その説明として最も適当なものを次の中から選びなさい。解答番号は22。

1 トキオが不器用に生きている様子を見ることで、自分よりも不幸な境遇の人物がいることに気づいて安心し、自分の未来も明るいものだと気付いたということ。

2 北海道に来るまでつらいことが続いており、空を見上げることがなかったが、偶然見上げる機会をもつことで、夜空のきれいさに気が付いたということ。

3 自分のダメな部分に気がついて、それを直したことでそれまで楽しくなかった生活が一変し、周囲の状況までも明るく見えたということ。

4 人生経験が豊かで、自分の言葉によって人にものを伝えることができるトキオに対して愛情を持つことで、周囲の景色までが違ってみえたというと。

5 もがきながら生きていることを指摘されることで、自分の状況が見えていない現状と周りの状況をはっきりと理解できるようになったということ。

三 次の文章を読んで、あとの問いに答えなさい。

むかし、若き男（使用人の中でも）、けしうはあらぬ（見苦しくはない）女を思ひけり。さかしらする親ありて、思ひもぞつく（思いがついたら困る）とて、この女をほかへ追ひやらむとす。さこそいへ、まだ追ひやらず。人の子なれば、まだ心いきほひなかりければ、とどむるいきほひなし。女もいやしければ、すまふ（抵抗する）力なし。さるあひだに、思ひはいやまさりにまさる。にはかに、親、この女を追ひ棄つ。男、血の涙を流せども、とどむるよしなし。率て出でて往ぬ。男泣く泣くよめる。

出でて往なば誰か別れのかたからむありしにまさるけふは悲しも

とよみて、絶え入りに A 。親あわてにけり。なほ思ひてこそ言ひしか、いとかくしもあらじ（まさかこれほどでもあるまい）と思ふに、真実に絶え入りにければ、惑ひて願立てけり。けふの入相[注1]ばかりに絶え入りて、またの日の戌の時[注2]ばかりになむ、辛うじて息出でたりける。

むかしの若人は、さる好ける物思ひをなむし B 。今の翁まさに死なむや。

注1 入相…日暮れ
注2 戌の時…午後八時頃

問一 傍線部ア「この女をほかへ追ひやらむとす」の理由として最も適当なものを次の中から選びなさい。解答番号は23。

3 相手にチンシャする　4 物事をシュシャする
5 カーテンでシャコウする

b カンネン
1 芝居をミる　2 落とし穴にオチイる
3 病気をワズラう　4 考えをツラヌく
5 入会をススめる

問二 本文には次の一文が抜けている。この一文が入るのは（Ⅰ）～（Ⅴ）のどこか。最も適当な個所を選びなさい。解答番号は17。
【久しぶりに肯定されて言いようもなく嬉しいと感じている自分が、意外に思えた。】

1 Ⅰ　2 Ⅱ　3 Ⅲ　4 Ⅳ　5 Ⅴ

問三 空欄［A］・［B］に入る語句として最も適当なものを次の中からそれぞれ選びなさい。解答番号はAが18、Bが19。

A
1 心を砕いた　2 心に深く刻まれた
3 心が弾んだ　4 心が締め付けられた
5 心が解き放たれた

B
1 こっけいな　2 真剣な　3 横柄な
4 厳格な　5 悲壮な

問四 傍線部ア「確かにほんのりと甘い特別なパンの味だった」とあるが、その説明として最も適当なものを次の中から選びなさい。解答番号は20。

1 恋人に振られてしまったが、見ず知らずでも自分の誕生日を祝ってくれる人がいることに気づき、世間の温かさを感じられるものであったということ。
2 自分の要求を人に対して明示することの大切さを認識し、誕生日という特別な日に、自分の要求したとおりのものを作ってくれたことに対して満足できるものであったということ。
3 誰かと気持ちや物を共有したいということに気づき、生まれて来たことを共に祝ってもらう経験をしたことに対する喜びと感謝の気持ちを認識できるものであったということ。
4 心が通じ合っていれば言葉を使うことなく相手に何でも伝えることができるという神秘的な出来事を、自分の誕生日に目撃し、幻想的な気分に浸ることができるものであったということ。
5 ここに来る以前は恋人に相手にしてもらえなかったが、自分に好意を寄せる人物がいることに気づき、幸せな気持ちになれる誕生日になったということ。

問五 傍線部イ「自分のこと」とあるが、それはトキオにとってはどのようなことか。その説明として最も適当なものを次の中から選びなさい。解答番号は21。

1 電車のポイントの切り替えは、その電車ごとに変えなければならないものであり、毎日緊張感を持って注意深く行っているということ。
2 普段の仕事は単調であり、特に目新しいことはないが、休日の過ごし方を毎回変えながら新鮮な感覚をもって過ごしているということ。
3 今までの人生の中で自分がダメな人間であることに気づき、幸走り去っていく。何度も何度もそうやって、トキオはいくつもの電車を見送ってきたんだろう。気楽に仕事をこなし、休日に大自然の中でバイクを走らせ、カフェ・マーニで美味しいものを食べて、ただ彼女のことやバイクのことだけ考えて、鈍感に人生を楽しんでいるのではなかったのだ。

「なんか、俺、もがけないんす」

その言葉を聞いて、私は、大声で笑った。(Ⅲ)

トキオはいきなり笑われて、きょとんとした目で私を見ている。私は、立ち上がってさらに笑った。

全くわかっていない。誰も彼も自分のことは見えていないのだ。

そう思うと、トキオが愛おしく思えて来た。この人の名前はフルネームでなんていうんだっけ? ラザニアが好物だっけ? バイクの色はグレイだっけ? そして、なんで今日はこんなに三日月がキレイなんだっけ? このとき、目に見える光景が異様なまでに鮮やかで、細部にわたってくっきりと見えるのを感じた。笑いすぎて、息が苦しくなった私は大きく深呼吸して、むくれて行こうとするトキオの背中に向かってこう言った。

「あのさ、それってさ……思いっきりもがいてんじゃん」

トキオは、立ち止まった。私は笑いながら続ける。(Ⅳ)

「そうだよ。ほんとだ。もがいてる人間を見たら笑える。あんたが正しい。そうだよ。トキオくんの言う通りだ。それに、きっともがいてる人間にしか、幸せはないんだよ」

私は、トキオに言われた言葉をそのまま返す。トキオは振り返り、照れくさそうに口が緩むのを抑えようとしていた。

「来てみればいいじゃん。東京に。一緒に行こ」

私の軽い一言にトキオは驚いている。

「無理っすよ、仕事ないし」

「そうかな」

「そうっすよ」

「そうかな」

トキオは語気を荒らげた。

「そうすよ」

そう言ってすたすたと歩いていくトキオをしばらく見送っていると、突然その姿が見えなくなった。追いかけると、トキオが地面に突っ伏して倒れていた。そばに切り株の根っこが出ていて足が引っかかったのだ。トキオは痛そうに唸(うな)っていたけれど、やがてカンネンしたように仰向けになった。私はトキオの顔をのぞき込んだ。トキオは私の顔をしばらく見てそれから夜空に目線をやった。

「でも俺、今日は月がキレイに見える」(Ⅴ)

私もこの夜まで一度も気づかなかった。月浦の三日月がこんなに光を放って輝いていることを。

注1　トキオ　カフェ・マーニの常連客。
注2　岡田　香織が親しくしている東京の職場の同僚男性。

問一　二重傍線部a、bのカタカナを漢字に直したときに同じ漢字を用いるものを次の中から選びなさい。解答番号はaが15、bが16。

a　シャダンキ

1　ノートにテンシャする　2　オンシャを実施する

たまたま月浦に来て、いままで全然知らなかったこの人たちが、いま、自分の誕生日を、自分が生きていることを、生まれて来たことを共に祝ってくれている。（Ⅰ）

「ほんとに、ありがとうございます」

りえさんは私を優しく見つめて、

「クグロフ、食べましょうか」

と、クグロフをナイフで半分に切った。そしてその半分をお皿に載せてトキオに渡した。

トキオは、大事なものを託されたように、両手をジーンズで拭いてから受け取った。そして、それを手でふたつに分けて、ひとつを私に差し出した。なんだかとても照れくさかったけど、私は、ありがと、と言って受け取った。初めて食べたクグロフは、ふわふわと柔らかくて、確かにほんのりと甘い特別なパンの味だった。

夏の夜の青草はひんやりと冷たくて気持ちがいい。私は裸足で草の上を歩くのが好きになった。カフェの裏には、なだらかな丘がずっと続いていて、私はそこを上がりながら頂上を目指した。

マーニの屋根が夜露に濡れているのが見える。頂上に立った一本の木の下で風に吹かれているとトキオが丘を上がって来た。私は、荒い息を吐きながら上がってくるトキオに叫んだ。

「かっこわるい奴って思ったでしょ、私のこと」

トキオは聞こえないフリをして黙々と上がってきた。そして「……そうすね」と言った。

「でも」

いつも緩んだトキオの顔の筋肉にぎゅっと力が入っているのが見える。その［　B　］横顔が、私を追い越して立ち止まった。

「かっこわるい自分を知ってる人が、大人だと俺は思います」

不意の言葉に、ハッとした。この人は自分の言葉を持っている。トキオは、人生のどこかの段階でとことん自分のダメさを考えた人間なのだと私は思った。トキオはその場に腰を下ろしてあぐらを組む。

「だから、香織さん見たときすっごい笑えたんです」

「笑えた？」

「一生懸命、幸せになろうとしてるんだなって」

私は恥ずかしさでトキオを見ていられなかった。

「もがいたことのある人間じゃないと、幸せはないと思うんです。もがいてもがいて恥かいて。いいじゃないっすか、香織さん」（Ⅱ）

岡田[注2]とつきあううちにいつの間にか、否定されることこそが向上だと思い込んでいた。

「俺、毎日毎日電車のポイント切り替えてんです。ポイント、わかります？　方向転換するためにレール切り替えるやつ。電車は簡単に切り替わるのに、俺の人生は簡単に切り替わんないんだなって。線路が、ずっと続いてるように見えても、自分は北海道から出られないんすよ」

トキオが仕事をしている姿を想像してみる。

陽炎の奥に、どこまでも続く線路が見えて、トキオはいつもくたくたになった汗臭い制服を着て、線路脇に立っている。手動のてこをひくと、レールのポイントが大きな音をたてて切り替わる。シャダンキの音が響き渡り、やってきた電車はすんなり方向転換して、勢いよく最も適当なものを次の中から選びなさい。解答番号は［13］。

1 物語の結末を描かず、それを現実的に読者にゆだねるべきだという考え方。

2 現実は残酷であり、すべての出来事は解決されてはならないという考え方。

3 一つの現実に対して、多くの物語を作ることは避けるべきだという考え方。

4 非現実的な展開を描くことによって、真の現実を描くべきだという考え方。

5 現実の世界は加工や変更を施さず、あるがままに描くべきだという考え方。

問十一 傍線部カ「読者の期待」とはどのようなものか。最も適当なものを次の中から選びなさい。解答番号は［14］。

1 多様な可能性のある物語について、読者である自分に結末をゆだねて欲しいという欲求。

2 対価を払って手に入れた物語が、自分にとって魅力あるものであって欲しいという願望。

3 パラテクストや過去の読書体験をもとにして、物語の展開や結末について自ら立てた予想。

4 物語の展開が、それまで読んできたもののどれかの型に収まることを当然とする自負。

5 現実におけるさまざまな体験を活かし、自分の望みどおりの物語の結末を迎えられる予感。

二

次の文章は三島有紀子の小説「しあわせのパン」の一場面である。北海道へやってきた香織は、りえと水縞（みずしま）が経営するカフェ「マーニ」に滞在していた。これを読んであとの問いに答えなさい。

ラザニアがなくなった頃（ほとんどトキオ[注1]が食べたのだが）、水縞くんが大きなコーンのパンをとった。そして、それを二つに分けて、ひとつを、りえさんに渡した。りえさんは、静かに受け取って小さくありがとう、と言った。二人は、それぞれパンを食べ始め、言葉にならない「おいしいね」を目で交わしあっているように見えた。

コウイウコトナノダ。

私が、ほしかったのは。

羽田空港で、いくら待っても全然来なかったあいつ。携帯に連絡しても留守電だったあいつ。でもほんとは最初からわかっていた。相手になんかされてない。何も分かち合ってなんかない。

これ、おいしいよ、食べてみる？ってひとつのものをシェアしあったり、おいしいねって言いあったり、この店まずいね、って一緒に文句を言ったり、そんなことさえ一度もなかった。職場でもそうだ。なんとなくみんなに合わせているけど、相手にされない自分が嫌いでしょうがなかった。

でもわかった。それは全部、自分が何をほしいか、何が好きか、わかっていなかったからなのだ。そんなことにいまさら気がついたなんてと思っていると、［　A　］。

涙がこぼれる前に言いたかった。この二人がいてくれて、マーニがあって、ほんとによかった。沖縄の真逆というだけで北海道に来て、なぜか。ヤウスの説明している理由として最も適当なものを次の中から選びなさい。解答番号は7。

1 過去の読書経験において、フィクションとして読んだ作品群と今読んでいるものが類似しているから。

2 幼い頃から、親の読み聞かせや学校教育などにおいて、物語の読解方法を十分に学んできているから。

3 にわかには信じがたい現実について表現力豊かに語られ、それが空想上の物語のように感じられるから。

4 現実ではない出来事について語られているものであることを、その作品の題などが示しているから。

5 ある特定の装幀・判型をしている本の内容はフィクションでなければならないという約束事があるから。

問五　傍線部イ「物語は『境界領域』を好んで書く」とあるが、それはなぜか。その理由として最も適当なものを次の中から選びなさい。解答番号は8。

1 旅行においてハプニングが起こることは醍醐味であり、「境界領域」の魅力を存分に味わえるから。

2 「境界領域」は、作者でさえもそこで何が起こるのか見通しが立てづらく、管理が困難だから。

3 「境界領域」においては、さまざまな出来事が起こりやすく、物語が起伏に富んだものになるから。

4 「境界領域」を通り、その魅力を存分に味わうことによってハッピーエンドが迎えられるから。

5 秩序のない「境界領域」は、堅苦しい社会のルールから逸脱した人々がたくさん存在しているから。

問六　傍線部ウ「『大人』の視点」とあるが、その説明として最も適当なものを次の中から選びなさい。解答番号は9。

1 肉体的に十分に成長を遂げた立場。

2 分別があるものとしての立場。

3 充実した青春時代を過ごした立場。

4 物語について豊富な知識のある立場。

5 責任があるものとしての立場。

問七　空欄 B に入る最も適当な語を次の中から選びなさい。解答番号は10。

1 しかし　2 また　3 そして

4 むしろ　5 要するに

問八　空欄 C ～ F に入る語の組み合わせとして最も適当なものを次の中から選びなさい。解答番号は11。

1 C 内　D 外　E 内　F 外

2 C 外　D 内　E 内　F 外

3 C 内　D 外　E 外　F 内

4 C 外　D 内　E 外　F 内

問九　傍線部エ「通俗的」とはどういう意味か。適当なものを次の中から選びなさい。解答番号は12。

1 感動を呼びやすいさま。　2 世間で受けいれやすいさま。

3 道徳的で正しいさま。　4 伝統的で古めかしいさま。

5 考え方が偏っているさま。

問十　傍線部オ「自然主義文学のような哲学」とはどのようなものか。

最後に、この図にはないが、終わりがはっきりした結末になっていなくて、この後どうなるのかが読者に告げられないまま終わる「オープン・エンディング」という型がある。これは日本では明治四十年頃の自然主義文学サイセイキ[d]に確立された型だ。

物語は「はじめ」で提示された課題が「終わり」で解決することで物語となっている。しかし自然主義文学は、日常生活はそんなにうまい具合に結末を迎えるわけではないし、物語が解決するわけでもないと考えた。そこで、物語を作りすぎることを批判して、日常生活を何気なく切り取ってきたようなはっきりとした結末のない小説を好んで書いた。それが結果としてオープン・エンディングという技法の確立につながったのである。いまでもオープン・エンディングは少なくないが、それは読者のために小説に余韻を残すためであって、自然主義文学[オ]のような哲学があってのことではないようだ。

ある程度読書量のある読者なら、物語が四つの型（＋オープン・エンディング）に収まることを理解しているだろう。それが「読者の期待」[カ]を構成するのである。

（石原千秋『読者はどこにいるのか書物の中の私たち』による）

注　商品等の宣伝のためなどに付された、人の心を引き付ける短い言葉。

問一　二重傍線部a「テイアン」b「カテイ」c「モウレツ」d「サイセイキ」を漢字に直したとき、同じ漢字を含むものを次の中からそれぞれ選びなさい。解答番号はaが1、bが2、cが3、dが4。

a　テイアン

1　テイドに差がある　2　カンテイに疑問がある
3　法律にテイショクする　4　ゼンテイに誤りがある
5　フテイキに連載がある

b　カテイ

1　重大なカシツ　2　安いカカク　3　カモツの運搬
4　カクウの話　5　カガイの活動

c　モウレツ

1　モウソウが激しい　2　フモウな議論
3　イチモウ打尽　4　極度のショウモウ
5　モウセイを促す

d　サイセイキ

1　セイリョク的な活動　2　セイリョクの拡大
3　オウセイな食欲　4　オウセイの復活
5　セイキの番狂わせ　6　セイキ品の輸入

問二　空欄 A に入る語として最も適当なものを次の中から選びなさい。解答番号は5。

1　しばしば　2　そもそも　3　いちいち
4　しぶしぶ　5　まずまず

問三　本文には次の一文が抜けている。この一文が入るのは（Ⅰ）～（Ⅴ）のどこか。最も適当な個所を選びなさい。解答番号は6。

【「境界領域」とは、「内」と「外」との間の不安定な場所で、一般的には事件の起こりやすいところである。】

1　Ⅰ　2　Ⅱ　3　Ⅲ　4　Ⅳ　5　Ⅴ

問四　傍線部ア「小説らしく読む」とあるが、読者がそう読めるのはいる場所（位置）との関係のことである。「内」は私たちのいる場所、つまりこちら側である。秩序のある場所と言ってもいい。「外」は私たちのいない場所、つまり向こう側である。秩序のない場所と言ってもいい。（Ⅰ）

たとえば、旅行を考えると、出発地点が「内」で、目的地が「外」になる。そして、実際の旅行のカテイが「境界領域」となる。（Ⅱ）「境界領域」で事件が起こりやすいことはわかりやすいだろう。無事ゴールできれば、それでハッピーエンドである。だから、物語は「境界領域」を好んで書くのである。（Ⅲ）

もう少し、高級な例を挙げよう。子供が大人に成長するカテイだ。物語は大人によって書かれるから、「大人」の位置が「内」になり、「子供」の位置が「外」になる。もっと簡単に言えば、大人にとっては自分たちは「理性のある大人」で、あの人たちは「わけのわからない子供」だと感じられるということだ。実は、子供はこういう感じ方で書かれた物語を、「大人」の視点から読んでいることになる。

子供が大人に成長するカテイでは、「境界領域」とは「青春時代」を指す。（Ⅳ）「青春時代」とは、「子供」でも「大人」でもない時代だからだ。［B］、個人の成長のカテイでは、秩序があるようなないような「青春時代」という不安定な時期に、事件が起こりやすいということだ。「青春時代」を書いた小説がいかに多いことか。（Ⅴ）

この三つの領域を主人公が移動するのが物語である。その物語の型は四つある。

一つ目は浦島太郎型で、地上のある村（内）から海の中の竜宮城（外）に出かけて行って、再び地上（内）に帰ってくる物語である。〈内→外→内〉と、主人公が移動することになる。二つ目はかぐや姫型で、月（外）から来たかぐや姫が竹から生まれて地球上（内）で生活し、再び月（外）に帰って行く物語である。今度は、主人公は〈外→内→外〉と移動することになる。ただしこの二つの型は、ある程度長い物語に現れる型であり、また古典作品に多く、そして現代文学ではファンタジーに多い型だ。ファンタジーは、現実世界（［C］）から幻想的な世界（［D］）へ行って、また現実世界（［C］）に戻る浦島太郎型が多い。

三つ目は成長型で、物語では最も多い型だ。子供が大人へと成長する物語が一般的である。つまり、「少年が男になる物語」、「少女が女になる物語」である。たとえば、「田舎（［E］）から都会（［F］）に出てきた少年が、さまざまな苦労をして一人前の弁護士になりました」というような物語がこの典型である。主人公は、〈［E］→［F］〉と移動することになる。この型は、都会で成功することや、立派な大人になることを価値があることだと考えているから、どこか通俗的な感じがする。

四つ目はこの逆の退行型だ。退行とは、元いたところに戻ることである。大人から子供へ、都会から田舎へという移動になる。退行型には、成長型への批判が含まれている。たとえば、「都会（［F］）での非人間的な仕事に疲れたモウレツサラリーマンが、昔住んでいた田舎（［E］）の農場で自然に囲まれて暮らすうちに、子供時代の心を取り戻して、人間性を回復した」というような物語である。成長して都会で成功したことを批判しているのである。そこで、この退行型の物語は成長型の物語に比べて高級な感じを与える。

【国　語】（五〇分）〈満点：六〇点〉

【注意】(1) 問題は1ページから18ページ、大問は一から三まであります。
(2) 解答番号は1から30まであります。

一 次の文章を読んで、あとの問いに答えなさい。

内面の共同体と現実との関係をもう少し見ておこう。

私たちは本を読むとき、さまざまなことを期待している。なぜ期待するのかと言えば、事前に多くの知識があるからだ。作者名、タイトル、本の装幀（そうてい）、本の判型、帯の惹句（じゃっく）、広告の惹句、書評などなど、本をめぐるさまざまな知識を、文学理論では「パラテクスト」と呼ぶ。パラテクストがまったくない、ゼロの状態で本と出会うことはない。 A 、本を手にするときには、もうそれがある特定の装幀に包まれ、特定の判型をした「本」だとわかっているはずである。

ドイツの文学研究者ハンス・ロベルト・ヤウスは、この点について次のように述べている。

　文学作品は、新刊であっても、情報上の真空の中に絶対的に新しいものとして現われるのではなく、あらかじめその公衆を、広告や、公然非公然の信号や、なじみの指標、あるいは沈黙の指示によって、全く一定の受容をするように用意させている。（『挑発としての文学史』轡田収訳、岩波書店、一九七六・六）

何も情報がないところに新刊の文学作品が出現するのではなく、すでにパラテクストに囲まれて現れるのだと、ヤウスは言っている。最後の「全く一定の受容をするように用意させている」とは、ア小説は小説らしく読むようにすでに用意されているという意味である。具体的には、小説に書かれている内容はフィクションだと受け取るように準備されているということである。

もう一つ言えることは、私たちがその本が小説だとわかるのは、パラテクストによってすでにそういう情報を得ているという以外に、それまでに読んだ小説に似ているからでもある。小説で語られている物語にはそれほどバリエーションがあるわけではないから、「似ている」という感覚はしばしば私たちにやってくる。

ヤウスは「期待の地平」という概念で文学を考えることをaテイアンしている。この概念自体は簡単に説明できてしまうが、その前に物語には型（パターン）があるということについて、それなりの説明が必要だろう。これまでにも書いたことがあるが、是非必要なので繰り返しておこう。

物語の型は、大きく分けて四つある。それを図にしたので見てほしい。

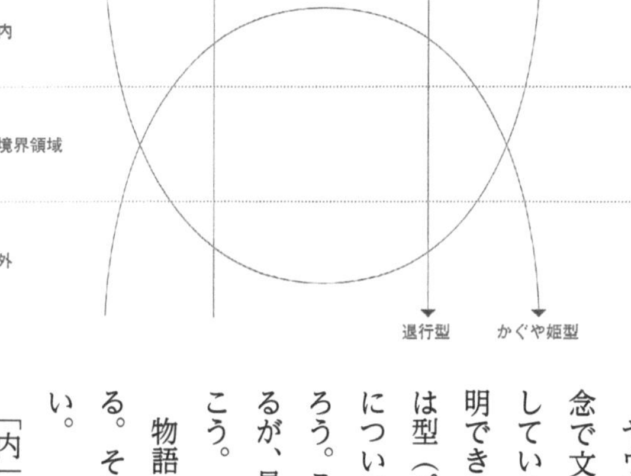

「内」「外」とあるのは、私たちの

MEMO

大切なことはメモしておこうネ！

T.G

2020年度

解 答 と 解 説

《2020年度の配点は解答欄に掲載してあります。》

＜数学解答＞

1 (1) 1 3　2 2　(2) 3 3　4 1　5 7　6 2　(3) 7 3　8 9
(4) 9 1　10 3　(5) 11 3　12 5

2 (1) 13 1　14 4　(2) 15 4　16 4
(3) 17 8　18 3　19 1　20 6　21 9　22 1　23 3

3 (1) 24 3　(2) 25 4　(3) 26 1　27 4

4 (1) 28 1　29 6　(2) 30 1　31 6　(3) 32 1　33 1　34 2

5 (1) 35 2　36 0　(2) 37 8　38 9　39 6　40 9　41 0　42 0
(3) 43 7　(4) 44 1

○配点○

1 各2点×5((4)完答)　2 各3点×4　3・4 各4点×6　5 (1)・(2) 各2点×3
(3)・(4) 各4点×2　計60点

＜数学解説＞

基本 1 (式の値，二次方程式，角度，連立方程式，資料の整理)

(1) $a^2-b^2=(a+b)(a-b)=\left(\frac{1+3\sqrt{2}}{2}+\frac{1-3\sqrt{2}}{2}\right)\left(\frac{1+3\sqrt{2}}{2}-\frac{1-3\sqrt{2}}{2}\right)=1\times3\sqrt{2}=3\sqrt{2}$

(2) $(x-1)(x+4)=2(x^2-3)$　$x^2+3x-4=2x^2-6$　$x^2-3x-2=0$　解の公式を用いて，
$x=\frac{-(-3)\pm\sqrt{(-3)^2-4\times1\times(-2)}}{2\times1}=\frac{3\pm\sqrt{17}}{2}$

(3) 右の図で，△ABMと△ACMにおいて，AM共通，BM＝CM，∠AMB＝∠AMC＝90°　2組の辺とその間の角がそれぞれ等しいので，△ABM≡△ACM　よって，∠BAM＝∠CAM＝(180°－102°)÷2＝39°　l//mより，平行線の錯角は等しいので，∠x＝∠BAM＝39°

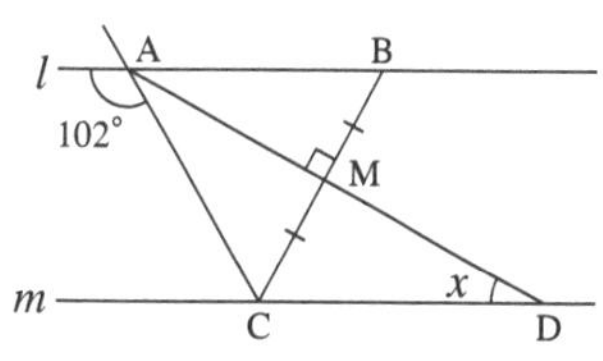

(4) $2x-3y=-7$…①　$3x+y=6$…②　①＋②×3より，$11x=11$　$x=1$　これを②に代入して，$3+y=6$　$y=3$

(5) 資料数40の中央値は得点を大きさの順に並べたとき，20番目と21番目の値の平均となる。3＋7＝10，3＋7＋14＝24より，中央値を含む階級は41点以上60点以下であるから，その階級の相対度数は，$\frac{14}{40}=0.35$

2 (図形と関数・グラフの融合問題)

基本 (1) A(－8，16)は$y=ax^2$上の点だから，$16=a\times(-8)^2$　$a=\frac{1}{4}$

(2) 点Pのx座標を$t(<0)$とすると，$\mathrm{P}\left(t,\ \frac{1}{4}t^2\right)$　また，B(－8，0)，C(0，16)　2△PBO＝

△PCOより，$2\times\frac{1}{2}\times8\times\frac{1}{4}t^2=\frac{1}{2}\times16\times(-t)$　$2t^2=-8t$　$t(t+4)=0$　$t<0$より，$t=-4$
よって，P$(-4,\ 4)$

(3)　△PBO＝四角形ABOC×$\frac{1}{18}$より，$\frac{1}{2}\times8\times\frac{1}{4}t^2=8\times16\times\frac{1}{18}$　$t^2=\frac{64}{9}$　$t<0$より，$t=-\frac{8}{3}$
よって，P$\left(-\frac{8}{3},\ \frac{16}{9}\right)$　このとき，△PCO＝$\frac{1}{2}\times16\times\frac{8}{3}=\frac{64}{3}$だから，△PBO：△PCO＝$\frac{64}{9}$：$\frac{64}{3}$＝1：3

3　(空間図形の計量)

基本　(1)　平面ABCD//平面EFGHだから，NM//EGとなり，NM//AC　Mは辺CDの中点だから，Nは辺ADの中点となる。よって，DN＝$\frac{1}{2}$AD＝$\frac{1}{2}\times6=3$(cm)

重要　(2)　ND//EHだから，平行線と比の定理より，ID：IH＝ND：EH＝1：2　よって，Dは線分IHの中点だから，HI＝2DH＝2×2＝4(cm)

重要　(3)　求める立体は三角錐台DNM－HEGであるから，その体積は，三角錐I－HEGと三角錐I－DNMの体積の差に等しい。三角錐I－HEG＝$\frac{1}{3}\times\frac{1}{2}\times6\times4\times4=16$　三角錐I－DNM＝$\frac{1}{3}\times\frac{1}{2}\times3\times2\times2=2$　よって，求める立体の体積は，16－2＝14(cm^3)

4　(確率)

基本　(1)　さいころの目の出方の総数は，6×6＝36(通り)　このうち，題意を満たすのは，点Pが直線AB上にあるときで，$(a,\ b)=(1,\ 1)$，(2，2)，(3，3)，(4，4)，(5，5)，(6，6)の6通りだから，求める確率は，$\frac{6}{36}=\frac{1}{6}$

重要　(2)　Q(1，4)とすると，△ABQ＝$\frac{1}{2}$×AQ×BQ＝$\frac{1}{2}\times3\times3=\frac{9}{2}$となるから，PQ//ABのとき，△ABP＝△ABQである。また，R(4，1)とすると，△ABR＝$\frac{1}{2}$×AR×BR＝$\frac{1}{2}\times3\times3=\frac{9}{2}$となるから，PR//ABのとき，△ABP＝△ABRである。よって，$(a,\ b)=(1,\ 4)$，(2，5)，(3，6)，(4，1)，(5，2)，(6，3)の6通りだから，求める確率は，$\frac{6}{36}=\frac{1}{6}$

重要　(3)　題意を満たすのは，点Pが線分ACを直径とする円の周上にあるときで，$(a,\ b)=(2,\ 2)$，(4，2)，(5，1)の3通りだから，求める確率は，$\frac{3}{36}=\frac{1}{12}$

5　(不等式の利用)

基本　(1)　10000÷280＝35あまり200より，残金は200円

基本　(2)　350×8＋280×22＝2800＋6160＝8960(円)　また，(350－30)×15＋280×15＝4800＋4200＝9000(円)

(3)　カキをx個とホタテを$(30-x)$個購入するときの金額をy円とする。$x\leqq9$のとき，$y=350x+280(30-x)=70x+8400$　$8900\leqq70x+8400<9100$　$500\leqq70x<700$　$7.14\cdots\leqq x<10$　これを満たすxの値は，8と9　$x\geqq10$のとき，$y=(350-30)x+280(30-x)=40x+8400$　$8900\leqq40x+8400<9100$　$500\leqq40x<700$　$12.5\leqq x<17.5$　これを満たすxの値は，13，14，15，16，17　よって，全部で，2＋5＝7(通り)

(4)　カキをa個とホタテを$(22-a)$個購入するときの金額をb円とする。キャンペーンを受けるとき，$b=\{350a+280(22-a)\}\times(1-0.1)=63a+5544$…①　キャンペーンを受けないとき，$a\leqq$

9のとき，$b=350a+280(22-a)=70a+6160$…②　$a \geqq 10$のとき，$b=(350-30)a+280(22-a)=40a+6160$…③　明らかに，①<②　また，①－③$=23a-616$の値は，$10 \leqq a \leqq 22$のとき，負であるから，①<③　よって，キャンペーンを受けた方が得である。

★ワンポイントアドバイス★

大問5題で小問数18題は昨年とほぼ変わらないが，出題分野は平面図形が空間図形に，方程式の利用が不等式の利用になっていて一定ではない。いずれにしてもあらゆる分野の基礎はしっかりと固めておきたい。

＜英語解答＞

Ⅰ　1 4　2 1　3 3
Ⅱ　4 3　5 2
Ⅲ　6 2　7 1　8 3　9 4　10 2　11 1　12 3　13 3　14 2
15 4　16 4　17 4
Ⅳ　18 2　19 1　20 4　21 3　22 1　23 4
Ⅴ　24 1　25 4
Ⅵ　26 3　27 3　28 2
Ⅶ　29 2　30 3　31 4　32 3，4
Ⅷ　33 2　34 2　35 1　36 3　37 1，4

○配点○

Ⅰ，Ⅱ，Ⅵ26，Ⅶ29，Ⅷ35　各1点×8　他　各2点×26(Ⅳ，Ⅶ32，Ⅷ37各完答)
計60点

＜英語解説＞

Ⅰ　（発音問題）

(1)　1，2，3の下線部は[e]の発音。4の下線部は[ei]の発音。　1「パン」，2「広まる」，3「天気」，4「ステーキ」

(2)　2，3，4の下線部は[iks]の発音。1の下線部は[igz]の発音。　1「調査する」，2「交換する」，3「許す」，4「高価な」

(3)　1，2，4の下線部は[g]の発音。3の下線部は[dʒ]の発音。　1「雑誌」，2「庭」，3「悲劇」，4「言語」

Ⅱ　（アクセント問題）

(1)　1，2，4は第1音節を強く発音する。3は第2音節を強く発音する。　1「タオル」，2「上着」，3「風刺マンガ」，4「努力」

(2)　1，3，4は第1音節を強く発音する。2は第2音節を強く発音する。　1「アルファベット」，2「続ける」，3「分ける」，4「カレンダー」

基本　Ⅲ　（語句・文選択補充問題：助動詞，接続詞，前置詞，比較）

(1)　「A：あなたはもう自分の部屋を掃除しましたか。／B：ごめんなさい，テレビの音がうるさすぎます。さて，何て言いましたか。／A：あなたは自分の部屋をきれいにしましたか」　Bの発言に対してAは最初に言ったことと同じことを言っているので，テレビの音がうるさすぎて聞こえなかったために，Aが何と言ったのか尋ねたと考えられる。1「いいえ，していません」，3「さて，どういう意味ですか」，4「はい，1時間前に」

(2) 「A：あなたのいちばん好きなスポーツは何ですか，ケイジ。／B：スキーです」 Aは相手のケイジがいちばん好きなスポーツを尋ねているので，スポーツ名を答えている1が適切。Skiing is my favorite sport. を短くした文。ski で「スキーをする」という動詞なので2の to play skiing という表現は不適切。3の「ゴルフをする」も play golf が正しい表現。4「私は水泳がとても得意です」は問いへの返答として合わない。

(3) 「A：休憩しましょうか。／B：わかりました，そうしましょう」 休憩しようという提案に対する返答なので，提案に同意する表現となる3が適切。1「そのとおりです」，2「すみませんが，私はそれをしませんでした」，4「はい，さようならを言いましょう」

(4) 「A：あなたはうれしそうですね。なぜにこにこしているのですか。／B：今朝，カナダの友達から手紙をもらったのです。それが私をうれしくさせました」 友達から手紙をもらったことがうれしい気持ちでいることの原因であると伝えている4を入れると会話が成り立つ。この場合の make は「～を…(の状態)にする」の意味。1「私はそれを聞いてうれしかったです」，2「私はこの前の日曜日にそれを送りました」，3「それはそのとき私を大いに変えました」

(5) 「A：札幌駅までの行き方を教えていただけますか。／B：はい。もちろんです」 駅への行き方を教えるよう求められているので，要求に応じる内容になる2が適切。1「はい，それは可能でした」，3「いいえ，私はそうしなかったでしょう」，4「そのとおりです」

(6) 「雨が降り出したとき，私はまさに出かけるところでした」 〈be about to ＋動詞の原形〉で「まさに[今にも]～しようとしている」という意味を表す。2「確信している」，3「驚くべき」，4「退屈している」。

(7) 「大雪が私たちの町に被害を与えました」 harm は「害，損害」という意味の名詞。do harm to ～ で「～に害[被害，損害]を与える」という意味を表す。1「経験」，2「財産，運」，4「収穫」。

(8) 「私はどこで電車を乗りかえればよいのですか」「電車を乗りかえる」は change trains と train の複数形で表す。

(9) 「あなたが駅に着いたら，できるだけ早く私に電話をかけてください」 as soon as ～ can で「できるだけ早く」という意味を表す。as soon as possible も同じ意味を表す。

(10) 「アヤカは子供のとき，5年間沖縄に住んでいました」「子供だったとき」と過去の時を表す語句があるので，動詞は過去形にする。接続詞 when は現在完了の文では用いない。

(11) 「私は6時までに家に帰らなくてはなりません」 by は「(ある時)までに」と期限を表す。until は「(ある時)まで(ずっと)」と継続を表すので不適切。in は「(季節，年など)に」，for は「(ある時間)の間」という意味なので，後に時刻を表す語句はこない。

(12) 「私たちはできるだけ速く昼食を終えようとしました」 as ～ as … can で「(…が)できるだけ～」という意味を表す。quick は「(動作などが)速い」という意味の形容詞。ここでは finish という動詞を修飾すると文意が成り立つので，副詞 quickly が適切。

重要 IV （語句整序問題：分詞，関係代名詞，比較）

(1) (The song) sung by them is popular in (Japan.) 「彼らによって歌われるその歌は日本で人気があります」 sung は sing の過去分詞。is sung と受動態にすると is と popular がつながらなくなるので，sung を「歌われる」の意味で直前の名詞 song を修飾する用法で用いる。

(2) (This is) the longest bridge I've ever crossed. 「これは私が今まで渡った中でいちばん長

い橋です」〈the ＋最上級の形容詞＋名詞＋(that) I have ever ＋過去分詞〉で「私が今まで～した中でいちばん…な―」という意味を表す。that は関係代名詞で，ここでは省略されている。

(3) (I think) rugby is more exciting than any other sport.「私は，ラグビーは他のどのスポーツよりもわくわくすると思います」〈any other ＋名詞の複数形〉で「他のどの～よりも」という意味を表す。

V （語彙問題）

(1) 1 try on ～ で「～を試着する」という意味を表す。「この青いTシャツを試着してもいいですか」という意味の文。 2 come in ～ で「～着に入る」という意味を表す。「そのお年寄りの男性はピアノのコンサートで1位になった」という意味の文。 3 「～語で」は in で表す。「この手紙は簡単な英語で書かれている」という意味の文。 4 〈in ＋期間を表す語句〉で「～のうちに，～以内に」という意味を表す。「そのかわいそうなネコはあと1週間で死ぬでしょう」という意味の文。

(2) 1 副詞の right「右へ」を入れると「右へ曲がりなさい，そうすればそのレストランが見つかります」という文になる。 2 形容詞の right「正しい」を入れると「そのとおりです。あなたは不注意な間違いをしました」という文になる。 3 right away で「今すぐに」という意味を表す。「あなたはとても疲れているように見えます。今すぐに寝るべきです」という文になる。 4 太陽が与えてくれるものが入るので，light「光」を入れて「太陽は私たちに熱と光を与えてくれます」という文にする。

VI （長文読解問題・説明文：英問英答，内容吟味）

（全訳） 世界には興味深い祭りがたくさんある。タイの「ゾウ祭り」を見てみよう。

ゾウ祭りはゾウの「運動会」のようなものである。それは毎年11月に，スリンという小さな町で開かれる。200頭を超えるゾウがこの祭りのためにタイじゅうから集まる。ゾウたちは行進して町を通る。ある競技場で，彼らは多くの種類のスポーツに参加する。彼らはバスケットボールやサッカーのような球技の他に，レスリングもする。野球やクリケットも球技だが，彼らはバットを使えないので，それらはしない。彼らはショーでも演技をする。200頭のゾウのショーはとてもわくわくする光景だ。多くの国の人々がこの祭りを見に来る。

タイの人々にとって，ゾウは特別な動物である。タイの人々は自分たちの歴史を通してゾウを愛してきた。例えば，仏陀の母は白いゾウが自分の体の中に入る夢を見た。その後，仏陀が生まれたのだ。だから，白いゾウは神の子と信じられている。

ゾウはとても賢く，親切で友好的だ。タイを訪れたらゾウに乗ってみてはどうだろうか。あなたとゾウは仲良しになることができる。

(1) 質問は，「ゾウが参加することができないスポーツは何ですか」という意味。第2段落最後から4文目に，ゾウはバットが使えないために野球やクリケットのような球技はすることができないと述べられているので，3が適切。

(2) 質問は，「ゾウはなぜ特別な動物であると信じられているのですか」という意味。第3段落第1文に「タイの人々にとって，ゾウは特別な動物である」とあるので，その後の内容に注意する。第3文以降に仏陀の母が白いゾウが体内に入る夢を見て，その後仏陀が生まれたという不思議な話が紹介されていることから，3「仏陀の母がゾウの夢を見た後で子供が生まれたから」が適切。1は「仏陀の母はゾウだから」，2は「仏陀の母はゾウに乗った後，幸せな人生を過ごしたから」，4は「仏陀は白いゾウのおかげでひどい病気にかからなかったから」という意味。

(3) 質問は，「この話によると，合わないものはどれですか」という意味。第2段落最終文に，世界から多くの人々がタイのゾウ祭りを見にくることが述べられているが，「200を超える」という具体的数は祭りに参加するゾウの数なので，2「『ゾウ祭り』は興味深いので，世界中200人を超える観光客がその祭りのためにタイに来る」が合わない。1は「『ゾウ祭り』は毎年11月に小さな町で開かれる」，3は「タイの人々はゾウは仏陀の象徴であると信じている」，4は「タイのゾウはとても友好的なので，簡単にゾウに乗ることができる」という意味。

重要 Ⅶ （レシピを見て答える問題：英問英答，語句解釈，内容吟味）

（全訳） チョコチップクッキー　15枚のクッキーを作ります

材料　小麦：1カップ／ふくらし粉：1さじ／塩：半さじ／バター：1カップ／砂糖：半カップ
卵：2個／チョコレートチップ：1カップ

★乾燥した材料＝小麦粉とふくらし粉

★1カップ＝240ml

★砂糖の量を減らしてドライフルーツを加えれば甘くないクッキーが作れます。

1. オーブンを前もって180度まで熱する
2. ふわふわするまでバターと砂糖を混ぜる
3. 卵を加えてなめらかになるまで混ぜ合わせる
4. 別のボウルで乾燥した材料，塩，チョコレートチップをかきまぜる。
5. 小麦粉を混ぜたものを徐々にバターを混ぜたものに加える
6. 練ったものをすくって盆にのせる
7. 焼いた後，よく冷ます

★もっとクッキーを作りたければ，さらに材料を増やす必要があります。

(1)　質問は，「甘くないクッキーを作りたければどうしますか」という意味。レシピの3つ目の★印を参照。「砂糖の量を減らしてドライフルーツを加えれば甘くないクッキーが作れる」とあるので，2「加える砂糖を減らす」が適切。1は「もっと塩を加える」，3は「もっと乾燥した材料を加える」，4は「加えるドライフルーツを減らす」という意味。

(2)　質問は，「whisk という語はどれに似た意味ですか」という意味。レシピの2と3を参照。バターと砂糖を混ぜてふわふわした状態にしたものに卵を加え，その後になめらかになるまで続けることなので，mix「混ぜる」が適切。1は「焼く」，2は「注ぐ」，4は「冷ます」という意味で，調理法としてはいずれも不適切。

(3)　質問は，「あなたは30枚のクッキーを作りたい。小麦，バター，砂糖はどれくらい必要ですか」という意味。レシピはクッキー15枚分を作る場合のもので，最後に「もっとクッキーを作りたければ，さらに材料を増やす必要があります」とあるので，単純に15枚分の倍の量の材料が必要になると考えられる。レシピでは小麦1カップ(＝240ml)，バター1カップ，砂糖半カップ(＝120ml)さじなので，小麦とバターは240mlの倍の480ml，砂糖は120mlの倍の240ml必要になる。

(4)　1「バターと砂糖を混ぜる前にオーブンを熱する必要がある」(○)　レシピの1に合う。
2「完全に柔らかくて軽くなるまでバターと砂糖を混ぜる必要がある」(○)　レシピの2に合う。Perfectly soft and light は2の fluffy の状態を表している。　3「焼いた後，できるだけ早くクッキーを食べることができる」(×)　レシピの7に，「焼いた後はよく冷ます」とあるので合わない。　4「弱い熱でクッキーをそのままにしておく必要がある」(×)　クッキーは冷ます必要があるので，合わない。　5「30枚のクッキーを作りたければ，すべての材料が2倍必要だ」(○)　レシピは15枚分のクッキーのもので，最後に「もっとクッキーを作りたければ，さらに材料を増やす必要があります」とある。30枚分には15枚分の倍の量の材料が必要。

Ⅷ （長文読解問題・物語文：語句選択補充，内容吟味）

（全訳） アビーは5歳の少女である。彼女は家で水槽に5匹の魚を飼っている。その中には「スティッキーさん」という生き物がいる。

ある夜，アビーはスティッキーさんがヒルムシロにくっついているのを見つけた。彼は水のフィルターの近くにいたので水泡の中で上下に動いていた。

「おもしろいわ」とアビーは言った。

ある日，アビーと彼女のお母さんは水槽を掃除した。彼女たちは水をいくらか空にしたときに，魚をすくってボウルに入れた。お母さんが水槽の底の小石をきれいにするために特別な掃除機を使ったとき，スティッキーさんはそこにいてガラスにくっついていた。

アビーは新しいヒルムシロの手入れをして大きさをそろえ，入り口上のアーチとフィルターのチューブをゴシゴシ洗った。お母さんが水槽に新しい水を注いだ。「スティッキーさんはどこ？」とアビーが尋ねた。「横にいるわよ。心配しないで，注意していたから」とお母さんは言った。アビーは水槽の横をすべて見たが，巻貝がいる気配はなかった。「それじゃあ，たぶん小石の中にいるのよ」とお母さんは言った。

その晩，アビーは水槽を調べた。水はきれいに見えたが，彼女が立っている場所からはスティッキーさんがいる気配はなかった。アビーはスティッキーさんのことが心配になった。それから彼女はあるモデルの「ストレッチはいいですよ，それをすれば身長が伸びますよ」という言葉を思い出した。すぐに彼女は少し運動をした。アビーは運動を終えて再び水槽をのぞき込んだが，やはりスティッキーさんがいる気配はなかった。彼女は居間へ行った。お母さんはそこで新聞を読んでいた。アビーが悪い知らせを伝えると，彼女は困惑した。

「いつか彼は見つかるわ，横についているでしょう。まあ，寝る時間よ，アビー」

「水槽を掃除したとき，注意していたの？　スティッキーさんを洗い流していないわよね？」とアビーは怒って彼女に尋ねた。

「落ち着きなさい，アビー。虫めがねがあるわ。一緒にスティッキーさんを探しましょう」

彼女たちは床にとなりあわせになって座り，小石の間の隅をのぞき込んだ。

「ほら！」お母さんが突然声を上げた。

「何？」アビーは虫めがねを動かしてお母さんが指しているものを見た。

そこには，スティッキーさんが黒い石にもたれて完全に隠れて座っていた。そして彼のすぐとなりには，彼よりもずっと小さな別の巻貝がいた。

「スティッキーさんの奥さんだわ！」とアビーが叫んだ。「でもどこから来たのかしら？」

「ヒルムシロに隠れていたんじゃないかと思わない？」

彼女たちは2人とも笑った。

(1)　A　空所の前後の内容のつながりに注意する。空所の前はスティッキーさんが水のフィルターの近くにいたことが述べられており，水泡の中で上下に動いていたのはそのためであると考えられるので，so「だから」が適する。　B　最初の空所の直前の「魚をすくってボウルに入れた」は，直後の「水のいくらかを空にした」ときに行ったこと，後の空所の直前の「スティッキーさんはガラスにくっついてそこにいた」のは，直後の「お母さんが水槽の底の小石をきれいにするために掃除機を使った」ときの様子と考えると自然な文になるので，when「～するとき」が適切。

やや難　(2)　下線部の sign は「何かが起こるしるし，兆候」という意味。the water snail「巻貝」はスティッキーさんのことなので，「スティッキーさんがそこにいる」ことのしるしとなるようなものがなかった，つまり，スティッキーさんがそこにいる気配が感じられなかったことを表している。

(3)　水槽の掃除をした後，アビーが見ている位置からスティッキーさんがいる気配が感じられず，心配している場面。下線部の some exercise は，直前の文に述べられている，アビーが思い出したあるモデルの言葉「ストレッチをすれば身長が伸びる」にあるストレッチ運動のこと。この後，アビーは水槽を上からのぞき込んでいるので，アビーはストレッチをすることで身長が伸びて，水槽の様子がもっとよく見えるようにしようと思ったと考えられる。

(4)　母親が困惑したのは，アビーが母親に the bad news(＝掃除した後の水槽にスティッキーさんが見当たらないという知らせ)を伝えたときのことなので，スティッキーさんに関することが困惑した原因となる。スティッキーさんの姿が見えないと聞いて困惑した理由として適切なのは，掃除をしたときに誤ってスティッキーさんを流してしまったと思ったことである。

(5)　1　第4段落第1文の内容に合う。down to size は「大きさを下げて」ということで，ここでは新たに入れるヒルムシロの長さを水槽に合うよう調整して短くしたことを表している。

4　第4段落第3文でアビーが「スティッキーさんはどこ？」と尋ねたとき，母親は「(水槽の)横にいる。注意していたから心配ない」と言っている。また，アビーが姿の見えないスティッキーさんを心配して，夜中に居間に行って母親にそのことを伝えたときに，母親は「彼はいつか見つかる，(水槽の)横にいるだろう」と言っていることから，一致していると言える。最後の場面で初めてスティッキーさんの奥さんがいることがわかったので，2は不適切。結局，スティッキーさんは掃除のときに流されたのではなく水槽の中にいたのだから3は不適切。虫めがねを使おうと提案したのは母親なので，5は不適切。最後から3番目の段落から，スティッキーさんの奥さんはスティッキーさんの横にいたことがわかるので，6は不適切。

★ワンポイントアドバイス★

Ⅵは，英問英答の問題だが，質問の文から質問が本文のどこに書かれていることについてのものかを見つけることがポイント。(1)なら sports，(2)なら believed to be special animals という表現に着目すると見つけやすい。

<理科解答>

1	問1　1　2	問2　2　4	問3　3　4	問4　4　2	問5　5　3	問6　6　5
2	問1　7　6	問2　8　4	問3　9　6	問4　10　4		
3	問1　11　7	問2　12　3	問3　13　3	問4　14　5	問5　15　3	
4	問1　16　4	問2　17　4	問3　18　1	問4　19　2		
5	問1　20　1	問2　21　1	問3　22　2	問4　23　4		
6	問1　24　2	問2　25　1	問3　26　1	問4　27　7	問5　28　1	
7	問1　29　4	問2　30　4	問3　31　2	問4　32　6	問5　33　2	
8	問1　34　2	問2　35　3	問3　36　1	問4　37　3	問5　38　4	

○配点○

解答番号　1，2，3，7，9，13，18，19，20，24，26，29，31，34，35，36　各1点×16

他　各2点×22　　　計60点

＜理科解説＞

1　(運動とエネルギー―台車の運動)

基本　問1　400gの台車にかかる重力は4Nである。これを高さ100cm＝1mのB点まで持ち上げる仕事は，4N×1m＝4Jである。

問2　台車がB点で持っている運動エネルギーは3.2J，位置エネルギーは4.0Jであり，その合計である力学的エネルギーは7.2Jである。この力学的エネルギーがC点に達すると，すべて運動エネルギーになるので，C点での運動エネルギーも7.2Jである。

重要　問3　等速直線運動では，物体にかかる力はつりあっており，合力は0である。CD間での台車には，上下方向には重力と鉛直抗力がかかっていてつりあっており，水平方向には力が何もはたらいていない。

問4　E点の高さは50cm×2＝100cm＝1mで，B点と同じ高さである。よって，台車がE点で持っているエネルギーはB点と同じであり，運動エネルギーは3.2J，位置エネルギーは4.0Jである。よって，3.2÷4.0＝0.8(倍)である。また，速さもB点と同じで4.0m/sである。

問5　傾き45°のレールの上を台車が10cm進むと，高さは$\frac{10}{\sqrt{2}}=5\sqrt{2}=7.0$(cm)＝0.07(m)上がる。位置エネルギーは4N×0.07m＝0.28J増える。

問6　B点では位置エネルギーが運動エネルギーよりも大きい。これが，C点ではすべて運動エネルギーに変わっているので，運動エネルギーと位置エネルギーが等しくなる高さはB点とC点の間にある。これと同じ高さを通るのは，BC間に1か所，円形状の部分で2か所，FG間に1か所の，合計4か所ある。

2　(電流と電圧―回路で消費する電力)

問1　オームの法則から，回路に流れる電流は，$\frac{V}{R}$〔A〕である。消費電力は，電圧と電流の積で求められるから，$V\times\frac{V}{R}=\frac{V^2}{R}$〔W〕となる。

やや難　問2　図5で，A点とB点の間の抵抗はRである。B点とC点の間の合成抵抗は，$\frac{1}{R}+\frac{1}{2R}=\frac{3}{2R}$より$\frac{2}{3}R$である。その比は，R：$\frac{2}{3}$R＝3：2である。よって，それぞれにかかる電圧の比も，V_{AB}：V_{BC}＝3：2である。

やや難　問3　問2で計算したように，図5で，B点とC点の間の合成抵抗は$\frac{2}{3}$Rだから，回路の全抵抗は，R＋$\frac{2}{3}$R＝$\frac{5}{3}$Rである。図1に比べ，抵抗が$\frac{5}{3}$倍になったので，回路に流れる電流は$\frac{3}{5}$倍である。電圧は同じなので，消費電力も$\frac{3}{5}$倍になる。

問4　各回路の全体の抵抗と，回路に流れる電流は，次のようになる。

	図1	図2	図3	図4	図5
全体の抵抗	R〔Ω〕	2R〔Ω〕	$\frac{1}{2}$R〔Ω〕	$\frac{3}{2}$R〔Ω〕	$\frac{5}{3}$R〔Ω〕
流れる電流	$\frac{V}{R}$〔A〕	$\frac{V}{2R}$〔A〕	$\frac{2V}{R}$〔A〕	$\frac{2V}{3R}$〔A〕	$\frac{3V}{5R}$〔A〕

誤りは④である。なお，③で消費電力の大小は，流れる電流の大小を見ればよい。また，⑤の図5のD点に流れる電流は，$\frac{3V}{5R}\times\frac{1}{3}=\frac{V}{5R}$〔A〕であり，正しい。

3 （化学変化と質量―5種類の物質の加熱）

問1　実験1で，鉄とマグネシウムは酸素と結びついて質量が大きくなる。炭酸水素ナトリウムと酸化銀は分解して質量が小さくなる。酸化銅は何も起こらず質量は変わらないのでEと決まる。酸化銅がEである選択肢5と7のうち，鉄は質量が大きくなるのでCはありえず，Dと決まる。

問2　粉末Dの1.00gに結びつく酸素は，$7:3=1.00:x$　より，$x=0.4285\cdots$gとなる。よって，結びついてできる物質(酸化鉄)は，$1.00+0.4285\cdots$で，四捨五入により1.43gとなる。

問3　実験3のことから，下線部の気体は二酸化炭素である。選択肢では，1は酸素，2は水素，3は二酸化炭素，4はアンモニアが発生する。

問4　実験2で，炭酸水素ナトリウムは炭酸ナトリウムと水と二酸化炭素に分解される。酸化銀は銀と酸素に分解される。これと実験3から，Bが酸化銀，Cが炭酸水素ナトリウムと決まる。粉末Bのとき試験管に集まる気体は酸素である。酸素は，物が燃えるときに使われる気体である。酸素は水に溶けにくく，わずかに溶けるものの酸性にはならない。

問5　混合物2.5gのうち80％にあたる$2.5\times0.8=2.0$(g)が粉末Aで，残り0.5gが不純物である。実験1では1.00gの粉末Aを加熱すると，1.60gの生成物ができる。よって，2.0gの粉末Aからは，$1.00:1.60=2.0:x$　より，$x=3.2$gの生成物ができる。これと，反応しなかった不純物0.5gがあるので，最後に残った物質は，$3.2+0.5=3.7$(g)である。なお，粉末Aはマグネシウムである。

4 （電池―亜鉛と銅を使った電池）

重要 問1　亜鉛Znは，塩酸に溶けて亜鉛イオンZn^{2+}になるときに，電子⊖を放出する。銅Cuは塩酸に溶けない。電子⊖は亜鉛板から回路を通って銅板に動く。電子⊖は，塩酸中の水素イオンH^+が受け取って，水素H_2が発生する。

問2　電池は，性質の異なる2種類の金属板と，電流を流す水溶液の組合せでつくることができる。砂糖水は非電解質の水溶液であり，電池はできない。純粋でも無理である。

問3　一次電池は電流をつくるだけの電池であり，二次電池は充電して何回も使える電池である。1は乾電池に多く使われている。他は充電もできる二次電池である。

問4　誤りは2であり，電子が動く向きと電流の流れる向きは逆である。例えば，問1の電池の場合，電子⊖は亜鉛板から回路を通って銅板に動くので，亜鉛板が電池の負極(－極)，銅板が電池の正極(＋極)である。電流の向きは正極の銅板から負極の亜鉛板である。

5 （生殖と遺伝―遺伝のしくみ）

問1　精子と卵が受精して次の世代ができる生殖が有性生殖である。一方，分裂(体細胞分裂)など受精なしで次の世代ができる生殖が無性生殖である。ジャガイモは地下茎の一部に栄養分を貯えた「いも」から次の世代が生まれるが，これは受精ではなく，無性生殖のうち栄養生殖とよばれる。なお，減数分裂は，精子や卵をつくるときの細胞分裂である。

問2　体細胞の染色体は，図1のように同じ染色体が2本ずつである。体細胞分裂では，同じ染色体をもつ細胞ができる。

問3　減数分裂は，精子や卵をつくるときの細胞分裂であり，できた細胞の染色体は1本ずつである。選択肢では2だけがありうる。選択肢にはないが，2の黒白の色違いがあるので，実際は4通りの細胞ができる。

重要 問4　黄色の子葉となる遺伝子をA，緑色の子葉となる遺伝子をaとすると，下線部のエンドウの持つ遺伝子はAaである。このエンドウがつくる花粉や卵細胞はAとaがあるので，受精の組合せによってできる子の遺伝子は，AA，Aa，Aa，aaとなる。このうち，最初の3つが黄色の子葉となり，最後のaaが緑色の子葉となる。

6 (植物のからだのつくり—植物の蒸散)

問1 視野に見える気孔の数が減ったのは，視野が狭くなったため，つまり高倍率にしたためである。高倍率の対物レンズは筒が長く，プレパラートとの距離は短くなる。

問2 葉の表面の同じ面積を観察すれば，表側のゆりさんよりも，裏側の一郎君の方が，多くの気孔が見えるはずである。しかし，同数の気孔が見られたのだから，一郎君の方が狭い範囲を高倍率で拡大して見たことが分かる。そのため，一郎君の方が孔辺細胞を大きく見たことになる。

問3 気孔では，呼吸のとき酸素を取り入れ，光合成のとき二酸化炭素を取り入れる。水蒸気は蒸散によって体外に出すだけで，気孔からは取り入れない。

問4 それぞれ蒸散する場所は，Aは葉の裏と茎，Bは葉の表と茎，Cは茎だけ，Dは葉の表と裏と茎である。蒸散量は，裏＞表＞茎なので，減少量は$d>a>b>c$となる。

やや難 問5 問4のことから，葉の表の蒸散量は$b-c$，葉の裏の蒸散量は$a-c$，茎の蒸散量はcである。Dは，葉の表と裏と茎の合計だから，$d=(b-c)+(a-c)+c=a+b-c$となる。

7 (地球と太陽系—月食の観察)

問1 太陽の光はたいへん強く，望遠鏡で見ると目を傷め，失明する可能性が高い。

問2 太陽の直径が地球の直径の109倍である。また，太陽の直径が10cmに写っているときの黒点の直径が2mm＝0.2cmである。よって，黒点の直径は，地球の直径に比べ，$109\times\frac{0.2}{10}=2.18$(倍)である。

問3 地球から見て，太陽の光が当たっている部分がすべて見えるウが満月であり，アが北半球から見て右半分が明るい上弦の月である。図3は，上弦の月と満月の間の形だから，位置はアとウの中間であるイである。

問4 ①誤り。月食は満月が欠けて見える。②誤り。月食は満月に地球の影が映る現象なので，太陽の大きさは関係ない。③誤り。東側から欠け始め，東側から明るくなる。④誤り。地球と月の公転軌道が傾いて交わっているため，満月だからといって毎回月食になるとは限らない。⑤誤り。地球の影の中であっても，太陽光の一部が地球の大気で屈折するため，かすかな赤い光が月面に当たっている。⑥正しい。月食は満月に地球の影が映って起こる。

問5 月食のとき，太陽・地球・月の順に一直線に並んでいる。地球の影のために，月には太陽の光が当たっておらず，月から見ると太陽が全部隠れて見える。②が正しい。

8 (天気の変化—日本の天気と前線)

重要 問1 西高東低の気圧配置は，冬によく現れる気圧配置で，大陸には乾燥した低温のシベリア高気圧がある。この高気圧から吹き出す乾燥した北西の季節風には，日本海から水蒸気が供給され，日本列島の日本海側で雲ができ，雪が降る。一方，水分の減った空気が太平洋側に流れ込むので，晴天になることが多い。

問2 ①誤り。太平洋高気圧は，赤道で上昇した空気が降りてきたものである。②誤り。上空での気圧は，赤道から北極に向かって低くなるため，台風も北へ向かう。③正しい。日本のような中緯度の上空では，つねに西から東へ偏西風が吹く。④誤り。偏西風の影響で，天気は関西から関東方面に移り変わる。

問3 Xに近い寒冷前線では，寒気が暖気の下にもぐりこんで，暖気が急に押し上げられ，積乱雲が発達する。Yに近い温暖前線では，暖気が寒気を押し戻し，暖気がゆるやかに上昇して，乱層雲が発達する。

問4 ①誤り。地点Aには暖かい南風が吹いている。②誤り。地点Bには温暖前線による乱層雲がかかっている。③正しい。低気圧の中心に近い等圧線ほど気圧が低い。④誤り。地点Aは前線の暖気側，地点Bは前線の寒気側にある。

問5　図3で，乾球温度計が23.0℃，湿球温度計が20.0℃を指しており，その差が3.0℃である。表で，(23℃，3℃)を見ると，湿度は75%である。

★ワンポイントアドバイス★

各単元の基本事項は，文字だけで覚え込むのではなく，図表を使って理解することを心がけよう。

<社会解答>

[1]	問1　4	問2　3	問3　1	問4　2	問5　1
[2]	問1　1	問2　4	問3　4	問4　1	問5　4
[3]	問1　3	問2　2	問3　2	問4　1	問5　1
[4]	問1　3	問2　1	問3　1	問4　2	問5　3
[5]	問1　1	問2　2	問3　3	問4　4	問5　2
[6]	問1　4	問2　1	問3　2	問4　2	問5　3
[7]	問1　2	問2　4			
[8]	問1　3	問2　2	問3　1	問4　3	問5　3
[9]	問1　4	問2　1	問3　3	問4　3	
[10]	問1　4	問2　4	問3　3	問4　4	

○配点○

[1]，[2]　各1点×10　[3]　各2点×5　[4]　問3　2点　他　各1点×4
[5]　問1・問4　各2点×2　他　各1点×3　[6]　問3・問4　各2点×2　他　各1点×3
[7]　問1　2点　問2　1点　[8]　問2　2点　他　各1点×4　[9]　問1・問2　各2点×2
他　各1点×2　[10]　問3　2点　他　各1点×3　計60点

<社会解説>

[1]　（日本の地理，日本の歴史―日本の国土と自然，近世）

問1　江戸時代に整備された5つの主要幹線道は五街道といい，江戸の日本橋が起点となっていたので，[4]が正しい。

問2　奥州街道に位置する宿場であり，古代に関所が置かれていたのは[3]の白河である。なお，[1]の小山，[2]の宇都宮，[4]の郡山はいずれも奥州街道の宿場である。

問3　白河は福島県南部に位置しており，栃木県と接しているので，[1]が正しい。

問4　空欄（　②　）には松島があてはまる。松島は現在の宮城県に位置しているので，[2]が正しい。

重要　問5　三陸海岸の南部では，[1]のリアス海岸がみられる。リアス海岸は山地が沈み込んだところに海水が入り込んでできた複雑に入り組んだ海岸地形である。

[2]　（地理―東南アジア）

問1　マレーシアで一番多く信仰されている宗教は，[1]のイスラム教である。東南アジアの国々の中では，マレーシアやインドネシアなどではイスラム教徒の割合が最も高い。

問2　東南アジア諸国連合の加盟国は，2020年2月時点ではタイ，マレーシア，インドネシア，シンガポール，ブルネイ，フィリピン，ベトナム，ラオス，カンボジア，ミャンマーの10か国となっており，4が当てはまる。

基本 問3 東南アジア諸国連合の略号は，4のASEANである。1のMERCOSURは南米南部共同市場の略号，2のEUはヨーロッパ連合の略号，3のAUはアフリカ連合の略号となる。

問4 東南アジアでは季節風(モンスーン)の影響を受けるので降水量が多く，1が当てはまる。

問5 東南アジアでは，大河川の流域などで稲作が盛んなので，4が正しい。

3 (日本と世界の地理—世界遺産，世界の国々，地図の見方)

問1 「富岡製糸場と絹産業遺産群」は栃木県ではなく群馬県に位置しているので，3が誤っている。

問2 BRICSはブラジル，ロシア連邦，インド，中国，南アフリカ共和国の頭文字をとったものであり，2のインドネシアは含まれない。

問3 南アメリカで，先住民とヨーロッパ系との混血の人たちは2のメスチソという。1のムラートは南アメリカなどのヨーロッパ系とアフリカ系の混血の人たち，3のアボリジニはオーストラリアの先住民，4のマオリはニュージーランドの先住民である。

やや難 問4 地図は緯線と経線が直角に交わった地図である。地図では，東京を通る経線がオーストラリア大陸も通っていることから，「東京から真南に進むと，オーストラリア大陸がある。」は正しく読み取れる。地図は緯度が高くなるほどゆがんでいるので，2点間の距離は地図上で等しくても緯度が異なると実際の距離が等しくないので，「地図上，ロンドン－カイロ間とロサンゼルス－ニューヨーク間の長さがほぼ等しいので，実際の距離もほぼ等しい。」は読み取れない。地図では方位は正しくないので，「東京から見てケープタウンは南西の方向にある。」は読み取れない。地図では緯度が高くなるほどゆがんでいるので，面積の比較はできないことから，「オーストラリア大陸とグリーンランドの面積を比較すると，グリーンランドの方が大きい。」は読み取れない。よって，正しく読み取ることができるのは1つである。

問5 ラパスはボリビアの首都で高地に位置していることから，平均気温が10℃前後で年中一定しており，1とわかる。クアラルンプールは熱帯雨林気候がみられるので2，カイロは砂漠気候がみられるので年間降水量が非常に少ない3，パースは南半球に位置しており6～8月ごろの気温が低くなっている4とわかる。

4 (世界の歴史—近世～近代)

問1 スペインの援助を受けたマゼラン一行は，西に向かって進む航路で世界一周に初めて成功したので，3が正しい。スペインの援助を受けたコロンブスは，1492年に西インド諸島に到達したので，1は誤り。1498年にバスコ＝ダ＝ガマはインドに到達しているので，2は誤り。アステカ帝国を征服したのはポルトガルではなくスペインなので，4は誤り。

問2 免罪符を販売して資金集めをしたローマ教皇に対して，「聖書だけが信仰のよりどころである」と説いて，教皇や教会の権威を否定したのは，1のルターである。2のルソーは『社会契約論』を著した人物。3のマルクスは『資本論』などを著した人物。4のボッティチェリはルネサンス期の画家。

問3 1688年にイギリス議会がそれまでの国王を追放し，オランダから新しい国王を迎えて即位させた革命を，名誉革命というので，1が正しい。

問4 1689年に発布された権利の章典では，国王は議会の承認がなければ法律を停止することや新しく課税をすることはできないことや，議会内の発言の自由などが規定されていたので，2の「国王は議会の承認なしに，新しく課税することができる。」が誤っている。

問5 18世紀後半に世界で初めて産業革命が始まった国は，3のイギリスである。イギリスは19世紀には「世界の工場」と呼ばれるようになっている。

5 （日本の歴史―中世～近世）

問1　1467年に始まった戦乱は，①の応仁の乱である。②の壬申の乱は672年，③の承久の乱は1221年，④の島原の乱は1637年の出来事である。

問2　室町幕府第8代将軍は足利義政である。足利義政は京都の東山に銀閣を建てており，銀閣と同じ慈照寺にある東求堂同仁斎は代表的な書院造なので，②が適当。①の校倉造は正倉院などにみられる建築様式，③の寝殿造は平安時代の貴族の邸宅などにみられた建築様式，④の数寄屋造は近世以降にみられる建築様式である。

問3　史料Bには「甲州法度」とあることから，「甲州」つまり甲斐国，現在の山梨県を含む領域を支配した戦国大名がつくった分国法と考えられ，③が正しい。

やや難　問4　史料Cには「耶蘇会士」とあるが，「耶蘇会」とはイエズス会のことである。イエズス会はヨーロッパでプロテスタントが台頭したことに対抗してカトリックの信者を獲得することなどを目的にアジアへの布教を行ったので，④が正しい。

問5　盆踊りは室町時代ごろに成立し，現在まで続いているので，②が正しい。①の歌舞伎は近世に成立している。③の浮世絵は江戸時代に成立している。④について，和歌は奈良時代に『万葉集』が編さんされている。

6 （日本の歴史―近代）

問1　関東大震災は，1923年9月1日に発生したので，④が正しい。

問2　明治・大正時代に日本では紡績業が発展したので，①が正しい。明治時代末の日本では第1次産業従事者のほうが第2次産業従事者よりも多いので，②は誤り。中東から本格的に石油を輸入するようになるのは第二次世界大戦後であり，③は誤り。国内の自動車産業が大きく発展したのは第二次世界大戦後であり，④は誤り。

問3　大正時代に起こった第二次護憲運動では，政党内閣制の実現などを掲げていたので，②が正しい。①の外国との不平等条約の改正は明治時代の課題。③の日米安保条約は第二次世界大戦後に結ばれている。④の沖縄の米軍基地返還は1972年の沖縄復帰以降の政治的要求。

問4　1924年に成立した連立内閣は加藤高明内閣で，憲政会総裁の加藤高明が内閣総理大臣となっているので，②が当てはまるとわかる。加藤高明内閣は憲政会・立憲政友会・革新倶楽部の護憲三派による連立政権であった。

基本　問5　『蟹工船』を著したのは，③の小林多喜二である。小林多喜二はプロレタリア作家として知られる。

7 （日本の歴史―現代）

問1　アの朝鮮戦争は1950年に勃発している。イの石油危機（第一次石油危機）は1973年に起こっている。ウのバブル景気は1980年代後半から1990年代初頭にかけて。エの池田勇人内閣による所得倍増計画は1960年に発表された。よって，古い年代順に並べるとア→エ→イ→ウとなり，②が正しい。

問2　3Cはクーラー，カラーテレビ，自動車で，三種の神器は洗濯機，冷蔵庫，白黒テレビなので，①と②は誤りとわかる。大阪で万国博覧会が開催されたのは1970年であり，1964年の東京オリンピックよりも後なので，③は誤り。1947年から1949年にかけては出生数が非常に多く，第一次ベビーブームとなったので，④が正しい。

8 （公民―日本国憲法，基本的人権，政治のしくみ）

問1　「天皇ハ神聖ニシテ侵スヘカラス」は大日本帝国憲法第3条の規定であり，日本国憲法の規定ではないので，③が誤っている。

問2　郵政民営化は2000年代に小泉純一郎内閣によって進められたので，②が誤っている。なお，竹下登内閣は1989年に消費税を導入している。また，中曽根康弘内閣では国鉄の分割民営化などが行われた。

問3　裁判員は20歳以上の有権者の中から抽選で選ばれるので，1が誤っている。選挙権は2016年に20歳から18歳に引き下げられている。

問4　1997年のアイヌ文化振興法においてアイヌ民族の存在を法律に明記しており，1は誤り。北海道旧土人保護法は1899年に成立し，アイヌ文化振興法の制定によって廃止された。2001年にDV防止法(配偶者からの暴力の防止及び被害者の保護等に関する法律)が施行されており，2は誤り。女性差別撤廃条約を批准するために1985年に男女雇用機会均等法が制定されたので，3が正しい。身体障害者雇用促進法は1960年に制定されている。また，障害者の雇用については，法定雇用率を下回っている分野も多い。よって，4は誤っている。

重要　問5　日本国憲法の改正については，第96条第1項で「この憲法の改正は，各議院の総議員の3分の2以上の賛成で，国会が，これを発議し，国民に提案してその承認を経なければならない。この承認には，特別の国民投票又は国会の定める選挙の際行はれる投票において，その過半数の賛成を必要とする。」，第2項で「憲法改正について前項の承認を経たときは，天皇は，国民の名で，この憲法と一体を成すものとして，直ちにこれを公布する。」と規定されている。よって，3が正しい。憲法の改正の発議は，各議院の総議員の3分の2以上の賛成が必要なので，1は正しくない。憲法改正の投票権は，国民投票法で満18歳以上の日本国民と規定されており，2は誤り。憲法改正は国民投票で承認された後は，天皇が新憲法を公布するので，4は誤り。

9　**(公民—日本経済，経済生活)**

問1　表の右下がりの曲線は需要，右上がりの曲線は供給を表しているので，1は誤り。図中Aの領域は，供給が過剰な状態を表しているので，2は誤り。図中Bの領域は，需要が過剰な状態を表しているので，3は誤り。図中Cの交点は均衡価格と呼ばれ，需要と供給が一致していることから適正な価格と数量を表しているといえるので，4が正しい。

問2　アの1989年に税率3%で消費税を導入したのは竹下登内閣。イの1997年に消費税率が5%に引き上げられたときの内閣は橋本龍太郎内閣。ウの2014年に消費税率が8%に引き上げられたときの内閣は安倍晋三内閣。よって，1の組み合わせが正しい。

やや難　問3　ペイオフは2005年に全面解禁されたので，1は誤り。ペイオフは金融機関が破たんした場合に，預金者に一定額が預金保険機構に積み立てられている保険金から払い戻される仕組みである。ゼロ金利政策は，日本銀行が無担保コール翌日物金利を実質0%にした政策なので，2は誤り。2016年に日本銀行はマイナス金利政策を実施し，市中銀行が日本銀行に預けている預金の一部に対して市中銀行が利子を支払うようになったので，3が正しい。金融政策と財政政策は役割分担をしながら経済の安定化を進めようとするので，無関係ではなく，4は誤り。

問4　介護保険制度は，介護サービスの費用の原則として9割を保険給付され，残りの1割を自己負担するもので，全額給付されるものではないことから，3が誤っている。

10　**(公民—国際政治，国際経済，環境問題)**

問1　NAFTA(北米自由貿易協定)はアメリカ・カナダ・メキシコの3か国によるもので，チリやアルゼンチンが加盟したことはないので，1は誤り。国際協力による為替の安定化や国際収支の均衡を図るのはWTO(世界貿易機関)ではなくIMF(国際通貨基金)なので，2は誤り。APEC(アジア太平洋経済協力)にインドは参加していないので，3は誤り。TPPは，2015年に12か国で大筋合意に至ったものの，2017年にアメリカが離脱を表明し，2018年には11か国でTPP11が署名されたので，4が正しい。

問2　非核三原則は日本国憲法には規定されていないので，1は誤り。核拡散防止条約は1970年に発効しており，アメリカ・イギリス・ロシア・フランス・中国は核保有国として扱われており，[2]は誤り。包括的核実験禁止条約は爆発をともなうすべての核実験を禁止しており，1996年の国連総会において採択されているが，発効していないので，[3]は誤り。安倍晋三首相は，アメリカのトランプ大統領と北朝鮮の非核化に向けて，緊密に連携し，制裁と圧力を維持する考えを一致させたので，[4]が正しい。

問3　1972年にスウェーデンで開かれたのは国連人間環境会議で，「かけがえのない地球」をスローガンに人間環境宣言が採択されたので，[1]は誤り。1997年に採択された京都議定書では，先進国に基準年からの温室効果ガスの削減目標が義務づけられたが，アメリカは経済への悪影響を理由に離脱しており，[2]は誤り。世界の文化遺産・自然遺産の保護を目的に，世界遺産条約が採択されたので，[3]が正しい。福島第一原発事故よりも前から，大量の放射性物質の飛散が人体などに与える影響については検証されており，[4]は正しくない。

基本　問4　国際連合の本部はアメリカのニューヨークに置かれているので，[4]が正しい。

★ワンポイントアドバイス★

教科書について，細かい事項までしっかりとおさえておこう。

＜国語解答＞

[一]　問一　a 4　b 1　c 5　d 3　問二 2　問三 1　問四 4　問五 3
問六 2　問七 3　問八 3　問九 2　問十 5　問十一 3

[二]　問一　a 5　b 1　問二 2　問三　A 4　B 2　問四 3　問五 3
問六 5

[三]　問一 5　問二　Ⅰ 1　Ⅱ 6　問三 2　問四 4　問五 1　問六 4
問七 4

○配点○

[一]　問三～問五・問七・問八　各2点×5　問十・問十一　各3点×2　他　各1点×7

[二]　問一　各1点×2　問二・問五　各3点×2　問三　各2点×2　他　各4点×2

[三]　問二・問五　各1点×3　問七　2点　他　各3点×4　計60点

＜国語解説＞

[一]　（論説文―大意・要旨，内容吟味，文脈把握，接続語，脱文・脱語補充，漢字の書き取り）

基本　問一　a 提案　1 程度　2 鑑定　3 抵触　4 前提　5 不定期
b 過程　1 過失　2 価格　3 貨物　4 架空　5 課外
c 猛烈　1 妄想　2 不毛　3 一網　4 消耗　5 猛省
d 最盛期　1 精力的　2 勢力　3 旺盛　4 王政　5 世紀　6 正規

問二　空欄Aは，あらためて直後の内容を説き起こすときに用いられる2が適当。

問三　一文の「境界領域」が「事件の起こりやすいところである」ことについて，Ⅰ直後の段落で，「旅行」を例に挙げて「『境界領域』で事件が起こりやすいこと」を説明しているので，Ⅰが適当。

問四　小説の内容はパラテクストによって，すでにフィクション(作り事，架空の物語)だという情報を受け取るように準備されているため，読者は，傍線部アのように読める，ということなので，4が適当。ア前後の内容を踏まえて説明していない他の選択肢は不適当。

重要 問五　傍線部イのある段落で，「境界領域」で事件が起こりやすく，無事ゴールできればハッピーエンドであること，さらにイ後で，「境界領域」を主人公が移動する物語は，四つの型とはっきりとした結末のないオープン・エンディングに収まることを述べているので，3が適当。「境界領域」で事件が起こりやすいこと，物語はいくつかの型に収まることを説明していない1，2，5は不適当。「ハッピーエンド」だけを説明している4も不適当。

問六　傍線部ウは直前で述べているように，「理性のある大人」のことで，「理性」は感情に支配されず，道理に基づいて考え判断する能力という意味なので，道理をよくわきまえて判断する立場という意味の2が適当。

問七　空欄Bは，直前の内容を踏まえた内容が直後で続いているので，3が適当。

重要 問八　空欄Cは「現実世界」なので「内」，Dは「幻想世界」なので「外」が入る。本文の図で，「成長型」は「外」から「内」の移動，「退行型」は「内」から「外」の移動ということを表しているので，「田舎」のEは「外」，「都会」のFは「内」が入る。

問九　「通俗」は，世間一般の人々にわかりやすく親しみやすいこと。

重要 問十　傍線部オ前で，「自然主義文学は，日常生活はうまい具合に結末を迎えるわけではないし，物語が解決するわけでもないと考え」，「物語を作りすぎることを批判して，日常生活を何気なく切り取ってきたようなはっきりとした結末のない小説を好んで書いた」と述べているので，5が適当。1の「結末を描かず」とまでは述べていない。オ前の内容を踏まえていない他の選択肢も不適当。

やや難 問十一　冒頭で，私たちが本を読むとき期待するのは，パラテクストがあるからであること，また「もう一つ……」で始まる段落で，パラテクスト以外にそれまでに読んだ小説に似ていることで，小説だと分かることを述べている。こうしたパラテクストやこれまで読んだことをもとに，物語が四つの型とオープン・エンディングに収まることを理解していることを，傍線部カのように述べているので，3が適当。「パラテクスト」と「ある程度の読書量」を踏まえていない他の選択肢は不適当。

二　**(小説—情景・心情，内容吟味，脱文・脱語補充，漢字の書き取り)**

基本 問一　a　遮断機　1　転写　2　恩赦　3　陳謝　4　取捨　5　遮光
　　　b　観念　1　観る　2　陥る　3　患う　4　貫く　5　勧める

問二　抜けている一文に「久しぶりに肯定されて」とあることから，Ⅱ直前の「いいじゃないっすか」と香織を肯定しているトキオの「もがいたことの……」で始まる言葉に対するものであることが読み取れる。トキオのこの言葉を受けて，「否定されることこそが向上だと思い込んでいた」と香織は考え直している。

基本 問三　空欄Aは，自分もりえと水縞のように物や気持ちをシェア(分け合うこと)したいが，「自分が何をほしいか，何が好きか，わかっていなかった」ことに「いまさら気がついた」ことに対する香織の心情で，自分自身が原因だと気がついたことで涙がこぼれそうになるほどの衝撃を表現しているので，4が適当。空欄Bは，「いつも緩んだ」顔に「力が入って」いるトキオの表情なので，2が適当。正しくない物事を許さないさまを表す4，悲しいなかでも立派に振る舞う様子を表す5は不適当。

問四　傍線部ア前で，ひとつのものをシェアしあったり，一緒に文句を言ったりすることをしたかったことに気づいた香織は，いまマーニで，りえや水縞，トキオが自分の誕生日を共に祝ってくれていることに感謝し，トキオが半分に分けたクグロフを受け取っていることが描かれている。

クグロフを「ふわふわと柔らかく」「甘い特別なパン」を感じていることから，3が適当。「シェア」＝共有したかったことを説明していない他の選択肢は不適当。

重要 問五　傍線部イ前で，自分の言葉を持っているトキオは，自分のダメさを考えた人間なのだ，と香織が思ったことが描かれている。さらに，「もがいたことのある人間じゃないと，幸せはないと思うんです」と話し，「毎日毎日電車のポイントを切り替えて」いるのに「俺の人生は簡単に切り替わんないんだなって」と思いながら「なんか，俺，もがけないんす」とトキオが話していることから，3が適当。トキオは自分のダメさをわかっていて，人生を切り替えたいと思いながら，幸せになるためにもがこうとしているので，これらのトキオの心情を説明していない他の選択肢は不適当。

やや難 問六　傍線部ウ前で，香織は幸せになるためにもがいていることをトキオに指摘され，自分はもがけないと言うトキオに，「誰も彼も自分のことは見えていないのだ」と思いながら，トキオももがいていることを香織が指摘していることが描かれている。もがいていることをトキオに指摘されたことで，香織は「目に見える光景が異様なまでに鮮やかで，細部にわたってくっきりと見えるのを感じ」ており，香織に指摘されたトキオも「でも俺，今日は月がキレイに見える」と話していることから，もがきながら生きていることに自分では気づかないが，指摘されることで状況がはっきりと理解できるようになったことが読み取れ，その心情がウに重なっているので，5が適当。「もがきながら生きている」ことを説明していない他の選択肢は不適当。

三　(古文―大意・要旨，情景・心情，内容吟味，脱語補充，口語訳，文学史)

〈口語訳〉　昔，若い男が，(使用人の中でも)見苦しくはない女を(恋しく)思っていた。(しかし)おせっかいなことをする親がいて，(息子がその女への)思いがついたら困ると(思い)，この女をよそへ追い出そうとした。そうは言うものの，まだ(女を)追い出さなかった。(男は)親に養われている身のため，まだ(自分の気持ちを通す)強い心がなかったので，(女を)引き止める力がない。女も身分が低いので，抵抗する力もない。そうこうしているうちに，(男の女への)思いはますます強くなった。突発的に，親は，この女を追い出した。男は，(悲しみで)血の涙を流すが，(女を)引き止める方法がない。(ついに従者が女を)連れて出て行ってしまった。男は，泣きに泣きながら歌を詠んだ。

(女が自ら)出て行ったのならば，誰が別れ難いと思いましょうか。(しかし女は追い出されたので)今までにまさって，今日は悲しいことですよ

と詠んで，気を失ってしまった。親はあわてた。やはり(息子のことを)思って言ったのだが，まさかこれほどでもあるまいと思っていたのに，本当に気を失ってしまったので，(親は)うろたえて神仏に祈願した。今日の日暮れごろに気を失って，翌日の午後八時頃になって，ようやく息を吹き返した。

昔の若者は，このようなひたむきな恋愛をした。いまの老人は，どうして(恋のために)死ねるだろうか(いや，それだけの情熱はないだろう)。

重要 問一　冒頭で述べているように，息子が思いを寄せていたのは使用人の女で，そのような身分の低い女と結婚することになるのは困るため，息子の親は傍線部アのようにしたので，5が適当。身分の違いを説明していない他の選択肢は不適当。

重要 問二　傍線部Ⅰは，現代語の「にわかに」と同じ。傍線部Ⅱは2の意味もあるが，ここでは女を引き止めたいのに，その「方法がない」という意味の6が適当。複数の意味がある場合は，文脈から判断する。

問三　男の女に対する思いは「いやまさりにまさる(ますます強くなった)」が，親は「この女を追ひ棄つ(この女を追い出した)」ため，男は傍線部イのように泣いているので，2が適当。

問四　傍線部ウは，女が従者に連れられて出て行ってしまったため，泣きながら歌を詠んで気を失ってしまった男＝息子に，あわてた親の心情である。引き離されたことで気を失うほど，女への思いがあったのか，という親の思いをウは表しているので，4が適当。

問五　空欄Aは，終止形の「けり」が入る。空欄Bは，係助詞「なむ」があるので，係り結びの法則により，文末は連体形の「ける」が入る。

やや難　問六　「男は気を失ったが……」と「男はまだ若いため……」は一致する。「女を連れて逃げようとした」，「和歌を上手に詠むことができるかどうかが重要」，「女との別れを決断した」，「女は……二人の将来に対する不安を抱いていた」はいずれも一致しない。

基本　問七　他の作品が作られたのは，1の『道程』は大正時代，『山月記』は昭和時代，『吾輩は猫である』は明治時代。2はいずれも奈良時代。3はいずれも鎌倉時代。5はいずれも江戸時代。

★ワンポイントアドバイス★

小説では，誰の視点で描かれているかを読み取ることも重要だ。

大切なことはメモしておこうネ！

2019年度

★★★★★★★★★★★★★★★★★★★★★★★★★

入　試　問　題

2019年度

札幌第一高等学校入試問題

【数　学】（50分）　　＜満点：60点＞

1　次の□に当てはまる数値を求めなさい。

(1)　2次方程式　$2x(x-2)=2x-3$　を解くと　$x=\dfrac{\boxed{1}\pm\sqrt{\boxed{2}}}{\boxed{3}}$　である。

(2)　$(\sqrt{3}+2\sqrt{6})^2=\boxed{4}\boxed{5}+\boxed{6}\boxed{7}\sqrt{\boxed{8}}$　である。

(3)　連立方程式 $\begin{cases}\dfrac{x}{4}-\dfrac{y}{5}=1\\ \dfrac{x}{2}-\dfrac{y}{3}=1\end{cases}$ を解くと　$x=-\boxed{9}$，$y=-\boxed{10}\boxed{11}$　である。

(4)　n を自然数とする。$\sqrt{225-n}$ が整数となる n のうち，３番目に小さいものは$\boxed{12}\boxed{13}$である。

(5)　y は x の２乗に比例し，$x=5$ のとき $y=-75$である。x の値が－４から２まで増加するときの変化の割合は$\boxed{14}$である。

2　A，B，C，D，Eの５人が数学のテストを受けたところ，５人の平均点は67.2点であり，Eを除いた４人の平均点が61.5点であった。このとき，

(1)　Eの点数は$\boxed{15}\boxed{16}$点である。

(2)　Aの点数はBの点数の1.2倍で，Aの点数がBの点数より13点高いことが分かった。このとき，Aは$\boxed{17}\boxed{18}$点，Bは$\boxed{19}\boxed{20}$点である。

(3)　さらに，Cの点数に間違いが見つかったため訂正したところ，Dの点数より３点高くなった。そこで，改めて計算しなおすと，５人の平均点が２点あがった。このとき，訂正される前のCの点数は$\boxed{21}\boxed{22}$点である。

3　点Oを中心とする半径４㎝の円Oがある。円Oの円周を３等分する点をA，B，Cとし，直線AOと円Oの交点のうち，Aでない方をDとする。また，線分ADと線分BCの交点をEとする。このとき，

(1)　線分OEの長さは$\boxed{23}$㎝，線分BEの長さは$\boxed{24}\sqrt{\boxed{25}}$㎝，線分CDの長さは$\boxed{26}$㎝である。

(2)　直線ABと直線CDの交点をFとしたとき，線分BFの長さは$\boxed{27}\sqrt{\boxed{28}}$㎝であるので，三角形BDFと四角形OBDCの面積比は$\boxed{29}$：$\boxed{30}$である。

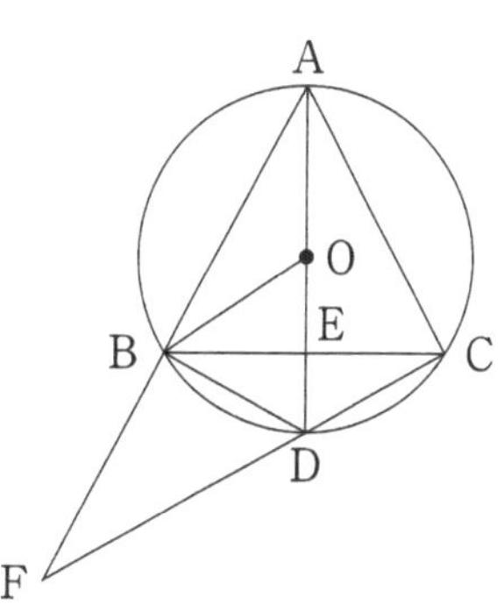

4　右の図のように，縦20cm，横30cm，高さ20cmの直方体の水そうAがあり，1辺が10cmの立方体の水そうBが口を上にして水そうAの中で固定されている。

この水そうに，蛇口から毎分500cm³の割合で空の状態から満水になるまで水を溜める。ただし，水は蛇口から直接水そうBに入らないものとする。このとき，

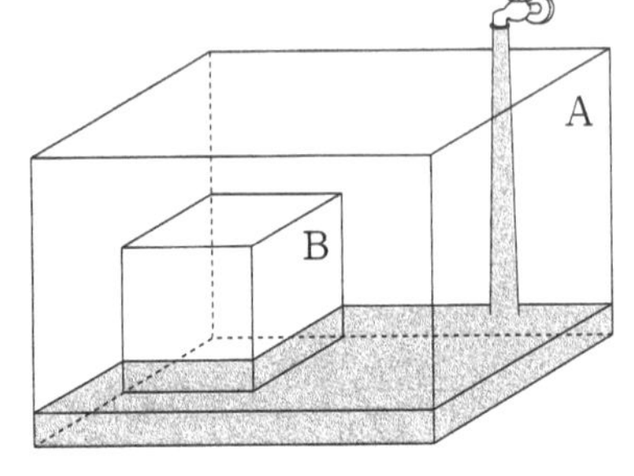

(1)　水を入れ始めてから6分後の，水そうAの底から水面までの高さは[31]cmである。

(2)　水を入れ始めてから経過した時間 x 分と，水そうAの底から水面までの高さ y cmの関係を式に表すと，以下のようになる。

(ア)　水を入れ始めてから水そうBに水が入り始めるまで

$0 \leqq x \leqq$ [32][33]のとき，$y = x$

(イ)　水そうBが満水になってから水そうAが満水になるまで

[34][35] $\leqq x \leqq$ [36][37]のとき，$y = \dfrac{[38]}{[39]}x$

(3)　水を入れ始めてから経過した時間 x 分と，水そうAの底から水面までの高さ y cmの関係を表したグラフとして最も適切なものを以下の1～4から1つ選びなさい。解答番号　[40]

1
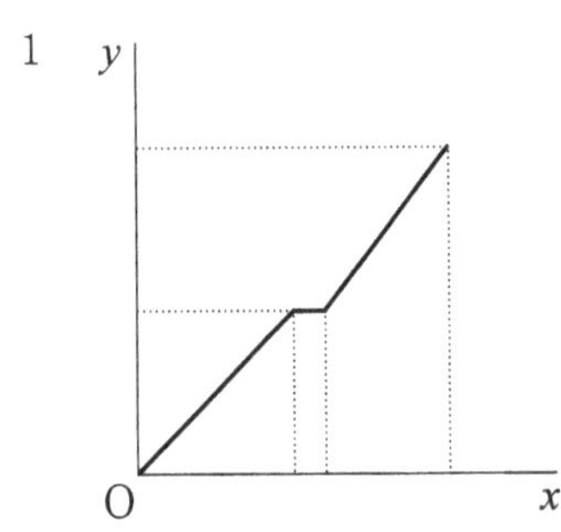

2
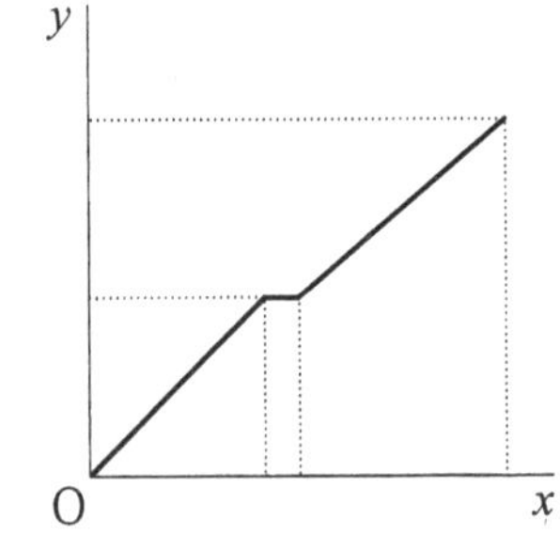

3
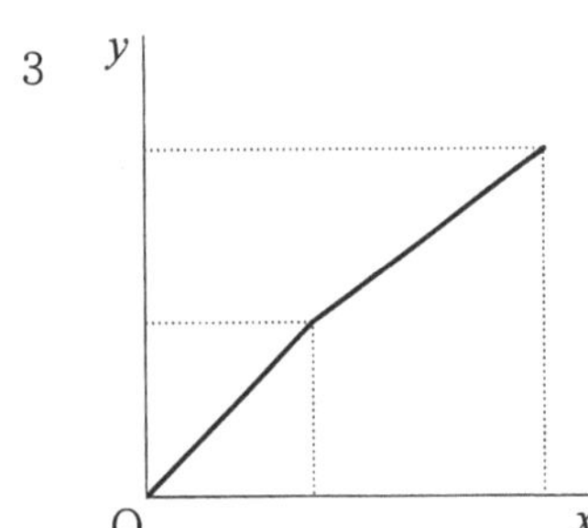

4
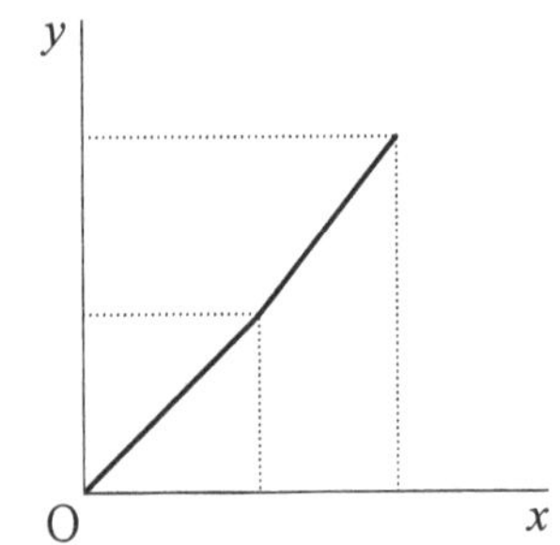

5　正五角形ABCDEがあり，点Pははじめ頂点Aにある。1個のさいころを投げて出た目の数だけ点Pが正五角形の周上を図のように反時計回りに移動する。たとえば，1個のさいころを投げて出た目が2のとき，点PはA→B→Cと移動する。このとき，

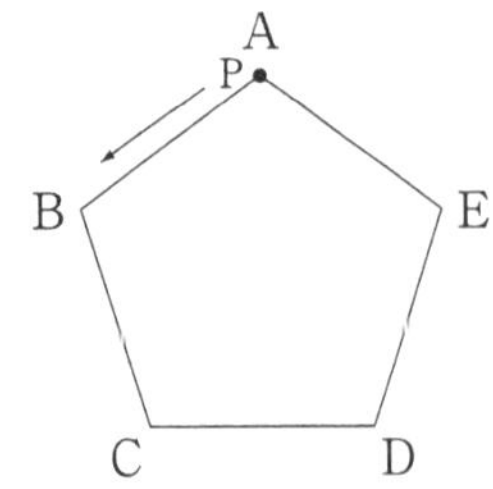

⑴ 1個のさいころを1回投げたあと，点Pが頂点Dにある確率は $\frac{\boxed{41}}{\boxed{42}}$ であり，頂点Bにある確率は $\frac{\boxed{43}}{\boxed{44}}$ である。

⑵ 1個のさいころを1回投げたあとの点Pの位置と，続けて1個のさいころをもう1回投げたあとの点Pの位置が一致する確率は $\frac{\boxed{45}}{\boxed{46}}$ である。

⑶ 1個のさいころを続けて2回投げたあと，点Pが頂点Cにある確率は $\frac{\boxed{47}}{\boxed{48}}$ である。

【英　語】（50分）　＜満点：60点＞

I 下線部の発音が他の３つと異なるものを１つずつ選びなさい。

(1) [1] dangerous　[2] nature　[3] date　[4] many　解答番号 [1]

(2) [1] tiger　[2] great　[3] age　[4] bag　解答番号 [2]

(3) [1] heart　[2] early　[3] card　[4] park　解答番号 [3]

II 最も強く発音する部分が他の３つと異なるものを１つずつ選びなさい。

(1) [1] vol・un・teer　[2] his・to・ry　[3] cus・torn・er　[4] in・ter・view　解答番号 [4]

(2) [1] ath・lete　[2] ho・tel　[3] but・ter　[4] note・book　解答番号 [5]

III 空欄 [6] ～ [17] に入る最も適切なものを１つずつ選びなさい。

(1) A：Have you finished reading the book?
B：No, not yet. This book is very difficult to read.
A：Then, how about reading this one? [6]

[1] Did you use your dictionary?
[2] It won't take so much time.
[3] This book is less easy.
[4] You don't know about books.

(2) A：Do you know anything about France? I want you to help me with this homework.
B：[7]

[1] Don't worry. Please help yourself.
[2] Yes, I know nothing about the country.
[3] I have gone to France.
[4] You should ask Pierre. He is from France.

(3) A：I had a cold yesterday.
B：That's why [8]

[1] you caught a cold.
[2] you didn't come to school.
[3] you look fine today.
[4] you ate old food.

(4) A：Do you have to work today?
B：No. Peter helped me a lot yesterday, so [9]

[1] I was able to finish my work.　[2] I don't have time today.
[3] I can work today, too.　[4] I should work with Peter today.

(5) A：It is too cold outside to play in the park!
B：[10]
1 Then, shall we play tennis?
2 Why don't you go to a gym?
3 Let's play soccer with Tom.
4 You can go there by bicycle.

(6) Can you see the trees [11] stand on the hill?
1 which 2 were 3 who 4 near

(7) My mother is good at [12].
1 to cook 2 cooking 3 cook 4 cooked

(8) I enjoyed sightseeing [13] my trip to Okinawa.
1 when 2 during 3 while 4 until

(9) My brother is angry [14] me.
1 by 2 to 3 in 4 with

(10) I have [15] money, so I can't buy the book.
1 few 2 a few 3 little 4 a little

(11) My mother is always thinking about [16] to make for dinner.
1 where 2 which 3 why 4 what

(12) Send me an e-mail soon, [17] you can join our club.
1 or 2 before 3 and 4 by

Ⅳ 次の［ ］内の語句を並び替えて意味の通る文にしたとき，空欄 [18] ～ [23] に当てはまる語句を選びなさい。なお，文頭に来る語句も小文字で表しています。

(1) [1 make 2 broken 3 him 4 will 5 sad 6 this 7 computer].
____ [18] ____ ____ ____ [19] ____. 解答番号 [18] [19]

(2) I [1 going 2 to 3 know 4 don't 5 what 6 is 7 she 8 do].
I ____ ____ ____ [20] ____ ____ [21] ____. 解答番号 [20] [21]

(3) [1 play 2 is 3 easy 4 to 5 it 6 the 7 very 8 piano].
____ ____ [22] ____ [23] ____ ____ ____. 解答番号 [22] [23]

Ⅴ 次の各文には一か所ずつ誤った部分が含まれます。その部分をそれぞれ1つ選びなさい。

(1) I <u>can't</u>(1) believe that he <u>did</u>(2) such a thing because I <u>knew</u>(3) him since I <u>was</u>(4) a child.

解答番号 [24]

(2) The boy was <u>exciting</u>(1) to see <u>jumping</u>(2) kangaroos with <u>his new friends</u>(3) when he <u>visited</u>(4) Australia.

解答番号 [25]

Ⅵ 博物館の係員の Lucy に，Ken が以下のパンフレットを見ながら質問をしています。以下のパンフレットと会話を読み，設問に答えなさい。

◆ **Daiichi Museum Floor Map** ◆

	Building X	Building Y	Building Z
3rd Floor	[A]	[B]	[C]
2nd Floor	・Animals	[D]	・Earth and Universe
1st Floor	[E]	・Nature	・Planetarium ・Shop

◆ **Opening Hour** ◆ Weekdays : 8:00 ～ 17:00 / Weekends : 8:00 ～ 18:00

◆ **Show times for Planetarium** ◆

① Kids show : starts at 11:00 and 14:00

・Each show takes 30 minutes.

② Seasonal shows : starts at 13:00 and 15:00

・Each show takes 50 minutes.

Lucy : May I help you?

Ken : Yes, I need some help finding my way around. I want to see the *display on animals.

Lucy : That'll be easy because it's *directly above us. Just *get off the *elevator on the 2nd floor of the "Building X" and you're there.

Ken : OK. Where can I have lunch?

Lucy : There is a restaurant on the 3rd floor of the "Building Z", but it is open just on weekdays, so it is not open today. However, there is a café on the 2nd floor of the "Building Y". You can have lunch there.

Ken : Thanks. Oh, it's already 12:30! Then, I will go to see a planetarium show first, and then have lunch at the café.

（注） display：展示　directly：真っ直ぐ　get off：降りる　elevator：エレベーター

(1) Ken が現在いる場所を，パンフレット中の［A］～［E］から1つ選びなさい。

解答番号 26

1 A　2 B　3 C　4 D　5 E

⑵ Kenが昼食を食べる場所を，パンフレット中の［A］～［E］から1つ選びなさい。

解答番号 27

1 A　2 B　3 C　4 D　5 E

⑶ Kenが昼食を食べると考えられる時間として最も適切なものを1つ選びなさい。

解答番号 28

1 About 12:30　2 About 13:00　3 About 14:00　4 About 15:30

Ⅶ 次の英文を読んで，設問に答えなさい。

Reddy *Fox lived with *Granny Fox. Reddy was one of a large family, and Mother Fox was working hard to *feed so many hungry little children. So Reddy lived with old Granny Fox.

Granny Fox was the *wisest fox in all the country. Now Reddy *grew so big, so she thought that he should begin to learn the things that every fox should know. So every day she took him *hunting [A] her and taught him all the things.

This morning Granny Fox took Reddy across the Green Forest. Granny walked ahead until they came to a long bridge over a river. Then she stopped.

"Come here, Reddy, and look down," she said.

Reddy did so, but when he looked down, he felt *fear. Granny Fox smiled.

"Come across," she said, and ran *lightly across to the other side.

But Reddy Fox was afraid. He was afraid to take one step on the long bridge. He was afraid that he would fall into the water. Granny Fox ran back.

"What are you afraid of? Just don't look down and you will be safe. Now come with me," she said. But Reddy Fox couldn't move.

Then, suddenly, Granny Fox *sprang to her feet. ①"*Bowser the Hound! Come, Reddy, come!" she cried, and started across the bridge as fast as she could go.

Reddy didn't stop to look or to think. His one idea was to *get away from Bowser the Hound. "Wait, Granny! Wait!" he cried, and started after her as fast as he could run. He was in the middle of the bridge before he remembered it at all. When he was *safely across at last, he found old Granny Fox was sitting down and laughing at him. ②Then for the first time Reddy looked behind him to see Bowser the Hound. He was not there. Did he fall off the bridge?

"Where is Bowser the Hound?" cried Reddy.

"Home in Farmer Brown's yard," replied Granny Fox. Reddy looked at her. Then he began to understand that Granny Fox just *scared him into running across the bridge. "Now we'll run back again," said Granny Fox.

After a few days, Reddy could run across the bridge [B] fear. He said, "I think everyone can do that!" Granny Fox smiled. "Do you remember ③the first time?" she asked.

（注） fox：キツネ　granny：おばあちゃん　feed：養う　wisest：最も賢い　grew：成長した
hunting：狩り　fear：恐怖　lightly：軽やかに　sprang to her feet：ぱっと飛び上がった
Bowser the Hound：近所に住む Farmer Brown が飼っていて，きつね達が恐れている猟犬の名
get away：逃げる　safely：安全に　scare ～ into…：～を脅して…させる

(1) 空欄 A と B に入る語の組み合わせとして最も適切なものを１つ選びなさい。

解答番号 29

1 A : with　B : with　2 A : with　B : without
3 A : without　B : with　4 A : without　B : without

(2) 下線部①について，Granny Fox がこのように言った理由として最も適切なものを１つ選びなさい。

解答番号 30

1 Because she was surprised to see Bowser the Hound.
2 Because she wanted to help Reddy to run away from Bowser the Hound.
3 Because she wanted Reddy to come across the bridge.
4 Because she tried to attack Bowser the Hound with Reddy.

(3) 下線部②について，このとき Bowser the Hound がいた場所として最も適切なものを１つ選びなさい。

解答番号 31

1 At his home　2 Near the bridge　3 In the river　4 In the forest

(4) 下線部③について，そのときの様子として最も適切なものを１つ選びなさい。

解答番号 32

1 Reddy が最初は怖がって橋を渡れなかったときの様子
2 Reddy が初めて Granny Fox と暮らし始めたときの様子
3 Reddy が初めて Bowser the Hound と戦ったときの様子
4 Reddy が初めて簡単に橋を渡るようになったときの様子

(5) 本文の内容と一致しないものを２つ選びなさい。解答は 33 に２つともマークしなさい。

解答番号 33

1 Reddy doesn't have brothers or sisters.
2 Granny Fox taught Reddy many things to live.
3 Granny Fox is not afraid of walking on the bridge at all.
4 Reddy went across the bridge before Granny Fox went.
5 When Reddy came across the bridge for the first time, Granny Fox was laughing at him.
6 At first, Reddy thought that Bowser the Hound fell off the bridge.

Ⅷ 次の英文を読んで，設問に答えなさい。

Many years ago, Tajima Shume was on his travels to Kyoto. One day, in Nagoya, he met a *priest who was going to the same place. So, they decided ①[travel] together. During the trip, the priest told him the purpose of his journey.

"I have wanted to make a *statue of Buddha. So, I have traveled to get money, and now I have enough money to make a beautiful statue of Buddha."

When Tajima heard these words, *evil heart *arose in him, and he thought, "If I can *steal the money, my life will be a happy one."

Next day, they reached the town of Kuana. At this town, they took a boat to go to Kyoto. However, on the boat, he pushed the priest into the sea. When the boat reached the *shore, Tajima took the priest's bag.

When he reached Kyoto, he became a *merchant, and traded with the dead man's money. He got a lot of money. A few years later, he married a wife, and had a child.

Three years after the priest's death, everyone thought Tajima was a happy man, but he was always thinking about the priest. He felt very *guilty. One day, when Tajima was in the garden, he found a *ghost near a big tree. It was a ghost of the priest. He was afraid, and ran back into the room. After that day, Tajima fell sick, and kept saying, "Oh, help! Help! The priest is coming to kill me!"

The Tajima's story became famous, and one priest who was in the next street also heard about it. The priest visited Tajima, but when Tajima saw him, he *yelled out, "Help! Help! Here is [A]. *Forgive me! Forgive me!" Then the priest said, "Three years ago, at the Kuana boat, you pushed me into the water."

Tajima didn't say anything, and couldn't stop ②[cry].

"But," the priest continued, "I knew how to swim, so I reached the shore, and, after a long journey, I finally made a big statue of Buddha. You have done a *hateful deed, but I am a priest. *Repent and *abandon your evil heart. Look me in the face, and you will see that I am really [B]."

Tajima found that he was not a ghost. Tajima cried, and answered, "I may be rich now, but I have always felt *a sense of guilt. I was *haunted by this thought and I fell sick."

The priest said, "A guilty man fears the sound of the wind or the voice of a bird. The heart of man is *pure *by nature, but broken by *circumstances!"

（注） priest：僧侶　statue of Buddha：仏像　evil heart：邪悪な心　arose：生じた
steal：盗む　shore：岸　merchant：商人　guilty：罪悪感のある　ghost：幽霊
yelled out：叫んだ　forgive：許す　hateful deed：憎むべき行い　Repent：悔い改めよ
abandon：捨てる　a sense of guilt：罪悪感　haunted：憑りつかれる　pure：純粋な
by nature：元来　circumstances：状況

⑴ 下線部①，②の［ ］内の動詞を正しく変化させたものの組み合わせとして最も適切なものを1つ選びなさい。 解答番号 [34]

1 ①：to travel　②：to cry　2 ①：traveling　②：to cry
3 ①：to travel　②：crying　4 ①：traveling　②：crying

⑵ Tajima が Kuana で僧侶にとった行動の理由として最も適切なものを１つ選びなさい。

解答番号 35

1 Tajima は２人で旅を続けるにはお金が足りないと考え，僧侶を海へ突き落した。
2 船の事故で僧侶が海に落ちてしまったため，Tajima は僧侶の遺志を継ぐため鞄を持って行くことにした。
3 僧侶のお金に目がくらんだ Tajima は，そのお金を奪うため僧侶を海へ突き落した。
4 僧侶のお金が盗まれないよう，Tajima が僧侶の代わりに鞄を持って行くことにした。

⑶ 空欄 A と B に入るものの組み合わせとして最も適切なものを１つ選びなさい。

解答番号 36

1 A : the ghost　　B : a ghost
2 A : the living man　　B : a ghost
3 A : the ghost　　B : a living man
4 A : the living man　　B : a living man

⑷ 僧侶が最後のセリフで伝えたかったこととして最も適切なものを１つ選びなさい。

解答番号 37

1 悪事を働いた者は，風などの自然や鳥などの動物からも見放される運命にあるのだということ
2 心にやましいことのある人間は，常に何事にも怯えながら暮らすことになるのだということ
3 人のみならず，自然界もまた悪人を恐れているのだということ
4 風の便りや鳥の声を聞けば，犯罪者の居所はすぐに分かるのだということ

⑸ 本文の内容と一致するものを２つ選びなさい。解答は 38 に２つともマークしなさい。

解答番号 38

1 The purpose of Tajima's journey is to make a big figure of Buddha.
2 Tajima didn't know that the priest could swim.
3 When Tajima arrived at Kyoto, he used all of the priest's money.
4 In Kyoto, Tajima got a lot of money and his family, and he was very happy.
5 Tajima became sick because the dead man attacked him.
6 The priest visited Tajima to tell him the truth.

【理　科】（50分）　＜満点：60点＞

[1] 次の文章を読み，以下の各問に答えなさい。

図１に示すような面Ａ～Ｃを持ち，各辺の長さが４cm，２cm，10cmで，密度が1.5 g / cm^3の直方体があります。ただし，質量100 g の物体にはたらく重力を１Ｎとします。

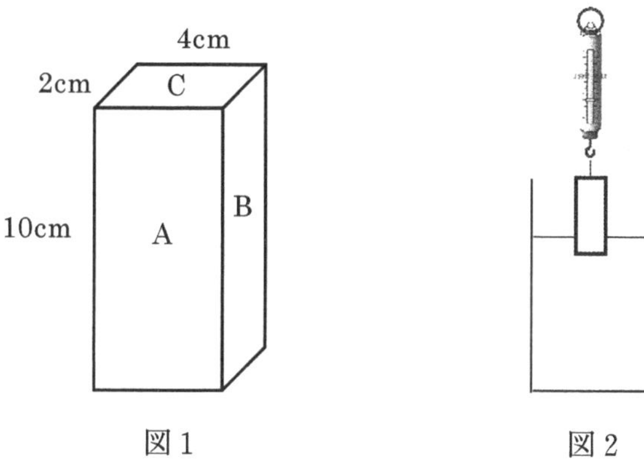

図１　　図２

問１　図１の直方体の質量はいくらか，また，直方体を水平面上に置くときの下面を面Ａ～Ｃに変えたとき，水平面が受ける圧力が最も大きくなる面はどの面か，正しい組み合わせとして最も適当なものを次の[1]～[9]より一つ選びなさい。　解答番号 [1]

	直方体の質量［g］	圧力が最も大きくなる面
[1]	40	A
[2]	80	A
[3]	120	A
[4]	40	B
[5]	80	B
[6]	120	B
[7]	40	C
[8]	80	C
[9]	120	C

次に，図２に示すように直方体に糸をつけてばねばかりでつるし，直方体を水の入った透明な容器に沈めていきます。水面から直方体の底面までの距離［cm］とばねばかりの示す値［N］の関係をグラフに表すと図３のようになりました。２本の直線は面Ａを下にして沈めた場合と，面Ｂを下にして沈めた場合のいずれかです。

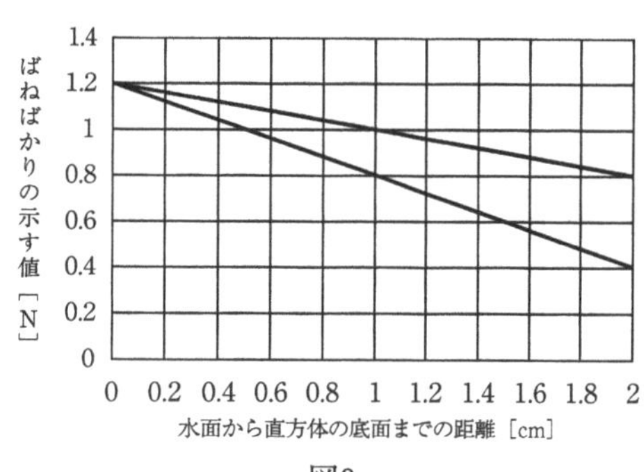

図3

問２　ばねばかりの示す値［N］の意味，または値の計算として最も適当なものを次の①～⑧より一つ選びなさい。　解答番号 [2]

① 浮力＋直方体の重さ　② 浮力－直方体の重さ
③ 直方体の重さ－浮力　④ 水圧＋直方体の重さ
⑤ 水圧－直方体の重さ　⑥ 直方体の重さ－水圧
⑦ 直方体の重さ　⑧ 浮力

問３　図３のグラフから読み取れることとして最も適当なものを次の①～⑤より一つ選びなさい。　解答番号 [3]

① 面Ａを下にした場合の方が底面積が大きいので，底面にかかる水圧が大きく，グラフの傾きが急である。
② 面Ｂを下にした場合の方が底面積が小さいので，底面にかかる水圧が大きく，グラフの傾きが急である。
③ 面Ａを下にした場合と面Ｂを下にした場合で，水面から直方体の底面までの距離が同じとき，面Ａを下にした場合にかかる浮力の方が面Ｂを下にした場合にかかる浮力より大きいため，グラフの傾きが急である。
④ 面Ａを下にした場合と面Ｂを下にした場合で，水面から直方体の底面までの距離が同じとき，面Ｂを下にした場合にかかる浮力の方が面Ａを下にした場合にかかる浮力より大きいため，グラフの傾きが急である。
⑤ 面Ａと面Ｂのそれぞれを下にして直方体をすべて水に沈めたとき，ばねばかりの示す値は異なる。

問４　３辺の長さが図１と同じで材質が異なる直方体が水中で浮かぶためには，直方体の密度［g/cm^3］はいくらにするとよいか。最も適当なものを次の①～⑧より一つ選びなさい。ただし，「水中で浮かぶ」とは，直方体の上面が水面よりも下で，下面が容器の底につかない状態とします。　解答番号 [4]

① 0.1　② 0.2　③ 0.5　④ 1　⑤ 2　⑥ 4　⑦ 40　⑧ 80

[2] 次の実験について，以下の各問に答えなさい。

[実験１]

図１のように，オシロスコープに接続したコイルを鉄芯に巻きつけ，鉄芯の真横に軸を取り付けてなめらかに回転できるようにした磁石を設置した。磁石を３秒に15回の割合で反時計回りに回転させると，コイルの中の磁界はＮ極が遠ざかるときの変化と近づくときの変化を周期的に繰り返し，オシロスコープは図２のような電流を示した。図１の状態を時刻 $t=0$［秒］，電流の向きは図１に示す矢印の向きを正とする。（図１，図２は次のページにあります。）

[実験２]

実験１と同じ装置を用いて，磁石を図１と逆向きの時計回りに３秒に7.5回の割合で回転させた。

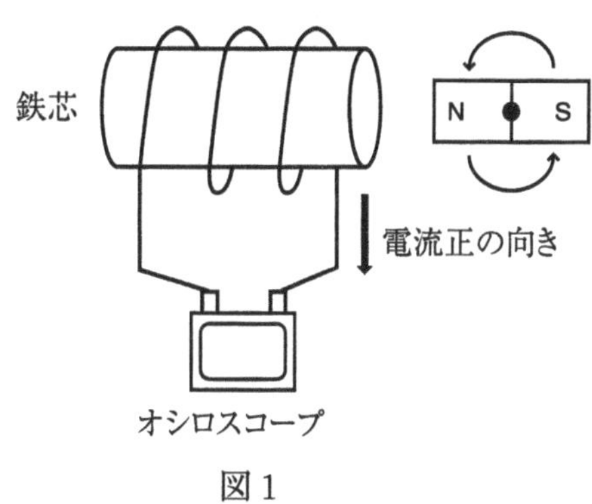

図1

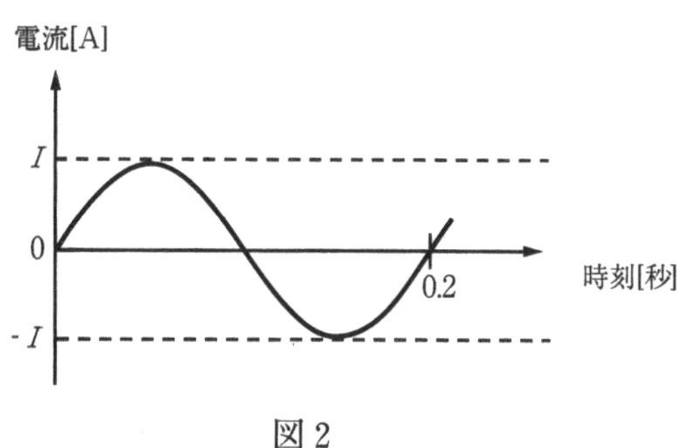

図2

問1　実験1について書かれた次の文章中の ア と イ に当てはまる数値と語句の組み合わせとして最も適当なものを次の1～9より一つ選びなさい。　解答番号 5

実験1でコイルに流れる電流の周波数は ア [Hz] である。また，磁石の回転を速くした場合，コイルに流れる電流の最大値は イ 。

	ア	イ
1	45	大きくなる
2	45	小さくなる
3	45	変わらない
4	5	大きくなる
5	5	小さくなる
6	5	変わらない
7	0.2	大きくなる
8	0.2	小さくなる
9	0.2	変わらない

問2　実験2でコイルに流れる電流［A］を縦軸に，時刻［秒］を横軸にとったグラフの概形として最も適当なものを次の1～6より一つ選びなさい。　解答番号 6

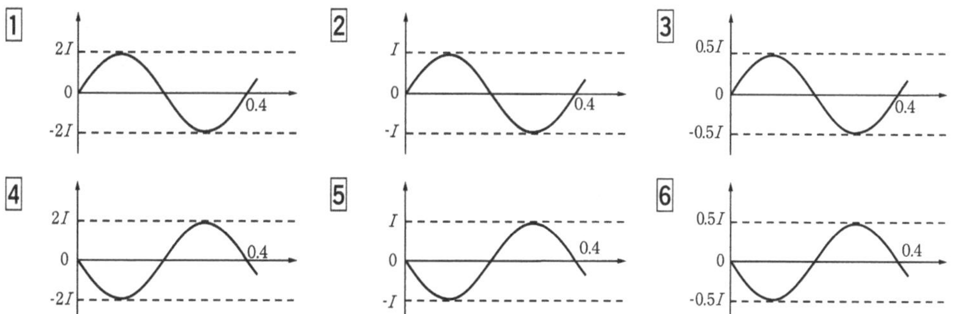

問3　実験2で時刻 t が0［秒］から0.6［秒］までのとき，N極がコイルに近づきながらコイル内の磁界の変化が最大となる時刻の組み合わせとして最も適当なものを次の1～8より一つ選びなさい。ただし，選択肢中の数値の単位は［秒］とします。　解答番号 7

1　0　　2　0.10　　3　0.20　　4　0.30　　5　0.40

6　0，0.40　　7　0.10，0.50　　8　0.20，0.60

問4　実験2で時刻tが0.60［秒］から1.0［秒］までのとき，コイル内の磁界の変化が0となる時刻の組み合わせとして最も適当なものを次の1～0より一つ選びなさい。ただし，選択肢中の数値の単位は［秒］とします。　解答番号 8

1 0.60　2 0.70　3 0.80　4 0.9　5 1.0
6 0.60，0.80　7 0.60，1.0　8 0.8，1.0　9 0.60，0.80，1.0　0 0.70，0.90

3　次の実験について，以下の各問に答えなさい。

次の手順に従って実験Aおよび実験Bを行いました。右図は実験Aの様子を示しています。

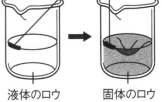

油性ペンでつけた印
液体のロウ　固体のロウ

実験A

① ビーカーにロウを入れて加熱してロウを完全に液体にする。
② その液面の高さにペンで印をつける。
③ そのビーカーの質量をビーカーごとはかる。
④ ビーカーを氷水で冷却して，ロウを固体にして，その状態を観察する。
⑤ しっかり水滴をふき取り，ビーカーごと質量をはかる。

実験B

① ビーカーに水を入れる。
② その液面の高さにペンで印をつける。
③ そのビーカーの質量をビーカーごとはかる。
④ ビーカーを冷凍庫で冷却して，水を固体にして，その状態を観察する。
⑤ しっかり霜をふき取り，ビーカーごと質量をはかる。

問1　実験Aの①において，固体のロウが液体になる温度を何というか。最も適当なものを次の1～5より一つ選びなさい。　解答番号 9

1 沸点　2 融点　3 冷却点　4 結晶点　5 溶解点

問2　実験Aおよび実験Bの結果として最も適当なものを次の1～9よりそれぞれ一つ選びなさい。

実験Aの結果　解答番号 10
実験Bの結果　解答番号 11

	質　　量	体　　積
1	減った	減った
2	減った	変わらなかった
3	減った	増えた
4	変わらなかった	減った
5	変わらなかった	変わらなかった
6	変わらなかった	増えた
7	増えた	減った
8	増えた	変わらなかった
9	増えた	増えた

問3　実験Aおよび実験Bより，ロウの固体と液体に関する次の文章中の ア ～ エ に当てはまる語句の組み合わせとして最も適当なものを次の①～④より一つ選びなさい。解答番号 12

ロウは固体になると密度が ア ，水は固体になると密度が イ 。その結果，液体のロウに同じ温度の固体のロウを入れると固体のロウは ウ ，水に同じ温度の氷を入れると氷は エ 。

	ア	イ	ウ	エ
1	大きくなり	小さくなる	浮き	沈む
2	大きくなり	小さくなる	沈み	浮く
3	小さくなり	大きくなる	浮き	沈む
4	小さくなり	大きくなる	沈み	浮く

問4　状態変化がもたらす日常現象の中で，固体が直接気体になる現象の例として最も適当なものを次の①～⑤より一つ選びなさい。　解答番号 13

① 海水を沸騰させて純粋な水蒸気を得た。
② 制汗スプレーを体にかけたら冷たく感じた。
③ ドライアイスを室内で放置すると自然になくなった。
④ 水蒸気が上昇気流により上空へ上がり，気温が下がり雲となった。
⑤ 冷たいジュースを入れたコップの外側に水滴がついた。

問5　質量パーセント濃度8.0%の水酸化ナトリウム水溶液の密度を1.1 g/cm^3とします。この水溶液100cm^3に溶けている水酸化ナトリウムの質量として最も適当なものを次の①～⑥より一つ選びなさい。　解答番号 14

① 8.8 g　② 7.3 g　③ 88 g　④ 73 g　⑤ 8.0 g　⑥ 80 g

4　次の実験について，以下の各問に答えなさい。

実験A

下図のように水道水で湿らせたろ紙の上に青色リトマス紙を置き，その中央にうすい塩酸をしみこませた細長いろ紙を乗せ，両端から電圧を加えてリトマス紙の色の変化を調べた。

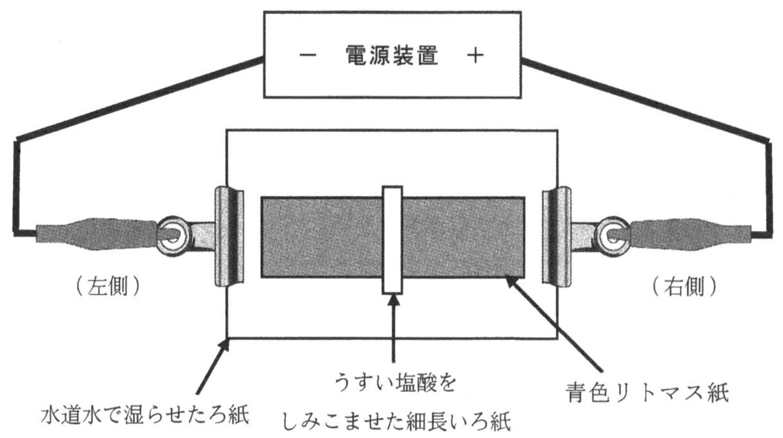

図

実験B

実験Aと同じ濃度の塩酸をビーカーに入れ少量のBTB溶液を加えた後，ある濃度の水酸化ナトリウム水溶液を少しずつ加えていき，溶液の色が変化したところで加えるのをやめた。

問1　塩酸の性質として**誤りを含むもの**を次の1～4より一つ選びなさい。　解答番号 15

1　電流が流れる。

2　胃液の主な成分は塩酸である。

3　マグネシウムリボンを入れると二酸化炭素が発生する。

4　水素イオンと塩化物イオンが同じ量ずつ含まれている。

問2　この塩酸のpHをpHメーターで測定したところpH＝1を示しました。この塩酸1mLを水で薄めて100mLにした水溶液のpHの値として最も適当なものを次の1～5より一つ選びなさい。

解答番号 16

1　1より小さい　2　1　3　1と7の間　4　7　5　7より大きい

問3　実験Aの結果として最も適当なものを次の1～3より一つ選びなさい。　解答番号 17

1　リトマス紙中央に出来た赤い色が左側に移動する。

2　リトマス紙中央に出来た赤い色が右側に移動する。

3　リトマス紙中央に出来た赤い色は移動しない。

問4　次の1～5の溶液を塩酸の代わりに用いて実験Aと同様の実験をおこなった場合，実験Aと最も近い実験結果が得られる溶液として最も適当なものを1～5より一つ選びなさい。

解答番号 18

1　硫酸水溶液　2　食塩水　3　水酸化ナトリウム水溶液

4　アンモニア水　5　ブドウ糖水溶液

問5　実験Bに関する文章として**誤りを含むもの**を次の1～4より一つ選びなさい。

解答番号 19

1　溶液の色は黄色から緑色に変化する。

2　色が変化した溶液には塩化ナトリウムが含まれている。

3　実験Bの2倍の濃度の塩酸を用いると，溶液の色が変化するまでに必要な実験Bと同じ濃度の水酸化ナトリウム水溶液の体積は実験Bの時の2倍になる。

4　実験Bの2倍の濃度の水酸化ナトリウム水溶液を用いると，溶液の色が変化するまでに必要な実験Bと同じ濃度の水酸化ナトリウム水溶液の体積は実験Bの時の2倍になる。

5　次の文章を読み，あとの各問に答えなさい。

一子さんは動物の呼吸と血液の流れる仕組みに興味を持ち，次のように考えました。

酸素を吸収する仕組みについては，空気が気管を通って（　ア　）から肺に入りさらに細かく分かれた（　ア　）から（　イ　）に到達します。小さな袋状の（　イ　）では二酸化炭素が張りめぐらされた（　ウ　）から放出され，酸素が取り込まれます。

（　ウ　）に送られた酸素は血液中の赤血球に溶け込み，静脈を通って心臓に戻ります。

次のページの図はヒトを前面から見た心臓と血管の模式図です。ヒトの心臓では，まず**A**と**C**が広がり血液が流れ込みます。次に**A**と**C**が収縮し**B**と**D**に血液が流れ込みます。最後に**B**と**D**が収縮し，動脈へ血液が流れ出ます。動脈から（　ウ　）へと運ばれた血液は各細胞に酸素を渡し，二酸化炭素を受け取って静脈に入り，大静脈に合流して心臓に戻ります。

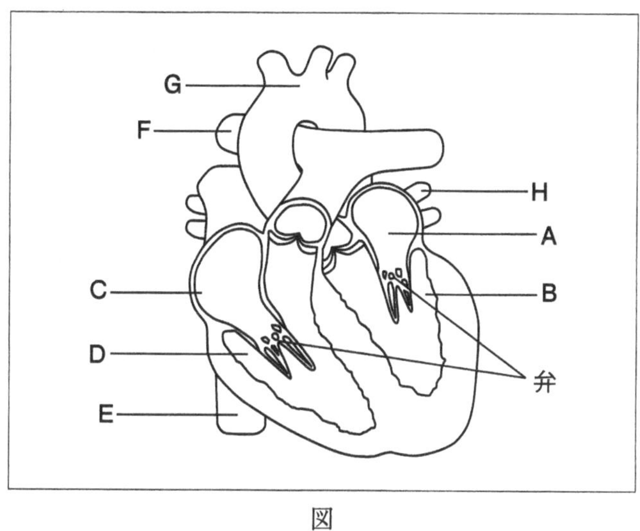

図

問1　(ア)，(イ)，(ウ) の組み合わせとして最も適当なものを次の1～7より一つ選びなさい。

解答番号 20

	(ア)	(イ)	(ウ)
1	静脈	肺球	毛細血管
2	気管支	小肺	リンパ管
3	静脈	肺胞	リンパ管
4	気管支	肺球	毛細血管
5	静脈	小肺	毛細血管
6	気管支	肺胞	毛細血管
7	気管支	肺胞	リンパ管

問2　肺に入った空気の量が500mLと仮定すると，吸収された酸素の量は何mLですか。最も適当なもの次の1～4より一つ選びなさい。ただし，表の値を用いて計算してください。

解答番号 21

表

	吸収した空気	排出した空気
酸素の割合	20.94%	16.20%

1　104.7mL　2　81.0mL　3　47.4mL　4　23.7mL

問3　肺にたくさんの(イ)があることは，生活上どのようなメリットがあると考えられますか。最も適当なもの次の1～4より一つ選びなさい。

解答番号 22

1　浮き袋を発達させた痕跡であり，水中で長時間浮くことができる。

2 空気が小部屋に分散されることで各器官に最短距離で酸素を供給できる。

3 表面積を増やすことで二酸化炭素を吸収し，酸素を放出する能率が向上する。

4 表面積を増やすことで酸素を吸収し，二酸化炭素を放出する能率が向上する。

問４ 心臓での血液の流れについて，「肺動脈に血液を送り出すところ」と「肺静脈から血液が入るところ」の組み合わせとして最も適当なものを次の1～5より一つ選びなさい。

解答番号 23

	肺動脈に血液を送り出すところ	肺静脈から血液が入るところ
1	A	D
2	B	C
3	C	B
4	D	A
5	A	C

問５ 静脈は図のE～Hのうちどれですか。最も適当なものを次の1～9より一つ選びなさい。

解答番号 24

1 E　2 F　3 G　4 H　5 EとF
6 FとG　7 EとH　8 GとH　9 EとG

6 次の文章を読み，以下の各問に答えなさい。

植物は細胞の中にある葉緑体が光を受けて水と二酸化炭素からデンプンなどの養分（以下「有機物」とする）をつくります。また，植物は動物と同様に呼吸を行っており，酸素を取り入れて二酸化炭素を出しています。この呼吸の過程では，酸素を使って有機物を二酸化炭素などの無機物に換えており，このことを「分解」といいます。つまり，植物は呼吸により有機物を分解していると言えます。

植物に興味を持った一男くんは，2つの植物（図１・図２）について名称や各部の役割を調べることにしました。さらに，一男くんは植物の光合成によるはたらきと，呼吸により有機物を分解するはたらきを比べるために次の実験を行いました。

ジャガイモの植物体（図３）を暗闇の状態に置き，光の強さのみを増やしながら，二酸化炭素量を測定しました。そして，その二酸化炭素量を有機物の量に置き換えて，光の強さとの関係を示したものが図４です。

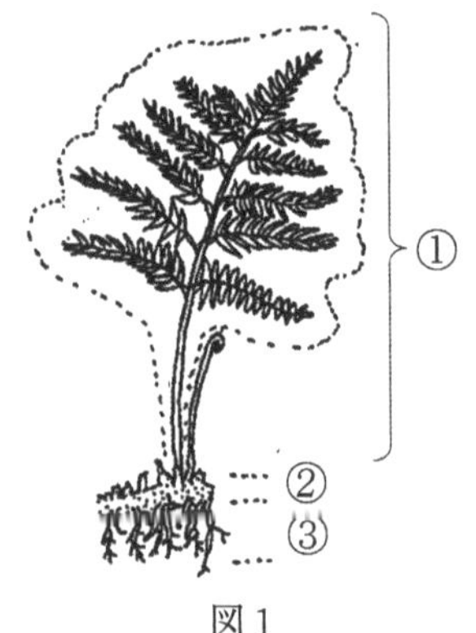

図１

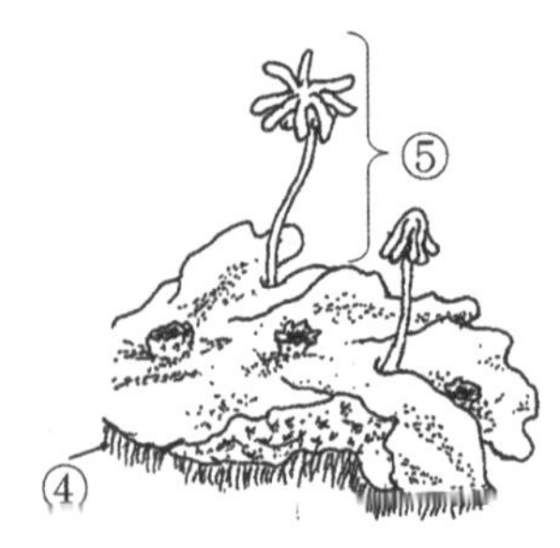

図２

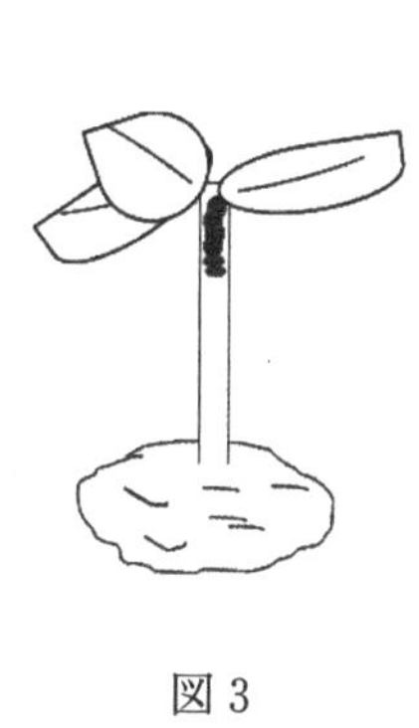

図3

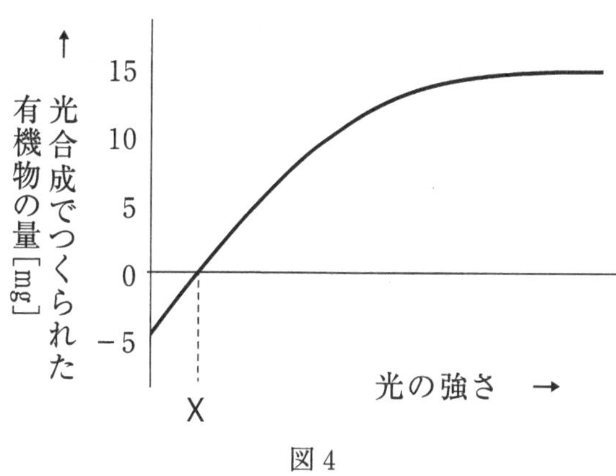

図4

問1　図1・2のそれぞれの植物名の組み合わせとして最も適当なものを次の1〜8より一つ選びなさい。
解答番号 25

1　図1：イネ　図2：ゼニゴケ
2　図1：イネ　図2：イチョウ
3　図1：イヌワラビ　図2：ゼニゴケ
4　図1：イヌワラビ　図2：イチョウ
5　図1：ゼニゴケ　図2：イヌワラビ
6　図1：イチョウ　図2：イネ
7　図1：ゼニゴケ　図2：イチョウ
8　図1：イヌワラビ　図2：イネ

問2　図1・2に示した①〜⑤の各部の主なはたらきを調べたところ，胞子のうがあることがわかりました。胞子のうがある部分として最も適当な組み合わせを次の1〜6より一つ選びなさい。ただし，図1の①は点線で囲まれた部分を示しています。
解答番号 26

1　①，④　2　①，⑤　3　②，④
4　②，⑤　5　③，④　6　③，⑤

問3　下線部について，光合成のはたらきを説明している文章として最も適当なものを次の1〜4より一つ選びなさい。
解答番号 27

1　ふ入りの葉の白い部分では光合成が行われている。
2　光合成によって水と二酸化炭素からデンプンなどの養分と酸素をつくり出す。
3　光合成が行われている葉にヨウ素液にひたすと赤色に変わる。
4　光合成を行っている葉を石灰水の中に入れると，石灰水は白くにごる。

問4　図4から読み取れることを説明している文章として，最も適当なものを次の1〜4より一つ選びなさい。
解答番号 28

1　光の強さXでは，呼吸のみを行っているため光合成でつくられた有機物の量が0となっている。
2　弱い光であっても光が当たっているときには光合成のみが行われるため，光合成でつくられた有機物の量がマイナスとなるのは実験の操作を誤ったからである。
3　暗闇の状態では呼吸のみを行うので，光の強さXまでは光をまったく当てない状態で実験していることがわかる。
4　光の強さXよりも弱い光で有機物の量がマイナスとなることから，光の強さXまでは光合成でつくられた有機物の量以上に呼吸による有機物の分解が多いということがわかる。

7 次の文章および実験について，以下の各問に答えなさい。

近年，局所的に大雨が降り甚大な災害が起こることがしばしばあります。我々は，気象災害に対して少しでも被害を減らすためにも，天気についての知識を持つべきです。

雨を降らせる原因は雲の出現が関係しており，「雲のでき方」について以下のことがわかっています。

| ア | 気圧付近では，| イ | 気流が発生します。その結果，空気は | ウ | し，温度が | エ | ります。その結果，空気中の水蒸気が露点に達し，水滴になります。それが雲の始まりです。

次に，雲ができる仕組みについて調べるために以下の実験を行いました。

【実験】

1．金属製のコップに，あらかじめ実験室内に**くみおきした水**を入れた。

2．そこに氷を入れて水を冷やした。

3．コップの表面がくもり始めたときの水温を温度計で測定した。

問1 文中の ア ～ エ の空欄に当てはまる語句の組み合わせとして最も適当なものを次の1～8より一つ選びなさい。 解答番号 29

	ア	イ	ウ	エ
1	高	上昇	膨張	下が
2	高	上昇	圧縮	下が
3	高	下降	膨張	上が
4	高	下降	圧縮	上が
5	低	上昇	膨張	下が
6	低	上昇	圧縮	下が
7	低	下降	膨張	上が
8	低	下降	圧縮	上が

問2 【実験】の文中の下線部のように，くみおきした水を用いたのはなぜですか。その理由を説明した文として最も適当なものを次の1～5から一つ選びなさい。 解答番号 30

1 水の中に水滴の核となるホコリを入れるため。

2 水に酸素を溶かすため。

3 水温と実験室の温度との差をなくすため。

4 水に電気が通るようにするため。

5 水中の塩素を除去するため。

問3 室温22℃で，湿度が66％の空気は，500m上昇したら湿度は何％になりますか。最も適当なものを次の1～5から一つ選びなさい。ただし，気温は100mの上昇につき1.0℃下がるものとします。また，飽和水蒸気量はあとの表を用いなさい。 解答番号 31

1 12.8％　　2 14.5％　　3 66.0％　　4 88.3％　　5 94.3％

表

温度〔℃〕	飽和水蒸気量〔g/m³〕	温度〔℃〕	飽和水蒸気量〔g/m³〕
5	6.8	18	15.4
6	7.0	19	16.3
7	7.8	20	17.3
8	8.3	21	18.3
9	8.8	22	19.4
10	9.4	23	20.6
11	10.0	24	21.8
12	10.7	25	23.1
13	11.4	26	24.4
14	12.1	27	25.8
15	12.8	28	27.2
16	13.6	29	28.8
17	14.5	30	30.4

問4　室温22℃で，湿度が66％の空気は，何m上昇すれば雲ができはじめるでしょうか。最も適当なものを次の①～⑤から一つ選びなさい。ただし，気温は100mの上昇につき1.0℃下がるものとする。また，飽和水蒸気量は問3の表を用いなさい。　解答番号 32

①　70m　②　150m　③　640m　④　700m　⑤　1500m

問5　前線と雲と雨の関係の記述として最も適当なものを次の①～⑤から一つ選びなさい。

解答番号 33

①　寒冷前線付近では，冷たい空気が温かい空気の下へもぐりこむため積乱雲が発生し，狭い範囲に強い雨が降る。

②　寒冷前線付近では，冷たい空気が温かい空気の下へもぐりこむため乱層雲が発生し，狭い範囲に弱い雨が降る。

③　寒冷前線付近では，温かい空気が冷たい空気の上にいくので，乱層雲が発生し，広い範囲に弱い雨が降る。

④　温暖前線付近では，冷たい空気が温かい空気の上にいくので，乱層雲が発生し，狭い範囲に強い雨が降る。

⑤　温暖前線付近では，温かい空気が冷たい空気の上にいくので，積乱雲が発生し，狭い範囲に強い雨が降る。

8　次の文章を読み，以下の各問に答えなさい。

図（次のページ）はある露頭(ろとう)のスケッチで，a層にはブナの葉の化石，c層にはアンモナイトの化石，d層にはフズリナの化石が含まれていました。また，b層を詳しく観察するとさらに層に分かれており，上から順に泥岩の層，砂岩の層，れき岩の層でした。

観察記録から，b層が堆積した当時の観察地点の環境の変化についてまとめると，次のとおりでした。

一般に，地層をつくる各層は上にあるものほど（　ア　），海底の堆積物の粒は海岸からはなれるほど（　イ　）なる。そして，当時海底だったこの観察地点では海底から見て海面がしだいに（　ウ　）と考えられる。

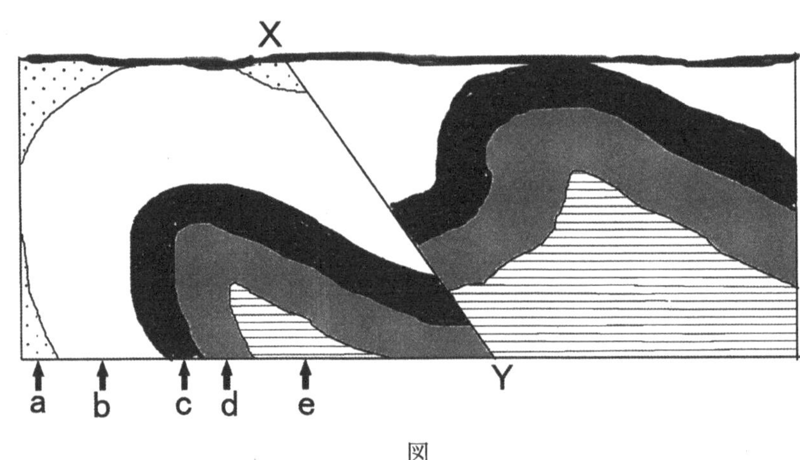

図

問１　（ア），（イ），（ウ）に入るものの組み合わせとして最も適当なものを次の①～⑧より一つ選びなさい。　解答番号 34

	（　ア　）	（　イ　）	（　ウ　）
1	新しく	大きく	上がった
2	新しく	大きく	下がった
3	新しく	小さく	上がった
4	新しく	小さく	下がった
5	古く	大きく	上がった
6	古く	大きく	下がった
7	古く	小さく	上がった
8	古く	小さく	下がった

問２　X－Yのような地層のずれを何というか。最も適当なものを次の①～⑤より一つ選びなさい。　解答番号 35

① しゅう曲　② 隆起　③ 浸食　④ 正断層　⑤ 逆断層

問３　a層が堆積した当時のこの観察地点について，最も適切に述べているものを次の①～④より一つ選びなさい。　解答番号 36

① 熱帯のなかの雨の少ない地域
② 熱帯のなかの雨の多い地域
③ 温帯のなかのやや寒冷な地域
④ 温帯のなかのやや温暖な地域

問４　ビカリアの化石が見つかる可能性がある地層のa～eの組み合わせとして最も適当なものを次の①～⑤より一つ選びなさい。　解答番号 37

① a，b　② a，b，c　③ c，d，e　④ d，e　⑤ e

問５　次のア～ウのできごとは，どのような順番で起こったと考えられるか。起こった順番として最も適当なものを次の①～⑥より一つ選びなさい。　解答番号 38

ア　地層が曲げられた

イ　X－Yの地層のずれが起こった

ウ　bの地層が堆積した

① ア→イ→ウ

② ア→ウ→イ

③ イ→ア→ウ

④ イ→ウ→ア

⑤ ウ→ア→イ

⑥ ウ→イ→ア

【社　会】（50分）　＜満点：60点＞

1　次の地形図を見て，各問いに答えなさい。

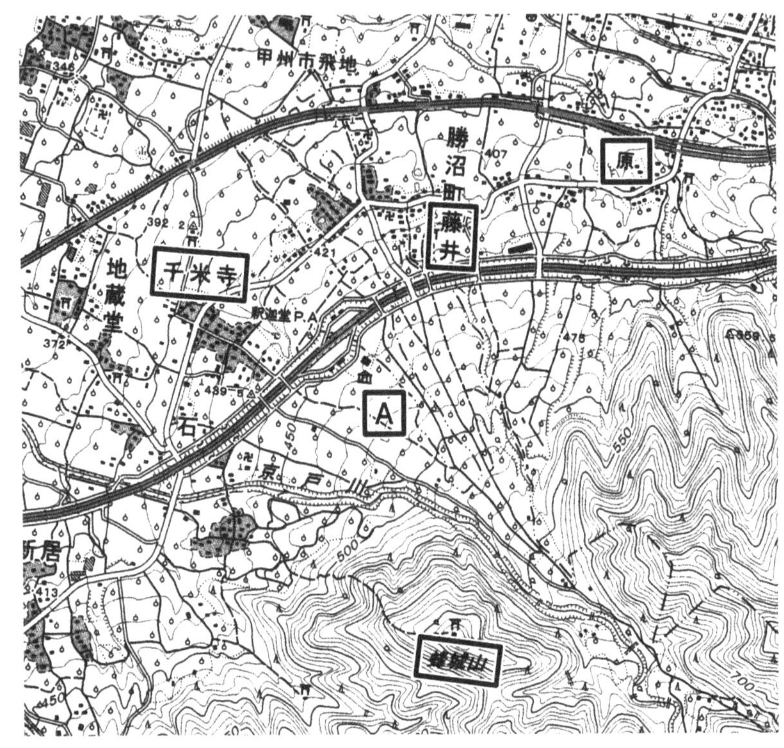

問1　この地形図の縮尺として正しいものを，次の①～④の中から一つ選びなさい。

解答番号　1

①　1万分の1　　②　2万5千分の1　　③　5万分の1　　④　10万分の1

問2　千米寺集落から見て，蜂城山の山頂が見える方位として正しいものを，次の①～④の中から一つ選びなさい。

解答番号　2

①　北西　　②　北東　　③　南東　　④　南西

問3　地図中にみられる地形の一般的な呼称として正しいものを，次の①～④の中から一つ選びなさい。

解答番号　3

①　三角州　　②　河岸段丘　　③　侵食平野　　④　扇状地

問4　Aの地域に多くみられる土地利用として正しいものを，次の①～⑤の中から一つ選びなさい。

解答番号　4

①　水田　　②　針葉樹林　　③　果樹園　　④　桑畑　　⑤　畑・牧草地

問5　千米寺，藤井，原などに集落が発達した理由として正しいものを，次の①～④の中から一つ選びなさい。

解答番号　5

①　地下水が地表に湧き出し，水が得やすいから。

②　神社や寺院が多く，人が集まってくるから。

③　道路がつくられ，交通の便がよいから。

④　新田開発のため，集落をつくったから。

2 日本について，各問いに答えなさい。

問1 日本の南端は沖ノ鳥島であるが，西端の島として正しいものを，次の1～5の中から一つ選びなさい。 解答番号 6

1 与那国島 2 南鳥島 3 択捉島 4 屋久島 5 八丈島

問2 我が国のおもな公害は，水質汚染によるものが多く，水域との関係が深い。次の公害とその水質汚染の発生水域との組み合わせの中で**誤っているもの**を，次の1～4の中から一つ選びなさい。 解答番号 7

	公　害	発生水域
1	足尾銅山鉱毒事件	渡良瀬川
2	水俣病	信濃川
3	イタイイタイ病	神通川
4	新潟水俣病	阿賀野川

問3 日本の農業の現状について述べた文として正しいものを，次の1～4の中から一つ選びなさい。 解答番号 8

1 農業従事者における高齢者の割合が増え，農業後継者の不足が深刻化している。

2 機械化にともなって農業従事者は減少したが，総農家数は変化していない。

3 円高のため国産農産物の価格が上昇し，農業所得と農業従事者は急増している。

4 貿易の自由化が進み，海外からの安い農産物が増えているが，日本の食料自給率は上がっている。

問4 日本の工業についての文章を読み，空欄に当てはまる適切な語句の組み合わせを，次の1～6の中から一つ選びなさい。 解答番号 9

日本の工業は，外国と競争しながら，しだいに高度な技術が必要とされる分野へと発展してきました。国内に資源が乏しい日本は，原料を輸入して製品をつくり上げて海外へ輸出する［ A ］で経済を支えてきました。

工業はいくつかの地域に集中していることが分かります。現在では，関東から九州北部にかけてのびる，帯状の工業地域を形成しています。この地域は［ B ］とよばれています。

次々と進歩する最先端の技術を用いた産業を，［ C ］とよびます。日本の工業は「製品をつくって売る」ことから，このような「技術を開発して売る」ことに力を入れるように変化してきています。

	A	B	C
1	中継貿易	サンベルト	高度経済産業
2	中継貿易	日本海ベルト	先端技術産業
3	自由貿易	日本海ベルト	高度経済産業
4	自由貿易	太平洋ベルト	先端技術産業
5	加工貿易	日本海ベルト	石油化学産業
6	加工貿易	太平洋ベルト	先端技術産業

問５　日本で起きている少子・高齢社会の進行に伴い，予測される事柄として**適当でないもの**を，次の①～⑤の中から一つ選びなさい。　解答番号 10

① 小売店では高齢者向けの商品の品揃えが充実する。

② 高齢者向けの介護や生活支援のビジネスが発展する。

③ 現役世代の福祉に対する負担は徐々に軽減される。

④ 生活環境のバリアフリー化の推進が重要な課題となる。

⑤ 兄弟や近隣の子供が減り，社会性をつちかう機会が減少する。

問６　日本の貿易について，日本の原油輸入相手国上位２ヵ国の組み合わせとして正しいものを，次の①～④の中から一つ選びなさい。　解答番号 11

①	ロシア
	インドネシア
②	サウジアラビア
	アラブ首長国連邦
③	アラブ首長国連邦
	ロシア
④	サウジアラビア
	インドネシア

（地理統計2017年度　帝国書院）

問７　現在，日本には多くの外国人が住んでいる。日本に在住する外国人数が多い順として正しいものを，次の①～④の中から一つ選びなさい。　解答番号 12

	第１位	第２位	第３位
①	韓国・朝鮮	中国	アメリカ合衆国
②	韓国・朝鮮	フィリピン	中国
③	中国	韓国・朝鮮	フィリピン
④	中国	フィリピン	韓国・朝鮮

（地理統計2017年版　帝国書院）

③　オーストラリアについて，各問いに答えなさい。

問１　次のＡ・Ｂの文は，オーストラリアのある州への訪問客について述べたものである。Ａ・Ｂに該当する州として正しいものを，あとの地図中の①～⑦の中から一つ選びなさい。

Ａ　2000年にオリンピックを開催したオーストラリア最大の都市があるこの州には，観光客だけでなく，商用を目的とした訪問客も多い。　解答番号 13

Ｂ　世界遺産として有名で，先住民の聖地ともされているウルル（エアーズロック）があるこの州には，海外からも多くの観光客が訪れる。　解答番号 14

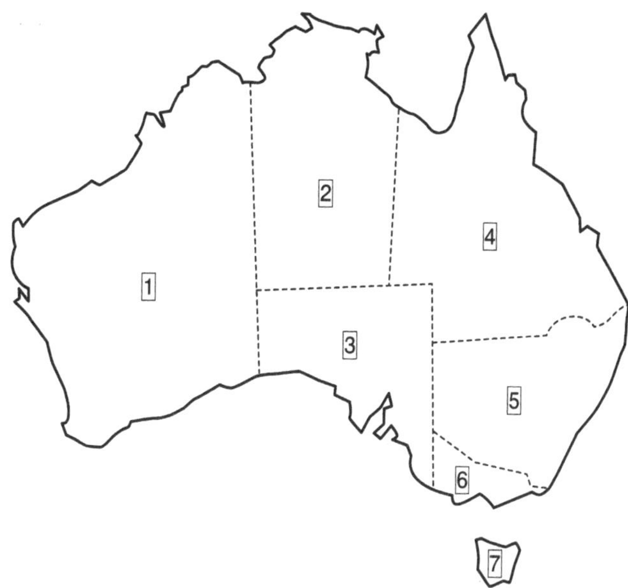

問2　オーストラリアについて述べた文として正しいものを，次の①～④の中から一つ選びなさい。

解答番号 15

① 主に，先住民であるマオリとヨーロッパ系の移民とから成り立っているが，アジアや南太平洋諸国からの移民も増加している。

② イギリス系とフランス系の住民が多く，公用語も英語とフランス語であるが，フランス系住民の多い州では，独立をめぐり住民投票が行われた。

③ 独立前の植民地政策のため，先住民やイギリス人に加え，インドや中国から多くの人々が移住しており，現在では経済的な実権は華人が握っている。

④ かつては有色人種の移住を認めない政策がとられていたが，その政策も廃止され，さまざまな国・地域からの移民を受け入れるようになった。

4　世界の歴史について，各問いに答えなさい。

問1　下の写真はヨーロッパで建設され，現在世界遺産となっているものである。この建築物が作られた国もしくは地域に関して述べた文として正しいものを，次のページの①～④の中から一つ選びなさい。

解答番号 16

1 紀元前8世紀頃から，ポリスと呼ばれる都市国家が地中海各地に建設された。

2 アクロポリスと呼ばれる小高い丘には神殿があり，その代表的な建築物はパルテノン神殿である。

3 パレスチナにイエスが現れ，ユダヤ教の指導者を批判し，神を信じるものは誰でも救われると説いた。

4 陸上競技や格闘技などを競い合う古代オリンピックが初めて開かれた。

問2 古代の東アジア・南アジアに広がった文明に関して述べた文として**誤っているもの**を，次の1～4の中から一つ選びなさい。 解答番号 17

1 紀元前3世紀に，中国を統一した秦の始皇帝は，これまでの「王」をはるかにこえる力を示すために「皇帝」の呼び名を使い始めた。

2 中国では，紀元前4世紀頃から，かたくてじょうぶな青銅製の農具が使われるようになり，耕地が広がった。

3 インドでは，紀元前6世紀頃，シャカが身分制度を批判し，仏教を説いた。

4 のちに「シルクロード」と呼ばれる西方との交通路が整備され，さまざまな人物が行き来し，文化や思想の交流がさかんになった。

問3 第一次世界大戦に関して述べた文として正しいものを，次の1～4の中から一つ選びなさい。 解答番号 18

1 イタリアは三国同盟の一員であり，開戦当初から同盟国側で参戦した。

2 開戦のきっかけは，オーストリア皇太子夫妻が，サラエボでスラヴ系のロシア人に暗殺されたことである。

3 この戦争では，新兵器として戦車や飛行機，毒ガス，核爆弾などが使用された。

4 日本は日英同盟によって連合国側で参戦し，アメリカも連合国側に加わった。

問4 第一次世界大戦後の世界に関して述べた文として**誤っているもの**を，次の1～4の中から一つ選びなさい。 解答番号 19

1 アメリカのウィルソン大統領の提案をもとにして国際連盟が発足し，本部がニューヨークに置かれた。

2 1921年から翌年にかけてワシントン会議が開かれ，太平洋地域の現状維持と，中国の独立と領土保全が確認された。

3 ドイツでは，労働者の基本的権利の保護，社会福祉制度の導入などが定められたワイマール憲法が制定された。

4 インドでは，ガンディーらにより「塩の行進」と呼ばれるイギリスへの抗議行動が行われ，インド各地に非暴力・不服従が広まるきっかけとなった。

5 古代の日本について，各問いに答えなさい。

問1 縄文時代に作られた土偶の写真として正しいものを，あとの1～4の中から一つ選びなさい。 解答番号 20

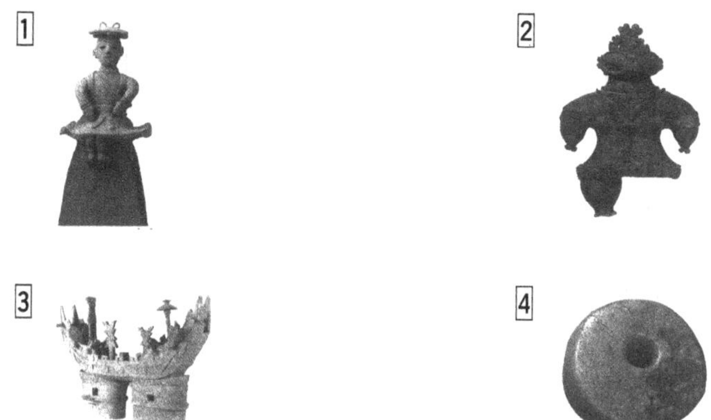

問2　中国の歴史書から読み取れる倭国（日本）の様子について述べた文として**誤っているもの**を，次の①～④の中から一つ選びなさい。　解答番号 21

① 『漢書』には，倭国は100ほどの国に分かれていたと記されている。

② 『後漢書』には，倭のある国の王が中国に使いを送り，皇帝から金印を授かったと記されている。

③ 『魏志』倭人伝には，邪馬台国の女王卑弥呼が，「漢委奴国王」の称号と金印を授かったと記されている。

④ 『魏志』倭人伝には，邪馬台国には身分の差が存在したと記されている。

問3　古墳時代には渡来人が来日し，様々な技術をもたらした。須恵器の写真として正しいものを，次の①～④の中から一つ選びなさい。　解答番号 22

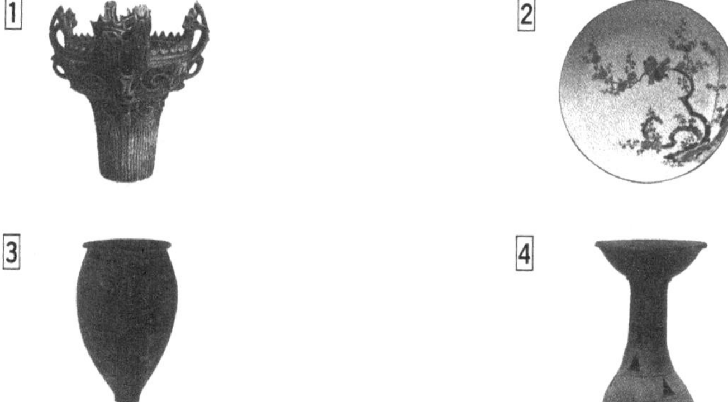

6　中世の日本について，各問いに答えなさい。

問1　次の法令を定めた人物として正しいものを，次の①～④の中から一つ選びなさい。

解答番号 23

諸国の守護の職務は，頼朝公の時代に定められたように，京都の御所の警備と，謀反や殺人などの犯罪人の取り締まりに限る。

① 北条時政　② 北条義時　3 北条泰時　④ 北条時宗

問2　次のページの図は室町幕府の仕組みを表したものである。図中の空欄A～Cに当てはまる語句の組み合わせとして正しいものを，次のページの①～⑥の中から一つ選びなさい。

解答番号 24

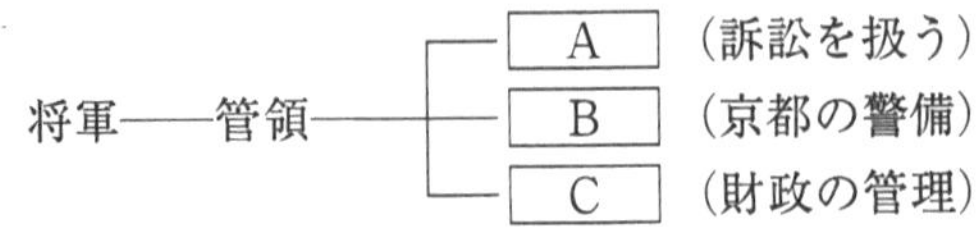

1 A:侍所 B:政所 C:問注所
2 A:侍所 B:問注所 C:政所
3 A:政所 B:問注所 C:侍所
4 A:政所 B:侍所 C:問注所
5 A:問注所 B:政所 C:侍所
6 A:問注所 B:侍所 C:政所

7 近世の日本について,以下の問いに答えなさい。

問1 19世紀の西日本の諸藩の改革について述べた文として正しいものを,次の1~4の中から一つ選びなさい。 解答番号 25

1 薩摩藩では,下関での海運を盛んにし,他藩に対する金融業を行い,経済力を蓄えた。
2 長州藩では,琉球を使った密貿易や,黒砂糖の専売制などで藩の財政を立て直した。
3 岡山藩では,29か条の倹約令を出したが,えた身分にだけ出された命令をめぐって,渋染一揆が起こった。
4 肥前藩では,紙や蝋(ろう)を専売制にして,財政の立て直しを図った。

問2 1858年に締結された日米修好通商条約によって,開港されることが決まった港として**誤っているもの**を,次の1~6の中から一つ選びなさい。 解答番号 26

1 神奈川 2 長崎 3 新潟 4 兵庫 5 浦賀 6 箱館

8 近現代の日本とアジア諸国の関係について,以下の問いに答えなさい。

問1 1905年に日本が韓国を保護国とした際,韓国統監として韓国へ派遣された人物として正しいものを,次の1~4の中から一つ選びなさい。 解答番号 27

1 寺内正毅 2 伊藤博文 3 陸奥宗光 4 小村寿太郎

問2 日露戦争後の中国の様子や,日本との関係について述べた文として正しいものを,次の1~4の中から一つ選びなさい。 解答番号 28

1 満州では,日本がポーツマス条約で得た鉄道の利権をもとに,南満州鉄道株式会社が設立された。
2 武昌で反乱が起こり,袁世凱が臨時大総統として,中華民国の成立を宣言した。
3 満州のハルビン駅で,伊藤博文が孫文によって暗殺された。
4 日本が満州に進出した結果,同じく満州への進出をもくろむイギリスと対立した。

問3 次のAからCの文を古いものから年代順に並べたものとして正しいものを,次の1~6の中から一つ選びなさい。 解答番号 29

A 北京郊外の盧溝橋で,日中両軍の武力衝突が起こった。
B 奉天郊外の柳条湖で,関東軍が南満州鉄道を爆破した。
C 中国国民政府の首都が,重慶に移された。

1 A－B－C 2 A－C－B 3 B－A－C

④ B－C－A　⑤ C－A－B　⑥ C－B－A

問4　1972年に日中共同声明が発表されたときの，日本の内閣総理大臣として正しいものを，次の①～④の中から一つ選びなさい。　解答番号 30

① 岸信介　② 鳩山一郎　③ 田中角栄　④ 佐藤栄作

9　次の大日本帝国憲法と日本国憲法を比較した表について，各問いに答えなさい。

大日本帝国憲法	比較事項	日本国憲法
1889年2月11日発布 1890年11月29日施行	a制　定	1946年11月3日公布 1947年5月3日施行
天皇主権	主　権	b国民主権
神聖不可侵、元首、統治権の総攬(そうらん)者	天　皇	象徴、国事行為のみ行う
天皇が統帥(すい)権を有する	戦争・軍隊	c平和主義
d「臣民」としての権利	国民の権利	e基本的人権は永久不可侵の権利
天皇の協賛機関 衆議院と貴族院	国　会	f国権の最高機関、唯一の立法機関 衆議院と参議院
規定なし	内　閣	g最高の行政機関
天皇の名による裁判、違憲立法審査権なし	裁判所	h司法権の独立を保障、違憲立法審査権あり
規定なし	地方自治	i地方自治の本旨を尊重
天皇が発議し、帝国議会が議決	憲法改正	j国会が発議し、国民投票を実施

問1　下線部aについて，大日本帝国憲法，日本国憲法の制定に関する記述として**誤っているもの**を，次の①～④の中から一つ選びなさい。　解答番号 31

① 大日本帝国憲法は，君主権の強いプロイセン（ドイツ）憲法を模範としている。

② 大日本帝国憲法は，君主である天皇が国民に授けた欽定憲法である。

③ 日本国憲法は，連合国の占領下で制定されたものなので，GHQ案（マッカーサー草案）を修正することなく作られている。

④ 日本国憲法は，帝国議会で大日本帝国憲法を改正して作られた民定憲法である。

問2　下線部bについて，日本国憲法が国民主権を基本原理として採用したことを示すものとして**適当でないもの**を，次の①～④の中から一つ選びなさい。　解答番号 32

① 天皇の地位は日本国民の総意に基づく。

② 公務員を選定・罷免することは国民固有の権利である。

③ 基本的人権は，侵すことのできない永久の権利として，現在及び将来の国民に与えられる。

④ 国会は，国権の最高機関である。

問３　下線部ｃについて，日本国憲法の平和主義やわが国の防衛政策に関する記述として正しいものを，次の①～④の中から一つ選びなさい。　解答番号 33

① 最高裁判所は，「統治行為論」の考え方に立ち，自衛隊や日米安全保障条約の合憲・違憲について明確な判断を示していない。

② 自衛隊の最高指揮権は，文民である防衛大臣にある。

③ 非核三原則とは，核兵器を「もたず，つくらず，使用せず」のことである。

④ 個別的自衛権は行使できるが，集団的自衛権の行使は自衛権の範囲をこえるので，今も認められていない。

問４　下線部ｄについて，大日本帝国憲法下の臣民の権利や義務に関する記述として正しいものを，次の①～④の中から一つ選びなさい。　解答番号 34

① 大日本帝国憲法下の臣民の権利は，人間が生まれながらにしてもっている不可侵なものであった。

② 大日本帝国憲法下の臣民の権利は，法律の範囲内で認められたものであった。

③ 大日本帝国憲法下の臣民の権利には，社会権が規定されていた。

④ 大日本帝国憲法は，臣民の権利を認めるかわりに，国民に対して，納税の義務，勤労の義務，兵役の義務を課していた。

問５　下線部ｅについて，日本国憲法が保障する基本的人権に関する記述として正しいものを，次の①～④の中から一つ選びなさい。　解答番号 35

① わが国では，死刑制度は憲法が禁止する残虐な刑罰にあたると最高裁判所が判断したので，死刑制度は廃止された。

② 経済の自由については，精神の自由よりも広く公共の福祉に基づく制限を受けるものとしている。

③ 憲法は「健康で文化的な最低限度の生活」を保障しているので，すべての国民が経済状態によらず国に生活保護を請求することができる。

④ 日本国籍をもたない定住外国人にも，地方参政権が認められている。

問６　下線部ｆについて，国会に関する記述として正しいものを，次の①～④の中から一つ選びなさい。　解答番号 36

① 国会は国権の最高機関なので，憲法により内閣総理大臣の任命権と最高裁判所長官の任命権が与えられている。

② 国会は国の唯一の立法機関なので，憲法は内閣が政令を定めることを認めていない。

③ 国会の種類には，常会・臨時会・特別会の三つがあり，衆議院の解散中には参議院の緊急集会が開かれることもある。

④ 衆議院には，条約の先議権が与えられている。

問７　下線部ｇについて，内閣に関する記述として**誤っているもの**を，次の①～④の中から一つ選びなさい。　解答番号 37

① 内閣は，行政権の行使について，国会に対して連帯して責任を負う。

② 内閣は，衆議院において不信任決議案が可決された場合，10日以内に内閣が総辞職するか，衆議院を解散するかのいずれかを選択しなければならない。

③ 内閣は，内閣総理大臣とその他の国務大臣により組織され，国務大臣の過半数は国会議員で

なければならない。

4 内閣総理大臣は，「同輩中の首席」として他の国務大臣と対等な立場で内閣を主宰する。

問8 下線部hについて，裁判所に関する記述として正しいものを，次の1～4の中から一つ選びなさい。 解答番号 38

1 日本国憲法では，すべて司法権は最高裁判所と特別裁判所に属する。

2 日本国憲法下では「司法権の独立」が確立されている。大津事件は，立法府の干渉が問題になった事件である。

3 違憲立法審査権は，「憲法の番人」とよばれる最高裁判所にのみ与えられた権限である。

4 裁判員制度は，重大な刑事事件の第一審に国民が参加する制度である。

問9 下線部iについて，地方自治に関する記述として**誤っているもの**を，次の1～4の中から一つ選びなさい。 解答番号 39

1 地方自治の本旨とは，団体自治と住民自治のことである。

2 地方分権一括法（1999年）により，地方公共団体の事務は，自治事務と法定受託事務に再編された。

3 条例の制定・改廃の請求は，有権者の3分の1以上の署名を集めて，議会に請求する。

4 「平成の大合併」により，3,232（平成11年3月末）の市町村数が1,718（平成26年3月末）に減った。

問10 下線部jについて，日本国憲法の憲法改正の手続きとして正しいものを，次の1～4の中から一つ選びなさい。 解答番号 40

1 各議院の総議員の3分の2以上の賛成で国会が発議し，国民投票で過半数の賛成を必要とする。

2 各議院の出席議員の3分の2以上の賛成で国会が発議し，国民投票で過半数の賛成を必要とする。

3 各議院の総議員の過半数の賛成で国会が発議し，国民投票で3分の2以上の賛成を必要とする。

4 各議院の出席議員の過半数の賛成で国会が発議し，国民投票で3分の2以上の賛成を必要とする。

10 次のページの年表について，各問いに答えなさい。

問1 下線部aについて，民主化改革の内容の組み合わせとして正しいものを，次の1～6の中から一つ選びなさい。 解答番号 41

1 シャウプ勧告・農地改革・労働運動の公認

2 郵政民営化・IT革命・農地改革

3 労働運動の公認・財閥の解体・IT革命

4 農地改革・郵政民営化・シャウプ勧告

5 財閥の解体・農地改革・労働運動の公認

6 ＩＴ革命・シャウプ勧告・郵政民営化

問2 下線部bについて，変動為替相場制について述べた文として**誤っているもの**を，次の1～4の中から一つ選びなさい。 解答番号 42

1 為替相場（為替レート）とは，外国との取り引きにおける自国の通貨と外国通貨との交換比率である。

2 変動為替相場制では，外国為替相場は外国為替市場における需要と供給の関係によって変動する。

3 外国為替市場の需給関係に影響を及ぼす要因としては，経常収支や金融収支の動向がある。

4 日本の輸出が増えると，日本企業が代金として受け取る外国通貨が増え，日本企業は受け取った外国通貨を円に交換しようとして円安になる。

時期	出来事（年）
戦後復興期	GHQによる指導でa戦後の民主化改革 傾斜生産方式による経済復興政策（1946～47）→インフレ発生 経済安定9原則・ドッジライン実施（1948～49）→安定恐慌 朝鮮戦争による特需（1950）
高度経済成長期	神武景気（1954～57） 岩戸景気（1958～61） 国民所得倍増計画（1960） オリンピック景気（1962～64） いざなぎ景気（1965～70） 〔　A　〕(1971) b変動為替相場制へ移行（1973） 〔　B　〕(1973)
安定成長期	戦後初のマイナス成長（1974） 〔　C　〕(1985)→円高不況へ
バブル期～現在	バブル景気（1986～91） c消費税実施（1989） 平成不況・「失われた10年」へ（1991～） アジア通貨危機・消費税率引き上げ（1997） d日本銀行が初のゼロ金利政策（1999～2000）・初の量的緩和政策（2001～06） 小泉内閣による構造改革（2001～） サブプライムローン問題（2007） 〔　D　〕(2008) 東日本大震災（2011） 消費税率引き上げ（2014）

問3　下線部cについて，消費税について述べた文として正しいものを，次の①～④の中から一つ選びなさい。　解答番号 43

① 税は直接税と間接税に区分されるが，消費税は直接税に属する。

② 消費税は，商品やサービスの購入に対し，購入者の所得にかかわらず同率で課税されるので，逆進性をもつ。

③ 消費税率が上がると商品の価格も上がり，消費者にとっての負担が大きくなるが，生産者の負担が増えるわけではないので販売量は増加する。

④ 1989年に消費税が導入されたときの税率は５％であった。

問４ 下線部ｄについて，日本銀行の役割や金融政策について述べた文として**誤っているもの**を，次の①～④の中から一つ選びなさい。 解答番号 44

① 日本銀行は，唯一の「発券銀行」であり，国庫金の出し入れを扱う「政府の銀行」である。

② 日本銀行は，不況のときは中央銀行が供給する通貨量を減らすことで，経済全体に流通している通貨の総量を減らす。

③ 日本銀行は，預金準備率（支払い準備率）を変更することで，経済全体に流通している通貨の総量を調節する。

④ 日本銀行は，短期金融市場で国債や手形を売買することによって，経済全体に流通している通貨の総量を調節する。

問５ 表中の〔Ａ〕〔Ｂ〕〔Ｃ〕〔Ｄ〕は，日本経済に大きな影響を与えた出来事であるが，これらにあてはまる語句として正しいものを，次の①～⑥の中から一つ選びなさい。解答番号 45

	〔 Ａ 〕	〔 Ｂ 〕	〔 Ｃ 〕	〔 Ｄ 〕
①	キューバ危機	第１次石油危機	リーマンショック	ニクソンショック
②	第１次石油危機	リーマンショック	湾岸戦争	プラザ合意
③	ギリシア財政危機	ニクソンショック	プラザ合意	第１次石油危機
④	ニクソンショック	プラザ合意	金融ビッグバン	リーマンショック
⑤	湾岸戦争	金融ビッグバン	キューバ危機	ギリシア財政危機
⑥	ニクソンショック	第１次石油危機	プラザ合意	リーマンショック

問七　次の文章はこの「雨月物語」が成立した江戸時代の文学の様子を説明したものである。空欄［ア］～［ウ］に入る語の組み合わせとして正しいものを次の中から選びなさい。解答番号は[30]。

江戸時代になると印刷技術の発達により、町人階級にも文学が広がっていった。前期は、俳句では［ア］、小説では井原西鶴、［イ］を創出した近松門左衛門が活躍し、上方が文学の中心であった。後期は江戸が文学の中心になり、［ウ］では与謝蕪村、小説では、上田秋成、滝沢馬琴が活躍し、［イ］に替わって歌舞伎が流行した。

[1]　ア　小林一茶　　イ　落語　　ウ　謡曲
[2]　ア　松尾芭蕉　　イ　落語　　ウ　狂歌
[3]　ア　松尾芭蕉　　イ　神楽　　ウ　謡曲
[4]　ア　小林一茶　　イ　浄瑠璃　　ウ　狂歌
[5]　ア　松尾芭蕉　　イ　浄瑠璃　　ウ　俳諧
[6]　ア　小林一茶　　イ　神楽　　ウ　俳諧

③ 自分で勝手に名前を名乗りはじめた。
④ 仏僧の名前としてふさわしいとほめたたえられた。
⑤ 絵師となってもよいと社会的に認められた。

問三 傍線部イ「必ずしも与へず」とあるが、それはどういうことか。その説明として最も適当なものを次の中から選びなさい。解答番号は㉖。

① 興義は自身の最後の作品となることを予期し、自分が死んだ後ならば与えてもよいと思っているということ。
② 僧が描く生き物の絵は尊いものであるから、仏門にはいっていない人には渡すことができないため、譲ることはないということ。
③ 絵を描くまでに大金をかけているから、それに見合う代金が支払われれば与えることがあるかもしれないということ。
④ 長年魚を描くとともに夢に出てくるまで魚を愛でており、執着した作品であるから決して譲ることはないということ。
⑤ 描くのに長い年月をかけた人生で最高の作品だと思っているため、高い評価をしてくれた人に譲りたいということ。

問四 傍線部ウ「もしや」のあとに続く内容として最も適当なものを次の中から選びなさい。解答番号は㉗。

① 死んでしまったのではないか。
② 生き返るのではないか。
③ 絵をゆずってくれるのではないか。
④ 寒いと思っているのではないか。
⑤ 怒っているのではないか。

問五 傍線部エ「かしこくも物せざりしよ」とあるが、それはどういうことか。その説明として最も適当なものを次の中から選びなさい。解答番号は㉘。

① 絵を売るために興義が死んだふりをしていたことを愚かではない人々は見抜いていたということ。
② 仏が畏れ多くも興義が死なずに生き返らせてくれたことに人々が感謝したということ。
③ 他の僧や弟子たちが身に着けていなかった蘇生の方法を賢い興義が知っていたことに驚嘆したということ。
④ 興義は死んだのではなくただ寝ていただけだということに弟子たちが賢くも気づいたということ。
⑤ 体が温かいことから、すぐに葬儀をあげずに待っていたことが素晴らしいことだと人々が思ったということ。

問六 本文の内容と一致しないものを次の中から選びなさい。解答番号は㉙。

① 人々は順番を争って絵を欲しがるので、花鳥・山水画は要求のままに与えた。
② 興義は泉郎（あま）が獲った魚を買い取って逃がしてまでも魚の絵を描いていた。
③ 興義は絵の才能をもともともっており、描く魚の絵は細妙の極みに至っていた。
④ 弟子たちは日頃仲良く付き合っていた在家の人たちと葬式をどうするか相談した。
⑤ 興義は絵に夢中になり、うとうとすると、夢の中で水中に入って、大小さまざまな魚たちと遊んでいた。

だということにある種の背徳感を感じ、おかしさを共有している。

③ ある種のむなしさを感じることもあるが、二人とも情熱を持って仕事に取り組んでいる互いの姿勢に好意を抱いている。

④ 家族の願いとは別に、それぞれが大きな情熱を持ってできる仕事にこれからも取り組んでいこうという決意を確認しあっている。

⑤ 観覧車という密室の空間で、普通は他人に話してはならないことを露骨に語り合い、不道徳なことをしたという妄想に浸っている。

三 次の文章を読んで後の問いに答えなさい。

むかし延長※1の頃、三井寺※2に興義という僧ありけり。絵に巧なるⅠをもて名を世にゆるされけりア。つねに画く所、仏像・山水・花鳥を事とせず。寺務のいとまある日は湖(うみ)に小舟をうかべて、網引(あびき)釣りする泉郎(あま)に銭を与へ、獲たる魚をもとの江に放ちて、其の魚の遊躍(あそぶ)を見ては画きけるほどに、年を経て細妙(くはしき)にいたりけり。

あるときは絵に心を凝して眠をさそへば、夢のうちに江に入りて、大小の魚とともに遊ぶ。覚ればやがて見つるままを画きて壁に貼(お)し、みづから呼びて「夢応の鯉魚」と名付けけり。

其の絵の妙なるⅡをめでて乞要(こひもと)むるもの前後をあらそへば、ただ花鳥・山水は乞にまかせてあたへ、鯉魚の絵はあながちに惜みて、人毎(ひとごと)に戯れていふ。「生を殺し鮮を喰(くら)ふ凡俗の人に、法師の養ふ魚必ずしも与へずイ」となん。其の絵と俳諧※3とともに天下に聞えけり。

一とせ(ある年)病にかかりて、七日を経て忽(たちま)ちに眼を閉ぢ息絶てむなしくなりⅢぬ。徒弟友どちあつまりて歎き惜みけるが、ただむねのあたりの微(すこ)し暖なるにぞ、もしや(等)ウと居めぐりて守りつも三日を経にけるに、手足すこし動き出づるやうなりⅣしが、忽ちためいきを吐て、眼をひらき、醒(さめ)たるがごとくに起きあがりて、人々にむかひ、「我人事をわすれて既に久し。幾日をか過しけん」。衆弟等いふ。「師三日前に息たえ給ひぬ。寺中の人々をはじめ、日ごろ睦(むつ)まじくかたり給ふ殿原※4も詣(まう)で給ひて葬(はふむり)の事をはかり給ひぬれどただ師がむねの暖なるⅤを見て、柩(ひつぎ)にも蔵(をさ)めでかく守り侍りしに、今やよみがへり給ふにつきて、『かしこくも物せざりしよ』エと怡(よろこ)びあへり」。

（上田秋成「雨月物語」）

※1 延長……923～931年。
※2 三井寺……滋賀県大津市にある寺。
※3 俳諧……ここでは冗談の意。
※4 殿原……成人男性の敬称。

問一 次の文の傍線部と同じ種類のものを傍線部Ⅰ～Ⅴから選びなさい。解答番号は㉔。

「かくて、翁やうやう豊かになりゆく。」

① Ⅰ 絵に巧なる　② Ⅱ 絵の妙なる
③ Ⅲ むなしくなりぬ　④ Ⅳ 動き出づるやうなり
⑤ Ⅴ むねの暖なる

問二 傍線部ア「名を世にゆるされけり」の口語訳として最も適当なものを次の中から選びなさい。解答番号は㉕。

① 興義の名前が世の中に広く知られるようになった。
② 世間に対し名前を名乗るのを許可された。

2 苦労に苦労を重ねて作り上げても、自分自身が納得がいくものを作ることはできないこと。

3 一生懸命に取り組んで作り上げても、そのことが相手に伝わらずに終わってしまうこと。

4 様々な技術を用いて作り上げても、できあがったものはあっという間に形が崩れてしまうこと。

5 どれだけ情熱を傾けて作り続けても、人から完成したと思われることはないこと。

問七 空欄 Ⅳ に入る最も適当な語を次の中から選びなさい。解答番号は19。

1 鮮やか　2 にぎやか　3 華やか
4 なごやか　5 軽やか　6 しめやか

問八 空欄 Ⅴ に入る最も適当な語を次の中から選びなさい。解答番号は20。

1 効果　2 実体　3 意味
4 満足感　5 結末　6 形跡

問九 傍線部エ「完璧な辞書を作ることはだれにもできない」とあるが、その理由として最も適当なものを次の中から選びなさい。解答番号は21。

1 ネット社会の普及によって、言葉の意味の変化のスピードが格段に上がり、すべてを把握することは人工知能にしかできないから。

2 情熱を傾けて苦労をしながら完成させたとしても、ひとによって言葉の解釈は異なるので、完璧さを求めることはできないから。

3 その時のある言葉の意味を定義できたとしても、すぐに言葉の意味は逸脱・変化し、その定義の正確さは失われるから。

4 言葉を使って思いを伝えようとするひとは大勢いるため、全員が満足する辞書作りをするには膨大な作業量を必要とするから。

5 言葉は常に変化をするため、その意味をその都度正確に把握するためには、どれほどの紙面があっても対応しきれないから。

問十 傍線部オ「私も」とあるが、なぜ二人は観覧車が好きなのか。その理由として最も適当なものを次の中から選びなさい。解答番号は22。

1 ある種の徒労感を伴っていても、情熱を持ち続けて取り組むことの出来るそれぞれの仕事に共通するものが感じられるから。

2 静かに動きながらも、そのエネルギーはずっと継続し、必ずもとの場所に戻ることができる安心感があるから。

3 二人ともジェットコースターのような激しい動きを伴う遊具よりも、静かにゆったりとしている観覧車が好きだから。

4 相手の気持ちをすべて理解できなくても、二人の距離を縮めようとする情熱を持ち続けることができる空間だから。

5 時代の変化に伴って、様々な遊具が新しいものに変えられていく中で、いつまでも遊園地にあり続けるものだから。

問十一 傍線部カ「共犯者のように」とあるが、この表現から読み取れる二人の関係の説明として最も適当なものを次の中から選びなさい。解答番号は23。

1 他の人があまり好まない性質を持つ仕事に取り組んでいることに二人とも密かな優越感を感じており、仲間意識を持っている。

2 遊園地という場所で、選ぶ人が少ない観覧車が二人とも一番好きら。

「私も」馬締と香具矢は、共犯者のように微笑みあった。

（三浦しをん『舟を編む』）

※佇立…たたずむこと。

問一　二重傍線部Ⅰ「はぐらかされた」とあるが、文中での意味として最も適当なものを次の中から選びなさい。解答番号は13。

1 ごまかされた　2 無視された

3 馬鹿にされた　4 拒否された

5 質問された

問二　空欄 Ⅱ に入る最も適当な語を次の中から選びなさい。解答番号は14。

1 はらって　2 かもして　3 ふるって

4 ひろって　5 さらって　6 のんで

問三　二重傍線部Ⅲ「オダ（やか）」を漢字にしたとき、同じ漢字を用いるものを次の中から選びなさい。解答番号は15。

1 オン暖な気候　2 オン程の変化

3 オン師に感謝　4 オン便な処置

5 オン密な行動

問四　傍線部ア「落ち着かない気分」とあるが、そうなった理由として最も適当なものを次の中から選びなさい。解答番号は16。

1 周りは幸せな人たちが多く、その中で二人きりで気の進まない会話をしなければならないから。

2 好意を持っている相手と二人きりであり、苦手な乗り物の多い遊園地に来ているから。

3 これから長い時間二人きりで過ごさねばならず、何を話したらいいのか見当もつかないから。

4 高齢の家族を家に置いてきており、二人きりで心から遊園地を楽しめそうになかったから。

5 二人きりの状況に慣れておらず、会話の際に頼りになる辞書も持ち合わせていなかったから。

問五　傍線部イ「少しさびしい乗り物だといつも思う」とあるが、その理由として最も適当なものを次の中から選びなさい。解答番号は17。

1 子どもの時は高い場所からの眺めに興奮したが、大人になるとその感動は薄れたから。

2 室内では自由に動けず、一緒に乗った人と近づくことができずもどかしさを感じるから。

3 他の乗り物のように激しい動きがなく、緩慢な動きにつまらなさを感じるから。

4 室内が狭いことで人との距離は縮まるが、かえってその人との隔たりを感じるから。

5 向かい合って座席に座らねばならず、見たい方向の景色を一緒に見られないから。

問六　傍線部ウ「香具矢の言うむなしさやさびしさ」とあるが、どのようなことにそう感じるのか。その説明として最も適当なものを次の中から選びなさい。解答番号は18。

1 心をこめて作り上げても、すぐにそれは失われ、また始めからやり直しになること。

「あれに乗ろう」

　香具矢は馬締の肘（ひじ）を軽くつかみ、巨大な観覧車へとうながした。香具矢の指はすぐに離れてしまったが、馬締の肘はいつまでもいつまでも、細い指先の感触とやわらかな圧力を覚えていた。

　観覧車は最新式で、中心部分には放射状の支柱がひとつもなかった。外縁だけの大きな輪が、中空に※佇立（ちょりつ）しているように見える。

　香具矢が選ぶのは、ゆっくりした動きの遊具ばかりだった。絶叫系が苦手なのか、いかにも絶叫系が苦手そうな馬締を慮（おもんぱか）ってくれたのか、どちらなのかわからない。並ぶことなく小さな箱に乗り込んだ二人は、次第にひらけていく空と、足もとに広がる街並を眺めた。

「観覧車を発明したのって、だれなんだろう」

　香具矢は窓の外に視線をやったまま言った。「楽しいけど、イ少しさびしい乗り物だといつも思う」

　馬締も、ちょうどそう感じていたところだった。こんなに狭い空間に一緒にいるのに、いや、狭い空間にいるからこそなおさらに、触れあえず覗（のぞ）きこめない部分があることを痛感させられる。地上から離れて二人きりになっても、一人と一人だ。同じ景色を見て、同じ空気をわけあっても、融（と）けて交わることはない。

「板前をやってると、たまに、観覧車に乗ってるのと同じ気分になる」

　香具矢は窓辺に肘を引っかけ、窓ガラスぎりぎりまで頬を寄せた。

「なぜですか?」

「どんなにおいしい料理を作っても、一周まわって出ていくだけ」

「なるほど」

　観覧車を食物の摂取と排泄にたとえるとは、変わったひとだ。ウ香具矢の言うむなしさやさびしさは、辞書づくりにも通じることだとも思った。

　どれだけ言葉を集めても、解釈し定義づけをしても、辞書に本当の意味での完成はない。一冊の辞書にまとめることができたと思った瞬間に、再び言葉は捕獲できない蠢（うごめ）きとなって、すり抜け、形を変えていってしまう。辞書づくりに携わったものたちの労力と情熱を Ⅳ に笑い飛ばし、もう一度ちゃんとつかまえてごらんと挑発するかのように。

　馬締にできるのはただ、言葉の終わりなき運動、膨大な熱量の、一瞬のありさまをより正確にすくいとり、文字で記すことだけだ。

　食べても食べても、生きていれば必ず空腹を感じるのと同じく、捕らえても捕らえても、まるで Ⅴ のないもののように言葉は虚空へ霧散していく。

「それでも香具矢さんは、板前という仕事を選ぶのでしょう?」

　永遠に持続する満腹がなくとも、おいしい料理を食べたいと願うひとがいるかぎり、香具矢さんは腕を振るい続ける。エ完璧な辞書を作ることはだれにもできないとわかっていても、言葉を使って思いを伝えようとするひとがいるかぎり、俺は全力でこの仕事を為し遂げてみせる。

「そうだね、やっぱり選んじゃうと思う」

　香具矢はうなずいた。「好きだから」

　馬締は、夕暮れの色に変わりつつある空を眺めた。二人を乗せた小さな箱は、頂点を過ぎ、地上を指して徐々に下降しはじめた。

　もうすぐもとの場所に戻る。

「俺、遊園地の乗り物のなかで、観覧車が一番好きです」

　少しさびしいけれど、静かに持続するエネルギーを秘めた遊具だかあったんじゃないかな。

（スズハラさん） 道徳といっても親孝行のほかにどんな選択肢があったのかしら。ほかのデータも見てみたくなったわ。

1 ヤナギくん　2 シモヤさん　3 タウチくん
4 スズハラさん　5 ミヤジマくん

二 次の文章は三浦しをん『舟を編む』の一部分であり、辞書編集者である馬締光也（まじめみつや）と日本料理店の板前である林香具矢（はやしかぐや）が遊園地に出かけた場面である。これを読んで、あとの問いに答えなさい。

日曜日の遊園地は、家族連れやカップルでにぎわっていた。ヒーローショーのアナウンスが流れ、ジェットコースターが轟音（ごうおん）とともに頭上を通りすぎる。

日はまだまだ高い。遊園地に来るのは小学生のとき以来で、馬締はア落ち着かない気分であたりを見まわした。

「最近のジェットコースターは、大きさもひねりも、たいそうなものなんですね。恐そうだな。」

「おばあちゃん、私たちに気をつかったみたいだと思わない？」

噛みあわない。馬締は香具矢を見た。香具矢も馬締を見上げていた。黒い目が、意志となんらかの感情を宿して輝いている。馬締は胸が苦しくなり、なにか言わねばと思ったけれど、どんな大きな辞書を調べても、ふさわしい言葉には行きあえそうもなかった。

「なにに乗りますか」

視線をそらし、馬締は言った。Iはぐらかされたと感じたのか、香具矢が小さくため息をついた気がした。

「あれ」

香具矢が指したのはメリーゴーラウンドだった。派手な色合いの馬に乗るのは恥ずかしかったが、ジェットコースターよりはましだ。ひっきりなしに降ってくる絶叫に怖じ気（おけ）を［Ⅱ］いた馬締は、すぐにうなずいた。

馬締と香具矢は、メリーゴーラウンドに三回乗り、合間に園内をそぞろ歩いた。さして言葉を交わすでもなかったが、気詰まりな感じはしなかった。むしろ、Ⅲオダやかな気分だ。ベンチに腰掛けた馬締は、香具矢の横顔をうかがった。香具矢も、同じように感じているらしかった。幼い兄弟が両親の手を引っ張り、大きなトランポリンのほうへ歩いていくのを、サンドイッチを咀嚼（そしゃく）しながら眺めている。

「香具矢さんは、ご兄弟はいますか」

「兄が一人。結婚して、いまは福岡でサラリーマンやってる」

「俺の両親も転勤で福岡に行って、もう長いですよ」

「兄弟はいる？」

「いえ、一人っ子です。親とも年に一度会えばいいほうですね」

「大人になると、そんなもんだよね」

そこから二人は、それぞれの家族が福岡のどのあたりに住んでいるか、福岡に行ったらなにを食べるのがいいか、おみやげの明太子はどの会社のものがおいしいか、などを語りあった。わりとすぐに話題が尽き、黙った。

遊具が作動する音。悲鳴とも歓声ともつかぬ叫び。陽気な音楽。

下鉄を利用した。

問八　傍線部カ「実はこれまで語ってきた現代の『日本志向』も、この『自己充足的』な価値観のひとつの現れではないかと思われる」とあるが、ここでいう「現代の『日本志向』」とはどのような傾向のことか。全体の論旨をふまえて、最も適当なものを次の中から選びなさい。解答番号は11。

1　各種の調査結果にみられるように保守化の傾向が基礎にあり、そのうえに行き過ぎた近代化への反省として古い日本を取り戻したいという意識が加わってきている。

2　近代化を進めて西洋に追いつくことを目的にしてきたが追いついてしまい、目的を失ったために自己の内側に昔からある価値観にも意識が向かうようになっている。

3　明治以降の日本をどんどん発展させようという「拡張主義」的な発想を受け継ぎつつ、さらなる発展のために伝統的な日本の良さも見直されはじめている。

4　かつては日本を自ら否定して変化や発展を目指した考えがあったが、現状の日本を肯定的にとらえてこの状況でいいと思えるようになってきている。

5　親を大切にするなどの道徳観に基づき、古い価値観のみを志向する伝統回帰のなかで、日本がよくても悪くても関係なく自分の国が好きだと思うようになってきている。

問九　次の会話文は本文と文中の図についてのやりとりである。この中で誤った意見はだれのものか。あとの選択肢から選びなさい。解答番号は12。

（ヤナギくん）　この図は１９６３年から5年ごとの変化をまとめたものですね。

（シモヤさん）　いまどきの若者は道徳観が希薄だと言われることが多いけど、この表を見るとそう簡単には言い切れないようですね。だって最近のデータだと若い人の数値も高いから。

（タウチくん）　本文の説明によると、「大切な道徳は親孝行」という人がこの45年間ほぼ増え続けているというけど、たしかに、細かく見ると減少しているときもあるから、「ほぼ」増加なんだね。

（スズハラさん）　古い年代で見ると、〈20代から40代〉と〈50代から70代〉に分けたときには、おおよそ〈20代から40代〉の方が数値が低いわ。

（ヤナギくん）　そう比べるとたしかに低いけど、１９６３年の40代は１９７３年の50代になるわけで、数値は59から65にあがっているよ。１９６８年の40代と１９７８年の50代を比べてもあがっている。ある世代がどう変化したのかも見た方がいいんじゃないかな。

（ミヤジマくん）　一番新しい２００８年ではほぼ4人に3人が親孝行を大切だと考えているけど、１９６３年では逆に2人に1人が親孝行は大切だと考えていないことが分かる。これは世代に大きな問題がうことか。最も適当なものを次の中から選びなさい。解答番号は6。

1 本来はだれもが「親孝行」を大切であると考えるはずなのに1963年当時にそうではなかったことは問題である。

2 2008年の60代よりも1963年当時の60代の方が道徳的であるはずなのに実際には違うことは必然的なことである。

3 1963年に世代間の差が大きかったものが2008年ではその差があまりなくなったのは注目すべきことである。

4 2008年と1963年の調査では対象となる人間が違うのにほぼ同じ結果が出たのは信じられないことである。

5 1963年には日本に古い家族制度が強く残っているはずなのに道徳観が低いことは考えられないことである。

問五 傍線部エ「これまでとは異なる新たな動き」とはどういうことか。最も適当なものを次の中から選びなさい。解答番号は7。

1 日本人が目指してきた進歩や発展とは違う方向へとその意識を向けること。

2 日本人がもともと「保守的」で「進歩的」であったことを自ら批判すること。

3 日本人がこれまでの道徳観を捨ててあらたな価値観を獲得しつつあること。

4 日本人が国際化社会の中で「日本らしさ」を確立するために大きな物語を求めること。

5 日本人が自分たちのルーツを確かめるために「日本探し」をはじめたこと。

問六 空欄 Ⅰ ・ Ⅱ に入るものとして最も適当なものをそれぞれ次の中から選びなさい。解答番号は Ⅰ が8、 Ⅱ が9。

Ⅰ 1 しかし 2 もちろん 3 むしろ
4 このように 5 ところで

Ⅱ 1 あえて 2 どちらかと 3 さらに
4 はっきり 5 まとめて

問七 傍線部オ「『自己充足的(コンサマトリー)』な価値観」とあるが、「手段的」な価値観よりも「自己充足的」な価値観が強いといえるものは次の中にいくつあるか。個数を答えなさい。解答番号は10。(個数が一つであれば1をぬりつぶす。)

・時計に興味があるわけではないが、後々高い値で転売するために高級な腕時計を買った。

・柄のデザインを見るのが好きで、他人に見せるわけでもなくトランプを集めている。

・いくら日本経済が衰退したと言われても、生活するには便利であるため日本で暮らしている。

・買い物などで不便なところが多いが、水がおいしいのが気に入って田舎暮らしをやめられない。

・株式投資をしているので、すぐに売買をできるよう新聞で毎朝株式市況をチェックする。

・これまで持っていなかったので、入社試験に着ていくためのスーツを新調した。

・医師の指導にしたがって、健康を維持するために定期的にジムへ通っている。

・大雪が降ったので、雪に影響される危険性のある自動車ではなく地という国の発展拡大を同一視した時代だった。

しかし「自己充足的」な「日本志向」とは、単純に「日本が好き」「愛してる」という感情である。「日本に生まれてよかった」「日本人だから日本が好きなのは当たり前、自然なことだ」というのは「自己充足的」である。

第1章で見たように、ご飯がおいしいから、四季があるから、自然が美しいからといった理由で日本を好きに思う、誇りに思うというのも、どちらかと言えば「自己充足的」である。「世界中の物が買える」とか「経済大国だから」といった理由はやや「手段的」である。

「自己拡張的」に対して「自己肯定的」と言ってもよい。「自己拡張」とは現在の自己を否定することでもあるが、「自己肯定」はあるがままの自分を受け容れるのである。今のままの自分でいい、今のままの君が好き、という感情と同じように、今のままの日本が好きなのである。

本当に「自己充足的」な日本志向であれば、衰退しても、貧乏になっても日本が好きだと答えるだろう。GDP世界2位の座を中国に譲ろうとしているのに、財政も社会保障も問題だらけなのに、それでもこれだけ多くの人が日本を好きだ、生まれてよかったと考えているのだから、これはかなり「自己充足的」な日本志向だと言ってよいだろう。

問一　傍線部A～Cを漢字に直したとき、同じ漢字を用いるものを次の中からそれぞれ選びなさい。解答番号はAが①、Bが②、Cが③。

A　セイトウ

① セイコウトウテイ　② コウトウムケイ
③ ホンマツテントウ　④ イットウリョウダン
⑤ セイシントウイツ

B　セタイ

① ゴタイリク　② アネッタイ
③ ダイタイアン　④ タイコウバ
⑤ ジュドウタイ

C　ギョウセキ

① 富岡に残るボウセキ工場を訪ねる。
② 知床の自然についてショセキで調べる。
③ 屋久島の縄文杉をセキガイ線で調査する。
④ 富士山の年間セキサン降雨量をまとめる。
⑤ 平泉を旅した芭蕉のソクセキをたどる。

問二　傍線部ア「これは『保守化』なのだろうか？」とあるが、文中に示された例の中で「保守化」の傾向を示すものではないものを次の中から選びなさい。解答番号は④。

① 女性の職業と子どもに関する意識の傾向。
② 結婚で姓が変わることへの意識の傾向。
③ 大切な道徳は親孝行と考えるかどうかの傾向。
④ 付き合いが手段的かどうかの傾向。
⑤ 世間のしきたりに従うかどうかの傾向。

問三　傍線部イ「たしかに近年、国民、特に若い世代が『保守化』しているという声をよく聞く」とあるが、「たしかに」が修飾している部分はどれか。最も適当なものを次の中から選びなさい。解答番号は⑤。

① 近年　② 若い世代が　③ 「保守化」している
④ 声を　⑤ よく聞く

問四　傍線部ウ「これは驚くべきことではないだろうか？」とはどうい

「あなたは、自分が正しいと思えば世のしきたりに反しても、それをおし通すべきだと思いますか、それとも世間のしきたりに、従った方がまちがいないと思いますか？」という質問でも、「しきたりに従う人」が1970年代以降は減っていたが、2008年にはほぼ全世代で増えており、ほぼ1963年前後に近い数字になっている。また「離婚はすべきではない」という人も20代においてのみ2003年から08年にかけて増えている。

　このように「近代化」「進歩」を続けてきたはずの日本人の中に、今、エこれまでとは異なる新たな動きが見え始めている。それは「脱近代化」なのか、「反近代化」なのか、「保守化」なのか、あるいは、環境問題に典型的に見られる、行き過ぎた「近代化」への反省なのか。それとも「近代化」への疲れなのか。あるいはもっと短期的に、「新自由主義」「競争主義」「ギョウセキ主義」への疲れ、それとも単に「不況」に対する自己防衛意識なのか。

　［Ⅰ］、これまで見てきた変化は、2000年代、特に2003年以降に顕著なので、これが本当に新しい潮流なのか、短期的、一時的な傾向にすぎないのかは、あと5年後、10年後の数字を見ないと確言できない。だが、現在の日本人の意識が大きな変わり目にあるという可能性があるかもしれないということは認識しておきたい。

　また、今まで見てきたような「保守化」は、政治的な保守化ではないと考えられる。伝統回帰する傾向が出てきているのだと解釈するのがいいだろう。そのとき、いわゆる「日本らしさ」というものが、そのよりどころのひとつとして選ばれるのではないだろうか。

　こうした意識の変化は、よく言われるように「成長から成熟へ」という変化のひとつであろう。国も人間と同じように、青年期もあれば、成熟期もある。青年期にある国は「進歩」「変化」「改革」「生産」などを求める。しかし成熟期に入れば現状の質を充実させようとする。それは社会学的に言えば「手段的（インストゥルメンタル）」な価値観から「自己充足的（オコンサマトリー）」な価値観への変化をもたらす。

　たとえば、Aさんは、三浦と付き合うと儲（もう）け話が聞けるから付き合っているとしたら、その場合Aさんは私を「手段的」に見ている。「利益」「損得」で見ているのである。

　しかしBさんは、三浦と付き合うとそれだけで楽しいから付き合っているのだとしたら、それは「自己充足的」である。

　あるいは、「金のために働く」というのは仕事を「手段的」に考えているのであり、「その仕事が好きだから、楽しいから働く」というのは「自己充足的」である。

　［Ⅱ］言えば、給料が高い夫なら一緒にいるが、給料の下がった夫なら離婚するという妻がいるとしたら、その妻は夫を「手段的」に見ている。しかし、理屈なしに夫が好きだ、貧乏でも夫が好きだ、一緒にいるだけで幸せだと思うなら、それは「自己充足的」である。

　カ実はこれまで語ってきた現代の「日本志向」も、この「自己充足的」な価値観のひとつの現れではないかと思われる。

　「日本志向」にも「手段的」と「自己充足的」がある。「手段的」な「日本志向」とは、日本をもっと発展させる、「経済大国」にする、戦前なら「大東亜共栄圏」を建設する、そういう「拡張主義」的な「日本志向」である。第2章で述べた「大きな物語」の時代は「手段的」な価値観の強い時代だった。それは国民が自分自身の「自己拡張感」と日本

【国語】（五〇分）〈満点：六〇点〉

一　次の文章は三浦展『愛国消費』の一部（「第1章」の「日本が好きな若者たち」に続く「第2章」の「『経済大国』という『大きな物語』の盛衰」の中の一部）である。これを読んで、あとの問いに答えなさい。なお出題にあたり本文を改めた部分がある。

これまで、近年の和風志向、日本志向的な現象が、日本人が今「日本」という大きな物語を欲しているために生まれているということ、その「日本探し」の潮流が、過去40年ほどの間の「自分探し」との関わりで生まれていること、そして、近年のグローバリゼーションによる日本の社会、企業の流動化が、日本人にふたたび「日本」という永続的な価値、誇り、セイトウ性を求めさせていることを述べてきた。

しかし、これは「保守化」なのだろうか？　たしかに近年、国民、特に若い世代が「保守化」しているという声をよく聞く。

たとえば、社会学者・見田宗介がNHK放送文化研究所の「日本人の意識調査」を分析した結果によれば、2003年から2008年にかけて20代の男女で増えている意識の一例として、「結婚したら女性が当然夫の姓を名乗る」という「保守的」価値観を表す項目がある。これは1973年から2003年まではずっと減ってきたが、03年の18％から08年には23％に増えているのである。

また内閣府「男女共同参画に関する世論調査」でも、近年、全セタイの男女の中で20代の女性においてのみ「保守化」の傾向がある。「女性が職業を持つことについての考え」を問うと、「子どもができたら職業をやめ、大きくなったら再び職業をもつ方がよい」が増えているのである。

不況が長引き、働きたくても、どうせあまりいい仕事がないから、というあきらめ感も影響していると思われるが、女性が外で働くことを「進歩」だと思わなくなったとも考えられる。（中略）

さらに、統計数理研究所の「日本人の国民性調査」（左図）でも、「大切な道徳は親孝行」だという人も20代から40代では過去45年間ほぼ一貫して増えており、2008年は年齢による差はほとんどなくなった。現在の20代は1963年の60代よりも親孝行を大切だと考えているのである。1963年の60代は明治生まれである。これは驚くべきことではないだろうか？　いかに1963年当時、つまり東京オリンピック直前の「夢の時代」に、日本人が古い家族制度を悪いものだと思っていたかということがよくわかるデータである。

図　大切な道徳は親孝行（％）

	全体	20代	30代	40代	50代	60代	70代
1963	60	(52)	(57)	(59)	65	72	83
1968	61	58	59	61	65	65	69
1973	63	59	59	62	65	73	78
1978	70	68	68	68	71	80	78
1983	73	69	74	72	74	76	72
1988	71	65	71	70	72	76	72
1993	69	67	72	67	64	72	73
1998	70	64	69	72	66	73	76
2003	73	76	72	73	69	74	77
2008	76	(74)	(78)	(82)	75	73	75

資料：統計数理研究所「日本人の国民性調査」

大切なことはメモしておこうネ！

2019年度

解　答　と　解　説

《2019年度の配点は解答欄に掲載してあります。》

＜数学解答＞

1 (1) 1 3　2 3　3 2　(2) 4 2　5 7　6 1　7 2　8 2
(3) 9 8　10 1　11 5　(4) 12 8　13 1　(5) 14 6

2 (1) 15 9　16 0　(2) 17 7　18 8　19 6　20 5
(3) 21 4　22 8

3 (1) 23 2　24 2　25 3　26 4　(2) 27 4　28 3　29 1　30 1

4 (1) 31 6　(2) (ア) 32 1　33 0　(イ) 34 1　35 2　36 2
37 4　38 5　39 6　(3) 40 2

5 (1) 41 1　42 6　43 1　44 3　(2) 45 1　46 6
(3) 47 2　48 9

○配点○

1 (1)～(3) 各2点×3　(4)・(5) 各3点×2　2 各4点×3　3 (1) 各2点×3
(2) 各3点×2　4 (1) 2点　(2) (ア) 2点　(イ) 2点，3点　(3) 3点
5 各3点×4　計60点

＜数学解説＞

1 (二次方程式，平方根，連立方程式，数の性質，変化の割合)

基本 (1) $2x(x-2)=2x-3$　$2x^2-4x=2x-3$　$2x^2-6x+3=0$　解の公式を用いて，
$x=\dfrac{-(-6)\pm\sqrt{(-6)^2-4\times2\times3}}{2\times2}=\dfrac{6\pm\sqrt{12}}{4}=\dfrac{3\pm\sqrt{3}}{2}$

基本 (2) $(\sqrt{3}+2\sqrt{6})^2=(\sqrt{3})^2+2\times\sqrt{3}\times2\sqrt{6}+(2\sqrt{6})^2=3+4\times3\sqrt{2}+24=27+12\sqrt{2}$

基本 (3) $\dfrac{x}{4}-\dfrac{y}{5}=1$より，$5x-4y=20$…①　$\dfrac{x}{2}-\dfrac{y}{3}=1$より，$3x-2y=6$…②　①－②×2より，
$-x=8$　$x=-8$　これを①に代入して，$-40-4y=20$　$-4y=60$　$y=-15$

(4) kを負でない整数とすると，$225-n=k^2$　$n=225-k^2$　$225=15^2$より，求める自然数nは$k=12$のとき，$n=225-12^2=225-144=81$

基本 (5) $y=ax^2$に$x=5$，$y=-75$を代入して，$-75=a\times5^2$　$a=-3$
よって，$\dfrac{-3\times2^2-\{-3\times(-4)^2\}}{2-(-4)}=\dfrac{-12+48}{2+4}=\dfrac{36}{6}=6$

2 (方程式の利用)

基本 (1) $67.2\times5-61.5\times4=336-246=90$(点)

(2) Bの点数をx点とすると，Aの点数について，$1.2x=x+13$　$0.2x=13$　$x=65$　よって，Aの点数は$65+13=78$(点)，Bの点数は65点

(3) 訂正後のCとDの点数の和は，$336+2\times5-(78+65+90)=113$(点)　Dの点数を$y$点とすると，$(y+3)+y=113$　$2y=110$　$y=55$　よって，訂正前のCの点数は，$246-(78+65+55)=48$(点)

3 (平面図形の計量)

基本 (1) △ABCは正三角形で，ADは円Oの直径だから，△BEOは内角が30°，60°，90°の直角三角形となる。よって，$OE=\frac{1}{2}OB=\frac{1}{2}\times4=2$(cm)　$BE=\sqrt{3}OE=2\sqrt{3}$(cm)　また，△ACDも内角が30°，60°，90°の直角三角形だから，$CD=\frac{1}{2}AD=\frac{1}{2}\times(4\times2)=4$(cm)

重要 (2) △BDFは内角が30°，60°，90°の直角三角形だから，$BF=\sqrt{3}BD=4\sqrt{3}$(cm)　$\triangle BDF=\frac{1}{2}\times BD\times BF=\frac{1}{2}\times4\times4\sqrt{3}=8\sqrt{3}$　四角形OBDCはひし形だから，その面積は，$\frac{1}{2}\times BC\times OD=\frac{1}{2}\times(2\sqrt{3}\times2)\times4=8\sqrt{3}$　よって，三角BDFと四角形OBDCの面積比は1：1

4 (水量変化とグラフ)

基本 (1) 6分間で溜まる水の量は，500×6＝3000　水そうの底面積は，20×30－10×10＝500　よって，水面までの高さは，3000÷500＝6(cm)

重要 (2) (ア) 水そうBの高さは10cmだから，$0\leqq x\leqq10$のとき，水面までの高さは毎分500÷500＝1(cm)ずつ高くなるので，$y=x$

(イ) 水そうBが満水になるまで，10×10×10÷500＝2(分)かかる。その後，水面までの高さは毎分$500\div(20\times30)=\frac{5}{6}$(cm)ずつ高くなる。水そうAが満水になるのは，水を入れ始めてから，20×30×20÷500＝24(分後)　よって，$12\leqq x\leqq24$のとき，$y=\frac{5}{6}x$

基本 (3) (2)より，xとyの関係を表したグラフは2である。

5 (確率)

基本 (1) 点Pが頂点Dにあるのは，出た目の数が3のときの1通りだから，その確率は$\frac{1}{6}$　また，点Pが頂点Bにあるのは，出た目の数が1と6のときの2通りだから，その確率は$\frac{2}{6}=\frac{1}{3}$

(2) さいころの目の出方の総数は，6×6＝36(通り)　このうち，題意を満たすのは，1回目はどの位置にあっても，2回目は5の目を出す場合の6通りだから，求める確率は，$\frac{6}{36}=\frac{1}{6}$

(3) さいころの目の出方の総数は，6×6＝36(通り)　このうち，題意を満たすのは，2回の目の数の組み合わせが，(1回目，2回目)＝(1，1)，(1，6)，(2，5)，(3，4)，(4，3)，(5，2)，(6，1)，(6，6)の8通りだから，求める確率は，$\frac{8}{36}=\frac{2}{9}$

★ワンポイントアドバイス★

大問構成，難易度とも昨年とほぼ変わらない。あらゆる分野の基礎をしっかりと固めて，弱点分野をなくしておこう。その上で，過去問に取り組み，慣れておきたい。

＜英語解答＞

Ⅰ　1　4　　2　3　　3　2

Ⅱ　4　1　　5　2

Ⅲ　6　2　　7　4　　8　2　　9　1　　10　2　　11　1　　12　2　　13　2　　14　4
　　15　3　　16　4　　17　3

Ⅳ　18　2　　19　3　　20　7　　21　2　　22　7　　23　4

Ⅴ　24　3　　25　1

Ⅵ　26　5　　27　4　　28　3

Ⅶ　29　2　　30　3　　31　1　　32　1　　33　1，4

Ⅷ　34　3　　35　3　　36　3　　37　2　　38　2，6

○配点○

Ⅰ，Ⅱ，Ⅲ，Ⅴ　各1点×19　　Ⅳ，Ⅵ，Ⅶ　29，31，Ⅷ　34　各2点×9

Ⅶ　30，32，Ⅷ　35～37　各3点×5　　Ⅶ　33，Ⅷ　38　各4点×2(各完答)　　計60点

＜英語解説＞

Ⅰ　(発音問題)

(1)　1，2，3の下線部は[ei]の発音。4の下線部は[e]の発音。1「危険な」，2「自然」，3「日付」，4「たくさんの」

(2)　1，2，4の下線部は[g]の発音。3の下線部は[dʒ]の発音。1「トラ」，2「偉大な」，3「年齢」，4「バッグ」

(3)　1，3，4の下線部は[ɑːr]の発音。2の下線部は[əːr]の発音。1「心臓」，2「早い，早く」，3「カード」，4「公園」

Ⅱ　(アクセント問題)

(1)　2，3，4は第1音節を強く発音する。1は第3音節を強く発音する。1「ボランティア」，2「歴史」，3「客」，4「インタビュー，面接」

(2)　1，3，4は第1音節を強く発音する。2は第2音節を強く発音する。1「運動選手」，2「ホテル」，3「バター」，4「ノート」

基本　Ⅲ　(語句・文選択補充問題：関係代名詞，動名詞，前置詞，不定詞，接続詞)

(1)　「A：その本を読み終えましたか。／B：いいえ，まだです。この本は読むのが難しいです。／A：それでは，この本を読んではどうですか。それほど多くの時間はかからないでしょう」　今読んでいる本が難しいというAに対して，Bは他の本を勧めている。空所に2を入れると，その本を勧める理由になり，会話がつながる。1　「あなたは辞書を使いましたか」，3　「この本の方が簡単ではありません」，4　「あなたは本のことを知りません」

(2)　「A：あなたはフランスについて何か知っていますか。あなたにこの宿題を手伝ってもらいたいのです。／B：ピエールに頼んだ方がいいですよ。彼はフランスの出身です」　Aの発言から，Aに与えられた宿題はフランスに関するものだとわかる。したがって，フランス出身のピエールに頼むことを勧めている4が適切。1「心配しないでください。どうぞ自由に取って食べてください」，2「はい，私はその国について何も知りません」，3「私はフランスに行ってしまいました」

(3)　「A：私は昨日，風邪をひいていました。／B：そういうわけで，あなたは学校に来なかったのですね」　風邪をひいていたというAの発言を聞いて，BはThat's why ～「そういうわけで～」と応じている。この後に，風邪をひいていたために起こった結果が続くので，2が適切。1「あな

たは風邪をひきました」，3「あなたは今日は元気そうに見えます」，4「あなたは古い食べ物を食べました」

(4) 「A：あなたは今日，働かなくてはならないのですか。／B：いいえ。昨日，ピーターがずいぶん手伝ってくれたから，仕事を終わらせることができました」 選択肢の中で，ピーターが手伝ってくれたために起こったこととして適切なのは，「仕事を終えることができた」こと。2「今日は時間がありません」，3「私は今日も働くことができます」，4「私は今日，ピーターと働くべきです」

(5) 「A：公園で遊ぶには外は寒すぎます！／B：ジムに行ってはどうですか？」 外が寒すぎて公園に行けないと言うAに対して，外ではないジムに行くことを勧める2を入れると自然な会話になる。1「それでは，テニスをしましょうか」，3「トムとサッカーをしましょう」，4「そこへ自転車で行くことができます」

(6) 「丘の上に立っている木々が見えますか」 空所の前に名詞があり，空所の直後に動詞があるので，空所に主格の関係代名詞を入れれば空所の前後がつながる。先行詞が the tree で人以外なので which が適切。

(7) 「私の母は料理をすることが得意です」 good at ～ は「～が得意[上手]だ」という意味。前置詞の後に動詞を置くときは動名詞にする。

(8) 「私は沖縄旅行の間に観光を楽しみました」 空所の後に名詞句(my trip to Okinawa)が続くので，前半とつなげるには前置詞を使う。「～の間に」の意味の during が適切。

(9) 「私の兄[弟]は私に腹を立てた」「(人)に腹を立てる」は angry with ～ で表す。

(10) 「私はお金をほとんど持っていないので，その本を買えません」 本を買えない理由となるように，前半を「お金をほとんど持っていない」という内容にする。money は数えられない名詞なので，「ほとんど～ない」の意味を表すには little が適切。a little とすると，「少しはある」という意味になる。また，few は数えられる名詞に用いる。

(11) 「私の母はいつも夕食に何を作るかを考えています」 make の目的語として適切なのは what。〈what to ＋動詞の原形〉で「何を～したらよいか[～するべきか]」という意味を表す。

(12) 「すぐに私にメールを送ってください，そうすれば私たちのクラブに入れます」〈命令文, and ～〉で「…しなさい，そうすれば～」という意味を表す。

重要 **Ⅳ (語句整序問題：分詞，間接疑問文，不定詞)**

(1) This broken computer will make him sad. 「この壊れたコンピューターは彼を悲しませるでしょう」 broken は直後の名詞 computer を修飾する過去分詞。make は〈make ＋目的語＋状態を表す語句〉の形で「～を…(の状態)にする」という意味を表す。

(2) (I) don't know what she is going to do. 「私は彼女が何をするつもりなのか知りません」 know の目的語として間接疑問〈疑問詞＋主語＋動詞～〉を続ける。be going to ～「～するつもり[予定]だ」。

(3) It is very easy to play the piano. 「ピアノを弾くことはとても簡単です」〈It is ～ to ＋動詞の原形〉「～することは…だ」の構文。It は形式的な主語で，to 以下を指す。

Ⅴ (正誤問題：現在完了，分詞)

(1) since I was a child 「私が子供の頃から」とあるので，「彼をずっと知っている」という意味になるように knew を現在完了にする。「私は子供のときから彼を知っているので，彼がそのようなことをしたとは信じられません」という意味の英文になる。

(2) exciting は「もの・こと」を主語にして「(もの・ことが人を)わくわくさせる」という意味で用いる。ここでは「人」が主語なので，「(人が)わくわくしている」という意味の excited が正しい。「その少年は，オーストラリアを訪れたときに新しい友人たちと跳びはねるカンガルーを見てわくわくしました」という意味の英文になる。

重要 **Ⅵ （パンフレットを見て答える会話文問題）**

（全訳）　・パンフレットの下段の訳

◆開館時間◆　平日：8：00～17：00／週末：8：00～18：00

◆プラネタリウム上映時間◆　①お子様向けの上映：11：00と14：00開始　・各30分

②季節ごとの上映：13：00と15：00開始　・各50分

ルーシー：ご用でしょうか。

ケン　　：はい，館内を見て回る道を見つけるのに助けが必要です。動物の展示を見たいのですが。

ルーシー：この真上ですから簡単ですよ。(1)「X館」の2階でエレベーターを降りるだけですが，お客様は今そこにいらっしゃいます。

ケン　　：わかりました。昼食はどこで食べることができますか。

ルーシー：「Z館」の3階にレストランがございますが，そこは平日しか開いておりませんので，本日は開いておりません。(2)でも，「Y館」の2階にカフェがございます。そこで昼食をとることができます。

ケン　　：ありがとうございます。ああ，もう12時半だ！　それでは，最初にプラネタリウムを見に行って，それからカフェで昼食を食べます。

(1)・(2)　全訳を参照。

(3)　パンフレットのプラネタリウム上演時間とケンの最後の発言第2，3文から，ケンが見るプラネタリウムは，13時から始まる季節ごとの上映と考えられる。上映時間は50分なので，上映が終わるのは13時50分。これより後の時間で，最も近い14時が適切。

Ⅶ （長文読解問題・物語文：語句選択補充，内容吟味）

（全訳）　レディー・キツネはおばあちゃんキツネと一緒に暮らしている。レディーは大家族の一員で，母親キツネはとても多くのおなかをすかせた幼い子供たちを養うために，一生懸命に働いていた。だからレディーはおばあちゃんキツネと一緒に暮らしていたのだ。

おばあちゃんキツネは国全体で最も賢いキツネだった。レディーはもう成長してとても大きくなったので，彼女は，彼はすべてのキツネが知っているべきことを学び始めるべきだと思った。そこで彼女は毎日，彼を一緒に狩りに連れて行き，彼にすべてのことを教えた。

今朝，おばあちゃんキツネはレディーを連れてグリーン森を横切った。おばあちゃんは，川にかかった長い橋に車で先に立って歩いた。それから彼女は立ち止まった。

「こっちへいらっしゃい，レディー，そして下を見てごらん」と彼女は言った。

レディーはそうしたが，下を見ると恐怖を感じた。おばあちゃんキツネはほほえんだ。「渡りなさい」と彼女は言って，軽やかに反対側まで走って行った。

しかし，レディー・キツネは怖かった。彼は怖くて長い橋の上で一歩を踏み出すことができなかった。彼は，川に落ちるのではないかと思った。おばあちゃんキツネが走って戻ってきた。

「何を怖がっているんだい？　下を見さえしなければ安全だよ。さあ，私と一緒に来なさい」と彼女は言った。しかし，レディー・キツネは動けなかった。

そのとき突然，おばあちゃんキツネがぱっと飛び上がった。「猟犬バウザーだよ！　来て，レディー，来なさい！」と彼女は叫んで，全速力で橋を渡り始めた。

レディーは見たり考えたりするために立ち止まらなかった。彼が考えたことは，猟犬バウザーから逃げることだけだった。「待って，おばあちゃん！　待って」と彼は叫んで，全速力で彼女の後を走り始めた。彼が橋をすっかり思い出す前に，彼は橋の中央まで来ていた。彼がとうとう安全に渡り終えると，おばあちゃんキツネが座って彼のことを笑っていた。そのとき初めて，レディーは猟犬バウザーを見ようと後ろを見た。彼はそこにいなかった。彼は橋から落ちたのだろうか？

「猟犬バウザーはどこ？」とレディーは叫んだ。

「農家のブラウン一家の庭にいるわよ」とおばあちゃんキツネは答えた。レディーは彼女を見つめた。それから彼は，おばあちゃんキツネが彼を脅して橋を走って渡らせたのだということを理解し始めた。「さあ，また走って帰るわよ」とおばあちゃんキツネは言った。

数日後，レディーは恐怖を感じずに走って橋を渡ることができた。彼は，「だれにでもできると思うよ」と言った。おばあちゃんキツネはにっこりした。「最初のときを覚えているかい？」と彼女は尋ねた。

(1)　A 「自分と一緒に」という意味をはっきりさせるために with me を加える。　B　初めて橋を走って渡ってから数日後のことであり，また，直後でレディー・キツネ自身が走って橋を渡ることについて，「だれにでもできると思う」と言っていることから，「恐怖を感じずに」という内容が合う。

(2)　最後から3番目の段落で，猟犬バウザーがどこにいるのか尋ねられたおばあちゃんキツネは，「農家のブラウン一家の庭にいる」と答え，それをきっかけとして，レディー・キツネはおばあちゃんキツネが走って橋を渡らせるために，実際にはいなかった猟犬バウザーが出たと言って自分を脅したことに気づいている。この内容に合うのは，3「彼女はレディーに橋を渡ってきてほしかったので」。1は「彼女は猟犬バウザーを見て驚いたので」，2は「彼女はレディーが猟犬バウザーから逃げるのを手伝いたかったので」，4は「彼女はレディーと一緒に猟犬バウザーを攻撃しようとしたので」という意味。

(3)　おばあちゃんキツネは，実際にはその場にいなかった猟犬バウザーが出たと言って，レディーを走らせたのだから，キツネたちがそのときいた場所である，2「橋の近く」，3「川の中」，4「森の中」は不適切。物語文からだけでは特定できないが，最も適切なのは1「自分の家」。

(4)　橋を怖がらずに走って渡れるようになったレディー・キツネは，最終段落で「(走って橋を渡ることは)だれにでもできると思う」と言っているが，それを聞いておばあちゃんキツネは「最初のときを覚えているかい？」と尋ねているのだから，「最初のとき」とは，レディーが初めて橋に連れて行かれて，怖くて橋を渡れなかったときのことである。したがって，1が適切。

やや難 (5)　1 「レディーには兄弟も姉妹もいない」(×)　第1段落第2文から，レディーの一家には，レディーの他にも多くの子供がいることがわかる。　2 「おばあちゃんキツネはレディーに生きるためのたくさんのことを教えた」(○)　第2段落第2，3文の内容に合う。　3 「おばあちゃんキツネは橋の上を歩くことをまったく恐れていない」(○)　第3段落以下の橋での場面を参照。おばあちゃんキツネは，レディーに橋を渡るように言って，先に軽やかに走って橋を渡っているので，橋を渡ることを恐れているとは言えない。　4 「レディーはおばあちゃんキツネが行く前に橋を渡った」(×)　おばあちゃんキツネが走って橋を渡った後，レディーは怖くて橋を渡れずにいた。　5 「レディーが初めて橋を渡ってきたとき，おばあちゃんキツネは彼のことを笑っていた」(○)　最後から5番目の段落を参照。最後から3文目に，レディーが橋を渡り終えたとき，おばあちゃんキツネが彼のことを笑っていたことが書かれている。　6 「最初，レディーは猟犬バウザーは橋から落ちたのだと思った」(○)　最後から5番目の段落の最終文に，レディーが考えたこととして，「彼(＝猟犬バウザー)は橋から落ちたのだろうか？」と書かれている。

Ⅷ　(長文読解問題・物語文：語句選択補充，内容吟味)

(全訳)　何年も前に，タジマシュウメは京都へ旅行に行く途中だった。ある日名古屋で，彼は同じ場所に行く途中の僧侶に会った。そこで，彼らは一緒に旅をした。旅の間，僧侶は彼に自分の旅の目的を話した。

「私は仏像を作りたいと思っています。だから，私はお金を手に入れるために旅をしてきて，今では美しい仏像を作るためのお金が十分にあります」

タジマがこの言葉を聞いたとき，彼の中に邪悪な心が生じ，彼は「そのお金を盗むことができれば，私の人生は幸せなものになるだろう」と考えた。

翌日，彼らは桑名の町に着いた。この町で，彼らは京都へ行くのに船に乗った。しかし，船上で彼は僧侶を海に突き落とした。船が岸に着くと，タジマは僧侶の袋を取った。

京都に着くと，彼は商人になって，死んだ男のお金で取引をした。彼はたくさんのお金を手に入れた。数年後，彼は妻を迎え，子供が生まれた。

僧侶の死から3年後，だれもがタジマは幸せな男だと思っていたが，彼はいつも僧侶のことを考えていた。彼はとても罪悪感を感じていた。ある日，タジマは庭にいるときに大木の近くに幽霊を見た。それは僧侶の幽霊だった。彼は怖くなって部屋に走って戻った。その日から，タジマは病気になって，「ああ，助けてくれ！　助けてくれ！　僧侶が私を殺しに来る！」と言い続けた。

タジマの話は有名になり，隣の通りにいたある僧侶もそのことを耳にした。その僧侶はタジマを訪ねたが，タジマは彼に会うと，「助けてくれ！　助けてくれ！　A幽霊だ。私を許してくれ！　私を許してくれ！」と叫んだ。そのとき僧侶が，「3年前，桑名の船で，あなたは私を海へ突き落としたのです」と言った。

タジマは何も言わず，泣き止むことができなかった。

僧侶は，「でも，私は泳ぎを知っていたから岸にたどり着いて，長い旅の後，ついに大きな仏像を作りました。あなたは憎むべき行いをしましたが，私は僧侶です。悔い改めて邪悪な心を捨てなさい。私の顔を見なさい，そうすれば私が本当にB生きた人間であることがわかるでしょう」

タジマは彼が幽霊ではないことがわかった。タジマは泣いて，「私は今，裕福かもしれませんが，いつも罪悪感を感じていました。私はこの考えにとりつかれて病気になったのです」と答えた。

僧侶は，「罪を犯した人は風の音や鳥の鳴き声を恐れるものです。人の心は元来純粋なものですが，状況によって壊れてしまうのです！」と言った。

(1)　①　decide は目的語に不定詞〈to ＋動詞の原形〉をとる。decide to ～ で「～することを決心する，～することにする」という意味を表す。　②　stop の目的語に動名詞(動詞の～ing形)を続けると，「～することをやめる」という意味になる。stop の後に〈to ＋動詞の原形〉を続けると，「～するために立ち止まる」という意味になるので，ここでは不適切。

(2)　第2，3段落を参照。第2段落で，僧侶が仏像を作るためのお金を持っていることを話し，第3段落で，それを聞いてタジマが考えたことが，「そのお金を盗むことができれば，私の人生は幸せなものになるだろう」と書かれている。この展開に合うのは3である。

(3)　空所Aはタジマの発言で，桑名で自分が海に突き落とした僧侶が現れた場面。この直前の段落では，タジマが庭で僧侶の幽霊を見た場面が書かれていることから，実は生きていた僧侶を見て，タジマは幽霊だと思ったと考えられる。空所Bは僧侶の発言。この直後の段落の第1文で，タジマが僧侶が幽霊ではないことを理解したことが書かれているので，僧侶の発言としては，「自分の顔を見れば，自分が生きている人間であることがわかる」という内容が適切。

(4)　タジマは最後から2番目の段落で，いつも罪悪感を感じていて，そのために病気になったということを言っているが，僧侶はこの発言を受けて，最後の段落で「罪を犯した人は風の音や鳥の鳴き声を恐れるものです」と言っている。「罪悪感がある」「＝心にやましいことがある」，「風の音や鳥の鳴き声にさえも恐れる」「何事にも怯えながら暮らす」ということなので，2が適切。

やや難 (5) 1 「タジマの旅の目的は大きな仏像を作ることである」(×) 第2段落第1文「私は仏像を作りたいと思っています」は僧侶の発言。仏像を作る目的で京都に向かっていたのは僧侶である。 2 「タジマは僧侶が泳げることを知らなかった」(○) 最後から2番目の段落で，タジマに再会した僧侶は「(タジマに船から海に突き落とされた後)私は泳ぎを知っていたから岸にたどり着いた」と言っているが，それまでタジマは僧侶は海に落ちて死んだと思っていたので，一致しない。 3 「タジマは京都に着いたとき，僧侶のお金をすべて使った」(×) 第5段落第1文に「京都に着くと，彼は商人になって，死んだ男のお金で取引をした」とあるので，京都について僧侶のお金をすべて使ったわけではない。 4 「京都で，タジマはたくさんのお金と家族を手に入れ，とても幸せだった」(×) 第5段落第2，3文に，タジマがお金をたくさん稼いで家族もできたことが書かれている。また，第6段落第1文には，だれもがタジマは幸せな男だと思っていたことが書かれているが，その直後で，彼がいつも僧侶のことを考えていて，とても罪悪感を感じていたことが書かれているので，幸せだったとは言えない。 5 「タジマは死者が彼を襲ったので病気になった」(×) 最後から2番目の段落のタジマの発言を参照。タジマが病気になったのは，自ら感じていた罪悪感のためである。 6 「僧侶は彼に真実を話すためにタジマを訪ねた」(○) 第7段落最終文で，僧侶は，自分が3年前に船からタジマに海に突き落とされた僧侶であることを告げ，第9段落では，その後京都に来るまでの経緯を話していることから，一致していると言える。

★ワンポイントアドバイス★

Ⅵは，地図とパンフレットにある時間などの文字情報を読み取って答える会話文問題。このような問題は，必ず地図や文字情報を見ながら人物の行動や予定を読み取って，しっかりメモを取りながら取り組むことが重要。

<理科解答>

1 問1 1 9 問2 2 3 問3 3 3 問4 4 4

2 問1 5 4 問2 6 3 問3 7 4 問4 8 9

3 問1 9 2 問2 10 4 11 6 問3 12 2 問4 13 3 問5 14 1

4 問1 15 3 問2 16 3 問3 17 1 問4 18 1 問5 19 4

5 問1 20 6 問2 21 4 問3 22 4 問4 23 4 問5 24 7

6 問1 25 3 問2 26 2 問3 27 2 問4 28 4

7 問1 29 5 問2 30 3 問3 31 4 問4 32 4 問5 33 1

8 問1 34 3 問2 35 5 問3 36 3 問4 37 1 問5 38 5

○配点○

解答番号 2，9，10，11，13，15，16，18，22，23，25，30，33，34，35，36

各1点×16 他 各2点×22 計60点

＜理科解説＞

1 （力・圧力―水中にある直方体）

問1　図1の直方体の体積は，4×2×10＝80cm³である。直方体の密度が1.5g/cm³だから，質量は，1.5×80＝120gである。また，この直方体を水平面上に置くとき，水平面に接する面積が小さいほど，かかる圧力が大きくなる。よって，Cを下にして置くときが最も圧力が大きい。

基本　問2　水中に沈めた直方体には下向きに重力(重さ)がかかり，上向きに浮力がかかる。その差が，ばねはかりの値となる。

やや難　問3　①，②　誤り。水圧は深さによって決まるので，断面積の大小とは関係ない。③　正しい。深さが同じで水圧が同じなら，底面積の大きい方，つまり面Aを下にした方が浮力が大きい。④　誤り。前述の通り。⑤　誤り。すべて沈めると，どちらも水中に沈んだ体積が同じで，浮力も同じになるので，ばねはかりの値も同じである。

問4　物体が水中で浮かぶには，物体の密度が水の密度とちょうど同じ1g/cm³であればよい。

2 （磁界とその変化―誘導電流の変化）

問1　周波数は，3秒で15回なので，1秒あたり5回となり，5Hzである。あるいは，図2から1回の振動の時間が0.2秒だから，1秒あたりの振動の回数は1÷0.2＝5Hzである。回転を速くすると，コイルを貫く磁界の変化が大きくなるので，誘導電流の最大値は大きくなる。

やや難　問2　実験2では回転速度が3秒で7.5回と，実験1の半分になるので，グラフの1往復は0.2秒の2倍の0.4秒になる。また，流れる誘導電流もIの半分の0.5Iになる。ただし，反時計回りでも時計回りでも，N極が近づき離れ，S極が近づき離れる順番は変わらないので，グラフの正負は変わらない。

やや難　問3　磁界の変化が最大のとき，誘導電流も最大になる。図2から，N極がコイルから離れるときに正の向きに電流が流れ，N極がコイルに近づくときに負の向きに電流が流れる。実験2では，1往復が0.4秒だが，負の向きに最大の電流が流れるのは0.3秒のときである。

問4　磁界の変化が0になるとき，誘導電流が0になる。実験2では，1往復が0.4秒だから，0秒，0.2秒，0.4秒，0.6秒，0.8秒，1.0秒，…のときに，誘導電流が0なので，磁界の変化が0である。

3 （物質の性質―ロウの状態変化）

問1　固体が液体になる変化が融解であり，その温度は融点である。

問2　ロウでも水でも，液体が固体へと状態が変わっても，質量は変化しない。実験Aのロウなど一般の物質は，液体よりも固体の方が体積が小さくなる。一方，実験Bの水は，例外的に，液体よりも固体の方が体積が大きくなる。

問3　ロウは，液体よりも固体の方が体積が小さいので，密度が大きくなる。だから，液体のロウに固体のロウは沈む。一方，水は，液体よりも固体の方が体積が大きいので，密度が小さくなる。だから，液体の水に固体の氷は浮く。

問4　固体が直接気体になる変化を昇華という。①は液体→気体，②は液体→気体，③は固体→気体，④は気体→液体，⑤は気体→液体の変化であり，③が昇華である。

問5　水溶液100cm³の密度が1.1g/cm³なので，質量は100×1.1＝110gである。このうち8.0%が水酸化ナトリウムなので，その質量は110×0.080＝8.8gである。

4 （酸とアルカリ―塩酸の性質）

問1　誤りは③で，マグネシウムを入れると水素が発生する。

問2　pHは，酸性が強いほど小さい。pH＝1の塩酸をうすめると，酸性は弱くなるので，pHは大きくなるが，中性の7まではいかない。詳しくは，pHは水素イオンの濃度で決まり，濃度が10倍になるとpHは1小さくなる。pH＝1の塩酸1mLを水でうすめて100mLにすると，濃度が100分の1になるので，pHは2大きくなって，pH＝3になる。

重要 問3　塩酸に溶けている塩化水素は，$HCl \rightarrow H^{+} + Cl^{-}$と電離する。このうち，酸性の性質を持つのは水素イオンH^{+}だから，リトマス紙が赤色に変色する部分が，陰極側である左側に広がる。

問4　塩酸と同じく酸性の水溶液は，選択肢のうちでは①硫酸水溶液である。③と④はアルカリ性なので，赤色リトマス紙を使って実験する。②と⑤は中性で，色は変わらない。

問5　①　正しい。BTBは酸性の黄色から中性の緑色へ変化する。②　正しい。$HCl + NaOH \rightarrow NaCl + H_2O$により，塩化ナトリウムができている。③　正しい。2倍の濃度の塩酸を中和するには，2倍の体積の水酸化ナトリウム水溶液が必要である。④　誤り。同じ塩酸を中和するのに，2倍の濃度の水酸化ナトリウム水溶液を使うと，体積は半分で済む。

5　（ヒトのからだのしくみ―呼吸と血液）

問1　（ア）　口や鼻から吸った空気は，気管が分かれた気管支を通って肺に入る。

（イ）　肺は2つの大きな袋ではなく，多数の小さな肺胞からできている。

（ウ）　肺胞は毛細血管に取り巻かれ，血液から二酸化炭素を捨てて酸素が吸収される。

問2　吸収された酸素の割合は，20.94－16.20＝4.74％である。空気の量が500mLだから，吸収された酸素の量は，500×0.0474＝23.7mLである。

問3　肺胞が多数あることで，肺と毛細血管が触れる表面積が大きくなり，酸素を吸収したり，二酸化炭素を放出したりする効率がよい。

重要 問4　肺動脈Fは，心臓の右心室Dから肺に向けて血液が流れる。肺静脈Hは，肺から心臓の左心房Aに向けて血液が流れる。なお，Eは大静脈，Gは大動脈である。

問5　静脈は，全身から心臓に向かう大静脈Eと，肺から心臓に向かう肺静脈Hがある。肺静脈Hには酸素の多い動脈血が流れる。なお，Fは肺動脈，Gは大動脈である。

6　（植物の種類とその生活―シダ植物とコケ植物，光合成）

問1　図1はシダ植物のなかまで，イヌワラビである。図2はコケ植物のなかまで，ゼニゴケである。

重要 問2　図1の胞子のうは，①の葉の裏にある。②は地下茎，③は根である。図2の胞子のうは，雌株にできる⑤である。④は仮根である。

問3　①　誤り。白いふの部分は葉緑体がないので光合成できない。②　正しい。水と二酸化炭素から，デンプンと酸素ができる。③　誤り。デンプンにヨウ素液を加えると青紫色になる。

④　誤り。二酸化炭素の放出量よりも吸収量が多いので，石灰水は濁らない。

問4　①　誤り。Xでは，光合成でつくる有機物の量と，呼吸で使う有機物の量が等しい。②　誤り。光の強さに関わらず，呼吸はつねにおこなっている。③　誤り。Xでは，弱い光によって少しだけ光合成をしている。④　正しい。Xより左では，光合成でつくる有機物の量よりも，呼吸で使う有機物の量が多い。

7　（天気の変化―雲の発生と降雨）

基本 問1　雲が発生するのは上昇気流の起こる場所であり，そのひとつが低気圧である。上昇気流では，気圧が下がって空気が膨張し，温度が下がって，水蒸気が水滴になって雲ができる。

問2　水道から汲んだばかりの水では，室温と水温に差があって，くもり始めた温度を測ってもそれが正しく露点とはいえなくなる。実験の開始のときには，室温と水温を同じにしておかなければならない。

やや難 問3　室温22℃の飽和水蒸気量は19.4g/m³であり，湿度が66％だから，実際に含まれる水蒸気量は，19.4×0.66＝12.8g/m³である。この空気が500m上昇すると，気温が5.0℃下がって17℃になる。17℃の飽和水蒸気量は14.5g/m³であり，実際に含まれる水蒸気量は12.8g/m³だから，湿度は$\frac{12.8}{14.5}\times 100 = 88.3$％である。

問4　問3で計算したように，実際に含まれる水蒸気量は12.8g/m³だから，15℃まで下がれば飽和水蒸気量と同じになる。22℃から15℃まで7℃下がれば雲ができるので，700m上昇すれば雲ができる。

問5　寒冷前線では，寒気が暖気の下にもぐり込んで暖気を押し上げ，積乱雲が発達して短時間の強い雨となる。一方，温暖前線では，暖気が寒気の上に乗り上げて押し戻していき，乱層雲が発達して，長時間の弱い雨となる。

8　**（地層と岩石─露頭の観察）**

重要　問1　（ア）　地層は，ふつう下にあるものが古く，上にあるものが新しい。

（イ）　海岸に近いところは海水の流れが速く，粒の大きいものが堆積する。海岸から離れると流れが遅く，粒の小さいものが堆積する。

（ウ）　b層は，下から順にれき岩，砂岩，泥岩の順で，粒が徐々に小さくなっており，陸から離れていったことが分かるので，海面が上昇したと考えられる。

問2　地震によって地層が切断されずれたものが断層である。図では，断層の上側である右側のブロックがずり上がっているので，逆断層である。

問3　a層からはブナの葉の化石が見つかっており，比較的寒冷な地域であったことが分かる。

問4　c層はアンモナイトの化石があるので中生代の地層，d層はフズリナの化石があるので古生代の地層である。ビカリアは新生代の巻貝なので，あるとすればc層よりは上である。

問5　bの地層は曲がっている。断層はまっすぐであり曲がっていない。このことから，まずbの地層が堆積し，褶曲によって曲がったあと，断層で切られたことがわかる。

★ワンポイントアドバイス★

選択肢は，基本知識を思い出しながらていねいに読んで，キーになるところに印をつけるなど，慎重に選ぼう。

<社会解答>

1　問1　2　問2　3　問3　4　問4　3　問5　1

2　問1　1　問2　2　問3　1　問4　6　問5　3　問6　2　問7　3

3　問1　A　5　B　2　問2　4　**4**　問1　3　問2　2　問3　4　問4　1

5　問1　2　問2　3　問3　4　**6**　問1　3　問2　6

7　問1　3　問2　5　**8**　問1　2　問2　1　問3　3　問4　3

9　問1　3　問2　3　問3　1　問4　2　問5　2　問6　3　問7　4　問8　4　問9　3　問10　1

10　問1　5　問2　4　問3　2　問4　2　問5　6

○配点○

1 問5，2 問3・問5・問7，3 問2，4 問3，5 問1，6，8 問1，9 問1～問3，10 問1・問5
各2点×15　他　各1点×30　計60点

＜社会解説＞

1 （地理―地形図）

問1　地形図は，等高線が10mごとに引かれているので，縮尺は2万5千分の1であると判断でき，②が正しい。

問2　地形図には特に方位記号は示されていないので，上が北となることがわかる。地形図上では，千米寺集落から見て蜂城山の山頂が見えるのは右下の方向となるので，南東と判断でき，③が正しい。

問3　地形図では，谷口を頂点に緩い傾斜の扇形の地形がみられるが，これは扇状地と呼ばれる地形なので，④が正しい。

問4　地形図中のAの地域では，の地図記号がみられる。この地図記号は果樹園を示しているので，③が正しい。

やや難　問5　地形図中の千米寺，藤井，原は，いずれも扇状地の扇端部に位置している。扇端部は地下水が湧水として表れやすい場所であることから，①が正しいと考えられる。

2 （日本の地理―日本の国土と自然，人口，農業，工業，公害，貿易）

問1　日本の最西端は沖縄県に属する与那国島なので，①が正しい。②の南鳥島は東京都に属し，日本最東端に位置する。③の択捉島は北海道に属し，日本最北端に位置する島で，北方領土に含まれている。④の屋久島は鹿児島県に属する島，⑤の八丈島は東京都に属する島である。

問2　水俣病は熊本県の水俣湾周辺で発生しており，信濃川は中部地方を流れているので，②が誤っている。

問3　日本では，農業従事者における高齢者の割合が高くなってきており，農業後継者の不足が深刻化しているので，①が正しい。日本では総農家数は減少傾向にあるので，②は誤り。国内の農業従事者数は減少傾向にあることから，③は誤り。日本の食料自給率は40％前後で推移しており，上がっていないので，④は誤り。

重要　問4　原料を輸入して製品をつくり上げて海外へ輸出することを，加工貿易というので，Aには加工貿易があてはまる。関東から九州北部にかけてのびる帯状の工場地域を太平洋ベルトというので，Bには太平洋ベルトがあてはまる。次々と進歩する最先端の技術を用いた産業は，先端技術産業というので，Cには先端技術産業があてはまる。よって，⑥の組み合わせが適切となる。

問5　少子・高齢社会の進行によって，現役世代の福祉に対する負担は重くなっていく可能性が高いと考えられるので，③が適当でない。高齢社会になると，小売店では高齢者向けの商品の品揃えを充実させることが考えられ，高齢者向けの介護や生活支援のビジネスが発展することも考えられるので，①と②は適当と判断できる。また，高齢社会になると，バリアフリー化を進めることも重要になるので，④も適当といえる。少子化が進むと，兄弟や近隣の子供が減ることになり，子供が社会性をつちかう機会が減少する可能性が考えられるので，⑤も適当といえる。

問6　日本は原油の多くを中東諸国から輸入しており，原油輸入相手国上位2か国はサウジアラビアとアラブ首長国連邦となることから，②の組み合わせが正しい。

問7　日本に在住する外国人数は，中国が最も多く，韓国・朝鮮が2番目に多いことから，③の組み合わせが正しい。

3 （地理―オーストラリア）

やや難　問1　A　オーストラリア最大の都市で，2000年にオリンピックが開催されたのはシドニーである。シドニーはオーストラリア南東部の⑤の州（ニューサウスウェールズ州）に属している。　B　ウルル（エアーズロック）はオーストラリア大陸の中央部に位置しており，②のノーザンテリトリーに属している。

問2　オーストラリアはかつて白豪主義と呼ばれる有色人種の移住を認めない政策がとられていたが，現在では白豪主義は廃止されており，さまざまな国・地域からの移民を受け入れるようになったので，4が正しい。オーストラリアの先住民はマオリではなくアボリジニなので，1は誤り。マオリはニュージーランドの先住民である。オーストラリアの公用語は英語であり，フランス語は公用語ではないので，2は誤り。オーストラリアでは中国系人口の割合は増加傾向にあるが，経済的な実権を華人が握っているような状況にはないので，3は適当でない。

4 （世界の歴史一古代，近代）

問1　写真の建築物は，イタリアのローマにある円形闘技場(コロッセオ)である。コロッセオはローマ帝国の時代に造られている。ローマ帝国の時代には，パレスチナにイエスが現れているので，3が正しい。1，2，4はいずれも古代ギリシャについて述べている。

問2　中国では，紀元前4世紀ごろからは青銅製の農具ではなく鉄製農具が普及していったので，2が誤っている。

問3　イタリアは三国同盟の一員であったが，第一次世界大戦には開戦当初は参戦せず，のちに連合国側で参戦しているので，1は誤り。第一次世界大戦の開戦のきっかけは，オーストリア皇太子夫妻がサラエボでセルビア人に暗殺されたことなので，2は誤り。第一次世界大戦では新兵器として戦車や飛行機，毒ガスなどが使用されたが，核爆弾が使用されたのは第二次世界大戦なので，3は誤り。日本は第一次世界大戦では日英同盟を理由に連合国側で参戦しており，アメリカも1917年に連合国側で参戦しており，4が正しい。

基本　問4　第一次世界大戦後の1920年に，アメリカ大統領ウィルソンの提案をもとにして国際連盟が発足したが，国際連盟の本部はスイスのジュネーブに置かれたので，1が誤り。

5 （日本の歴史一古代）

問1　土偶の写真は2である。土偶は人間をかたどった土製品で，壊された形で出土するものが多い。

問2　『魏志』倭人伝には，邪馬台国の女王卑弥呼が「親魏倭王」の称号と金印を授けられたと記されているので，3が誤っている。「漢委奴国王」は，江戸時代に福岡県志賀島で発見された金印に記されている。この金印は，『後漢書』東夷伝に記されている奴国王が後漢の光武帝に使いを送って授かったものと考えられている。

問3　須恵器は4があてはまる。須恵器は高い温度で焼かれたかたい土器である。

6 （日本の歴史一中世）

問1　守護の職務などを定めている法令は，御成敗式目である。御成敗式目は1232年に執権北条泰時が定めているので，3が正しい。

重要　問2　室町幕府においてAの訴訟を扱う役所は問注所，Bの京都の警備をおこなうのは侍所，Cの財政の管理をおこなうのは政所なので，6の組み合わせが正しい。

7 （日本の歴史一近世）

問1　下関での海運を盛んにし，他藩に対する金融業を行い，経済力を蓄えたのは，薩摩藩ではなく長州藩なので，1は誤り。琉球を使った密貿易や，黒砂糖の専売制などで藩の財政を立て直したのは，長州藩ではなく薩摩藩なので，2は誤り。岡山県では渋染一揆が起こっており，3が正しい。肥前藩では，紙や蝋ではなく陶磁器を専売制にしたので，4は誤り。

問2　1858年に締結された日米修好通商条約では，1の神奈川，2の長崎，3の新潟，4の兵庫，6の箱館が開港されることが決まったが，浦賀は含まれていないので，5が誤っている。

8 （日本の歴史一近現代）

問1　1905年に日本が韓国を保護国とした際に，初代韓国統監となったのは2の伊藤博文。

問2　日露戦争後には，日本がポーツマス条約で獲得した鉄道の利権をもとに，南満州鉄道株式会社が設立されており，1が正しい。袁世凱ではなく孫文が臨時大総統として中華民国の成立を宣言しており，2は誤り。満州のハルビン駅で，伊藤博文は安重根に暗殺されているので，3は誤り。日露戦争後，日本の満州進出によってイギリスではなくアメリカと対立するようになったので，4は誤り。

問3　Aの盧溝橋事件は日中戦争のはじまりで，1937年に起こっている。Bの柳条湖事件は満州事変のはじまりで，1931年に起こっている。Cについて，日中戦争勃発後に中国国民政府の首都は重慶に移されている。よって，古いものから順に並べるとB→A→Cとなり，3が正しい。

基本　問4　1972年に日中共同声明が出された際の内閣総理大臣は，3の田中角栄である。

9　（公民一憲法，基本的人権，政治のしくみ）

問1　日本国憲法は，GHQ案(マッカーサー草案)をもとにした憲法改正草案要綱を帝国議会が審議して制定しているので，3が誤り。

問2　3は基本的人権について述べており，国民主権についてではない。よって，3が適当でない。

問3　最高裁判所は，統治行為論に基づいて，自衛隊や日米安全保障条約についての憲法判断を回避しており，1が正しい。自衛隊の最高指揮権は，防衛大臣ではなく内閣総理大臣なので，2は誤り。非核三原則とは，核兵器を「もたず，つくらず，持ちこませず」なので，3は誤り。第二次安倍内閣は，2014年に集団的自衛権の行使容認を閣議決定しているので，4は誤り。

問4　大日本帝国憲法下の臣民の権利は，法律の範囲内で認められていたので，2が正しく，1は誤りとわかる。大日本帝国憲法下の臣民の権利には，社会権は規定されていなかったので，3は誤り。大日本帝国憲法は，臣民の義務として兵役の義務と納税の義務を規定しているが，勤労の義務は規定されていなかったので，4は誤り。

問5　日本では死刑制度は廃止されていないので，1は誤り。経済の自由について規定している第22条第1項(居住・移転・職業選択の自由)や第29条(財産権)には，それぞれ「公共の福祉に反しない限り」「公共の福祉に適合するやうに」という文言が含まれており，精神の自由よりも経済の自由は広く公共の福祉に基づく制限を受けるといえるので，2が正しい。生活保護の対象は最低限度の生活を維持できない困窮者なので，3は誤り。法律上，定住外国人に地方参政権は認められていないので，4は誤り。

重要　問6　国会は内閣総理大臣を指名するが，内閣総理大臣と最高裁判所長官の任命は天皇の国事行為なので，1は誤り。内閣は「憲法及び法律の規定を実施するために，政令を制定すること」が日本国憲法に規定されているので，2は誤り。国会の種類には常会・臨時会・特別会の三つがあり，衆議院の解散中には参議院の緊急集会が開かれることもあるので，3が正しい。衆議院には予算の先議権があるが，条約の先議権はないので，4は誤り。

問7　内閣総理大臣が「同輩中の首席」であったのは大日本帝国憲法なので，4が誤っている。日本国憲法では，内閣総理大臣は「内閣の首長」であることが日本国憲法第66条第1項に規定されている。1は日本国憲法第66条第3項に規定されているので正しい。2は日本国憲法第69条に規定されているので正しい。3は日本国憲法第66条第1項および第68条第1項に規定されているので正しい。

問8　裁判員制度は，重大な刑事事件の第一審に国民が参加する制度なので，4が正しい。日本国憲法では，すべて司法権は最高裁判所と下級裁判所に属するので，1は誤り。大津事件は立法府ではなく行政府の干渉が問題になった事件なので，2は誤り。違憲立法審査権はすべての裁判所に与えられているので，3は誤り。

問9　条例の制定・改廃の請求は，有権者の50分の1以上の署名を集めて，議会に請求するので，3

が誤り。

問10　日本国憲法の改正については，各議院の総議員の3分の2以上の賛成で国会が発議し，国民投票で過半数の賛成が必要なので，1が正しい。

10　**（公民―経済のしくみ，日本経済）**

問1　戦後の経済の民主化政策には，財閥解体，農地改革，労働関係の民主化があるので，5の組み合わせが正しい。

問2　日本の輸出が増えると，日本企業が代金として受け取る外国通貨が増え，日本企業が受け取った外国通貨を円に交換しようとして円高になるので，4が誤っている。

問3　消費税は間接税に属するので，1は誤り。消費税は，商品やサービスの購入に対し，購入者の所得にかかわらず同率で課税されるので，逆進性をもつため，2が正しい。消費税率が上がると商品の価格も上がるため，販売量の減少につながりやすく，3は正しくない。1989年に消費税が導入されたときの税率は5%ではなく3%であったので，4は誤り。

問4　日本銀行は，不況のときには流通する通貨の総量を増やそうとして供給する通貨量を増やすので，2が誤っている。

やや難　問5　1971年〔A〕にはニクソンショックが起こっており，1973年〔B〕には第四次中東戦争が勃発して第一次石油危機が起こっている。1985年〔C〕にはプラザ合意から急激な円高ドル安となっている。2008年〔D〕にはリーマンショックが起こっている。よって，6の組み合わせが正しい。

★ワンポイントアドバイス★

地理・歴史・公民のいずれの分野も，基本事項をしっかりとおさえておこう。

<国語解答>

一　問一　A　5　B　2　C　1　問二　4　問三　5　問四　3　問五　1
問六　Ⅰ　2　Ⅱ　3　問七　2　問八　4　問九　5

二　問一　1　問二　3　問三　4　問四　2　問五　4　問六　1　問七　5
問八　2　問九　3　問十　1　問十一　3

三　問一　3　問二　1　問三　4　問四　2　問五　5　問六　3　問七　5

○配点○

一　問一・問三・問六　各1点×6　問二・問九　各2点×2　他　各3点×4

二　問一～問三・問七　各1点×4　問四・問五・問八　各2点×3　他　各3点×4

三　問三・問五　各3点×2　他　各2点×5　計60点

<国語解説>

一　**（論説文―大意・要旨，内容吟味，指示語，接続語，脱文・脱語補充，漢字の書き取り，文と文節）**

基本　問一　A　正統　1　西高東低　2　荒唐無稽　3　本末転倒　4　一刀両断　5　精神統一
B　世帯　1　五大陸　2　亜熱帯　3　代替案　4　対抗馬　5　受動態
C　業績　1　紡績　2　書籍　3　赤外線　4　積算　5　足跡

問二　本文で引用されている「日本人の国民性調査」の分析で，「保守化」の傾向の例として，1，2，3，5は増えていることが述べられている。「こうした意識の……」から続く3段落で，この「保守化」への意識の変化は，「成長から成熟へ」という変化のひとつで，「手段的」な価値観から「自己充足的」な価値観をもたらし，「利益」や「損得」で見ている「手段的」な付き合いと，「自己充足的」な付き合いについて述べているので，4は「保守化」の傾向を示すものではない。

問三　イの「たしかに」は，「よく聞く」を修飾する形容動詞の連用形。

重要　問四　ウ直前で，「日本人の国民調査」によると，2008年は「親孝行」を大切だと考えている人の年齢差による差はほとんどなくなり，現在の20代は1963年の60代よりも親孝行を大切だと考えている，ということを述べている。1963年では20代～40代と60代，70代との差が大きかったが，2008年では20代～70代まで差がほとんどなくなっていることを，ウのように述べているので，3が適当。

問五　エは，これまで日本人が「続けてきたはず」の「『近代化』『進歩』」という「動き」とは「異なる新たな動き」のことなので，1が適当。2の「自ら批判する」，3の「道徳観を捨てて」，「国際化社会の中で『日本人らしさ』を確立する」ことを説明している4，5の「ルーツを確かめるため」は，いずれも述べていないので，不適当。

問六　Ⅰは，「もちろん○○である。だが(しかし，けれども)◎◎だ」という形で，○○であることを認めながらも，◎◎であることを主張しているので，2が適当。Ⅱは，直前で挙げている例に加えて，別の例を説明しているので，3が適当。

問七　オ前後で述べているように，「進歩」「変化」「改革」「生産」などを求めて，「利益」「損得」で見ているのが「手段的」な価値観，現状の質を充実させようとして，理屈なしにその人やそのものだけが好きで幸せであると感じるのが「自己充足的」な価値観である。「高い値で転売するために高級時計を買った」，「生活するには便利であるため日本で暮らしている」，「すぐに売買をできるよう新聞で株式市況をチェック」，「入社試験に着ていくためのスーツ」，「健康を維持するために定期的にジムへ通っている」，「大雪が降ったので……地下鉄を利用」は，いずれも利益や損得など理由があってしていることなので，「手段的」な価値観である。「トランプ」「田舎暮らし」の2つは，そのままの現状が好きでしていることなので，「自己充足的」な価値観である。

重要　問八　カ直後の4段落で，「日本志向」にも「手段的」と「自己充足的」があり，「手段的」な「日本志向」とは「拡張主義」的で国民自身の「自己拡張感」と日本という国の発展拡大を同一視した時代だったが，「自己充足的」な「日本志向」とは，単純にあるがままの今の「日本が好き」「愛してる」という感情で，「手段的」な価値観＝「自己拡張的」に対して，「自己充足的」＝「自己肯定的」と言ってもよい，ということを述べているので，4が適当。

やや難　問九　「誤った意見」を選ぶことに注意。1963年では50代は65％，60代は72％，70代は83％が，「大切な道徳は親孝行」と考えているので，「1963年では逆に2人に1人が親孝行は大切だと考えていないことが分かる」と話しているミヤジマくんの意見は誤り。

二　（小説一情景・心情，内容吟味，脱語補充，漢字の書き取り，語句の意味）

基本　問一　「はぐらかす」は，話の焦点をぼかしたり，ずらしたりしてごまかすことなので，1が適当。

問二　「怖じ気をふるう(震う)」は，こわくて体が震えるという意味。

基本　問三　Ⅲ　穏やか　1　温暖　2　音程　3　恩師　4　穏便　5　隠密。

問四　馬締は，ぎこちない雰囲気ながらも，「気詰まりな感じはしなかった。むしろオダやかな気分だ。」「馬締の肘はいつまでもいつまでも，(香具矢の)細い指先の感触とやわらかな圧力を覚えていた」などと描かれているように，香具矢に対して好意を持っている一方，「最近のジェットコースターは……恐そうだな」と言い，「ひっきりなしに降ってくる絶叫に怖じ気をふるっていた」ことから，2が適当。好意を持っている香具矢と，ジェットコースターなど苦手な遊園地に来ていることを説明していない他の選択肢は不適当。

問五　イ直後で，イのように話す香具矢と同じように，観覧車の狭い空間に一緒にいるからこそなおさらに，触れあえず覗きこめない部分があることを痛感させられる，という馬締の心情が描かれているので，4が適当。イ直後の馬締の心情を説明していない他の選択肢は不適当。

重要　問六　ウの「むなしさやさびしさ」は，「食物の摂取と排泄」にたとえて，「どんなにおいしい料理を作っても，一周まわって出ていくだけ」という香具矢の言葉から感じたものなので，1が適当。「出ていくだけ」を説明していない他の選択肢は不適当。

問七　Ⅳは，「捕獲できない蠢きとなっ」た「言葉」のことで，「すり抜け，形を変えていってしま」い，「挑発するかのように」「笑い飛ばし」ている様子で，捕らえることができないことを表す語が入るので，5が適当。

問八　Ⅴ直後に，「虚空へ霧散していく」とあり，確かに実在するという意味の「実体」のないもの，として「言葉」をたとえている。

問九　エ前「どれだけ……」で始まる段落で，「どれだけ言葉を集めても，解釈し定義づけをしても，辞書に本当の意味での完成はな」く，「一冊の辞書にまとめることができたと思った瞬間に，再び言葉は捕獲できない蠢きとなって，すり抜け，形を変えていってしまう」という，馬締の思いが描かれているので，3が適当。1の「ネット社会の普及」「人工知能にしかできない」は描かれていないので不適当。言葉の意味が「すり抜け，形を変えていってしまう」ことを説明していない2，4も不適当。5の「どれほどの紙面があっても対応しきれない」も描かれていないので不適当。

やや難　問十　オ前までで，板前の仕事を観覧車にたとえて，香具矢がむなしさやさびしさを感じていることは，馬締の辞書づくりの仕事にも通じることだが，それでも香具矢は板前の仕事を選んで腕を振るい続け，馬締も全力で辞書づくりの仕事をやり遂げてみせると思っていることが描かれている。むなしさやさびしさを感じながらも，情熱を持って仕事をやり続けようとする二人は，そのような心情と「静かに持続するエネルギーを秘めた道具」である観覧車に共通するものを感じて，観覧車が好きなので，1が適当。2の「もとの場所に戻ることができる安心感がある」は不適当。「静かに持続するエネルギーを秘めた道具」である観覧車に，二人の仕事に対する心情を重ねて説明していない3，4，5も不適当。

重要　問十一　問十でも考察したように，むなしさやさびしさを感じながらも，情熱を持って仕事をやり続けようとしている二人が，その心情に重ねた観覧車を二人とも好きだと言っていることから，お互いの仕事に対する姿勢を理解し，同じような考えであることに好意を抱いていることをカのように表現しているので，3が適当。1の「他の人があまり好まない性質を持つ仕事」「優越感を感じ」，4の「家族の願い」は読み取れないので不適当。観覧車に重ねている，仕事に対する情熱を説明していない2，5も不適当。

三　**（古文―大意・要旨，文脈把握，内容吟味，品詞・用法，口語訳，文学史）**

〈口語訳〉　昔，延長の頃，三井寺に興義という僧がいた。絵の巧みなことで興義の名前が世の中に広く知られるようになった。常に描いていたのは，仏像・山水・花鳥といったものではなかった。寺の仕事が暇な日には湖に小舟を浮かべ，網を引いて釣りをする漁師に銭を与え，獲った魚をもとの湖に放し，その魚が躍り遊ぶのを見ては描くうち，年を経て精妙(の極み)に至った。

ある時は絵に夢中になり眠気を誘えば，夢の中で水中に入り，大小さまざまな魚とともに遊ぶ。目が覚めればすぐさま見たままを描いて壁に貼り，自ら「夢応の鯉魚」と名付けた。

その絵の素晴らしさに感じ入り欲しがる人たちがわれ先にと争うので，花鳥・山水の絵は要求されるままに与えたが，鯉魚の絵はひたすらに惜しんで，人々に冗談でこう言った。「生きているものを殺し新鮮なものを食べる世俗の人に，法師(である私)の養う魚を与えることはできない」と。その絵と冗談とともに天下に知れ渡った。

ある年病にかかり，七日経ってすぐさま目を閉じ息絶えてしまった。弟子や友人が集まって嘆き惜しんだが，ただ(興義の)胸の辺りがかすかに暖かいので，もしや(生き返るのではないか)と思い(興義の周りに)座って見守りながら三日が経つと，手足が少し動いたようであったが，すぐに溜息を吐いて，眼を開き，目覚めたかのように起き上がり，人々に向かって，「私はずいぶん長い間意識を失っていた。何日寝ていたのか」(と言った)。弟子たちが言う。「師は三日前に息が絶えられました。寺中の人々をはじめ，日頃親しく語られていた方々もお参りしていただき葬式の準備もされましたが師の胸が暖かくなるのを見て，棺にも納めないでこのように見守っておりまして(その甲斐あって)今蘇りなさって，『よくぞ葬らなかったことだ』と喜び合っていたのです」。

問一　傍線部の「なり」と3は動詞「なる」の連用形。1は形容動詞「巧みなり」の連体形，2も形容動詞「妙なり」の連体形，4，5は断定の助動詞。

重要　問二　「ゆるす(許す)」は，才能や技量を認める，公認する，という意味。「名を」とあるので，1が適当。

問三　興義は，漁師から買い取った魚を放してその魚の姿を描き，夢の中で魚と遊ぶほど魚をかわいがっており，自ら「夢応の鯉魚」と名付けるほど魚の絵に執着していたので，4が適当。

問四　興義は息絶えてしまったが，興義の体が「ただむねのあたりの微し暖なるにぞ」という状態だったため，集まった「徒弟友どち」は，興義が「もしや，生き返るのではないか」と思ったのである。

重要　問五　「物す」は，ある動作をする，という意味。ここでは「葬の事」をしなかった，ということで，そのことを「かしこくも(よくぞ，素晴らしいことに)」と話しているので，5が適当。

やや難　問六　「一致しないもの」を選ぶことに注意。興義は絵の巧みなことで名前が世の中に広く知られるようになったこと，年を経て細妙の極みに至ったことは述べられているが，3の「興義は絵の才能をもともともっており」は述べられていないので，一致しない。

基本　問七　アは江戸時代前期に俳句で活躍した人物なので「松尾芭蕉」，イは近松門左衛門が創出したものなので「浄瑠璃」，ウは与謝蕪村が活躍したジャンルなので「俳諧」が入る。

★ワンポイントアドバイス★

小説では，会話や表情や態度などから，登場人物の心情を丁寧に読み取っていくことが重要だ。

解答用紙集

○月×日　△曜日　天気（合格日和）

◆ご利用のみなさまへ
＊解答用紙の公表を行っていない学校につきましては、弊社の責任において、解答用紙を制作いたしました。
＊編集上の理由により一部縮小掲載した解答用紙がございます。
＊編集上の理由により一部実物と異なる形式の解答用紙がございます。

人間の最も偉大な力とは、その一番の弱点を克服したところから生まれてくるものである。　――カール・ヒルティ――

※データのダウンロードは 2024 年 3 月末日まで。

東京学参株式会社

札幌第一高等学校　２０２３年度

※１２２％に拡大していただくと、解答欄は実物大になります。

※マークは、▯の中を▮のように、完全にぬりつぶしてください。
良い▮　悪い（うすい）（細い）（短い）（はみだし）

※消す時は、プラスチック消しゴムできれいに消してください。

解答番号	解答記入欄
1	1 2 3 4 5 6 7 8 9 0
2	1 2 3 4 5 6 7 8 9 0
3	1 2 3 4 5 6 7 8 9 0
4	1 2 3 4 5 6 7 8 9 0
5	1 2 3 4 5 6 7 8 9 0
6	1 2 3 4 5 6 7 8 9 0
7	1 2 3 4 5 6 7 8 9 0
8	1 2 3 4 5 6 7 8 9 0
9	1 2 3 4 5 6 7 8 9 0
10	1 2 3 4 5 6 7 8 9 0
11	1 2 3 4 5 6 7 8 9 0
12	1 2 3 4 5 6 7 8 9 0
13	1 2 3 4 5 6 7 8 9 0
14	1 2 3 4 5 6 7 8 9 0
15	1 2 3 4 5 6 7 8 9 0
16	1 2 3 4 5 6 7 8 9 0
17	1 2 3 4 5 6 7 8 9 0
18	1 2 3 4 5 6 7 8 9 0
19	1 2 3 4 5 6 7 8 9 0
20	1 2 3 4 5 6 7 8 9 0
21	1 2 3 4 5 6 7 8 9 0
22	1 2 3 4 5 6 7 8 9 0
23	1 2 3 4 5 6 7 8 9 0
24	1 2 3 4 5 6 7 8 9 0
25	1 2 3 4 5 6 7 8 9 0
26	1 2 3 4 5 6 7 8 9 0
27	1 2 3 4 5 6 7 8 9 0
28	1 2 3 4 5 6 7 8 9 0
29	1 2 3 4 5 6 7 8 9 0
30	1 2 3 4 5 6 7 8 9 0
31	1 2 3 4 5 6 7 8 9 0
32	1 2 3 4 5 6 7 8 9 0
33	1 2 3 4 5 6 7 8 9 0
34	1 2 3 4 5 6 7 8 9 0
35	1 2 3 4 5 6 7 8 9 0
36	1 2 3 4 5 6 7 8 9 0
37	1 2 3 4 5 6 7 8 9 0
38	1 2 3 4 5 6 7 8 9 0
39	1 2 3 4 5 6 7 8 9 0
40	1 2 3 4 5 6 7 8 9 0
41	1 2 3 4 5 6 7 8 9 0
42	1 2 3 4 5 6 7 8 9 0
43	1 2 3 4 5 6 7 8 9 0
44	1 2 3 4 5 6 7 8 9 0
45	1 2 3 4 5 6 7 8 9 0
46	1 2 3 4 5 6 7 8 9 0
47	1 2 3 4 5 6 7 8 9 0
48	1 2 3 4 5 6 7 8 9 0
49	1 2 3 4 5 6 7 8 9 0
50	1 2 3 4 5 6 7 8 9 0

◇英語◇

札幌第一高等学校　２０２３年度

※ １２２%に拡大していただくと，解答欄は実物大になります。

解答番号	解答記入欄
1	1 2 3 4 5 6 7 8 9 0
2	1 2 3 4 5 6 7 8 9 0
3	1 2 3 4 5 6 7 8 9 0
4	1 2 3 4 5 6 7 8 9 0
5	1 2 3 4 5 6 7 8 9 0
6	1 2 3 4 5 6 7 8 9 0
7	1 2 3 4 5 6 7 8 9 0
8	1 2 3 4 5 6 7 8 9 0
9	1 2 3 4 5 6 7 8 9 0
10	1 2 3 4 5 6 7 8 9 0
11	1 2 3 4 5 6 7 8 9 0
12	1 2 3 4 5 6 7 8 9 0
13	1 2 3 4 5 6 7 8 9 0
14	1 2 3 4 5 6 7 8 9 0
15	1 2 3 4 5 6 7 8 9 0
16	1 2 3 4 5 6 7 8 9 0
17	1 2 3 4 5 6 7 8 9 0
18	1 2 3 4 5 6 7 8 9 0
19	1 2 3 4 5 6 7 8 9 0
20	1 2 3 4 5 6 7 8 9 0
21	1 2 3 4 5 6 7 8 9 0
22	1 2 3 4 5 6 7 8 9 0
23	1 2 3 4 5 6 7 8 9 0
24	1 2 3 4 5 6 7 8 9 0
25	1 2 3 4 5 6 7 8 9 0
26	1 2 3 4 5 6 7 8 9 0
27	1 2 3 4 5 6 7 8 9 0
28	1 2 3 4 5 6 7 8 9 0
29	1 2 3 4 5 6 7 8 9 0
30	1 2 3 4 5 6 7 8 9 0
31	1 2 3 4 5 6 7 8 9 0
32	1 2 3 4 5 6 7 8 9 0
33	1 2 3 4 5 6 7 8 9 0
34	1 2 3 4 5 6 7 8 9 0
35	1 2 3 4 5 6 7 8 9 0
36	1 2 3 4 5 6 7 8 9 0
37	1 2 3 4 5 6 7 8 9 0
38	1 2 3 4 5 6 7 8 9 0
39	1 2 3 4 5 6 7 8 9 0
40	1 2 3 4 5 6 7 8 9 0
41	1 2 3 4 5 6 7 8 9 0
42	1 2 3 4 5 6 7 8 9 0
43	1 2 3 4 5 6 7 8 9 0
44	1 2 3 4 5 6 7 8 9 0
45	1 2 3 4 5 6 7 8 9 0
46	1 2 3 4 5 6 7 8 9 0
47	1 2 3 4 5 6 7 8 9 0
48	1 2 3 4 5 6 7 8 9 0
49	1 2 3 4 5 6 7 8 9 0
50	1 2 3 4 5 6 7 8 9 0

※ マークは，▯の中を▮のように，完全にぬりつぶしてください。
良い ▮　悪い うすい 細い 短い はみだし

※ 消す時は，プラスチック消しゴムできれいに消してください。

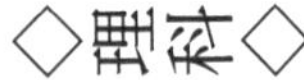

◇理科◇

札幌第一高等学校　２０２３年度

※１２２％に拡大していただくと、解答欄は実物大になります。

※　マークは、[ ]の中を■のように、完全にぬりつぶしてください。
良い■　悪い

※　消す時は、プラスチック消しゴムできれいに消してください。

解答番号	解答記入欄									
1	1	2	3	4	5	6	7	8	9	0
2	1	2	3	4	5	6	7	8	9	0
3	1	2	3	4	5	6	7	8	9	0
4	1	2	3	4	5	6	7	8	9	0
5	1	2	3	4	5	6	7	8	9	0
6	1	2	3	4	5	6	7	8	9	0
7	1	2	3	4	5	6	7	8	9	0
8	1	2	3	4	5	6	7	8	9	0
9	1	2	3	4	5	6	7	8	9	0
10	1	2	3	4	5	6	7	8	9	0
11	1	2	3	4	5	6	7	8	9	0
12	1	2	3	4	5	6	7	8	9	0
13	1	2	3	4	5	6	7	8	9	0
14	1	2	3	4	5	6	7	8	9	0
15	1	2	3	4	5	6	7	8	9	0
16	1	2	3	4	5	6	7	8	9	0
17	1	2	3	4	5	6	7	8	9	0
18	1	2	3	4	5	6	7	8	9	0
19	1	2	3	4	5	6	7	8	9	0
20	1	2	3	4	5	6	7	8	9	0
21	1	2	3	4	5	6	7	8	9	0
22	1	2	3	4	5	6	7	8	9	0
23	1	2	3	4	5	6	7	8	9	0
24	1	2	3	4	5	6	7	8	9	0
25	1	2	3	4	5	6	7	8	9	0
26	1	2	3	4	5	6	7	8	9	0
27	1	2	3	4	5	6	7	8	9	0
28	1	2	3	4	5	6	7	8	9	0
29	1	2	3	4	5	6	7	8	9	0
30	1	2	3	4	5	6	7	8	9	0
31	1	2	3	4	5	6	7	8	9	0
32	1	2	3	4	5	6	7	8	9	0
33	1	2	3	4	5	6	7	8	9	0
34	1	2	3	4	5	6	7	8	9	0
35	1	2	3	4	5	6	7	8	9	0
36	1	2	3	4	5	6	7	8	9	0
37	1	2	3	4	5	6	7	8	9	0
38	1	2	3	4	5	6	7	8	9	0
39	1	2	3	4	5	6	7	8	9	0
40	1	2	3	4	5	6	7	8	9	0
41	1	2	3	4	5	6	7	8	9	0
42	1	2	3	4	5	6	7	8	9	0
43	1	2	3	4	5	6	7	8	9	0
44	1	2	3	4	5	6	7	8	9	0
45	1	2	3	4	5	6	7	8	9	0
46	1	2	3	4	5	6	7	8	9	0
47	1	2	3	4	5	6	7	8	9	0
48	1	2	3	4	5	6	7	8	9	0
49	1	2	3	4	5	6	7	8	9	0
50	1	2	3	4	5	6	7	8	9	0

◇社会◇

札幌第一高等学校　２０２３年度

※１２２％に拡大していただくと、解答欄は実物大になります。

※マークは、[]の中を■のように、完全にぬりつぶしてください。
良い■　悪い（うすい）（細い）（短い）（はみだし）

※消す時は、プラスチック消しゴムできれいに消してください。

解答番号	解答記入欄
1	1 2 3 4 5 6 7 8 9 0
2	1 2 3 4 5 6 7 8 9 0
3	1 2 3 4 5 6 7 8 9 0
4	1 2 3 4 5 6 7 8 9 0
5	1 2 3 4 5 6 7 8 9 0
6	1 2 3 4 5 6 7 8 9 0
7	1 2 3 4 5 6 7 8 9 0
8	1 2 3 4 5 6 7 8 9 0
9	1 2 3 4 5 6 7 8 9 0
10	1 2 3 4 5 6 7 8 9 0
11	1 2 3 4 5 6 7 8 9 0
12	1 2 3 4 5 6 7 8 9 0
13	1 2 3 4 5 6 7 8 9 0
14	1 2 3 4 5 6 7 8 9 0
15	1 2 3 4 5 6 7 8 9 0
16	1 2 3 4 5 6 7 8 9 0
17	1 2 3 4 5 6 7 8 9 0
18	1 2 3 4 5 6 7 8 9 0
19	1 2 3 4 5 6 7 8 9 0
20	1 2 3 4 5 6 7 8 9 0
21	1 2 3 4 5 6 7 8 9 0
22	1 2 3 4 5 6 7 8 9 0
23	1 2 3 4 5 6 7 8 9 0
24	1 2 3 4 5 6 7 8 9 0
25	1 2 3 4 5 6 7 8 9 0
26	1 2 3 4 5 6 7 8 9 0
27	1 2 3 4 5 6 7 8 9 0
28	1 2 3 4 5 6 7 8 9 0
29	1 2 3 4 5 6 7 8 9 0
30	1 2 3 4 5 6 7 8 9 0
31	1 2 3 4 5 6 7 8 9 0
32	1 2 3 4 5 6 7 8 9 0
33	1 2 3 4 5 6 7 8 9 0
34	1 2 3 4 5 6 7 8 9 0
35	1 2 3 4 5 6 7 8 9 0
36	1 2 3 4 5 6 7 8 9 0
37	1 2 3 4 5 6 7 8 9 0
38	1 2 3 4 5 6 7 8 9 0
39	1 2 3 4 5 6 7 8 9 0
40	1 2 3 4 5 6 7 8 9 0
41	1 2 3 4 5 6 7 8 9 0
42	1 2 3 4 5 6 7 8 9 0
43	1 2 3 4 5 6 7 8 9 0
44	1 2 3 4 5 6 7 8 9 0
45	1 2 3 4 5 6 7 8 9 0
46	1 2 3 4 5 6 7 8 9 0
47	1 2 3 4 5 6 7 8 9 0
48	1 2 3 4 5 6 7 8 9 0
49	1 2 3 4 5 6 7 8 9 0
50	1 2 3 4 5 6 7 8 9 0

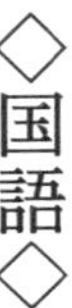

札幌第一高等学校　２０２３年度

※ １２２%に拡大していただくと，解答欄は実物大になります。

※ マークは、▯の中を▮のように、完全にぬりつぶしてください。

良い ▮　悪い ▯うすい ▯細い ▯短い ▯はみだし

※ 消す時は、プラスチック消しゴムできれいに消してください。

解答番号	解答記入欄									
1	1	2	3	4	5	6	7	8	9	0
2	1	2	3	4	5	6	7	8	9	0
3	1	2	3	4	5	6	7	8	9	0
4	1	2	3	4	5	6	7	8	9	0
5	1	2	3	4	5	6	7	8	9	0
6	1	2	3	4	5	6	7	8	9	0
7	1	2	3	4	5	6	7	8	9	0
8	1	2	3	4	5	6	7	8	9	0
9	1	2	3	4	5	6	7	8	9	0
10	1	2	3	4	5	6	7	8	9	0
11	1	2	3	4	5	6	7	8	9	0
12	1	2	3	4	5	6	7	8	9	0
13	1	2	3	4	5	6	7	8	9	0
14	1	2	3	4	5	6	7	8	9	0
15	1	2	3	4	5	6	7	8	9	0
16	1	2	3	4	5	6	7	8	9	0
17	1	2	3	4	5	6	7	8	9	0
18	1	2	3	4	5	6	7	8	9	0
19	1	2	3	4	5	6	7	8	9	0
20	1	2	3	4	5	6	7	8	9	0
21	1	2	3	4	5	6	7	8	9	0
22	1	2	3	4	5	6	7	8	9	0
23	1	2	3	4	5	6	7	8	9	0
24	1	2	3	4	5	6	7	8	9	0
25	1	2	3	4	5	6	7	8	9	0
26	1	2	3	4	5	6	7	8	9	0
27	1	2	3	4	5	6	7	8	9	0
28	1	2	3	4	5	6	7	8	9	0
29	1	2	3	4	5	6	7	8	9	0
30	1	2	3	4	5	6	7	8	9	0
31	1	2	3	4	5	6	7	8	9	0
32	1	2	3	4	5	6	7	8	9	0
33	1	2	3	4	5	6	7	8	9	0
34	1	2	3	4	5	6	7	8	9	0
35	1	2	3	4	5	6	7	8	9	0
36	1	2	3	4	5	6	7	8	9	0
37	1	2	3	4	5	6	7	8	9	0
38	1	2	3	4	5	6	7	8	9	0
39	1	2	3	4	5	6	7	8	9	0
40	1	2	3	4	5	6	7	8	9	0
41	1	2	3	4	5	6	7	8	9	0
42	1	2	3	4	5	6	7	8	9	0
43	1	2	3	4	5	6	7	8	9	0
44	1	2	3	4	5	6	7	8	9	0
45	1	2	3	4	5	6	7	8	9	0
46	1	2	3	4	5	6	7	8	9	0
47	1	2	3	4	5	6	7	8	9	0
48	1	2	3	4	5	6	7	8	9	0
49	1	2	3	4	5	6	7	8	9	0
50	1	2	3	4	5	6	7	8	9	0

札幌第一高等学校　２０２２年度

※１２２%に拡大していただくと、解答欄は実物大になります。

※マークは、[ ]の中を■のように、完全にぬりつぶしてください。
良い　■　悪い　うすい　細い　短い　はみだし

※消す時は、プラスチック消しゴムできれいに消してください。

解答番号	解答記入欄									
1	1	2	3	4	5	6	7	8	9	0
2	1	2	3	4	5	6	7	8	9	0
3	1	2	3	4	5	6	7	8	9	0
4	1	2	3	4	5	6	7	8	9	0
5	1	2	3	4	5	6	7	8	9	0
6	1	2	3	4	5	6	7	8	9	0
7	1	2	3	4	5	6	7	8	9	0
8	1	2	3	4	5	6	7	8	9	0
9	1	2	3	4	5	6	7	8	9	0
10	1	2	3	4	5	6	7	8	9	0
11	1	2	3	4	5	6	7	8	9	0
12	1	2	3	4	5	6	7	8	9	0
13	1	2	3	4	5	6	7	8	9	0
14	1	2	3	4	5	6	7	8	9	0
15	1	2	3	4	5	6	7	8	9	0
16	1	2	3	4	5	6	7	8	9	0
17	1	2	3	4	5	6	7	8	9	0
18	1	2	3	4	5	6	7	8	9	0
19	1	2	3	4	5	6	7	8	9	0
20	1	2	3	4	5	6	7	8	9	0
21	1	2	3	4	5	6	7	8	9	0
22	1	2	3	4	5	6	7	8	9	0
23	1	2	3	4	5	6	7	8	9	0
24	1	2	3	4	5	6	7	8	9	0
25	1	2	3	4	5	6	7	8	9	0
26	1	2	3	4	5	6	7	8	9	0
27	1	2	3	4	5	6	7	8	9	0
28	1	2	3	4	5	6	7	8	9	0
29	1	2	3	4	5	6	7	8	9	0
30	1	2	3	4	5	6	7	8	9	0
31	1	2	3	4	5	6	7	8	9	0
32	1	2	3	4	5	6	7	8	9	0
33	1	2	3	4	5	6	7	8	9	0
34	1	2	3	4	5	6	7	8	9	0
35	1	2	3	4	5	6	7	8	9	0
36	1	2	3	4	5	6	7	8	9	0
37	1	2	3	4	5	6	7	8	9	0
38	1	2	3	4	5	6	7	8	9	0
39	1	2	3	4	5	6	7	8	9	0
40	1	2	3	4	5	6	7	8	9	0
41	1	2	3	4	5	6	7	8	9	0
42	1	2	3	4	5	6	7	8	9	0
43	1	2	3	4	5	6	7	8	9	0
44	1	2	3	4	5	6	7	8	9	0
45	1	2	3	4	5	6	7	8	9	0
46	1	2	3	4	5	6	7	8	9	0
47	1	2	3	4	5	6	7	8	9	0
48	1	2	3	4	5	6	7	8	9	0
49	1	2	3	4	5	6	7	8	9	0
50	1	2	3	4	5	6	7	8	9	0

◇英語◇

札幌第一高等学校　２０２２年度

※１２２%に拡大していただくと，解答欄は実物大になります。

※マークは，▯の中を▮のように，完全にぬりつぶしてください。
良い ▮　悪い ▯（うすい）▯（細い）▯（短い）▯（はみだし）

※消す時は，プラスチック消しゴムできれいに消してください。

解答番号	解答記入欄
1	1 2 3 4 5 6 7 8 9 0
2	1 2 3 4 5 6 7 8 9 0
3	1 2 3 4 5 6 7 8 9 0
4	1 2 3 4 5 6 7 8 9 0
5	1 2 3 4 5 6 7 8 9 0
6	1 2 3 4 5 6 7 8 9 0
7	1 2 3 4 5 6 7 8 9 0
8	1 2 3 4 5 6 7 8 9 0
9	1 2 3 4 5 6 7 8 9 0
10	1 2 3 4 5 6 7 8 9 0
11	1 2 3 4 5 6 7 8 9 0
12	1 2 3 4 5 6 7 8 9 0
13	1 2 3 4 5 6 7 8 9 0
14	1 2 3 4 5 6 7 8 9 0
15	1 2 3 4 5 6 7 8 9 0
16	1 2 3 4 5 6 7 8 9 0
17	1 2 3 4 5 6 7 8 9 0
18	1 2 3 4 5 6 7 8 9 0
19	1 2 3 4 5 6 7 8 9 0
20	1 2 3 4 5 6 7 8 9 0
21	1 2 3 4 5 6 7 8 9 0
22	1 2 3 4 5 6 7 8 9 0
23	1 2 3 4 5 6 7 8 9 0
24	1 2 3 4 5 6 7 8 9 0
25	1 2 3 4 5 6 7 8 9 0
26	1 2 3 4 5 6 7 8 9 0
27	1 2 3 4 5 6 7 8 9 0
28	1 2 3 4 5 6 7 8 9 0
29	1 2 3 4 5 6 7 8 9 0
30	1 2 3 4 5 6 7 8 9 0
31	1 2 3 4 5 6 7 8 9 0
32	1 2 3 4 5 6 7 8 9 0
33	1 2 3 4 5 6 7 8 9 0
34	1 2 3 4 5 6 7 8 9 0
35	1 2 3 4 5 6 7 8 9 0
36	1 2 3 4 5 6 7 8 9 0
37	1 2 3 4 5 6 7 8 9 0
38	1 2 3 4 5 6 7 8 9 0
39	1 2 3 4 5 6 7 8 9 0
40	1 2 3 4 5 6 7 8 9 0
41	1 2 3 4 5 6 7 8 9 0
42	1 2 3 4 5 6 7 8 9 0
43	1 2 3 4 5 6 7 8 9 0
44	1 2 3 4 5 6 7 8 9 0
45	1 2 3 4 5 6 7 8 9 0
46	1 2 3 4 5 6 7 8 9 0
47	1 2 3 4 5 6 7 8 9 0
48	1 2 3 4 5 6 7 8 9 0
49	1 2 3 4 5 6 7 8 9 0
50	1 2 3 4 5 6 7 8 9 0

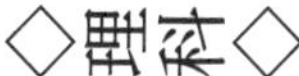

札幌第一高等学校　２０２２年度

※ １２２％に拡大していただくと、解答欄は実物大になります。

※ マークは、[ ]の中を■のように、完全にぬりつぶしてください。
良い ■　悪い（うすい）（細い）（短い）（はみだし）

※ 消す時は、プラスチック消しゴムできれいに消してください。

解答番号	解答記入欄
1	1 2 3 4 5 6 7 8 9 0
2	1 2 3 4 5 6 7 8 9 0
3	1 2 3 4 5 6 7 8 9 0
4	1 2 3 4 5 6 7 8 9 0
5	1 2 3 4 5 6 7 8 9 0
6	1 2 3 4 5 6 7 8 9 0
7	1 2 3 4 5 6 7 8 9 0
8	1 2 3 4 5 6 7 8 9 0
9	1 2 3 4 5 6 7 8 9 0
10	1 2 3 4 5 6 7 8 9 0
11	1 2 3 4 5 6 7 8 9 0
12	1 2 3 4 5 6 7 8 9 0
13	1 2 3 4 5 6 7 8 9 0
14	1 2 3 4 5 6 7 8 9 0
15	1 2 3 4 5 6 7 8 9 0
16	1 2 3 4 5 6 7 8 9 0
17	1 2 3 4 5 6 7 8 9 0
18	1 2 3 4 5 6 7 8 9 0
19	1 2 3 4 5 6 7 8 9 0
20	1 2 3 4 5 6 7 8 9 0
21	1 2 3 4 5 6 7 8 9 0
22	1 2 3 4 5 6 7 8 9 0
23	1 2 3 4 5 6 7 8 9 0
24	1 2 3 4 5 6 7 8 9 0
25	1 2 3 4 5 6 7 8 9 0
26	1 2 3 4 5 6 7 8 9 0
27	1 2 3 4 5 6 7 8 9 0
28	1 2 3 4 5 6 7 8 9 0
29	1 2 3 4 5 6 7 8 9 0
30	1 2 3 4 5 6 7 8 9 0
31	1 2 3 4 5 6 7 8 9 0
32	1 2 3 4 5 6 7 8 9 0
33	1 2 3 4 5 6 7 8 9 0
34	1 2 3 4 5 6 7 8 9 0
35	1 2 3 4 5 6 7 8 9 0
36	1 2 3 4 5 6 7 8 9 0
37	1 2 3 4 5 6 7 8 9 0
38	1 2 3 4 5 6 7 8 9 0
39	1 2 3 4 5 6 7 8 9 0
40	1 2 3 4 5 6 7 8 9 0
41	1 2 3 4 5 6 7 8 9 0
42	1 2 3 4 5 6 7 8 9 0
43	1 2 3 4 5 6 7 8 9 0
44	1 2 3 4 5 6 7 8 9 0
45	1 2 3 4 5 6 7 8 9 0
46	1 2 3 4 5 6 7 8 9 0
47	1 2 3 4 5 6 7 8 9 0
48	1 2 3 4 5 6 7 8 9 0
49	1 2 3 4 5 6 7 8 9 0
50	1 2 3 4 5 6 7 8 9 0

札幌第一高等学校　２０２２年度

※１２２％に拡大していただくと、解答欄は実物大になります。

※マークは、[]の中を■のように、完全にぬりつぶしてください。
良い■　悪い（うすい）（細い）（短い）（はみだし）

※消す時は、プラスチック消しゴムできれいに消してください。

解答番号	解答記入欄
1	1 2 3 4 5 6 7 8 9 0
2	1 2 3 4 5 6 7 8 9 0
3	1 2 3 4 5 6 7 8 9 0
4	1 2 3 4 5 6 7 8 9 0
5	1 2 3 4 5 6 7 8 9 0
6	1 2 3 4 5 6 7 8 9 0
7	1 2 3 4 5 6 7 8 9 0
8	1 2 3 4 5 6 7 8 9 0
9	1 2 3 4 5 6 7 8 9 0
10	1 2 3 4 5 6 7 8 9 0
11	1 2 3 4 5 6 7 8 9 0
12	1 2 3 4 5 6 7 8 9 0
13	1 2 3 4 5 6 7 8 9 0
14	1 2 3 4 5 6 7 8 9 0
15	1 2 3 4 5 6 7 8 9 0
16	1 2 3 4 5 6 7 8 9 0
17	1 2 3 4 5 6 7 8 9 0
18	1 2 3 4 5 6 7 8 9 0
19	1 2 3 4 5 6 7 8 9 0
20	1 2 3 4 5 6 7 8 9 0
21	1 2 3 4 5 6 7 8 9 0
22	1 2 3 4 5 6 7 8 9 0
23	1 2 3 4 5 6 7 8 9 0
24	1 2 3 4 5 6 7 8 9 0
25	1 2 3 4 5 6 7 8 9 0
26	1 2 3 4 5 6 7 8 9 0
27	1 2 3 4 5 6 7 8 9 0
28	1 2 3 4 5 6 7 8 9 0
29	1 2 3 4 5 6 7 8 9 0
30	1 2 3 4 5 6 7 8 9 0
31	1 2 3 4 5 6 7 8 9 0
32	1 2 3 4 5 6 7 8 9 0
33	1 2 3 4 5 6 7 8 9 0
34	1 2 3 4 5 6 7 8 9 0
35	1 2 3 4 5 6 7 8 9 0
36	1 2 3 4 5 6 7 8 9 0
37	1 2 3 4 5 6 7 8 9 0
38	1 2 3 4 5 6 7 8 9 0
39	1 2 3 4 5 6 7 8 9 0
40	1 2 3 4 5 6 7 8 9 0
41	1 2 3 4 5 6 7 8 9 0
42	1 2 3 4 5 6 7 8 9 0
43	1 2 3 4 5 6 7 8 9 0
44	1 2 3 4 5 6 7 8 9 0
45	1 2 3 4 5 6 7 8 9 0
46	1 2 3 4 5 6 7 8 9 0
47	1 2 3 4 5 6 7 8 9 0
48	1 2 3 4 5 6 7 8 9 0
49	1 2 3 4 5 6 7 8 9 0
50	1 2 3 4 5 6 7 8 9 0

札幌第一高等学校　２０２２年度

※１２２％に拡大していただくと、解答欄は実物大になります。

解答番号	解答記入欄									
1	1	2	3	4	5	6	7	8	9	0
2	1	2	3	4	5	6	7	8	9	0
3	1	2	3	4	5	6	7	8	9	0
4	1	2	3	4	5	6	7	8	9	0
5	1	2	3	4	5	6	7	8	9	0
6	1	2	3	4	5	6	7	8	9	0
7	1	2	3	4	5	6	7	8	9	0
8	1	2	3	4	5	6	7	8	9	0
9	1	2	3	4	5	6	7	8	9	0
10	1	2	3	4	5	6	7	8	9	0
11	1	2	3	4	5	6	7	8	9	0
12	1	2	3	4	5	6	7	8	9	0
13	1	2	3	4	5	6	7	8	9	0
14	1	2	3	4	5	6	7	8	9	0
15	1	2	3	4	5	6	7	8	9	0
16	1	2	3	4	5	6	7	8	9	0
17	1	2	3	4	5	6	7	8	9	0
18	1	2	3	4	5	6	7	8	9	0
19	1	2	3	4	5	6	7	8	9	0
20	1	2	3	4	5	6	7	8	9	0
21	1	2	3	4	5	6	7	8	9	0
22	1	2	3	4	5	6	7	8	9	0
23	1	2	3	4	5	6	7	8	9	0
24	1	2	3	4	5	6	7	8	9	0
25	1	2	3	4	5	6	7	8	9	0
26	1	2	3	4	5	6	7	8	9	0
27	1	2	3	4	5	6	7	8	9	0
28	1	2	3	4	5	6	7	8	9	0
29	1	2	3	4	5	6	7	8	9	0
30	1	2	3	4	5	6	7	8	9	0
31	1	2	3	4	5	6	7	8	9	0
32	1	2	3	4	5	6	7	8	9	0
33	1	2	3	4	5	6	7	8	9	0
34	1	2	3	4	5	6	7	8	9	0
35	1	2	3	4	5	6	7	8	9	0
36	1	2	3	4	5	6	7	8	9	0
37	1	2	3	4	5	6	7	8	9	0
38	1	2	3	4	5	6	7	8	9	0
39	1	2	3	4	5	6	7	8	9	0
40	1	2	3	4	5	6	7	8	9	0
41	1	2	3	4	5	6	7	8	9	0
42	1	2	3	4	5	6	7	8	9	0
43	1	2	3	4	5	6	7	8	9	0
44	1	2	3	4	5	6	7	8	9	0
45	1	2	3	4	5	6	7	8	9	0
46	1	2	3	4	5	6	7	8	9	0
47	1	2	3	4	5	6	7	8	9	0
48	1	2	3	4	5	6	7	8	9	0
49	1	2	3	4	5	6	7	8	9	0
50	1	2	3	4	5	6	7	8	9	0

※　マークは、▯の中を■のように、完全にぬりつぶしてください。

良い■　悪い（うすい）（細い）（短い）（はみだし）

※　消す時は、プラスチック消しゴムできれいに消してください。

札幌第一高等学校　２０２１年度

※１２２％に拡大していただくと、解答欄は実物大になります。

解答番号	解答記入欄									
1	1	2	3	4	5	6	7	8	9	0
2	1	2	3	4	5	6	7	8	9	0
3	1	2	3	4	5	6	7	8	9	0
4	1	2	3	4	5	6	7	8	9	0
5	1	2	3	4	5	6	7	8	9	0
6	1	2	3	4	5	6	7	8	9	0
7	1	2	3	4	5	6	7	8	9	0
8	1	2	3	4	5	6	7	8	9	0
9	1	2	3	4	5	6	7	8	9	0
10	1	2	3	4	5	6	7	8	9	0
11	1	2	3	4	5	6	7	8	9	0
12	1	2	3	4	5	6	7	8	9	0
13	1	2	3	4	5	6	7	8	9	0
14	1	2	3	4	5	6	7	8	9	0
15	1	2	3	4	5	6	7	8	9	0
16	1	2	3	4	5	6	7	8	9	0
17	1	2	3	4	5	6	7	8	9	0
18	1	2	3	4	5	6	7	8	9	0
19	1	2	3	4	5	6	7	8	9	0
20	1	2	3	4	5	6	7	8	9	0
21	1	2	3	4	5	6	7	8	9	0
22	1	2	3	4	5	6	7	8	9	0
23	1	2	3	4	5	6	7	8	9	0
24	1	2	3	4	5	6	7	8	9	0
25	1	2	3	4	5	6	7	8	9	0
26	1	2	3	4	5	6	7	8	9	0
27	1	2	3	4	5	6	7	8	9	0
28	1	2	3	4	5	6	7	8	9	0
29	1	2	3	4	5	6	7	8	9	0
30	1	2	3	4	5	6	7	8	9	0
31	1	2	3	4	5	6	7	8	9	0
32	1	2	3	4	5	6	7	8	9	0
33	1	2	3	4	5	6	7	8	9	0
34	1	2	3	4	5	6	7	8	9	0
35	1	2	3	4	5	6	7	8	9	0
36	1	2	3	4	5	6	7	8	9	0
37	1	2	3	4	5	6	7	8	9	0
38	1	2	3	4	5	6	7	8	9	0
39	1	2	3	4	5	6	7	8	9	0
40	1	2	3	4	5	6	7	8	9	0
41	1	2	3	4	5	6	7	8	9	0
42	1	2	3	4	5	6	7	8	9	0
43	1	2	3	4	5	6	7	8	9	0
44	1	2	3	4	5	6	7	8	9	0
45	1	2	3	4	5	6	7	8	9	0
46	1	2	3	4	5	6	7	8	9	0
47	1	2	3	4	5	6	7	8	9	0
48	1	2	3	4	5	6	7	8	9	0
49	1	2	3	4	5	6	7	8	9	0
50	1	2	3	4	5	6	7	8	9	0

※マークは、□の中を■のように、完全にぬりつぶしてください。

良い■　悪い　うすい　細い　短い　はみだし

※消す時は、プラスチック消しゴムできれいに消してください。

◇英語◇

札幌第一高等学校　２０２１年度

※１２２％に拡大していただくと、解答欄は実物大になります。

※　マークは、▯の中を■のように、完全にぬりつぶしてください。
良い■　悪い　うすい　細い　短い　はみだし

※　消す時は、プラスチック消しゴムできれいに消してください。

解答番号	解答記入欄
1	1 2 3 4 5 6 7 8 9 0
2	1 2 3 4 5 6 7 8 9 0
3	1 2 3 4 5 6 7 8 9 0
4	1 2 3 4 5 6 7 8 9 0
5	1 2 3 4 5 6 7 8 9 0
6	1 2 3 4 5 6 7 8 9 0
7	1 2 3 4 5 6 7 8 9 0
8	1 2 3 4 5 6 7 8 9 0
9	1 2 3 4 5 6 7 8 9 0
10	1 2 3 4 5 6 7 8 9 0
11	1 2 3 4 5 6 7 8 9 0
12	1 2 3 4 5 6 7 8 9 0
13	1 2 3 4 5 6 7 8 9 0
14	1 2 3 4 5 6 7 8 9 0
15	1 2 3 4 5 6 7 8 9 0
16	1 2 3 4 5 6 7 8 9 0
17	1 2 3 4 5 6 7 8 9 0
18	1 2 3 4 5 6 7 8 9 0
19	1 2 3 4 5 6 7 8 9 0
20	1 2 3 4 5 6 7 8 9 0
21	1 2 3 4 5 6 7 8 9 0
22	1 2 3 4 5 6 7 8 9 0
23	1 2 3 4 5 6 7 8 9 0
24	1 2 3 4 5 6 7 8 9 0
25	1 2 3 4 5 6 7 8 9 0
26	1 2 3 4 5 6 7 8 9 0
27	1 2 3 4 5 6 7 8 9 0
28	1 2 3 4 5 6 7 8 9 0
29	1 2 3 4 5 6 7 8 9 0
30	1 2 3 4 5 6 7 8 9 0
31	1 2 3 4 5 6 7 8 9 0
32	1 2 3 4 5 6 7 8 9 0
33	1 2 3 4 5 6 7 8 9 0
34	1 2 3 4 5 6 7 8 9 0
35	1 2 3 4 5 6 7 8 9 0
36	1 2 3 4 5 6 7 8 9 0
37	1 2 3 4 5 6 7 8 9 0
38	1 2 3 4 5 6 7 8 9 0
39	1 2 3 4 5 6 7 8 9 0
40	1 2 3 4 5 6 7 8 9 0
41	1 2 3 4 5 6 7 8 9 0
42	1 2 3 4 5 6 7 8 9 0
43	1 2 3 4 5 6 7 8 9 0
44	1 2 3 4 5 6 7 8 9 0
45	1 2 3 4 5 6 7 8 9 0
46	1 2 3 4 5 6 7 8 9 0
47	1 2 3 4 5 6 7 8 9 0
48	1 2 3 4 5 6 7 8 9 0
49	1 2 3 4 5 6 7 8 9 0
50	1 2 3 4 5 6 7 8 9 0

札幌第一高等学校　２０２１年度

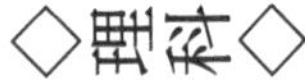

◇理科◇

※ １２２％に拡大していただくと、解答欄は実物大になります。

※ マークは、▯の中を■のように、完全にぬりつぶしてください。
良い ■　悪い ▯ うすい ▯ 細い ▯ 短い ▯ はみだし

※ 消す時は、プラスチック消しゴムできれいに消してください。

解答番号	解答記入欄									
1	1	2	3	4	5	6	7	8	9	0
2	1	2	3	4	5	6	7	8	9	0
3	1	2	3	4	5	6	7	8	9	0
4	1	2	3	4	5	6	7	8	9	0
5	1	2	3	4	5	6	7	8	9	0
6	1	2	3	4	5	6	7	8	9	0
7	1	2	3	4	5	6	7	8	9	0
8	1	2	3	4	5	6	7	8	9	0
9	1	2	3	4	5	6	7	8	9	0
10	1	2	3	4	5	6	7	8	9	0
11	1	2	3	4	5	6	7	8	9	0
12	1	2	3	4	5	6	7	8	9	0
13	1	2	3	4	5	6	7	8	9	0
14	1	2	3	4	5	6	7	8	9	0
15	1	2	3	4	5	6	7	8	9	0
16	1	2	3	4	5	6	7	8	9	0
17	1	2	3	4	5	6	7	8	9	0
18	1	2	3	4	5	6	7	8	9	0
19	1	2	3	4	5	6	7	8	9	0
20	1	2	3	4	5	6	7	8	9	0
21	1	2	3	4	5	6	7	8	9	0
22	1	2	3	4	5	6	7	8	9	0
23	1	2	3	4	5	6	7	8	9	0
24	1	2	3	4	5	6	7	8	9	0
25	1	2	3	4	5	6	7	8	9	0
26	1	2	3	4	5	6	7	8	9	0
27	1	2	3	4	5	6	7	8	9	0
28	1	2	3	4	5	6	7	8	9	0
29	1	2	3	4	5	6	7	8	9	0
30	1	2	3	4	5	6	7	8	9	0
31	1	2	3	4	5	6	7	8	9	0
32	1	2	3	4	5	6	7	8	9	0
33	1	2	3	4	5	6	7	8	9	0
34	1	2	3	4	5	6	7	8	9	0
35	1	2	3	4	5	6	7	8	9	0
36	1	2	3	4	5	6	7	8	9	0
37	1	2	3	4	5	6	7	8	9	0
38	1	2	3	4	5	6	7	8	9	0
39	1	2	3	4	5	6	7	8	9	0
40	1	2	3	4	5	6	7	8	9	0
41	1	2	3	4	5	6	7	8	9	0
42	1	2	3	4	5	6	7	8	9	0
43	1	2	3	4	5	6	7	8	9	0
44	1	2	3	4	5	6	7	8	9	0
45	1	2	3	4	5	6	7	8	9	0
46	1	2	3	4	5	6	7	8	9	0
47	1	2	3	4	5	6	7	8	9	0
48	1	2	3	4	5	6	7	8	9	0
49	1	2	3	4	5	6	7	8	9	0
50	1	2	3	4	5	6	7	8	9	0

◇社会◇

札幌第一高等学校　２０２１年度

※１２２%に拡大していただくと、解答欄は実物大になります。

※マークは、▯の中を■のように、完全にぬりつぶしてください。
良い ■　悪い ▯(うすい) ▯(細い) ▯(短い) ▯(はみだし)

※消す時は、プラスチック消しゴムできれいに消してください。

解答番号	解答記入欄
1	1 2 3 4 5 6 7 8 9 0
2	1 2 3 4 5 6 7 8 9 0
3	1 2 3 4 5 6 7 8 9 0
4	1 2 3 4 5 6 7 8 9 0
5	1 2 3 4 5 6 7 8 9 0
6	1 2 3 4 5 6 7 8 9 0
7	1 2 3 4 5 6 7 8 9 0
8	1 2 3 4 5 6 7 8 9 0
9	1 2 3 4 5 6 7 8 9 0
10	1 2 3 4 5 6 7 8 9 0
11	1 2 3 4 5 6 7 8 9 0
12	1 2 3 4 5 6 7 8 9 0
13	1 2 3 4 5 6 7 8 9 0
14	1 2 3 4 5 6 7 8 9 0
15	1 2 3 4 5 6 7 8 9 0
16	1 2 3 4 5 6 7 8 9 0
17	1 2 3 4 5 6 7 8 9 0
18	1 2 3 4 5 6 7 8 9 0
19	1 2 3 4 5 6 7 8 9 0
20	1 2 3 4 5 6 7 8 9 0
21	1 2 3 4 5 6 7 8 9 0
22	1 2 3 4 5 6 7 8 9 0
23	1 2 3 4 5 6 7 8 9 0
24	1 2 3 4 5 6 7 8 9 0
25	1 2 3 4 5 6 7 8 9 0
26	1 2 3 4 5 6 7 8 9 0
27	1 2 3 4 5 6 7 8 9 0
28	1 2 3 4 5 6 7 8 9 0
29	1 2 3 4 5 6 7 8 9 0
30	1 2 3 4 5 6 7 8 9 0
31	1 2 3 4 5 6 7 8 9 0
32	1 2 3 4 5 6 7 8 9 0
33	1 2 3 4 5 6 7 8 9 0
34	1 2 3 4 5 6 7 8 9 0
35	1 2 3 4 5 6 7 8 9 0
36	1 2 3 4 5 6 7 8 9 0
37	1 2 3 4 5 6 7 8 9 0
38	1 2 3 4 5 6 7 8 9 0
39	1 2 3 4 5 6 7 8 9 0
40	1 2 3 4 5 6 7 8 9 0
41	1 2 3 4 5 6 7 8 9 0
42	1 2 3 4 5 6 7 8 9 0
43	1 2 3 4 5 6 7 8 9 0
44	1 2 3 4 5 6 7 8 9 0
45	1 2 3 4 5 6 7 8 9 0
46	1 2 3 4 5 6 7 8 9 0
47	1 2 3 4 5 6 7 8 9 0
48	1 2 3 4 5 6 7 8 9 0
49	1 2 3 4 5 6 7 8 9 0
50	1 2 3 4 5 6 7 8 9 0

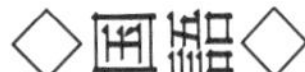

札幌第一高等学校　２０２１年度

※１２２%に拡大していただくと、解答欄は実物大になります。

※マークは□の中を■のように、完全にぬりつぶしてください。
良い■　悪い　うすい　細い　短い　はみだし

※消す時は、プラスチック消しゴムできれいに消してください。

解答番号	解答記入欄									
1	1	2	3	4	5	6	7	8	9	0
2	1	2	3	4	5	6	7	8	9	0
3	1	2	3	4	5	6	7	8	9	0
4	1	2	3	4	5	6	7	8	9	0
5	1	2	3	4	5	6	7	8	9	0
6	1	2	3	4	5	6	7	8	9	0
7	1	2	3	4	5	6	7	8	9	0
8	1	2	3	4	5	6	7	8	9	0
9	1	2	3	4	5	6	7	8	9	0
10	1	2	3	4	5	6	7	8	9	0
11	1	2	3	4	5	6	7	8	9	0
12	1	2	3	4	5	6	7	8	9	0
13	1	2	3	4	5	6	7	8	9	0
14	1	2	3	4	5	6	7	8	9	0
15	1	2	3	4	5	6	7	8	9	0
16	1	2	3	4	5	6	7	8	9	0
17	1	2	3	4	5	6	7	8	9	0
18	1	2	3	4	5	6	7	8	9	0
19	1	2	3	4	5	6	7	8	9	0
20	1	2	3	4	5	6	7	8	9	0
21	1	2	3	4	5	6	7	8	9	0
22	1	2	3	4	5	6	7	8	9	0
23	1	2	3	4	5	6	7	8	9	0
24	1	2	3	4	5	6	7	8	9	0
25	1	2	3	4	5	6	7	8	9	0
26	1	2	3	4	5	6	7	8	9	0
27	1	2	3	4	5	6	7	8	9	0
28	1	2	3	4	5	6	7	8	9	0
29	1	2	3	4	5	6	7	8	9	0
30	1	2	3	4	5	6	7	8	9	0
31	1	2	3	4	5	6	7	8	9	0
32	1	2	3	4	5	6	7	8	9	0
33	1	2	3	4	5	6	7	8	9	0
34	1	2	3	4	5	6	7	8	9	0
35	1	2	3	4	5	6	7	8	9	0
36	1	2	3	4	5	6	7	8	9	0
37	1	2	3	4	5	6	7	8	9	0
38	1	2	3	4	5	6	7	8	9	0
39	1	2	3	4	5	6	7	8	9	0
40	1	2	3	4	5	6	7	8	9	0
41	1	2	3	4	5	6	7	8	9	0
42	1	2	3	4	5	6	7	8	9	0
43	1	2	3	4	5	6	7	8	9	0
44	1	2	3	4	5	6	7	8	9	0
45	1	2	3	4	5	6	7	8	9	0
46	1	2	3	4	5	6	7	8	9	0
47	1	2	3	4	5	6	7	8	9	0
48	1	2	3	4	5	6	7	8	9	0
49	1	2	3	4	5	6	7	8	9	0
50	1	2	3	4	5	6	7	8	9	0

札幌第一高等学校　２０２０年度

※１２２％に拡大していただくと、解答欄は実物大になります。

※マークは、[ ]の中を■のように、完全にぬりつぶしてください。
良い ■　悪い（うすい）（細い）（短い）（はみだし）

※消す時は、プラスチック消しゴムできれいに消してください。

解答番号	解答記入欄
1	1 2 3 4 5 6 7 8 9 0
2	1 2 3 4 5 6 7 8 9 0
3	1 2 3 4 5 6 7 8 9 0
4	1 2 3 4 5 6 7 8 9 0
5	1 2 3 4 5 6 7 8 9 0
6	1 2 3 4 5 6 7 8 9 0
7	1 2 3 4 5 6 7 8 9 0
8	1 2 3 4 5 6 7 8 9 0
9	1 2 3 4 5 6 7 8 9 0
10	1 2 3 4 5 6 7 8 9 0
11	1 2 3 4 5 6 7 8 9 0
12	1 2 3 4 5 6 7 8 9 0
13	1 2 3 4 5 6 7 8 9 0
14	1 2 3 4 5 6 7 8 9 0
15	1 2 3 4 5 6 7 8 9 0
16	1 2 3 4 5 6 7 8 9 0
17	1 2 3 4 5 6 7 8 9 0
18	1 2 3 4 5 6 7 8 9 0
19	1 2 3 4 5 6 7 8 9 0
20	1 2 3 4 5 6 7 8 9 0
21	1 2 3 4 5 6 7 8 9 0
22	1 2 3 4 5 6 7 8 9 0
23	1 2 3 4 5 6 7 8 9 0
24	1 2 3 4 5 6 7 8 9 0
25	1 2 3 4 5 6 7 8 9 0
26	1 2 3 4 5 6 7 8 9 0
27	1 2 3 4 5 6 7 8 9 0
28	1 2 3 4 5 6 7 8 9 0
29	1 2 3 4 5 6 7 8 9 0
30	1 2 3 4 5 6 7 8 9 0
31	1 2 3 4 5 6 7 8 9 0
32	1 2 3 4 5 6 7 8 9 0
33	1 2 3 4 5 6 7 8 9 0
34	1 2 3 4 5 6 7 8 9 0
35	1 2 3 4 5 6 7 8 9 0
36	1 2 3 4 5 6 7 8 9 0
37	1 2 3 4 5 6 7 8 9 0
38	1 2 3 4 5 6 7 8 9 0
39	1 2 3 4 5 6 7 8 9 0
40	1 2 3 4 5 6 7 8 9 0
41	1 2 3 4 5 6 7 8 9 0
42	1 2 3 4 5 6 7 8 9 0
43	1 2 3 4 5 6 7 8 9 0
44	1 2 3 4 5 6 7 8 9 0
45	1 2 3 4 5 6 7 8 9 0
46	1 2 3 4 5 6 7 8 9 0
47	1 2 3 4 5 6 7 8 9 0
48	1 2 3 4 5 6 7 8 9 0
49	1 2 3 4 5 6 7 8 9 0
50	1 2 3 4 5 6 7 8 9 0

札幌第一高等学校　２０２０年度

※１２２％に拡大していただくと、解答欄は実物大になります。

※　マークは、▯の中を▮のように、完全にぬりつぶしてください。
良い ▮　悪い ▯うすい ▯細い ▯短い ▯はみだし

※　消す時は、プラスチック消しゴムできれいに消してください。

解答番号	解答記入欄									
1	1	2	3	4	5	6	7	8	9	0
2	1	2	3	4	5	6	7	8	9	0
3	1	2	3	4	5	6	7	8	9	0
4	1	2	3	4	5	6	7	8	9	0
5	1	2	3	4	5	6	7	8	9	0
6	1	2	3	4	5	6	7	8	9	0
7	1	2	3	4	5	6	7	8	9	0
8	1	2	3	4	5	6	7	8	9	0
9	1	2	3	4	5	6	7	8	9	0
10	1	2	3	4	5	6	7	8	9	0
11	1	2	3	4	5	6	7	8	9	0
12	1	2	3	4	5	6	7	8	9	0
13	1	2	3	4	5	6	7	8	9	0
14	1	2	3	4	5	6	7	8	9	0
15	1	2	3	4	5	6	7	8	9	0
16	1	2	3	4	5	6	7	8	9	0
17	1	2	3	4	5	6	7	8	9	0
18	1	2	3	4	5	6	7	8	9	0
19	1	2	3	4	5	6	7	8	9	0
20	1	2	3	4	5	6	7	8	9	0
21	1	2	3	4	5	6	7	8	9	0
22	1	2	3	4	5	6	7	8	9	0
23	1	2	3	4	5	6	7	8	9	0
24	1	2	3	4	5	6	7	8	9	0
25	1	2	3	4	5	6	7	8	9	0
26	1	2	3	4	5	6	7	8	9	0
27	1	2	3	4	5	6	7	8	9	0
28	1	2	3	4	5	6	7	8	9	0
29	1	2	3	4	5	6	7	8	9	0
30	1	2	3	4	5	6	7	8	9	0
31	1	2	3	4	5	6	7	8	9	0
32	1	2	3	4	5	6	7	8	9	0
33	1	2	3	4	5	6	7	8	9	0
34	1	2	3	4	5	6	7	8	9	0
35	1	2	3	4	5	6	7	8	9	0
36	1	2	3	4	5	6	7	8	9	0
37	1	2	3	4	5	6	7	8	9	0
38	1	2	3	4	5	6	7	8	9	0
39	1	2	3	4	5	6	7	8	9	0
40	1	2	3	4	5	6	7	8	9	0
41	1	2	3	4	5	6	7	8	9	0
42	1	2	3	4	5	6	7	8	9	0
43	1	2	3	4	5	6	7	8	9	0
44	1	2	3	4	5	6	7	8	9	0
45	1	2	3	4	5	6	7	8	9	0
46	1	2	3	4	5	6	7	8	9	0
47	1	2	3	4	5	6	7	8	9	0
48	1	2	3	4	5	6	7	8	9	0
49	1	2	3	4	5	6	7	8	9	0
50	1	2	3	4	5	6	7	8	9	0

◇理科◇

札幌第一高等学校　２０２０年度

※１２２％に拡大していただくと、解答欄は実物大になります。

※　マークは、［ ］の中を■のように、完全にぬりつぶしてください。
良い ■　悪い ［ ］うすい　［ ］細い　［ ］短い　［ ］はみだし

※　消す時は、プラスチック消しゴムできれいに消してください。

解答番号	1	2	3	4	5	6	7	8	9	10	11	12	13	14	15	16	17	18	19	20	21	22	23	24	25
解答記入欄	1	1	1	1	1	1	1	1	1	1	1	1	1	1	1	1	1	1	1	1	1	1	1	1	1
	2	2	2	2	2	2	2	2	2	2	2	2	2	2	2	2	2	2	2	2	2	2	2	2	2
	3	3	3	3	3	3	3	3	3	3	3	3	3	3	3	3	3	3	3	3	3	3	3	3	3
	4	4	4	4	4	4	4	4	4	4	4	4	4	4	4	4	4	4	4	4	4	4	4	4	4
	5	5	5	5	5	5	5	5	5	5	5	5	5	5	5	5	5	5	5	5	5	5	5	5	5
	6	6	6	6	6	6	6	6	6	6	6	6	6	6	6	6	6	6	6	6	6	6	6	6	6
	7	7	7	7	7	7	7	7	7	7	7	7	7	7	7	7	7	7	7	7	7	7	7	7	7
	8	8	8	8	8	8	8	8	8	8	8	8	8	8	8	8	8	8	8	8	8	8	8	8	8
	9	9	9	9	9	9	9	9	9	9	9	9	9	9	9	9	9	9	9	9	9	9	9	9	9
	0	0	0	0	0	0	0	0	0	0	0	0	0	0	0	0	0	0	0	0	0	0	0	0	0

解答番号	26	27	28	29	30	31	32	33	34	35	36	37	38	39	40	41	42	43	44	45	46	47	48	49	50
解答記入欄	1	1	1	1	1	1	1	1	1	1	1	1	1	1	1	1	1	1	1	1	1	1	1	1	1
	2	2	2	2	2	2	2	2	2	2	2	2	2	2	2	2	2	2	2	2	2	2	2	2	2
	3	3	3	3	3	3	3	3	3	3	3	3	3	3	3	3	3	3	3	3	3	3	3	3	3
	4	4	4	4	4	4	4	4	4	4	4	4	4	4	4	4	4	4	4	4	4	4	4	4	4
	5	5	5	5	5	5	5	5	5	5	5	5	5	5	5	5	5	5	5	5	5	5	5	5	5
	6	6	6	6	6	6	6	6	6	6	6	6	6	6	6	6	6	6	6	6	6	6	6	6	6
	7	7	7	7	7	7	7	7	7	7	7	7	7	7	7	7	7	7	7	7	7	7	7	7	7
	8	8	8	8	8	8	8	8	8	8	8	8	8	8	8	8	8	8	8	8	8	8	8	8	8
	9	9	9	9	9	9	9	9	9	9	9	9	9	9	9	9	9	9	9	9	9	9	9	9	9
	0	0	0	0	0	0	0	0	0	0	0	0	0	0	0	0	0	0	0	0	0	0	0	0	0

◇社会◇

札幌第一高等学校　２０２０年度

※１２２％に拡大していただくと、解答欄は実物大になります。

※マークは ▯ の中を ▮ のように、完全にぬりつぶしてください。
良い ▮　悪い ▯（うすい）（細い）（近い）（はみだし）

※消す時は、プラスチック消しゴムできれいに消してください。

解答番号	解答記入欄
1	1 2 3 4 5 6 7 8 9 0
2	1 2 3 4 5 6 7 8 9 0
3	1 2 3 4 5 6 7 8 9 0
4	1 2 3 4 5 6 7 8 9 0
5	1 2 3 4 5 6 7 8 9 0
6	1 2 3 4 5 6 7 8 9 0
7	1 2 3 4 5 6 7 8 9 0
8	1 2 3 4 5 6 7 8 9 0
9	1 2 3 4 5 6 7 8 9 0
10	1 2 3 4 5 6 7 8 9 0
11	1 2 3 4 5 6 7 8 9 0
12	1 2 3 4 5 6 7 8 9 0
13	1 2 3 4 5 6 7 8 9 0
14	1 2 3 4 5 6 7 8 9 0
15	1 2 3 4 5 6 7 8 9 0
16	1 2 3 4 5 6 7 8 9 0
17	1 2 3 4 5 6 7 8 9 0
18	1 2 3 4 5 6 7 8 9 0
19	1 2 3 4 5 6 7 8 9 0
20	1 2 3 4 5 6 7 8 9 0
21	1 2 3 4 5 6 7 8 9 0
22	1 2 3 4 5 6 7 8 9 0
23	1 2 3 4 5 6 7 8 9 0
24	1 2 3 4 5 6 7 8 9 0
25	1 2 3 4 5 6 7 8 9 0
26	1 2 3 4 5 6 7 8 9 0
27	1 2 3 4 5 6 7 8 9 0
28	1 2 3 4 5 6 7 8 9 0
29	1 2 3 4 5 6 7 8 9 0
30	1 2 3 4 5 6 7 8 9 0
31	1 2 3 4 5 6 7 8 9 0
32	1 2 3 4 5 6 7 8 9 0
33	1 2 3 4 5 6 7 8 9 0
34	1 2 3 4 5 6 7 8 9 0
35	1 2 3 4 5 6 7 8 9 0
36	1 2 3 4 5 6 7 8 9 0
37	1 2 3 4 5 6 7 8 9 0
38	1 2 3 4 5 6 7 8 9 0
39	1 2 3 4 5 6 7 8 9 0
40	1 2 3 4 5 6 7 8 9 0
41	1 2 3 4 5 6 7 8 9 0
42	1 2 3 4 5 6 7 8 9 0
43	1 2 3 4 5 6 7 8 9 0
44	1 2 3 4 5 6 7 8 9 0
45	1 2 3 4 5 6 7 8 9 0
46	1 2 3 4 5 6 7 8 9 0
47	1 2 3 4 5 6 7 8 9 0
48	1 2 3 4 5 6 7 8 9 0
49	1 2 3 4 5 6 7 8 9 0
50	1 2 3 4 5 6 7 8 9 0

◇国語◇

札幌第一高等学校　2020年度

※122%に拡大していただくと、解答欄は実物大になります。

※マークは、[] の中を ■ のように、完全にぬりつぶしてください。
良い ■　悪い（うすい）（細い）（短い）（はみだし）

※消す時は、プラスチック消しゴムできれいに消してください。

解答番号	解答記入欄									
1	1	2	3	4	5	6	7	8	9	0
2	1	2	3	4	5	6	7	8	9	0
3	1	2	3	4	5	6	7	8	9	0
4	1	2	3	4	5	6	7	8	9	0
5	1	2	3	4	5	6	7	8	9	0
6	1	2	3	4	5	6	7	8	9	0
7	1	2	3	4	5	6	7	8	9	0
8	1	2	3	4	5	6	7	8	9	0
9	1	2	3	4	5	6	7	8	9	0
10	1	2	3	4	5	6	7	8	9	0
11	1	2	3	4	5	6	7	8	9	0
12	1	2	3	4	5	6	7	8	9	0
13	1	2	3	4	5	6	7	8	9	0
14	1	2	3	4	5	6	7	8	9	0
15	1	2	3	4	5	6	7	8	9	0
16	1	2	3	4	5	6	7	8	9	0
17	1	2	3	4	5	6	7	8	9	0
18	1	2	3	4	5	6	7	8	9	0
19	1	2	3	4	5	6	7	8	9	0
20	1	2	3	4	5	6	7	8	9	0
21	1	2	3	4	5	6	7	8	9	0
22	1	2	3	4	5	6	7	8	9	0
23	1	2	3	4	5	6	7	8	9	0
24	1	2	3	4	5	6	7	8	9	0
25	1	2	3	4	5	6	7	8	9	0
26	1	2	3	4	5	6	7	8	9	0
27	1	2	3	4	5	6	7	8	9	0
28	1	2	3	4	5	6	7	8	9	0
29	1	2	3	4	5	6	7	8	9	0
30	1	2	3	4	5	6	7	8	9	0
31	1	2	3	4	5	6	7	8	9	0
32	1	2	3	4	5	6	7	8	9	0
33	1	2	3	4	5	6	7	8	9	0
34	1	2	3	4	5	6	7	8	9	0
35	1	2	3	4	5	6	7	8	9	0
36	1	2	3	4	5	6	7	8	9	0
37	1	2	3	4	5	6	7	8	9	0
38	1	2	3	4	5	6	7	8	9	0
39	1	2	3	4	5	6	7	8	9	0
40	1	2	3	4	5	6	7	8	9	0
41	1	2	3	4	5	6	7	8	9	0
42	1	2	3	4	5	6	7	8	9	0
43	1	2	3	4	5	6	7	8	9	0
44	1	2	3	4	5	6	7	8	9	0
45	1	2	3	4	5	6	7	8	9	0
46	1	2	3	4	5	6	7	8	9	0
47	1	2	3	4	5	6	7	8	9	0
48	1	2	3	4	5	6	7	8	9	0
49	1	2	3	4	5	6	7	8	9	0
50	1	2	3	4	5	6	7	8	9	0

◇数学◇

札幌第一高等学校　２０１９年度

※１２２％に拡大していただくと、解答欄は実物大になります。

解答番号	解答記入欄									
1	1	2	3	4	5	6	7	8	9	0
2	1	2	3	4	5	6	7	8	9	0
3	1	2	3	4	5	6	7	8	9	0
4	1	2	3	4	5	6	7	8	9	0
5	1	2	3	4	5	6	7	8	9	0
6	1	2	3	4	5	6	7	8	9	0
7	1	2	3	4	5	6	7	8	9	0
8	1	2	3	4	5	6	7	8	9	0
9	1	2	3	4	5	6	7	8	9	0
10	1	2	3	4	5	6	7	8	9	0
11	1	2	3	4	5	6	7	8	9	0
12	1	2	3	4	5	6	7	8	9	0
13	1	2	3	4	5	6	7	8	9	0
14	1	2	3	4	5	6	7	8	9	0
15	1	2	3	4	5	6	7	8	9	0
16	1	2	3	4	5	6	7	8	9	0
17	1	2	3	4	5	6	7	8	9	0
18	1	2	3	4	5	6	7	8	9	0
19	1	2	3	4	5	6	7	8	9	0
20	1	2	3	4	5	6	7	8	9	0
21	1	2	3	4	5	6	7	8	9	0
22	1	2	3	4	5	6	7	8	9	0
23	1	2	3	4	5	6	7	8	9	0
24	1	2	3	4	5	6	7	8	9	0
25	1	2	3	4	5	6	7	8	9	0
26	1	2	3	4	5	6	7	8	9	0
27	1	2	3	4	5	6	7	8	9	0
28	1	2	3	4	5	6	7	8	9	0
29	1	2	3	4	5	6	7	8	9	0
30	1	2	3	4	5	6	7	8	9	0
31	1	2	3	4	5	6	7	8	9	0
32	1	2	3	4	5	6	7	8	9	0
33	1	2	3	4	5	6	7	8	9	0
34	1	2	3	4	5	6	7	8	9	0
35	1	2	3	4	5	6	7	8	9	0
36	1	2	3	4	5	6	7	8	9	0
37	1	2	3	4	5	6	7	8	9	0
38	1	2	3	4	5	6	7	8	9	0
39	1	2	3	4	5	6	7	8	9	0
40	1	2	3	4	5	6	7	8	9	0
41	1	2	3	4	5	6	7	8	9	0
42	1	2	3	4	5	6	7	8	9	0
43	1	2	3	4	5	6	7	8	9	0
44	1	2	3	4	5	6	7	8	9	0
45	1	2	3	4	5	6	7	8	9	0
46	1	2	3	4	5	6	7	8	9	0
47	1	2	3	4	5	6	7	8	9	0
48	1	2	3	4	5	6	7	8	9	0
49	1	2	3	4	5	6	7	8	9	0
50	1	2	3	4	5	6	7	8	9	0

◇英語◇

札幌第一高等学校　2019年度

※122%に拡大していただくと、解答欄は実物大になります。

解答番号	1	2	3	4	5	6	7	8	9	10	11	12	13	14	15	16	17	18	19	20	21	22	23	24	25	26	27	28	29	30	31	32	33	34	35	36	37	38	39	40	41	42	43	44	45	46	47	48	49	50
解答記入欄	1	1	1	1	1	1	1	1	1	1	1	1	1	1	1	1	1	1	1	1	1	1	1	1	1	1	1	1	1	1	1	1	1	1	1	1	1	1	1	1	1	1	1	1	1	1	1	1	1	1
	2	2	2	2	2	2	2	2	2	2	2	2	2	2	2	2	2	2	2	2	2	2	2	2	2	2	2	2	2	2	2	2	2	2	2	2	2	2	2	2	2	2	2	2	2	2	2	2	2	2
	3	3	3	3	3	3	3	3	3	3	3	3	3	3	3	3	3	3	3	3	3	3	3	3	3	3	3	3	3	3	3	3	3	3	3	3	3	3	3	3	3	3	3	3	3	3	3	3	3	3
	4	4	4	4	4	4	4	4	4	4	4	4	4	4	4	4	4	4	4	4	4	4	4	4	4	4	4	4	4	4	4	4	4	4	4	4	4	4	4	4	4	4	4	4	4	4	4	4	4	4
	5	5	5	5	5	5	5	5	5	5	5	5	5	5	5	5	5	5	5	5	5	5	5	5	5	5	5	5	5	5	5	5	5	5	5	5	5	5	5	5	5	5	5	5	5	5	5	5	5	5
	6	6	6	6	6	6	6	6	6	6	6	6	6	6	6	6	6	6	6	6	6	6	6	6	6	6	6	6	6	6	6	6	6	6	6	6	6	6	6	6	6	6	6	6	6	6	6	6	6	6
	7	7	7	7	7	7	7	7	7	7	7	7	7	7	7	7	7	7	7	7	7	7	7	7	7	7	7	7	7	7	7	7	7	7	7	7	7	7	7	7	7	7	7	7	7	7	7	7	7	7
	8	8	8	8	8	8	8	8	8	8	8	8	8	8	8	8	8	8	8	8	8	8	8	8	8	8	8	8	8	8	8	8	8	8	8	8	8	8	8	8	8	8	8	8	8	8	8	8	8	8
	9	9	9	9	9	9	9	9	9	9	9	9	9	9	9	9	9	9	9	9	9	9	9	9	9	9	9	9	9	9	9	9	9	9	9	9	9	9	9	9	9	9	9	9	9	9	9	9	9	9
	0	0	0	0	0	0	0	0	0	0	0	0	0	0	0	0	0	0	0	0	0	0	0	0	0	0	0	0	0	0	0	0	0	0	0	0	0	0	0	0	0	0	0	0	0	0	0	0	0	0

◇理科◇

札幌第一高等学校　２０１９年度

※１２２％に拡大していただくと、解答欄は実物大になります。

解答番号	解答記入欄
1	1 2 3 4 5 6 7 8 9 0
2	1 2 3 4 5 6 7 8 9 0
3	1 2 3 4 5 6 7 8 9 0
4	1 2 3 4 5 6 7 8 9 0
5	1 2 3 4 5 6 7 8 9 0
6	1 2 3 4 5 6 7 8 9 0
7	1 2 3 4 5 6 7 8 9 0
8	1 2 3 4 5 6 7 8 9 0
9	1 2 3 4 5 6 7 8 9 0
10	1 2 3 4 5 6 7 8 9 0
11	1 2 3 4 5 6 7 8 9 0
12	1 2 3 4 5 6 7 8 9 0
13	1 2 3 4 5 6 7 8 9 0
14	1 2 3 4 5 6 7 8 9 0
15	1 2 3 4 5 6 7 8 9 0
16	1 2 3 4 5 6 7 8 9 0
17	1 2 3 4 5 6 7 8 9 0
18	1 2 3 4 5 6 7 8 9 0
19	1 2 3 4 5 6 7 8 9 0
20	1 2 3 4 5 6 7 8 9 0
21	1 2 3 4 5 6 7 8 9 0
22	1 2 3 4 5 6 7 8 9 0
23	1 2 3 4 5 6 7 8 9 0
24	1 2 3 4 5 6 7 8 9 0
25	1 2 3 4 5 6 7 8 9 0
26	1 2 3 4 5 6 7 8 9 0
27	1 2 3 4 5 6 7 8 9 0
28	1 2 3 4 5 6 7 8 9 0
29	1 2 3 4 5 6 7 8 9 0
30	1 2 3 4 5 6 7 8 9 0
31	1 2 3 4 5 6 7 8 9 0
32	1 2 3 4 5 6 7 8 9 0
33	1 2 3 4 5 6 7 8 9 0
34	1 2 3 4 5 6 7 8 9 0
35	1 2 3 4 5 6 7 8 9 0
36	1 2 3 4 5 6 7 8 9 0
37	1 2 3 4 5 6 7 8 9 0
38	1 2 3 4 5 6 7 8 9 0
39	1 2 3 4 5 6 7 8 9 0
40	1 2 3 4 5 6 7 8 9 0
41	1 2 3 4 5 6 7 8 9 0
42	1 2 3 4 5 6 7 8 9 0
43	1 2 3 4 5 6 7 8 9 0
44	1 2 3 4 5 6 7 8 9 0
45	1 2 3 4 5 6 7 8 9 0
46	1 2 3 4 5 6 7 8 9 0
47	1 2 3 4 5 6 7 8 9 0
48	1 2 3 4 5 6 7 8 9 0
49	1 2 3 4 5 6 7 8 9 0
50	1 2 3 4 5 6 7 8 9 0

札幌第一高等学校　２０１９年度

※１２２%に拡大していただくと、解答欄は実物大になります。

解答番号	解答記入欄									
1	1	2	3	4	5	6	7	8	9	0
2	1	2	3	4	5	6	7	8	9	0
3	1	2	3	4	5	6	7	8	9	0
4	1	2	3	4	5	6	7	8	9	0
5	1	2	3	4	5	6	7	8	9	0
6	1	2	3	4	5	6	7	8	9	0
7	1	2	3	4	5	6	7	8	9	0
8	1	2	3	4	5	6	7	8	9	0
9	1	2	3	4	5	6	7	8	9	0
10	1	2	3	4	5	6	7	8	9	0
11	1	2	3	4	5	6	7	8	9	0
12	1	2	3	4	5	6	7	8	9	0
13	1	2	3	4	5	6	7	8	9	0
14	1	2	3	4	5	6	7	8	9	0
15	1	2	3	4	5	6	7	8	9	0
16	1	2	3	4	5	6	7	8	9	0
17	1	2	3	4	5	6	7	8	9	0
18	1	2	3	4	5	6	7	8	9	0
19	1	2	3	4	5	6	7	8	9	0
20	1	2	3	4	5	6	7	8	9	0
21	1	2	3	4	5	6	7	8	9	0
22	1	2	3	4	5	6	7	8	9	0
23	1	2	3	4	5	6	7	8	9	0
24	1	2	3	4	5	6	7	8	9	0
25	1	2	3	4	5	6	7	8	9	0
26	1	2	3	4	5	6	7	8	9	0
27	1	2	3	4	5	6	7	8	9	0
28	1	2	3	4	5	6	7	8	9	0
29	1	2	3	4	5	6	7	8	9	0
30	1	2	3	4	5	6	7	8	9	0
31	1	2	3	4	5	6	7	8	9	0
32	1	2	3	4	5	6	7	8	9	0
33	1	2	3	4	5	6	7	8	9	0
34	1	2	3	4	5	6	7	8	9	0
35	1	2	3	4	5	6	7	8	9	0
36	1	2	3	4	5	6	7	8	9	0
37	1	2	3	4	5	6	7	8	9	0
38	1	2	3	4	5	6	7	8	9	0
39	1	2	3	4	5	6	7	8	9	0
40	1	2	3	4	5	6	7	8	9	0
41	1	2	3	4	5	6	7	8	9	0
42	1	2	3	4	5	6	7	8	9	0
43	1	2	3	4	5	6	7	8	9	0
44	1	2	3	4	5	6	7	8	9	0
45	1	2	3	4	5	6	7	8	9	0
46	1	2	3	4	5	6	7	8	9	0
47	1	2	3	4	5	6	7	8	9	0
48	1	2	3	4	5	6	7	8	9	0
49	1	2	3	4	5	6	7	8	9	0
50	1	2	3	4	5	6	7	8	9	0

札幌第一高等学校　２０１９年度

※１２２％に拡大していただくと、解答欄は実物大になります。

◇国語◇

解答番号	解答記入欄									
1	1	2	3	4	5	6	7	8	9	0
2	1	2	3	4	5	6	7	8	9	0
3	1	2	3	4	5	6	7	8	9	0
4	1	2	3	4	5	6	7	8	9	0
5	1	2	3	4	5	6	7	8	9	0
6	1	2	3	4	5	6	7	8	9	0
7	1	2	3	4	5	6	7	8	9	0
8	1	2	3	4	5	6	7	8	9	0
9	1	2	3	4	5	6	7	8	9	0
10	1	2	3	4	5	6	7	8	9	0
11	1	2	3	4	5	6	7	8	9	0
12	1	2	3	4	5	6	7	8	9	0
13	1	2	3	4	5	6	7	8	9	0
14	1	2	3	4	5	6	7	8	9	0
15	1	2	3	4	5	6	7	8	9	0
16	1	2	3	4	5	6	7	8	9	0
17	1	2	3	4	5	6	7	8	9	0
18	1	2	3	4	5	6	7	8	9	0
19	1	2	3	4	5	6	7	8	9	0
20	1	2	3	4	5	6	7	8	9	0
21	1	2	3	4	5	6	7	8	9	0
22	1	2	3	4	5	6	7	8	9	0
23	1	2	3	4	5	6	7	8	9	0
24	1	2	3	4	5	6	7	8	9	0
25	1	2	3	4	5	6	7	8	9	0
26	1	2	3	4	5	6	7	8	9	0
27	1	2	3	4	5	6	7	8	9	0
28	1	2	3	4	5	6	7	8	9	0
29	1	2	3	4	5	6	7	8	9	0
30	1	2	3	4	5	6	7	8	9	0
31	1	2	3	4	5	6	7	8	9	0
32	1	2	3	4	5	6	7	8	9	0
33	1	2	3	4	5	6	7	8	9	0
34	1	2	3	4	5	6	7	8	9	0
35	1	2	3	4	5	6	7	8	9	0
36	1	2	3	4	5	6	7	8	9	0
37	1	2	3	4	5	6	7	8	9	0
38	1	2	3	4	5	6	7	8	9	0
39	1	2	3	4	5	6	7	8	9	0
40	1	2	3	4	5	6	7	8	9	0
41	1	2	3	4	5	6	7	8	9	0
42	1	2	3	4	5	6	7	8	9	0
43	1	2	3	4	5	6	7	8	9	0
44	1	2	3	4	5	6	7	8	9	0
45	1	2	3	4	5	6	7	8	9	0
46	1	2	3	4	5	6	7	8	9	0
47	1	2	3	4	5	6	7	8	9	0
48	1	2	3	4	5	6	7	8	9	0
49	1	2	3	4	5	6	7	8	9	0
50	1	2	3	4	5	6	7	8	9	0

大切なことはメモしておこうネ！

T・G

東京学参のWebサイトが便利になりました！

こんな時、ぜひ東京学参のWebサイトをご利用下さい！

こんな時、ぜひ東京学参のWebサイトをご利用下さい！
●欲しい本が見つからない。
●商品の取り寄せに時間がかかって困る。
●毎日忙しくて時間のやりくりが大変。
●重たい本を持ち運ぶのがつらい。

東京学参のWebサイトはココが便利！
●お支払はクレジットか代金引換を選べます。
●13時00分までのお申込みなら当日出荷保証。
最短で翌日午前中に商品が受け取れます！
（土・日・祝、夏期・年末年始休暇は除きます。お届けまでの時間は地域によって異なります。詳しくはお問い合わせ下さい。お荷物は佐川急便がお届け致します）

東京学参株式会社　www.gakusan.co.jp

実力判定テスト10 改訂版

POINT 1 全10回の入試を想定したテスト形式

入試本番を想定した実戦形式　回を重ねるごとに難易度が上がり着実なレベルアップへ

POINT 2 自己採点と合格判定を活用しよう

自分の学力の把握だけではなく　これまでの勉強方法の振り返り・これからの改善へ

POINT 3 最新入試問題に対応

2020年改訂　最新入試問題を厳選して収録

POINT 4 志望校のレベルに合わせて選択できる

最難関校を目指す

▶ 偏差値70シリーズ 数学/国語/英語

偏差値68以上の高校の受験生向け

高度な思考力や**応用力**（数学）

高度な読解力や**語彙　記述力**（国語・英語）

これらを要求される問題が多数収録

定価：¥1,100（税込）

難関校を目指す

▶ 偏差値65シリーズ 数学/国語/英語

偏差値63～68の高校の受験生向け

- 量と質　ともにしっかりとした内容を収録
- **難関校突破に必須の問題**を厳選
- 一定時間内に素早く解く力が問われる

定価：¥1,100（税込）

準難関校を目指す

▶ 偏差値60シリーズ 数学/国語/英語

偏差値58～63の高校の受験生向け

- 標準以上レベルの問題を中心に収録
- 平易な問題は少なく　問題量も比較的多い
- 初めの**力試し**に最適

定価：¥1,100（税込）

東京学参株式会社

〒153-0043　東京都目黒区東山2-6-4

TEL.03-3794-3154　FAX.03-3794-3164

東京学参の

中学校別入試過去問題シリーズ

＊出版校は一部変更することがあります。一覧にない学校はお問い合わせください。

東京ラインナップ

あ 青山学院中等部(L04)
麻布中学(K01)
桜蔭中学(K02)
お茶の水女子大附属中学(K07)
か 海城中学(K09)
開成中学(M01)
学習院中等科(M03)
慶應義塾中等部(K04)
晃華学園中学(N13)
攻玉社中学(L11)
国学院大久我山中学
（一般・CC）(N22)
（ＳＴ）(N23)
駒場東邦中学(L01)
さ 芝中学(K16)
芝浦工業大附属中学(M06)
城北中学(M05)
女子学院中学(K03)
巣鴨中学(M02)
成蹊中学(N06)
成城中学(K28)
成城学園中学(L05)
青稜中学(K23)
創価中学(N14)★
た 玉川学園中学部(N17)
中央大附属中学(N08)
筑波大附属中学(K06)
筑波大附属駒場中学(L02)
帝京大中学(N16)
東海大菅生高中等部(N27)
東京学芸大附属竹早中学(K08)
東京都市大付属中学(L13)
桐朋中学(N03)
東洋英和女学院中学部(K15)
豊島岡女子学園中学(M12)
な 日本大第一中学(M14)
日本大第三中学(N19)
日本大第二中学(N10)
は 雙葉中学(K05)
法政大学中学(N11)
本郷中学(M08)
ま 武蔵中学(N01)
明治大付属中野中学(N05)
明治大付属中野八王子中学(N07)
明治大付属明治中学(K13)
ら 立教池袋中学(M04)
わ 和光中学(N21)
早稲田中学(K10)
早稲田実業学校中等部(K11)
早稲田大高等学院中等部(N12)

神奈川ラインナップ

あ 浅野中学(O04)
栄光学園中学(O06)
か 神奈川大附属中学(O08)
鎌倉女学院中学(O27)
関東学院六浦中学(O31)
慶應義塾湘南藤沢中等部(O07)
慶應義塾普通部(O01)
さ 相模女子大中学部(O32)
サレジオ学院中学(O17)
逗子開成中学(O22)
聖光学院中学(O11)
清泉女学院中学(O20)
洗足学園中学(O18)
捜真女学校中学部(O29)
た 桐蔭学園中等教育学校(O02)
東海大付属相模高中等部(O24)
桐光学園中学(O16)
な 日本大中学(O09)
は フェリス女学院中学(O03)
法政大第二中学(O19)
や 山手学院中学(O15)
横浜隼人中学(O26)

千・埼・茨・他ラインナップ

あ 市川中学(P01)
浦和明の星女子中学(Q06)
か 海陽中等教育学校
（入試Ⅰ・Ⅱ）(T01)
（特別給費生選抜）(T02)
久留米大附設中学(Y04)
さ 栄東中学(東大・難関大)(Q09)
栄東中学(東大特待)(Q10)
狭山ヶ丘高校付属中学(Q01)
芝浦工業大柏中学(P14)
渋谷教育学園幕張中学(P09)
城北埼玉中学(Q07)
昭和学院秀英中学(P05)
清真学園中学(S01)
西南学院中学(Y02)
西武学園文理中学(Q03)
西武台新座中学(Q02)
専修大松戸中学(P13)
た 筑紫女学園中学(Y03)
千葉日本大第一中学(P07)
千葉明徳中学(P12)
東海大付属浦安高中等部(P06)
東邦大付属東邦中学(P08)
東洋大附属牛久中学(S02)
獨協埼玉中学(Q08)
な 長崎日本大中学(Y01)
成田高校付属中学(P15)
は 函館ラ・サール中学(X01)
日出学園中学(P03)
福岡大附属大濠中学(Y05)
北嶺中学(X03)
細田学園中学(Q04)
や 八千代松陰中学(P10)
ら ラ・サール中学(Y07)
立命館慶祥中学(X02)
立教新座中学(Q05)
わ 早稲田佐賀中学(Y06)

公立中高一貫校ラインナップ

北海道 市立札幌開成中等教育学校(J22)
宮城 宮城県仙台二華・古川黎明中学校(J17)
市立仙台青陵中等教育学校(J33)
山形 県立東桜学館・致道館中学校(J27)
茨城 茨城県立中学・中等教育学校(J09)
栃木 県立宇都宮東・佐野・矢板東高校附属中学校(J11)
群馬 県立中央・市立四ツ葉学園中等教育学校・
市立太田中学校(J10)
埼玉 市立浦和中学校(J06)
県立伊奈学園中学校(J31)
さいたま市立大宮国際中等教育学校(J32)
川口市立高等学校附属中学校(J35)
千葉 県立千葉・東葛飾中学校(J07)
市立稲毛国際中等教育学校(J25)
東京 区立九段中等教育学校(J21)
都立大泉高等学校附属中学校(J28)
都立両国高等学校附属中学校(J01)
都立白鷗高等学校附属中学校(J02)
都立富士高等学校附属中学校(J03)
都立三鷹中等教育学校(J29)
都立南多摩中等教育学校(J30)
都立武蔵高等学校附属中学校(J04)
都立立川国際中等教育学校(J05)
都立小石川中等教育学校(J23)
都立桜修館中等教育学校(J24)
神奈川 川崎市立川崎高等学校附属中学校(J26)
県立平塚・相模原中等教育学校(J08)
横浜市立南高等学校附属中学校(J20)
横浜サイエンスフロンティア高校附属中学校(J34)
広島 県立広島中学校(J16)
県立三次中学校(J37)
徳島 県立城ノ内中等教育学校・富岡東・川島中学校(J18)
愛媛 県立今治東・松山西(J19)
福岡 福岡県立中学校・中等教育学校(J12)
佐賀 県立香楠・致遠館・唐津東・武雄青陵中学校(J13)
宮崎 県立五ヶ瀬中等教育学校・宮崎西・都城泉ヶ丘高校附属中学校(J15)
長崎 県立長崎東・佐世保北・諫早高校附属中学校(J14)

公立中高一貫校「適性検査対策」問題集シリーズ

総合編  作文問題編 資料問題編 数と図形編 生活と科学編 実力確認テスト編

私立中・高スクールガイド
THE（ザ） 私立
私立中学&高校の学校生活がわかる！

東京学参の

高校別入試過去問題シリーズ

＊出版校は一部変更することがあります。一覧にない学校はお問い合わせください。

東京ラインナップ

あ 愛国高校(A59)
青山学院高等部(A16)★
桜美林高校(A37)
お茶の水女子大附属高校(A04)
か 開成高校(A05)★
共立女子第二高校(A40)
慶應義塾女子高校(A13)
国学院高校(A30)
国学院大久我山高校(A31)
国際基督教大高校(A06)
小平錦城高校(A61)★
駒澤大高校(A32)
さ 芝浦工業大附属高校(A35)
修徳高校(A52)
城北高校(A21)
専修大附属高校(A28)
創価高校(A66)★
た 拓殖大第一高校(A53)
立川女子高校(A41)
玉川学園高等部(A56)
中央大高校(A19)
中央大杉並高校(A18)★
中央大附属高校(A17)
筑波大附属高校(A01)
筑波大附属駒場高校(A02)
帝京大高校(A60)
東海大菅生高校(A42)
東京学芸大附属高校(A03)
東京実業高校(A62)
東京農業大第一高校(A39)
桐朋高校(A15)
都立青山高校(A73)★
都立国立高校(A76)★
都立国際高校(A80)★
都立国分寺高校(A78)★
都立新宿高校(A77)★
都立墨田川高校(A81)★
都立立川高校(A75)★
都立戸山高校(A72)★
都立西高校(A71)★
都立八王子東高校(A74)★
都立日比谷高校(A70)★
な 日本大櫻丘高校(A25)
日本大第一高校(A50)
日本大第三高校(A48)
日本大第二高校(A27)
日本大鶴ヶ丘高校(A26)
日本大豊山高校(A23)
は 八王子学園八王子高校(A64)
法政大高校(A29)
ま 明治学院高校(A38)
明治学院東村山高校(A49)
明治大付属中野高校(A33)
明治大付属中野八王子高校(A67)
明治大付属明治高校(A34)★
明法高校(A63)
わ 早稲田実業学校高等部(A09)
早稲田大高等学院(A07)

神奈川ラインナップ

あ 麻布大附属高校(B04)
アレセイア湘南高校(B24)
か 慶應義塾高校(A11)
神奈川県公立高校特色検査(B00)
さ 相洋高校(B18)
た 立花学園高校(B23)
桐蔭学園高校(B01)
東海大付属相模高校(B03)★
桐光学園高校(B11)
な 日本大高校(B06)
日本大藤沢高校(B07)
は 平塚学園高校(B22)
藤沢翔陵高校(B08)
法政大国際高校(B17)
法政大第二高校(B02)★
や 山手学院高校(B09)
横須賀学院高校(B20)
横浜商科大高校(B05)
横浜市立横浜サイエンスフロンティア高校(B70)
横浜翠陵高校(B14)
横浜清風高校(B10)
横浜創英高校(B21)
横浜隼人高校(B16)
横浜富士見丘学園高校(B25)

千葉ラインナップ

あ 愛国学園大附属四街道高校(C26)
我孫子二階堂高校(C17)
市川高校(C01)★
か 敬愛学園高校(C15)
さ 芝浦工業大柏高校(C09)
渋谷教育学園幕張高校(C16)★
翔凜高校(C34)
昭和学院秀英高校(C23)
専修大松戸高校(C02)
た 千葉英和高校(C18)
千葉敬愛高校(C05)
千葉経済大附属高校(C27)
千葉日本大第一高校(C06)★
千葉明徳高校(C20)
千葉黎明高校(C24)
東海大付属浦安高校(C03)
東京学館高校(C14)
東京学館浦安高校(C31)
な 日本体育大柏高校(C30)
日本大習志野高校(C07)
は 日出学園高校(C08)
や 八千代松陰高校(C12)
ら 流通経済大付属柏高校(C19)★

埼玉ラインナップ

あ 浦和学院高校(D21)
大妻嵐山高校(D04)★
か 開智高校(D08)
開智未来高校(D13)★
春日部共栄高校(D07)
川越東高校(D12)
慶應義塾志木高校(A12)
さ 埼玉栄高校(D09)
栄東高校(D14)
狭山ヶ丘高校(D24)
昌平高校(D23)
西武学園文理高校(D10)
西武台高校(D06)
た 東京農業大第三高校(D18)
は 武南高校(D05)
本庄東高校(D20)
や 山村国際高校(D19)
ら 立教新座高校(A14)
わ 早稲田大本庄高等学院(A10)

北関東・甲信越ラインナップ

あ 愛国学園大附属龍ヶ崎高校(E07)
宇都宮短大附属高校(E24)
か 鹿島学園高校(E08)
霞ヶ浦高校(E03)
共愛学園高校(E31)
甲陵高校(E43)
国立高等専門学校(A00)
さ 作新学院高校
(トップ英進・英進部)(E21)
(情報科学・総合進学部)(E22)
常総学院高校(E04)
た 中越高校(R03)＊
土浦日本大高校(E01)
東洋大附属牛久高校(E02)
な 新潟青陵高校(R02)＊
新潟明訓高校(R04)＊
日本文理高校(R01)＊
は 白鷗大足利高校(E25)
ま 前橋育英高校(E32)
や 山梨学院高校(E41)

中京圏ラインナップ

あ 愛知高校(F02)
愛知啓成高校(F09)
愛知工業大名電高校(F06)
愛知みずほ大瑞穂高校(F25)
暁高校(3年制)(F50)
鶯谷高校(F60)
栄徳高校(F29)
桜花学園高校(F14)
岡崎城西高校(F34)
か 岐阜聖徳学園高校(F62)
岐阜東高校(F61)
享栄高校(F18)
さ 桜丘高校(F36)
至学館高校(F19)
椙山女学園高校(F10)
鈴鹿高校(F53)
星城高校(F27)★
誠信高校(F33)
清林館高校(F16)★
た 大成高校(F28)
大同大大同高校(F30)
高田高校(F51)
滝高校(F03)★
中京高校(F63)
中京大附属中京高校(F11)★
中部大春日丘高校(F26)★
中部大第一高校(F32)
津田学園高校(F54)
東海高校(F04)★
東海学園高校(F20)
東邦高校(F12)
同朋高校(F22)
豊田大谷高校(F35)
な 名古屋高校(F13)
名古屋大谷高校(F23)
名古屋経済大市邨高校(F08)
名古屋経済大高蔵高校(F05)
名古屋女子大高校(F24)
名古屋たちばな高校(F21)
日本福祉大付属高校(F17)
人間環境大附属岡崎高校(F37)
は 光ヶ丘女子高校(F38)
誉高校(F31)
ま 三重高校(F52)
名城大附属高校(F15)

宮城ラインナップ

さ 尚絅学院高校(G02)
聖ウルスラ学院英智高校(G01)★
聖和学園高校(G05)
仙台育英学園高校(G04)
仙台城南高校(G06)
仙台白百合学園高校(G12)
た 東北学院高校(G03)★
東北学院榴ヶ岡高校(G08)
東北高校(G11)
東北生活文化大高校(G10)
常盤木学園高校(G07)
は 古川学園高校(G13)
ま 宮城学院高校(G09)★

北海道ラインナップ

さ 札幌光星高校(H06)
札幌静修高校(H09)
札幌第一高校(H01)
札幌北斗高校(H04)
札幌龍谷学園高校(H08)
は 北海高校(H03)
北海学園札幌高校(H07)
北海道科学大高校(H05)
ら 立命館慶祥高校(H02)

★はリスニング音声データのダウンロード付き。

都道府県別 公立高校入試過去問 シリーズ

- 全国47都道府県別に出版
- 最近数年間の検査問題収録
- リスニングテスト音声対応

公立高校入試対策 問題集シリーズ

- 目標得点別・公立入試の数学(基礎編)
- 実戦問題演習・公立入試の数学(実力錬成編)
- 実戦問題演習・公立入試の英語(基礎編・実力錬成編)
- 形式別演習・公立入試の国語
- 実戦問題演習・公立入試の理科
- 実戦問題演習・公立入試の社会

高校入試特訓問題集 シリーズ

- 英語長文難関攻略33選(改訂版)
- 英語長文テーマ別難関攻略30選
- 英文法難関攻略20選
- 英語難関徹底攻略33選
- 古文完全攻略63選(改訂版)
- 国語融合問題完全攻略30選
- 国語長文難関徹底攻略30選
- 国語知識問題完全攻略13選
- 数学の図形と関数・グラフの融合問題完全攻略272選
- 数学難関徹底攻略700選
- 数学の難問80選
- 数学 思考力―規則性とデータの分析と活用―

2309A

高校別入試過去問題シリーズ
札幌第一高等学校　2024~25年度
ISBN978-4-8141-2687-3

発行所　東京学参株式会社
〒153-0043　東京都目黒区東山2-6-4
URL　https://www.gakusan.co.jp

編集部　E-mail　hensyu@gakusan.co.jp
※本書の編集責任はすべて弊社にあります。内容に関するお問い合わせ等は、編集部まで、メールにてお願い致します。なお、回答にはしばらくお時間をいただく場合がございます。何卒ご了承くださいませ。

営業部　TEL　03 (3794) 3154
FAX　03 (3794) 3164
E-mail　shoten@gakusan.co.jp
※ご注文･出版予定のお問い合わせ等は営業部までお願い致します。

※本書のコピー、スキャン、デジタル化等の無断複製は著作権法上での例外を除き禁じられています。本書を代行業者等の第三者に依頼してスキャンやデジタル化することは、たとえ個人や家庭内での利用であっても著作権法上認められておりません。

2023年10月6日　初版